Neue Alternativen
des Länder-Finanzausgleichs

Strukturwandel und Strukturpolitik

Herausgegeben von Prof. Dr. Wolfram Elsner

Schriftleitung: Dipl. Vw. Stefan Meyer

Band 4

PETER LANG

Frankfurt am Main · Berlin · Bern · Bruxelles · New York · Oxford · Wien

Wolfram Elsner (Hrsg.)

Neue Alternativen des Länder-Finanzausgleichs

Modellrechnungen und Gutachten unter besonderer Berücksichtigung der Stadtstaaten-Problematik

PETER LANG
Europäischer Verlag der Wissenschaften

Die Deutsche Bibliothek - CIP-Einheitsaufnahme

Neue Alternativen des Länder-Finanzausgleichs : Modellrechnungen und Gutachten unter besonderer Berücksichtigung der Stadtstaaten-Problematik / Wolfram Elsner (Hrsg.). - Frankfurt am Main ; Berlin ; Bern ; Bruxelles ; New York ; Oxford ; Wien : Lang, 2002
(Strukturwandel und Strukturpolitik ; Bd. 4)
ISBN 3-631-38466-1

ISSN 1438-2644
ISBN 3-631-38466-1

www.peterlang.de

Inhaltsübersicht

Abkürzungsverzeichnis 7

Wolfram Elsner
Länder-Neugliederung, Betriebstätten-Prinzip und Einwohnerwertung: Das Verfassungsgebot leistungsfähiger Bundesländer ernstnehmen, Ländervielfalt bewahren, Länderfinanzausgleich entlasten - Eine Einführung, am Beispiel des Stadtstaates Bremen 9
1 Einleitung 11
2 Das Maßstäbegesetz - eine tragfähige Lösung? 11
3 Eine breitere Perspektive 15
4 Das Betriebstätten-Prinzip in der Lohn- und Einkommensteuer-Zerlegung 16
5 Leistungsfähige Bundesländer durch Länder-Neugliederung 19
6 Die Einwohnerwertung als verallgemeinertes Prinzip einer differenzierten Raumentwicklung 24
7 Schlußbemerkung 25
Literatur 27

Silvia Mielke
Länder-Neugliederung zur Sicherung leistungsfähiger Stadtstaaten - Eine Simulationsrechnung für ein erweitertes Bundesland Bremen 29
1 Problem 31
2 Entwicklung des Stadtstaates Bremen im Rahmen der Länderfinanzierung 33
3 Modellrechnung zur fiskalischen Lage eines räumlich erweiterten Stadtstaates Bremen 43
4 Zusammenfassung und Schlußfolgerung 56
Literatur- und Quellenverzeichnis 60
Anhang: Ergänzende Berechnungen 64

Christoph Liebig
Die Umstellung der Lohn- und Einkommensteuer auf das Betriebstätten-Prinzip - Eine Simulationsrechnung zur Finanzkraftsteigerung des Stadtstaates Bremen 69
1 Problem 71
2 Horizontale Steuerverteilung und Zerlegung als Zuordnung des „Eigenen“ 74
3 Änderungsvorschlag und Simulationsrechnung 79
4 Zusammenfassung und Schlußfolgerung 87
Literaturverzeichnis 89

Isabel Sünner
Die Einwohnerveredelung im Finanzausgleich der Bundesrepublik Deutschland - Ein umstrittenes, aber tragfähiges Ausgleichsinstrument - und seine besondere Bedeutung für die Stadtstaaten 91
1 Problem 95
2 Wesen und Bedeutung der Einwohnerveredelung 100
3 Das Prinzip der Einwohnerveredelung im deutschen Finanzausgleichsrecht 126
4 Die Bedeutung der Einwohnerveredelung für die Überlebensfähigkeit der Stadtstaaten im föderalen System 135
5 Die finanzausgleichsrechtliche Sonderbehandlung der Stadtstaaten auf dem Prüfstand - Bestandsaufnahme und Bewertung - 166
6 Schlußfolgerungen 221
Literatur- und Quellenverzeichnis 243
Anhang 251

Über die Autoren 253

Abkürzungsverzeichnis

AL	alte Länder
AMZ	Ausgleichsmeßzahl (auch Bedarfsmeßzahl genannt)
B	Berlin
BAY	Bayern
BB	Brandenburg
BEZ	Bundesergänzungszuweisungen
BL	Bundesländer
BMF	Bundesministerium der Finanzen
BR	Bundesrat
BRD	Bundesrepublik Deutschland
BVerfG	Bundesverfassungsgericht
BVerfGE	Entscheidungssammlung des Bundesverfassungsgerichts
BW	Baden-Württemberg
BY	Bayern
DIW	Deutsches Institut für Wirtschaftsforschung
DÖV	Die Öffentliche Verwaltung (Zeitschrift für öffentliches Recht und Verwaltungswissenschaft)
EV	Einwohnerveredelung
FA	Finanzausgleich
FAG	Finanzausgleichsgesetz des Bundes
FBEZ	Fehlbetrags-Bundesergänzungszuweisungen
FKPG	Gesetz zur Umsetzung des Föderalen Konsolidierungsprogrammes vom 23.6.93
FMNRW	Finanzministerium des Landes Nordrhein-Westfalen
FMZ	Finanzkraftmeßzahl (auch Steuerkraftmeßzahl genannt)
GFG	Gemeindefinanzierungsgesetz
HB	Bremen
HE	Hessen
HH	Hamburg
i.d.S.	in diesem Sinne
LFA	Länderfinanzausgleich
LK	Landkreis
m.w.N.	mit weiteren Nachweisen
MV	Mecklenburg-Vorpommern
n.h.M.	nach herrschender Meinung
NDS	Niedersachsen
NFA	Neuer Finanzausgleich (Schweizer Modell)
NL	neue Länder
NLS	Niedersächsisches Landesamt für Statistik
NRW	Nordrhein-Westfalen
prim. FA	primärer Finanzausgleich
RP	Rheinland-Pfalz
RWI	Rheinisch Westfälisches Institut für Wirtschaftsforschung e.V.
SBEZ	Sonderbedarfs-Bundesergänzungszuweisungen
sek. FA	sekundärer Finanzausgleich
SH	Schleswig-Holstein
SL	Saarland

SN	Sachsen
ST	Sachsen-Anhalt
TH	Thüringen
ZerlG	Zerlegungsgesetz

Wolfram Elsner

Länder-Neugliederung, Betriebstätten-Prinzip und Einwohnerwertung: Das Verfassungsgebot leistungsfähiger Bundesländer ernstnehmen, Ländervielfalt bewahren, Länderfinanzausgleich entlasten - Eine Einführung, am Beispiel des Stadtstaates Bremen

Inhaltsverzeichnis

1 Einleitung ... 11

2 Das Maßstäbegesetz - eine tragfähige Lösung? ... 11

3 Eine breitere Perspektive ... 15

4 Das Betriebstätten-Prinzip in der Lohn- und Einkommensteuer-Zerlegung ... 16

5 Leistungsfähige Bundesländer durch Länder-Neugliederung ... 19

6 Die Einwohnerwertung als verallgemeinertes Prinzip einer differenzierten Raumentwicklung ... 24

7 Schlußbemerkung ... 25

Literatur ... 27

1 Einleitung

Kein Thema hat die föderale Struktur der Verfaßtheit der Bundesrepublik Deutschland so anhaltend und tiefgreifend beschäftigt wie der Ausgleich der öffentlichen Finanzkraft zwischen den Bundesländern und die damit zusammenhängende Aufteilung der öffentlichen Einnahmen zwischen Bund und Ländern. Seit fast zwanzig Jahren ist das System des *Länderfinanzausgleichs* (LFA) Gegenstand nicht nur politischer Verhandlungen, kontroverser gutachterlicher Stellungnahmen, interessenverbandlicher Modellvorschläge und wissenschaftlicher Untersuchungen sondern auch verfassungsgerichtlicher Klagen und Entscheidungen. Im Jahre *1992* waren die finanzkraftschwachen Länder Bremen und Saarland vor dem *Bundesverfassungsgericht* (BVerfG) erfolgreich mit der Feststellung ihrer (unverschuldeten) *extremen Haushaltsnotlagen*, was zu einer für das föderale System historisch einmaligen Solidaraktion geführt hat (Sanierungshilfen als Bundesergänzungszuweisungen (BEZ)), die allerdings - entsprechend dem "Solidarpakt" für die neuen Bundesländer und in zeitlicher und budgetärer Verbindung mit dieser - nicht unmittelbar von der Gemeinschaft der Länder als Kollektivaktion getragen sondern - zweckmäßigerweise - auf die dafür als kollektiven Akteur geschaffene Handlungsebene des Bundes übertragen wurde (wobei die Länder in den Solidarpaktverhandlungen I über Umsatzsteueranteile sekundär mitbeteiligt wurden).

1999/2000 dagegen waren die sogenannten *Geberländer* - im Anschluß an das BVerfG-Urteil von November 1999 - relativ erfolgreich mit dem Versuch, das überkommene System des LFA im Sinne *geringerer Ausgleichsorientierung* und *stärkerer individueller "Anreizorientierung"* umzugestalten. Der Solidar- und Ausgleichsaspekt des deutschen föderalen Systems wurde aufgrund des dort vom BVerfG geforderten und inzwischen beschlossenen *Gesetzes über allgemeine Maßstäbe für den Finanzausgleich* (MaßstG) (s. Bundesrat 2001) - zumindest optisch - zurückgenommen, der individualistische Charakter der föderalen Verfassung durch die Garantie *höherer „Eigenbehalte"* der Länder, verschiedener Begrenzungen und *Deckelungen von Ausgleichsleistungen* sowie - zumindest in der entsprechenden Entschließung des Bundesrates - auch der Perspektive der *Rückführung kooperativer Aspekte zwischen Bund und Ländern* (Entflechtung von Gemeinschaftsaufgaben und Mischfinanzierungen) erhöht.

2 Das Maßstäbegesetz - eine tragfähige Lösung?

Die zentrale politische Aussage dieses Ergebnisses einer jahrelangen Umstrukturierungsdiskussion zu den Ausgleichsfunktionen des föderal-solidarischen Finanzsystems der Bundesrepublik ist, daß die Länder künftig gezwungen sind, stärker mit den ihnen zur Verfügung stehenden Steuereinnahmen zurechtzukommen. Damit verbunden ist die Frage: Sind sie dazu auch in der Lage?

Dies beinhaltete stets die Frage nach dem *Finanzbedarf* in Relation zur *Finanzkraft*, also die Frage nach einem *Ausgleichsbedarf* für den Fall, daß Finanzbedarf und Finanzkraft auseinanderfallen. Wird der Ausgleichsbedarf nach dem offensichtlich großen politischen Konsens in Bund und Ländern zum MaßstG nunmehr und künftig als *geringer* angesehen, so muß unterstellt werden können, daß sich *Finanzbedarf und Finanzkraft konvergenter* entwickelt haben bzw. entwickeln werden. Da sich die Finanzbedarfe durch politische Regelungen zur Steueraufteilung und zum LFA zunächst grundsätzlich nicht beeinflussen lassen (trotz einiger Änderungen, die auch diesbezüglich im Rahmen der Maßstäbe-Reform vorgenommen wurden, etwa durch veränderte Einbeziehung der kommunalen Steuerkraft und durch Ausbau des Prinzips der Einwohnerwertung (EW), s.u.), *unterstellt* die erzielte Reform also entweder, daß sich die Finanzkraft stärker an den Finanzbedarf anpaßt - oder aber eben die Einnahmesituation *künftig ungleicher* bleiben kann.

Ein Gütetest dieses Reformwerks kann daher in der Frage bestehen, ob es *bedarfsentsprechend in ihrer Finanzkraft gestärkte Länder* hervorbringt. Werden also mehr Länder als bisher in stärkerem Maße als bisher in ihrer Finanzkraft dauerhaft gestärkt werden? Nur dann kann letztendlich erwartet werden, daß das Reformwerk so *nachhaltig* (d.h. bis zu seiner offiziellen Befristung im Jahre 2019) wirksam werden und Bestand behalten wird, wie das BVerfG es sich mit seiner Forderung nach einem tragfähigen Maßstäbe-Satz vorgestellt hat und wie die Vertreter von Bundes- und Länderregierungen es bei der Verabschiedung des Gesetzes prognostiziert haben. (Inzwischen liegt ja auch schon der Gesetzentwurf zur *Novellierung des Finanzausgleichsgesetzes* (FAG) im Rahmen des *Solidarpakt-Fortführungsgesetzes* vor, der voraussichtlich schon Ende 2001 beschlossen sein wird; s. Bundestag 2001.)

Hier drängen sich jedoch erhebliche Zweifel auf. Es wäre kein Zeichen für eine große Reform, wenn im Jahre 2005, nachdem die jetzigen Sanierungs-BEZ und die Transfers an die neuen Länder im Rahmen des Solidarpakts I ausgelaufen sein werden, das neue System wieder zu Klagen vor dem BVerfG führen würde. Dafür scheint es aber durchaus Gründe zu geben.

Trotz der angeblichen „Pareto-Superiorität“ der neuen Lösung - es gab nach den Aussagen der Vertreter von Bund und Ländern angeblich *nur Gewinner* - scheint keine befriedigende Lösung erzielt worden zu sein:

- die Geberländer und einige andere alte Bundesländer können ihre *relative Finanzkraft* (nach LFA) künftig zwar halten oder gar *erhöhen*. Das Gegenteil trifft aber für die *neuen Länder* und die „alten“ Nehmerländer *Berlin* und *Bremen* zu: nach LFA weisen sie z.T. eine - zumindest prozentual - *reduzierte relative Finanzkraft* aus. Im Falle Berlins von ca. 95% auf ca. 91%, im Falle Bremens von ca. 96% auf ca. 92%.

- Die Reform reduziert also die strukturschwachen Länder in ihrer relativen Finanzkraft und *entfernt* sie - mindestens im Falle Bremens - weiter *von ihrer Wirtschaftskraft*, die sie als *Stadtstaaten* und *Arbeitsmarktzentren* besitzen (s. weiter u.), und von ihrer entsprechenden Steuer*aufkommens*kraft.
- Dies resultiert übrigens auch schon daraus, daß (1) der *Bund* seine künftig stärkeren Beitrag beim Fonds Deutsche Einheit (FDE) durch einen *höheren Anteil bei der Umsatzsteuerverteilung* gegenfinanziert und (2) die Auffüllungsquoten des *Umsatzsteuervorwegausgleichs* zwischen den Ländern reduziert wurde.

  In einer frühen Stufe des Finanzausgleichssystems (i.w.S.), bei der Umsatzsteuerverteilung, bei der immerhin aktuell ein Volumen von ca. 18 Mrd. DM umverteilt wird, etwa das gleiche Volumen des LFA i.e.S., werden die Länder insgesamt zunächst vom Bund um 2,6 Mrd. DM netto *ärmer gemacht*, statt sie dauerhaft (durch mehr „Eigenbehalt") in ihrer *Finanzkraft vor LFA* zu stärken. (Allerdings sind sie dadurch partiell beim FDE entlastet; s.u.)
- Der horizontale *LFA i.e.S.* wurde *trotz reduzierter Ausgleichs-Zielquoten der relativen Finanzkraft nach LFA* gleichwohl *nicht entlastet.* Mit 17,5 Mrd. DM ist das *Umverteilungsvolumen* praktisch *unverändert* und nur um etwa vierhundert Millionen DM (um etwa 2,2%) reduziert. Dies liegt im wesentlichen an der erhöhten Einbeziehung der gemeindlichen Finanzkraft (künftig zu 64% statt zu 50%). Vergegenwärtigt man sich, daß gerade hier der jahrelange Ansturm ansetzte, das quantitative Ausmaß des Umverteilungsvolumens also der *Anlaß für die politische Delegitimierung des solidarischen Föderalismus* war, so fragt man sich, wie die Kläger gegen den bisherigen LFA ihr Stillhalten nach dieser „Lösung" rechtfertigen können. Oder werden sie - entgegen der Aussage des baden-württembergischen Ministerpräsidenten, nun kehre für lange Zeit Ruhe an dieser Front ein - eben doch bei nächster Gelegenheit ihre Delegitimation von Ausgleichstendenzen an diesem Punkt fortsetzen? Immerhin haben sie ihre relative Finanzkraft im LFA i.e.S. halten oder erhöhen können - auch wenn sie bei der Umsatzsteuerverteilung im Vorfeld abgeben müssen und das Ausgleichsvolumen absolut praktisch nicht gesunken ist.

- Im Ergebnis impliziert diese bemerkenswerte Situation, daß die *neuen Länder* sowie die Stadtstaaten *Berlin* und *Bremen* am Ende des LFA i.e.S. mit *geringerer relativer Finanzkraft* dastehen.

  Nun waren aber selbst die Finanzsenatoren und ersten Bürgermeister von *Berlin* und *Bremen*, denen eine reduzierte relative Finanzkraft ihrer Länder zugemutet wird, froh über den Kompromiß; denn sie erhalten *nach LFA i.e.S.* künftig 655 bzw. 103 Mio. DM *mehr an Fehlbetrags-BEZ*, nachdem ihnen im LFA i.e.S aufgrund der geringeren Ausgleichsverpflichtungen der Geberländer 700 bzw. 78 Mio. DM entgehen werden. *Hier stopft der Bund Löcher, die in den zwei Stufen zuvor gerissen werden. Erhöhte Abhängigkeit vom Bund* statt Stärkung der relativen Finanzkraft dieser Länder. (Über alle Länder betrachtet hält sich der Bund aber selbst bei den Fehlbetrags-BEZ mit 1,3 Mrd. DM schadlos.)

- Rechnet man die Entlastung der Länder durch Wegfall ihrer Beiträge zum *FDE,* die BEZ für *Kosten politischer Führung* und die Bundeszuweisungen für *Hafenlasten* hinzu, so schneiden die Länder insgesamt über den gesamten LFA mit einem Gewinn von ca. 2,5 Mrd. DM ab, die der Bund per Saldo zuschießt. Angesichts eines *Umverteilungspotentials des gesamten Systems* (Umsatzsteuer, LFA i.e.S., BEZ) i.H.v. ca. 45 Mrd. DM eine *Änderung in der Größenordnung von 6,0%!* Dies ist quantitativ natürlich *keine Jahrhundert-Reform.* Der Bund hat diese Reform mit netto 2,5 Mrd. DM günstig „eingekauft“ (wobei er sich ca. 1 Mrd. DM aus den Annuitätenkonditionen des FDE noch refinanzieren kann).

  Eine *andere Grundstruktur der Lösung* wäre wohl vernünftiger gewesen: Erhöhung der Umsatzsteueranteile der Länder, dafür ggf. Absenkung von Fehlbetrags-BEZ (so z.B. auch das DIW, s. z.B. Vesper 2000).

  Die *Bremer* Landesvertreter beispielsweise waren also letztendlich froh über einen Kompromiß, der ihnen eine *reduzierte relative Finanzkraft* und dafür eine *verstärkte Abhängigkeit von Bundeszahlungen* (erhöhte Fehlbetrags-BEZ und Hafenlasten-Übernahme durch den Bund) mit einem Mehr i.H.v. von per Saldo 55 Mio. DM bescheren wird (allerdings nachdem sie lange Zeit eine deutliche quantitative Verschlechterung ihrer Position befürchten mußten). Dieser begrenzte quantitative Zuwachs der Einnahmen wurde von den strukturell schwächeren Ländern (neue Länder sowie Berlin und Bremen) also erkauft durch eine strukturell abgesenkte relative

Finanzkraft und eine *weitere Entfernung von ihrer Wirtschafts- und Steueraufkommenskraft vor LFA.*

Ob das Jahr 2001 vor diesem Hintergrund eine fast zwanzig Jahre währende Serie von Auseinandersetzungen mit insgesamt drei BVerfG-Gängen zum Finanzförderalismus in der Bundesrepublik beendet hat und eine nachhaltige neue Struktur geschaffen hat, die wirklich mindestens bis zum Ende des Solidarpakts II im Jahre 2019 trägt, darf bezweifelt werden. Ob die neue Struktur auch nur zehn oder gar fünf Jahre tragen wird, wird abzuwarten sein. Die (Geber-)Länder haben (zumindest optisch) ihre *individualistischen "Anreizstrukturen" verbessert*, die *Nehmerländer* (v.a. neue Länder sowie Berlin und Bremen) ihre *relative Finanzkraft verschlechtert* und ihre *Abhängigkeit vom Bund erhöht.*

3 Eine breitere Perspektive

Die ältere Debatte zum Finanzausgleichssystem, soweit sie auch *(regional)-ökonomisch* und nicht nur finanztechnisch und regionalistisch (d. h. die Länder nur in ihrer individualistischen "Anreizstruktur" betrachtend) war, hatte stets das zunehmende *Wachstums- und Beschäftigungsgefälle* (z.T. als Süd-Nord-, z.T. als West-Ost-Gefälle) in den Blick genommen und weniger die "neoliberale" Sicht verstärkter (Sozial-)Ausgabenreduzierung als mehr die *differenzierten strukturellen Belastungen* durch Zinsausgaben und Sozialhilfe betont und die *Differenzierungsdynamik* eher *bei den Einnahmen* als bei den Ausgaben gesehen (als Beispiel für diese umfassendere ökonomische Debatte s. z.B. DIW 1989).

Hier wurde das Ausgleichssystem immer schon umfassender betrachtet und bereits bei der ersten Stufe des Steuersystems, der *Zerlegung der Gemeinschaftssteuern*, v.a. der *Lohn- und Einkommensteuer* angesetzt. Hier zeigte sich auch schon die große faktische Ausgleichsleistung etwa der *Stadtstaaten*, die sie in dieser Stufe aufgrund des *Zerlegungskriteriums „Wohnsitz"* erbringen (s. a.a.O., 29f.). Ähnliche Wirkungen hat die *Umsatzsteuerverteilung* in der Stufe der Zuweisung des *Aufkommens* auf die gebietskörperschaftlichen Empfänger. Auch hier sind die Stadtstaaten die Finanzierer mit großem Aufkommen als Arbeitsplatzstandorte, das aber dann nach dem *Wohnsitzprinzip* relativ stärker bei den (umgebenden) Flächenländern als Einnahmen anfällt. Schon für 1985 berechnete das DIW für *Bremen* beispielsweise einen Transfer i.H.v. 300 Mio. DM, bei Lohn-, Einkommens- und Körperschaftssteuerzerlegung sowie Umsatzsteuerverteilung, während Bremen im LFA i.e.S. gleichzeitig 500 Mio. DM erhielt. Ein kaum „anreizkompatibles" System, wenn man es eben nur ganz, *in all seinen Stufen, betrachtet* - weil es ein Land mit relativer Arbeitsstätten-Intensität und entsprechenden Aufwendungen an wirtschaftsnaher Infrastruktur nicht entsprechend honoriert.

Vor allem die *Einnahmeseite* (*nach LFA*) hatte sich in den achtziger Jahren regional *auseinanderentwickelt*, keineswegs die Ausgabenseite. Dieser Erkenntnis und Sichtweise ist das BVerfG noch im LFA-Urteil 1992 gefolgt, wenn es von faktisch *unverschuldeter, industriestrukturell und siedlungsstrukturell bedingter extremer Haushaltsnotlage* sprach, die eben über die Einnahmeseite verursacht war. (Aus diesem Urteil wurde in den neunziger Jahren dann in Bremen allerdings ein stark *„neoliberales"* - also *ausgabeseitig angelegtes* - (Spar- und Personalabbau-) *Sanierungsprogramm* entwickelt.

Die Vorschläge z.B. des DIW waren demgegenüber deutlich umfassender angelegt: Der LFA i.e.S. sollte auf den Prüfstand, dabei *Sozialhilfeaufwendungen als Sonderleistungen* (z.B. wie Hafenlasten) v.a. in den Stadtstaaten und verstädterten Flächenstaaten absetzbar gemacht werden, das *Ausgleichsvolumen* deutlich *vergrößert*, der *Umsatzsteueranteil* der Länder *erhöht* und last not least die *Steuerzerlegungskriterien* auf den Prüfstand gestellt werden.

Der vorliegende Band setzt z.T. auch an dieser älteren Diskussion und ihrer *umfassenderen Perspektive* an: das *gesamte Finanzsystem* muß auf Inkonsistenzen und Reformmöglichkeiten hin abgeklopft werden. Die Beiträge dieses Bandes weiten insofern auch die verengte Diskussion der letzten Jahre wieder auf, die v.a. durch das Interesse der Geberländer an Entlastung von ihren bisherigen Solidarpflichten geprägt war.

Die fundamentale These der *„Anreizkompatibilitäts"-Argumentation*, daß nämlich relativ hohe *Grenzbe- und -entlastungen* (der Nehmer- wie der Geberländer) sich negativ auf das Verhalten der jeweiligen staatlichen Entscheidungsträger übertragen würden, kann empirisch ja in keinster Weise belegt werden (s. z.B. a. Ebert, Meyer 1999, 107ff.; Vesper 2000).

Auf dem Prüfstand steht damit z.B. die *Steuerzerlegung der Lohn- und Einkommensteuer*. Die Perspektive dabei ist, den *LFA zu entlasten*, v.a. aber *dauerhaft leistungsfähigere Länder* aus den bisherigen „Nehmerländern" (und hier unter den alten Ländern v.a. den *Stadtstaaten* Berlin und Bremen) entstehen zu lassen. Dazu werden hier im weiteren *neue, weitergehende Alternativen innerhalb des LFA und zum LFA exemplarisch* aufgezeigt und berechnet.

4 Das Betriebstätten-Prinzip in der Lohn- und Einkommensteuer-Zerlegung

Gemeinsamer Gedanke der nächsten beiden hier zu diskutierten Beiträge dieses Bandes ist es daher, *Alternativen zum LFA i.e.S.* - und zwar diesem *vorgelagert* - zu formulieren, damit Reformen nicht erst auf dieser Stufe einsetzen und nicht nur die Interessen der Geberländer (durch Verringerung der Grenzbelastungen, also durch Reduzierung der Mindestfinanzkraftgarantien) berücksichtigt werden.

Auf dieser Stufe nämlich muß die isolierte Verringerung der Ausgleichstarife notwendigerweise zu Lasten der Nehmerländer gehen. Die *Stärkung der Finanzkraft z.B. der Arbeitsstättetn-Anbieter* muß *bereits im Vorfeld* geschehen.

Für die Stadtstaaten (und die verstädterten Flächenländer) bedeutet eine Steigerung der originären Finanzkraft eine (Wieder-)Annäherung der Finanzkraft an die Wirtschaftskraft. Dies hat wesentlich mit ihrer *gesamtwirtschaftlichen Rolle als regionale Arbeitsplatzzentren* zu tun. Die Agglomerationen und ihre Kernstädte sind räumlich trotz Suburbanisierungs- und Dispersionsprozessen die tragenden Pfeiler des gesamtwirtschaftlichen Arbeitsplatzangebotes mit erheblichem *infrastrukturellem Investitionsbedarf*, um diese Rolle ausfüllen zu können.

Hier knüpft der Gedanke an, die Lohn- und Einkommensteuer eben nicht nur nach dem Einwohner- bzw. Wohnsitzprinzip auf die Länder aufzuteilen sondern *hälftig* auch nach dem *Betriebstättenprinzip*. Man muß die Arbeitsplatzzentren (strukturschwachen Stadtstaaten) nicht erst künstlich in ihrer Finanzkraft schwächen, um sie dann später einem Ausgleichsmechanismus zuzuführen, der dann auch noch zunehmend delegitimiert und quantitativ reduziert wird. Die frühzeitige, bei der Steuerzerlegung der Gemeinschaftssteuern ansetzende Sicherung der Finanzkraft (der Stadtstaaten) entlastet den LFA i.e.S., entzieht seiner weiteren Delegitimierungsmöglichkeit somit den Boden und läßt *Länder mit hohem Arbeitsplatzangebot* auch als *Länder mit relativ hoher Finanzkraft* in den LFA i.e.S. eingehen. Dies wird auch in der Literatur im Grundsatz als *First-Best-Lösung* angesehen (s. z.B. Ebert, Meyer 1999, 113). Unabhängig von den Grenzbelastungs-Wirkungen des LFA i.e.S. werden so zunächst finanzstärkere Länder geschaffen.

Der Beitrag von *Christoph Liebig* in diesem Band simuliert exemplarisch die *hälftige (Wieder-)Umstellung* der Lohn- und Einkommensteuerzerlegung auf das *Betriebstätten-Prinzip* für das Land Bremen, also die teilweise Wiederherstellung der Situation vor dem Jahr 1969.

Während Bremens Wirtschaftskraft (BIP/E) i.d.R. bei mehr als 135% liegt, geht das Land (bisher) typischerweise mit einer Finanzkraft i.H.v. etwa 100% und mit einer relativen Finanzkraft (FKMZ/AGMZ) i.H.v. etwa 80% in den LFA i.e.S. ein. Würde der primäre horizontale FA, also die Umverteilung des Steueraufkommens (hier: der Lohn- und Einkommensteuer) künftig hälftig nach dem Sitzland der Betriebstätten vorgenommen, so *stiegen die originären Einnahmen* des Landes, seine „Eigenbehalte", *um etwa 7-8%*, die relative Finanzkraft im Jahre 1997 beispielsweise stiege von 86% auf gut 96%, im längerfristigen Jahresdurchschnitt als Daumenregel von etwa 80% auf gut 85%, an.

Bremen würde seine Position als Nehmerland allein dadurch natürlich noch nicht verlieren, die *Rangposition* unter den Ländern (die ja durch den LFA i.e.S. nicht mehr verändert werden darf) jedoch von Platz 10 (1997) auf Platz 6 verbessern. Das Land Niedersachsen, das durch den gleichen Vorgang natürlich etwas schlechtergestellt würde, fiele von Platz 8 auf Platz 9.

Nach dem LFA i.e.S. blieben dem Land Bremen übrigens etwa *15%* des Zuwachses der relativen Finanzkraft *als Nettoeffekt* übrig, mit künftig natürlich steigender Tendenz nach der begrenzteren Umverteilungsdynamik gemäß dem MaßstG.

Würde man analog die *Aufteilung der Umsatzsteuer* statt nach Einwohnern ebenfalls künftig *wertschöpfungsorientiert*, also nach Umsatz bzw. Wertschöpfung der *Betriebstätten* vornehmen, so würde der o.g. Effekt natürlich verstärkt. Die *Kombination* beider Maßnahmen, also eine flächendeckende (hälftige) Orientierung der Steuerzerlegung und -aufteilung nach Kriterien des *wirtschaftsorientierten Infrastrukturbedarfs* würde in ihrer originären Finanzkraft deutlich gestärktere und an ihre Wirtschaftskraft wieder deutlicher angekoppelte Stadtstaaten entstehen lassen, die weit weniger vom LFA i.e.S. abhängig wären, ihn entlasten und seiner weiteren Delegitimierung ein Stück weit den Boden entziehen würden. Diese Simulation der kombinierten Maßnahmen wurde in dem vorliegenden kurzen Beitrag allerdings nicht vorgenommen.

Die Richtung und das zu erwartende Ausmaß sind damit aber immerhin angegeben. Da die Umsatzsteuereinnahmen der Länder fast die gleiche Größenordnung wie die der Lohn- und Einkommensteuereinnahmen erreichen, könnte sich der oben simulierte Effekt bei Einbeziehung eines anderen Umsatzsteuerverteilungs-Prinzips praktisch fast verdoppeln (s. dazu a.u. zur Länderneugliederung und Simulation eines erweiterten Bundeslandes Bremen).

Die hier und im nächsten Beitrag vorgenommenen *Simulationen* sind übrigens mit dem *EDV-basierten FA-Modell des Bremer Finanzsenators* durchgeführt worden, dem an dieser Stelle für seine technische Hilfe zu danken ist.

Die Lohn- und Einkommensteuer-Zerlegung sowie die Umsatzsteueraufteilung nach Betriebstättenprinzip bilden natürlich keine perfekte Lösung; sie unterliegen erheblichen Schwankungen aufgrund von *Unternehmenskonzentrationen* oder von sich ändernden *Lohnsteuer-Abrechnungs-Modalitäten der Unternehmen* (z.B. von einer Betriebsstätte zum Sitz der Unternehmenszentrale).

Vor allem aber unterliegen auch sie der *räumlichen Dynamik der Suburbanisierung* und Dispersion: Nicht nur Einwohner mit ihren Wohnsitzen suburbanisieren, auch Unternehmen, einschließlich großflächiger Einzelhandelsunternehmen, mit ihren Arbeitsplätzen tun dies - ein Trend, der den positiven Effekt der Umstellung der Steuer-Aufteilungen auf das Betriebstättenprinzip aus Zentrensicht *allmählich erodieren* lassen könnte. Die Entwicklung weiterer Reformalternativen im Vorfeld eines Finanzausgleichs, der einzelne Länder (v.a. Stadtstaaten) zunächst finanzkraftsschwach macht, um sie dann einem LFA i.e.S. zu unterwerfen, dem seine Legitimation jedoch zugleich entzogen wird, scheint also dringend geboten.

5 Leistungsfähige Bundesländer durch Länder-Neugliederung

Das räumliche Leitbild unserer Verfassung ist bekanntlich nicht ein „Wettbewerbsförderalismus“ sondern ein „Ausgleichsföderalismus“ nach Maßgabe des Verfassungsgrundsatzes *gleichwertiger Lebensverhältnisse* (Art. 72 (2) GG). Dafür stellt die Verfassung neben dem LFA die raumausgleichenden Instrumente der *Gemeinschaftsaufgaben* (Art. 91 a, b GG), der *Finanzhilfen* (Art. 104 a (4) GG) - und, zuvorderst, also mit *prioritärer* Gewichtung, der *Neugliederung des Bundesgebietes* (Art. 29 GG) zur Verfügung. Letztere war übrigens bis 1976 noch eine Mußvorschrift, also eine Handlungsverpflichtung, um leistungsfähige Länder angesichts des räumlichen Strukturwandels aufrechtzuerhalten. Nach Reihenfolge im GG und Eingriffstiefe ist die Neugliederung das grundsätzlichste und tendenziell wirkmächtigste Instrument.

Vor wesentlichen Änderungen am Ausgleichsmechanismus des LFA i.e.S. müßte also stets der Einsatz des vorrangigen Instruments der Neugliederung geprüft und „ausgereizt“ werden. Es ist mehr als erstaunlich, daß eine zwanzig Jahre währende Debatte zum LFA das *Hauptinstrument* der Herstellung leistungsfähiger Länder, das das GG zur Verfügung stellt, so fast vollständig ausblendet. Dies geschah vermutlich v.a. aus dem tagespolitisch-pragmatischen Grund, daß hier mit dem *Volksentscheid* eine hohe Hürde angelegt und ein Mechanismus vorgesehen ist, vor dem die Tagespolitik zurückschreckt und den die Politiker anscheinend mehr fürchten als selbst Gänge zum BVerfG. Der negative Volksentscheid zur *Fusion Berlin-Brandenburg* scheint zusätzlich traumatisch zu wirken - und Politikervorurteile gegen Volksentscheide zu bestätigen, statt politisch aufgearbeitet zu werden (wobei der nächste Fusionsgang in Berlin und Brandenburg bereits heute vorbereitet wird).

Die ökonomische Welt ist gerade *räumlich besonders intensiver Dynamik* unterworfen. Ein *zentrales Muster räumlichen Strukturwandels* ist die komplexe Suburbanisierung, also die „Kernstadt-Umland“-Wanderung (und z.T. auch -Rückwanderung) mit Tendenzen der *Wohnsitz-* und *Arbeitsplatz-Suburbanisierung*, des *Tangentialpendelns* von Umlandgemeinde zu Umlandgemeinde, der (selektiven) Einbeziehung immer weiterer „Umlandringe“ in die Suburbanisierungsdynamik, neuen Arbeitsteilungen zwischen Umlandkreisen und Kernstadt, selektiver Reurbanisierung u.a.m.

Der Politikbereich der *Raumordnung* mit seiner Nutzungs- und Ressourcenplanung scheint dagegen geradezu dahin angelegt, einer der *ineffektivsten Politikbereiche zu sein*: er hat praktisch keine Rechtsverbindlichkeit und erlangt rechtsverbindliche Wirksamkeit erst auf der untersten Ebene des gemeindlichen

Bebauungsplanes, was seinen Charakter faktisch in Richtung auf ein kontraproduktiv turbulentes *System der* Bürgermeister- bzw. *Standorte-Konkurrenz* festschreibt. Dies widerspricht den erklärten Intentionen der Raumordungspolitik ebenso wie der Aufgabenstellung der Verfassung („gleichwertige Lebensverhältnisse"), zumal *zirkuläre* Verstärkungen und entsprechende *Ungleichgewichtsprozesse* die Regel der räumlichen Entwicklung darstellen, denen nur mit einem starken Instrumentarium der räumlichen *Ausgleichsplanung* beizukommen wäre.

Somit sind die Prozesse der räumlichen Suburbanisierung und *Dispersion* faktisch *kaum* politisch *steuerbar*. Sie stellen in der Tat wildwuchernde Prozesse dar, die selbst mit dem „neoliberalen" Euphemismus des „Standorte-Wettbewerbs" nur schwerlich als nützliche oder „effiziente" Prozesse glaubhaft gemacht werden können.

So laufen wir in der *politisch-administrativen Gliederung* des Bundesgebietes diesen wildwuchernden räumlichen Prozessen bestenfalls hinterher: Da ein politischer Wille zur Rahmen-Planung und -Steuerung der räumlichen Strukturentwicklung und des räumlichen Ressourcenverbrauchs offenbar nicht besteht, bietet sich als Lösung nur an, das „schwere" Instrument des GG, die Neugliederung, hier die Länder-Neugliederung, anzuwenden. Faktisch kann also nur so verfahren werden, daß durch (Länder-)Neugliederung den wildwuchernden räumlichen Dispersionsprozessen in Abständen von etwa zwanzig bis dreißig Jahren hinterhergelaufen wird, um sie *politisch-administrativ wieder „einzufangen"*.

Konkret und mit Bezug auf die Suburbanisierungsprozesse geht es hier um eine Neugliederung des Bundesgebietes mit Blick zunächst auf die *Stadtstaaten*, im weiteren auf alle *Großstädte und ihre Funktionalregionen*, die Agglomerationsräume.

Die Länder-Neugliederungsdebatte der letzten Jahre schießt dabei, soweit sie überhaupt geführt wurde, i.d.R. über das Ziel hinaus und hat i.d.R. *Größenphantasien* von Ländern der Größenordnung Bayerns, Nordrhein-Westfalens und Baden-Württembergs gehuldigt (s. z.B. Bergmann, Crome 1998), insbesondere zu Lasten von Stadtstaaten und - für den Norden - i.d.R. mit Fixierung auf einen *Nordstaat* (s. z.B. a. Hautau u.a. 1998). Andere, die beim Stadt-Umland-Problem ansetzen, enden vorschnell bei der simplen *Eingemeindung der Stadtstaaten* in die sie umgebenden Flächenländer (s. z.B. Lammers 1999).

Das widerspricht nicht nur den Analysen zum Verhältnis von *Globalisierung* und kleinräumlicher *Regionalisierung* sowie *lokaler Cluster- und Netzwerkbildung* (s. z.B. Elsner 2000), es widerspricht auch dem Gedanken eines *Europa der Regionen*, das auf der *gewachsenen Vielfalt der Regionstypen und -größen* aufbaut und seine *spezifische Effektivität* gerade aus dieser *regionalen Diversität* ziehen kann (s. z.B. Elsner 2001a), wobei die Stadtstaaten im europäischen Kontext eine spezifische Effektivität bewiesen haben (s. z.B. Elsner 2001b):

„Bestünde nicht (..) die Gefahr, daß solcherart (als Groß-Länder - W.E.) zusammengesetzte Bundesländer den Charme, die Identität und die Durchsetzungskraft französischer Departements entwickelten? Weder die Schweiz noch etwa ein Blick auf die Mitgliedstaaten der EU liefert Belege dafür, daß kleinere Verwaltungseinheiten zwangsläufig zu einer allokativ suboptimalen Versorgung mit öffentlichen Gütern oder Ineffizienzen führen müssen. Eine Harmonisierung (zu gleich großen Ländern - W.E.) bedeutet hingegen regelmäßig, daß die Gefahr eines Schlafmützenwettbewerbs heraufbeschworen wird“ (Diekmann 1999, 620f.).

Die größenfixierten Neuerungsvorschläge sind *einseitig an den Kosten der Kleinheit* orientiert, vermutlich weil die *"Kosten politischer Führung"* im LFA eine explizite Kategorie sind. Zudem wird einer *naiven Diseconomies-of-scale-Vorstellung* gehuldigt. V.a. aber wird die *spezifische Effektivität* des Regionstyps des Stadtstaates kaum beachtet (s.o.). Der Effektivitätsgewinn einer politisch-administrativen *Anpassung an die durch Suburbanisierung vergrößerte Funktionalregion* - unabhängig vom neoklassischen Argument der *fiskalischen Äquivalenz* - wird selten thematisiert (positiv dazu immerhin: Brenner, Heeg 1998).

Soll der spezifische (und effektive) Regionaltypus des Stadtstaates erhalten bleiben und leistungsfähig gemacht werden und nur die Nachteile der zwischenzeitlich stattgefundenen Suburbanisierung ausgeglichen und somit die Funktionalregion „Agglomeration“ politisch-administrativ neu abgebildet werden, so kommt die (Länder-)Neugliederungs-Alternative *Eingemeindung des Umlandes in die Stadtstaaten* vorrangig in Betracht (s. z.B. auch Brenner, Heeg 1998). Sie wäre auch eine *Alternative zur o.g. Neuordnung der Zerlegungsprinzipien* der Gemeinschaftssteuern.

Es ist zu Recht darauf hingewiesen worden, daß das Problem der Stadtstaaten auf Länderebene ein Problem abbildet, das auf kommunaler Ebene ein *allgemeines Großstädteproblem* ist, welches in den Flächenländern die Landesverfassungsgerichte ebenso intensiv beschäftigt wie der LFA das BVerfG (s. z.B. Dieckmann 1999). Hier liegt auch ein Schlüssel für die *politisch-strategische Beurteilung* des Projekts „Neugliederung des Bundesgebietes“ unter Einbeziehung der Stadtstaaten - *und* der Großstädte-Problematik: Die gerne als „K.O.-Argument“ benutzte Hürde des *Volksentscheids mit Mehrheiten in allen betroffenen Gebietsteilen* (Art. 29 (3) GG) sollte doch längerfristig durch eine Koalition überwindbar sein, die Interesse an einer langfristig tragfähigen grundsätzlichen Anpassung der politisch-administrativen an die räumlichen Strukturen hat. Zu einer solchen *Koalition für Länder-Neugliederung und Kommunalreform* gehören die *Stadtstaaten* und jene *Flächenländer*, die ihre *kommunalen FA-*

Systeme entlasten wollen, diesbezüglich auch Ruhe auf der Landesverfassungs-Ebene herstellen und schließlich eine leistungsfähigere Großstädte-Struktur herbeiführen wollen - und müssen (zum Beispiel „Neuordnung der Rhein-Main-Region" s. Brenner, Heeg, 1998, 668ff.). Dazu gehören auch die Großstädte selbst. Die Umland-Kreise dürften zu den Gegnern dieser Neuordnung gehören, ebenso wie - möglicherweise - die die Stadtstaaten umgebenden Länder Niedersachsen, Schleswig-Holstein und Brandenburg. Eine politisch-administrative Mehrheit von Ländern für eine *Agglomerationen-orientierte Länderneugliederung und Gebietsreform*, mit Interessen auch der drei soeben genannten Länder an der Lösung ihrer eigenen Großstädteproblematiken, dürfte bei ein wenig Engagement ausreichen, die Bevölkerung der Umlandkreise davon zu überzeugen, daß auch ihnen mit fiskalisch kränkelnden Großstadtzentren und Stadtstaaten nicht geholfen ist sondern nur dann, wenn sie Teile *leistungsfähiger Großstadtregionen* werden können. Warum sollte dieses große politische Reformprojekt, das etwa im Vierteljahrhundert-Rhythmus relevant wird, als die eigentliche und grundlegende Herstellung räumlich und administrativ rationalerer Strukturen, bei Unterstützung durch seine zahlreichen potentiellen Interessenten eigentlich zum Scheitern verurteilt sein?

Der Beitrag von *Silvia Mielke* im vorliegenden Band widmet sich dieser grundlegendsten aller Reformalternativen zum föderalen Ausgleichssystem in der Bundesrepublik Deutschland am Beispiel der *Eingemeindung des Umlandes in den Stadtstaat Bremen*. Ziel ist es zu zeigen, daß der *LFA i.e.S.* dadurch *entlastet* werden kann, die *Stadtstaaten-Struktur* (und der Stadtstaat als ein zukunftsfähiger europäischer Regionaltypus) *aufrechterhalten* sowie ein *leistungsfähiges Bundesland* geschaffen werden kann.

Neben wirtschaftsstrukturellen Einbrüchen und den Einbrüchen aufgrund der Veränderung im primären horizontalen FA (Lohn- und Einkommensteuerzerlegung nach Wohnsitzprinzip) im Jahre 1969 - und in Verbindung mit letzterer - ist zentral auch die siedlungsstrukturelle Entwicklung (Suburbanisierung) für die Entstehung der extremen Haushaltsnotlage des Stadtstaates verantwortlich zu machen, was Zeitreihen seit den sechziger Jahren deutlich indizieren (s. den Beitrag von S. Mielke).

Die fiskalische Situation eines hypothetisch um den suburbanen Gürtel erweiterten Landes Bremen (wobei *Bremen neu* aus Datengründen hier nur landkreisscharf abgegrenzt werden konnte - die ideale, kreisscharfe Abgrenzung wird allerdings wenigstens beschrieben) verbessert sich deutlich. „Bremen neu" gewänne - trotz Mindereinnahmen aus dem LFA i.e.S. gut 1,2 Mrd. DM (Rechnung 1999) im LFA i.w.S. hinzu. Wesentlich läge dies an *Mehreinnahmen aus den Umsatzsteueranteilen* der Länder (ca. 1,4 Mrd. DM mehr). Das Land würde dabei das Umverteilungsvolumen im *LFA i.e.S.* sogar um ca. 340 Mio. DM (1999) *entlasten.*

Das Land Bremen könnte also einen großen Schritt auf die fiskalisch gesicherte Selbständigkeit machen und seine *LFA-Abhängigkeit* auf etwa die Hälfte *reduzieren*. Die *fiskalische Gesamtlage* (Einnahmen *und* Ausgaben) des erweiterten Landes wäre strukturell verbessert: die *Haushaltsdefizite* ließen sich von 2,6 Mrd. DM auf knapp 600 Mio. DM (1999) *reduzieren* (Mehreinnahmen per Saldo also 2 Mrd. DM). (Unberücksichtigt bleiben aufgrund von Datenmängeln noch die vom Land zu finanzierenden Ausgaben für seine neuen Landkreise.) Mit seinen neuen Gemeinden hätte Bremen Mehreinnahmen i.H.v. ca. 7 Mrd. DM (1999) (plus 57%). Die Ausgaben würden erwartungsgemäß nicht proportional anwachsen, so daß sich das *Finanzierungsdefizit* von ca. 21% auf 3% *reduzieren* würde.

Dabei wurde zunächst der Charakter von „Bremen neu" als *Flächenland* angenommen - und somit die *Einwohnerwertung* (EW) bei der Berechnung der Ausgleichsmaßzahl im LFA i.e.S. zunächst vernachlässigt. Gelänge eine Herstellung der Datengrundlagen und eine Simulation für ein *gemeindescharf* (unter Einschluß nur der *direkten Umlandgemeinden) abgegrenztes* Land, so bliebe der *Charakter als Stadtstaat* - so könnte argumentiert werden -grundsätzlich erhalten und die Berechnung müßte die *EW* weiterhin einbeziehen. Ein solches Land „Bremen neu" könnte sogar *Haushaltsüberschüsse* ausweisen. Eine Simulation „mit EW" auf Basis landkreisscharfer Abgrenzung läßt die Mehreinnahmen im LFA i.w.S. von 1,2 Mrd. DM (s.o.) auf 3,8 Mrd. DM (1999) ansteigen. Dies zeigt natürlich auch die große finanzielle Bedeutung der EW (s.u.). Ein gemeindescharf abgegrenztes Bundesland *mit EW* im LFA dürfte angesichts dieser Steigerung also mit Sicherheit seine Netto-Mehreinnahmen soweit erhöhen, daß das *Haushaltsdefizit* i.H.v. von ca. 600 Mio. DM (s.o.) *völlig verschwinden* würde.

Naheliegenderweise profitieren - neben dem *fiskalischen Verlierer* dieser Reform, dem Land *Niedersachsen* - alle anderen Bundesländer in der Variante ohne EW. In der Simulation mit EW verlieren alle, jedoch mit vergleichsweise moderaten Beträgen von zwischen 19 und 315 Mio. DM. Im ersten Fall müßten die Gewinner Niedersachsen mit ihren gewonnenen Beträgen (i.H.v. insgesamt ca. 800 Mio. DM) kompensieren. Niedersachsen wäre auch danach in jedem Fall noch zu *kompensieren*, und zwar i.H.v. 1,2 Mrd. DM (1999) im Fall ohne EW und i.H.v. knapp 2,5 Mrd. DM im Fall mit EW. Rezepte für die Schließung dieser „Lücke" im Reformprojekt „Länder-Neugliederung unter besonderer Berücksichtigung der Stadtstaaten" sind natürlich nicht leicht zur Hand. Bedenkt man jedoch, daß der Bund sich die „Maßstäbe"-Reform ohne großen Widerstand 2,5 Mrd. DM hat kosten lassen, wäre die Schaffung fiskalisch gesicherter Stadtstaaten eine Reform, deren Tragweite den Einsatz eines entsprechenden Betrages an Bundesmitteln rechtfertigen könnte, zumal der Bund von leistungsfähigen Stadtstaaten ebenfalls fiskalisch profitieren könnte (was noch zu berechnen wäre; für Berlin wären entsprechende Simulationen ohnehin noch vorzunehmen). Die Sanierung von Bremen und Berlin durch Eingemeindung der Agglomerationsgürtel könnte Kompensationen für Niedersachsen und Brandenburg i.H.v. insgesamt deutlich über 5 Mrd. DM erfordern, wobei die Ausgabenseiten dieser beiden dann verkleinerten Länder allerdings ebenfalls entlastet wären.

Eine *Kosten-Nutzen-Abschätzung* einer solchen Reform insgesamt steht natürlich noch aus. Die hier diskutierte Reformoption zeigt jedoch, daß *Reformen „an der Wurzel" des förderalen Systems* leistungsfähige Länder entstehen lassen können - daß allerdings noch erheblicher Forschungsbedarf besteht.

6 Die Einwohnerwertung als verallgemeinertes Prinzip einer differenzierten Raumentwicklung

Die Simulation für einen lebensfähigen Stadtstaat „Bremen neu" ohne und mit EW hat die große fiskalische Wirksamkeit der EW deutlich gemacht.

Die *Existenz der Stadtstaaten* ist - entgegen zahlreicher anderslautender Stellungnahmen von interessierten Seiten während der Debatten der letzten Jahre - vom BVerfG auch 1999 *bestätigt* worden und kann nach dem MaßstG endgültig nicht mehr in Frage gestellt werden. Die *historisch gewachsene strukturelle Eigenart* der Stadtstaaten ist vom BVerfG ja auch in früheren Urteilen stets anerkannt, die EW daher als *sachgerecht* bezeichnet worden. Ausgeschlossen sind damit auch alle „Lösungs"-Optionen für die *raumstrukturierenden Zentrumsleistungen* der Stadtstaaten, die das Problem ausschließlich auf das *bilaterale Verhältnis* zu den angrenzenden Flächenländern reduzieren und dorthin abwälzen wollen. Die EW bleibt eine *Aufgabe des gesamten föderalen Solidarverbundes*, den unsere Verfassung will (s. z.B. auch Vesper 2000).

Das BVerfG - und hier ist das MaßstG ansatzweise gefolgt - hat die EW nicht nur als kollektive Aufgabe bestätigt, sondern *als Prinzip* auf alle Fälle *struktureller Benachteiligungen von Raumstrukturen*, die das Verfassungsgebot gleichwertiger Lebensverhältnisse beeinträchtigen können, *verallgemeinert*. Das MaßstG behält konsequenterweise nicht nur die EW für die Stadtstaaten (135%) bei, sondern führt zusätzlich EW für *besonders dünn besiedelte Regionen* ein (MV: 105%, BB: 103%, ST: 102%).

Die tatsächlichen EW der Stadtstaaten i.H.v. 135% liegen jedoch, wie bereits die Gutachten, die dem BVerfG-Urteil von 1992 zugrundelagen, ergeben hatten, am unteren Rande des bedarfsbezogen im Großstädtevergleich berechneten Spektrums. Eine aktualisierte Berechnung im Jahre 2001 (s. Hummel 2001) hat Bandbreiten von 131 bis 147% (Berlin: 131-144, Hamburg: 132-145, Bremen: 133-147%) ergeben. Bei Vergleich allein mit den *Landeshauptstädten* ergeben sich Werte zwischen 149 und 155%. Würden die *Gemeindesteuern* der Großstädte vollständig einbezogen, würden sich die Werte generell um rund 9%-Punkte erhöhen, bei Einbeziehung der Gemeindesteuern um 64% (entsprechend der Berücksichtigungsquote im MaßstG) also um knapp 6%-Punkte. Für Bremen ergäbe sich damit ein „wahrscheinlich angemessener" Wert einer dauerhaft tragfähigen EW i.H.v. knapp 146%, das sind 11%-Punkte bzw. gut 8% mehr als nun im MaßstG festgeschrieben. Bei Berücksichtigung als Landeshauptstädte für das relevante Umland ergäben sich knapp 158%, also 23%-Punkte bzw. 17% über Status Quo.

Der im vorliegenden Band enthaltene Beitrag von *Isabel Sünner* ist ein Ausschnitt aus einer umfangreichen Expertise zur Diskussion um die EW der Stadtstaaten unter Einbeziehung der aktuellen BVerfG-Entscheidung. Er belegt und expliziert die „neue Finanzausgleichs-Welt" mit *generalisierter EW* für besonders belastete Regionstypen. Die konkreten Regelungen des MaßstG und des neuen FAG-Entwurfs konnten hier noch nicht berücksichtigt werden, was den grundsätzlichen Aussichten, die für das FA-Institut der EW hier entwickelt werden, jedoch keinen Abbruch tut.

Zu fragen ist (und gefragt wird), wie sich die Verhältnisse der drei grundlegenden Modelle im und zum FA, (1) *Länder-Neugliederung*, (2) *Lohnsteuerzerlegung nach Arbeitsstätten*, (3) *Einwohnerwertung*, darstellen. Wie erwähnt bilden Reformprojekt (1) und (2) tatsächlich alternative Lösungen des Zentren-Problems während ein Projekt (1), das den Stadtstaatencharakter beibehält, mit Modell (3) nicht nur kompatibel ist, sondern geradezu zusammengehört. Im Beitrag von Isabel Sünner schließlich werden Projekte (2) und (3) vergleichend geprüft. Eine *Lohnsteuerzerlegung*, die die *Finanzkraft* der Stadtstaaten erhöht, muß dabei nicht eine *EW* ausschließen, die den erhöhten *Bedarf* abbildet. Die Lohnsteuerzerlegung nach Arbeitsstätten wird in jedem Fall den Ausgleichsbedarf im LFA i.e.S. sinken lassen. Die Expertise kommt diesbezüglich u.a. zu dem Ergebnis, daß eine (moderate) EW (und 1,35 ist angesichts der aktualisierten Bedarfsbandbreiten - s.o. - zweifelsfrei als moderat zu bezeichnen) in Kombination mit der hälftigen Zerlegung nach Arbeitsstätten - jenseits einer Länder-Neugliederung, die in diesem Beitrag nicht mitbetrachtet wird - „wohl das fairste Modell" sei.

7 Schlußbemerkung

Ein kombiniertes *Maßnahmebündel aus grundlegenden*, strukturell und dauerhaft finanzkraftsteigernden *Reformalternativen* des FA i.w.S. erweist sich angesichts der in diesem Band versammelten Expertisen und Simulationsrechnungen als voraussichtlich hinreichend tragfähig, um *Stadtstaaten* entstehen zu lassen, die nicht mehr die Sorgenkinder des LFA sein müssen, deren *Finanzkraft* ihrer originären *Wirtschaftskraft angenähert* ist, die fiskalisch nicht mehr am Tropf des sekundären horizontalen LFA oder der BEZ hängen und die ihre *raumstrukturierenden Wirkungen als Zentren* eines mehr oder weniger großen Umlandes aktiv wahrnehmen und entsprechend *bedarfsgerecht kompensiert* bekommen.

Wenn der „Rauch“ des Maßstäbe-Kompromisses und des neuen FAG/SFG verzogen sein wird - und dies wird recht bald der Fall sein - wird vielleicht ein stärkeres Bewußtsein dafür entstehen, daß eine generalisierte EW offensiver als Instrument entwickelt wird und daß *Reformen stärker an der „Basis“ des FA-Systems* i.w.S., also bei langfristig wirtschafts- und finanzkraftstärkenden Maßnahmen, der *politisch-administrativen Neuordnung* und der *Steuerzerlegung in größerer Nähe zum Aufkommen*, stattfinden sollten.

Sollte neben der Einsicht dann auch der politische Mut dafür entstehen, wird man (nach 2002) mittelfristig auf die Modelle und Argumentationslinien der Beiträge des vorliegenden Bandes zurückgreifen können.

Literatur

Bergmann, Eckhard, Crome, Barbara, 1998, „Föderalismus, Raumordnung, Länderneugliederung", in: Informationen zur Raumentwicklung, Heft 10, 631-645.

Brenner, Neil, Heeg, Susanne, 1998, „Leistungsfähige Länder, konkurrenzfähige Stadtregionen? Standortpolitik, Stadtregionen und die Neugliederungsdebatte in den 90er Jahren", in: Informationen zur Raumentwicklung, Heft 10, 661-672.

Bundesrat, 2001, „Gesetz über verfassungskonkretisierende allgemeine Maßstäbe für die Verteilung des Umsatzsteueraufkommens, für den Finanzausgleich unter den Ländern sowie für die Gewährung von Bundesergänzungszuweisungen (Maßstäbegesetz - MaßstG-)", Bundesrats-Drucksache 485/01 v. 6.7.2001 (http://www. bundesregierung. de/dokumente/Artikel/ix_31176.htm v. 28.9.2001).

Bundestag, 2001, Deutscher Bundestag, „Entwurf eines Gesetzes zur Fortführung des Solidarpaktes, zur Neuordnung des bundesstaatlichen Finanzausgleichs und zur Abwicklung des Fonds 'Deutsche Einheit' (Solidarpaktfortführungsgesetz - SFG)", BT-Drucksache 14/7063, vom 9.10.2001.

Diekmann, Berend, 1999, „Neugliederung des Bundesgebietes - kein Königsweg zu mehr Effizienz im Bundesstaat", in: Wirtschaftsdienst, Heft X, 619-621.

DIW, 1989, Deutsches Institut für Wirtschaftsforschung, „Regionales Gefälle in der öffentlichen Finanzkraft verlangt nach umfassenden Lösungen", in: DIW-Wochenbericht, 56. Jg., Nr. 3, 27-34.

Ebert, Werner, Meyer, Steffen, 1999, „Die Anreizwirkungen des Finanzausgleichs", in: Wirtschaftsdienst, Nr. II, 106-114.

Elsner, Wolfram, 2000, „An Industrial Policy Agenda 2000 And Beyond - Experience, Theory and Policy", in: W. Elsner, J. Groenewegen (Eds.), „Industrial Policies After 2000", Boston, Dordrecht, London: Kluwer Acad. Publ., 411-486.

-, 2001a, „Regionalisierung und Neuer Regionalismus. The Big Divide: Neoliberalismus oder proaktive Regionalpolitik", in: Informationen zur Raumentwicklung, Heft 9/10, 575-587.

-, 2001b, „An Interactive Economic Policy Approach to Manage Structural Change: the case of industry conversion in the German state of Bremen, in: International Review of Applied Economics, Vol. 15, No. 4 (ersch. demn.).

Hautau, Heiner, Bürgel, Oliver, Vogeler, Thomas, 1998, „Aspekte einer politischen Neugliederung der Nordregion: Der Nordstaat", in: Informationen zur Raumentwicklung, Heft 10, 673-685.

Hummel, Marlies, 2001, „Einwohnerwertung der Stadtstaaten gemäß §9 Abs. 2 FAG - Aktualisierung der Ergebnisse des Gutachtens des Ifo-Instituts aus dem Jahre 1986/87, Expertise im Auftrag der Senatsverwaltung für Finanzen, Berlin, des Senators für Finanzen, Bremen, und der Finanzbehörde Hamburgs", München, Königswinter (mimeo).

Lammers, Konrad, 1999, „Neugliederung des Bundesgebietes zwischen Standortwettbewerb und Finanzverfassung", in: Wirtschaftsdienst, Heft VII, 429-434.

Vesper, Dieter, 2000, „Quo vadis, Länderfinanzausgleich?", in: DIW-Wochenbericht, 67. Jg., Nr. 26 (www.diw-berlin.de/diwwbd/00-26-1).

Silvia Mielke

Länder-Neugliederung zur Sicherung leistungsfähiger Stadtstaaten - Eine Simulationsrechnung für ein erweitertes Bundesland Bremen

Inhaltsverzeichnis

1 Problem 31

2 Entwicklung des Stadtstaates Bremen im Rahmen der Länderfinanzierung 33

2.1 Finanzwirtschaftliche Entwicklung 33

2.1.1 Entwicklung im Rahmen des sekundären horizontalen Finanzausgleichs 33

2.1.2 Entstehung der Finanzkrise Bremens 35

2.2 Aktuelle Situation und Reformvorschläge 38

2.3 Raum- und siedlungsstrukturelle Entwicklung 40

3 Modellrechnung zur fiskalischen Lage eines räumlich erweiterten Stadtstaates Bremen 43

3.1 Ausgewählte Landkreise 44

3.1.1 Daten zur Lage und Bevölkerung der ausgewählten Landkreise und kreisfreien Städte 44

3.1.2 Eingangsdaten zur Modellrechnung des bundesstaatlichen Länderfinanzausgleichs 46

3.2 Ergebnisse der Modellrechnung des sekundären Finanzausgleichs 49

4 Zusammenfassung und Schlußfolgerung 56

Literatur- und Quellenverzeichnis 60

Anhang: Ergänzende Berechnungen 64

1 Problem

Das kleinste Land der Bundesrepublik Deutschland ist das aus den Städten Bremen und Bremerhaven bestehende Bundesland Bremen. Eine Vielzahl von Faktoren, die in der vorliegenden Arbeit beschrieben werden sollen, führten im Laufe der Zeit immer mehr zu einer Belastung der finanziellen Situation Bremens, so daß sich das Land heute in einer extremen Haushaltsnotlage befindet. Die Finanzverfassung der Bundesrepublik Deutschland schreibt ein Ausgleichssystem, den Länderfinanzausgleich, vor, bei dem nach einem Vergleich der Finanzkraft der Bundesländer Zahlungen von finanziell besser gestellten an finanziell schlechter gestellte Länder erfolgen. Bremens Abhängigkeit von diesen Zahlungen hat sich im Laufe der Jahre soweit verstärkt, daß das Land ohne sie kaum überlebensfähig wäre.[1]

Die aktuelle Diskussion um eine Neuordnung des Systems des Länderfinanzausgleichs ist somit für den Stadtstaat Bremen sehr kritisch zu beobachten. Ein Faktor dabei ist die Infragestellung der erhöhten Einwohnerwertung der Stadtstaaten. Durch diese erhöhen sich Ausgleichszuweisungen an die finanziell schlechter gestellten Stadtstaaten Bremen und Berlin, bzw. verringern sich die Ausgleichsbeiträge des finanziell besser gestellten Stadtstaates Hamburg. Eine Verringerung oder Abschaffung der erhöhten Einwohnerwertung bedeutet für Bremen also verminderte Einnahmen und dadurch eine weitere Verschärfung der Haushaltsnotlage.

Vor allem von den sogenannten Geberländern wurde und wird eine Zusammenlegung des Stadtstaates mit einem Flächenland oder sogar die Bildung eines Nordstaates zur Diskussion gestellt, sollte das Land nicht aus eigener Kraft überlebensfähig sein.[2] Diese Idee beruht auf dem Umstand, daß der enge räumliche Zuschnitt des Landes Bremen ein ausschlaggebender Faktor für die finanzielle Krise ist. Großstädte erfüllen bestimmte Aufgaben und erbringen Leistungen, die auch von ihrem Umland genutzt werden. So werden infrastrukturelle Leistungen zur Verfügung gestellt, Universitäten, Theater und andere Einrichtungen geboten, deren Finanzierung dem jeweiligen Land zufällt. In einem Flächenland gehören Stadt und Umland zu einem Bundesland, so daß in dieser Beziehung ein interner Ausgleich stattfindet, und damit auch das Umland zur Finanzierung der erbrachten Leistungen beiträgt. Bei Stadtstaaten liegt das Umland dagegen außerhalb der Landesgrenzen, es erfolgt insofern keine finanzielle Beteiligung. Durch bestimmte Zerlegungsmechanismen verringern sich außerdem die steuerlichen Einnahmen der Stadtstaaten durch die Zugehörigkeit des Umlandes zu einem anderen Bundesland. Der im Laufe der Jahre einsetzende

---

[1] Vgl. Hickel (1998), S. 27f.

[2] Vgl. u.a. ebenda S. 26 ff., Arndt (1998), S. 79, Huber (1998), S. 524, Rutz (1995), S. 69 ff., S. 73 ff.

Suburbanisierungsprozeß verstärkte die negative Bedeutung des engen räumlichen Zuschnitts Bremens und zeigt die enge Verflechtung des Stadtstaates mit seinem Umland.[3]

Die vorgeschlagene Eingliederung in ein Flächenland ist jedoch nicht der einzig mögliche Ausweg aus der finanziellen Krise. Auch eine räumliche Vergrößerung des Stadtstaates Bremen könnte der Weg zu einem nachhaltig fiskalisch lebensfähigen Bundesland Bremen sein.

Die vorliegende Arbeit untersucht die räumliche Erweiterung Bremens um acht ausgewählte Landkreise und kreisfreie Städten Niedersachsens. Im Mittelpunkt stehen die Auswirkungen einer solchen Vergrößerung auf den Länderfinanzausgleich.

Die ursprünglich im Anschluß dargestellten Grundlagen des Systems der Länderfinanzierung in der Bundesrepublik Deutschland entfallen in dieser Veröffentlichung aufgrund von Überschneidungen mit der in diesem Buch befindlichen Arbeit von Frau Sünner.

Kapitel 2 beschreibt die Entwicklung des Stadtstaates Bremen bis hin zur extremen Abhängigkeit von den Ausgleichszuweisungen. Es wird der Zeitraum von 1950 bis 1999 betrachtet, wodurch eine zeitliche Einordnung der Entstehung der Finanzkrise erfolgen soll. Dabei wird diese sowie die Stellung Bremens im Rahmen des Länderfinanzausgleichs dargestellt. Die Betrachtung der raum- und siedlungsstrukturellen Veränderungen des oben genannten Zeitraumes kann auch eine Erklärung für die finanzielle Entwicklung des Landes geben.

Die Diskussion der aktuellen Situation und der Reformvorschläge führt zusammen mit der Betrachtung der raum- und siedlungsstrukturellen Veränderungen zu Kapitel 3. Hier erfolgt die Modellrechnung zur fiskalischen Lage eines räumlich erweiterten Stadtstaates Bremen. Diese Rechnung hat die Stellung eines neuen Landes Bremen im System des Länderfinanzausgleichs zum Mittelpunkt. Die Grundlage für eine solche Modellrechnung geben die jeweiligen Daten der ausgewählten Landkreise und kreisfreien Städte. Diese Daten müssen auf ihre Verfügbarkeit untersucht und gegebenenfalls mit Einschränkungen oder Annahmen zu Eingangsdaten der Simulation des Länderfinanzausgleichs modelliert werden. Ausgehend von den Ergebnissen der Modellrechnung soll auf die gesamte finanzielle Bedeutung der ausgewählten Landkreise und kreisfreien Städte insgesamt eingegangen werden. Das benötigte Zahlenwerk zu Kapitel 3 befindet sich im Anhang der vorliegenden Arbeit.

Die in Kapitel 3 vorgenommene Darstellung kann jedoch nur eine Tendenz aufzeigen, da die gesamtfiskalische Lage eines fiktiven neuen Bundeslandes Bremen eine Vielzahl von weiteren Untersuchungen erfordert, die im Rahmen die-

[3] Vgl. Elsner/Gebauer (1995), S. 1, Prigge (1998), S. 15 ff.

ser Arbeit nicht geleistet werden können. Ebenso können die rechtlichen Grundlagen für eine Neugliederung des Bundesgebietes und eventuelle Vergleiche sowie die Veränderung der finanziellen Situation Niedersachsens hier nicht dargestellt werden. Ein positives Ergebnis der Modellrechnung der Situation eines räumlich erweiterten Bundeslandes Bremen im Rahmen des Länderfinanzausgleichs könnte aber schon eine Ausgangspunkt zu Lösungswegen aus der finanziellen Krise des Landes aufzeigen.

Den Abschluß der vorliegenden Arbeit bildet die Betrachtung der Ergebnisse und das Aufzeigen eventueller Ansatzpunkte für weitere Forschungen.

2 Entwicklung des Stadtstaates Bremen im Rahmen der Länderfinanzierung

Die Situation des Stadtstaates Bremen hat sich seit Gründung der Bundesrepublik Deutschland nachhaltig verändert. Von einem, verglichen mit dem Bundesdurchschnitt, finanziell besser gestellten Land entwickelte sich Bremen zu einem Land in extremer Notlage, das ohne Hilfe in Form von Finanzzuweisungen der Bundes und der Länder im Rahmen des Finanzausgleichs nicht überlebensfähig wäre.[4] Ein wesentlicher Faktor der Veränderung der Struktur des Stadtstaates bzw. der Region Bremen war der im Laufe der Zeit einsetzende Suburbanisierungsprozeß in Verbindung mit der Finanzreform von 1969.

Die nachfolgenden Ausführungen geben einen Überblick zur Entwicklung sowohl in finanzieller als auch in raum- und siedlungsstruktureller Hinsicht. Außerdem sollen die aktuelle Situation und verschiedene Reformvorschläge vorgestellt werden. Die Entwicklung der Stellung Bremens im Finanzausgleich soll einführend die Veränderungen veranschaulichen.

2.1 Finanzwirtschaftliche Entwicklung

2.1.1 Entwicklung im Rahmen des sekundären horizontalen Finanzausgleichs

Einen Überblick über die Entwicklung Bremens im System des sekundären horizontalen Länderfinanzausgleichs von 1950 bis 1979 für die in dieser Zeit der Bundesrepublik Deutschland zugehörigen Bundesländer gibt Tabelle 1. Das Ausgleichsjahr 1970 brachte für alle Länder im damaligen Bundesgebiet einschneidende Veränderungen, doch nur Bremen wurde von einem bis dahin überwiegend ausgleichspflichtigen zu einem bis heute ausgleichsberechtigten Land. 1969 mußte der Stadtstaat 12,9 Mio. DM an Ausgleichsbeiträgen zahlen, das entsprach einem Anteil von ca. 1,25% der Steuereinnahmen des Landes. Im Ausgleichsjahr 1970 erhielt der Stadtstaat mit 89,5 Mio. DM Ausgleichszuwei-

[4] Vgl. z.B. Hickel (1998), S. 27 ff.

sungen die einem Anteil von ca. 8,72% der Steuereinnahmen des Jahres entsprachen.[5]

Die wichtigsten Veränderungen im Ausgleichssystem, die Bremen betreffen, sollen hier dargestellt werden.

Tabelle 1: Entwicklung der Finanzausgleichszahlungen unter den Ländern von 1950 bis 1979 (Auszüge)[6]

-in Mio. DM-

	BW	BY	HB	HH	HE	NI	NW	RP	SL	SH
1950	-69,0	35,4	-1,3	-36,6	-30,3	80,8	-134,7	50,5		105,3
1951	-31,4	13,3	-	-36,6	-19,0	26,3	-83,2	28,9		101,8
1952	-45,4	15,3	-	-40,2	-	56,2	-135,2	33,1		116,3
1953	-72,2	29,6	-4,7	-18,8	-	57,4	-151,5	20,5		143,7
1954	-71,6	23,6	-4,5	-20,8	-	53,2	-140,9	21,9		139,1
1958	-119,7	220,3	-11,0	-265,2	-72,2	266,8	-486,6	224,6		243,0
1959	-149,6	233,1	-1,4	-318,5	-56,0	258,0	-499,9	279,9		254,5
1961	-191,1	219,3	-	-332,9	-155,3	446,6	-752,5	332,8	127,9	305,2
1963	-301,2	194,1	-	-390,0	-228,5	398,5	-526,6	335,0	161,9	335,8
1964	-358,1	232,6	-	-359,5	-314,4	430,7	-492,8	325,5	176,7	356,2
1965	-367,3	188,8	12,0	-322,9	-361,6	509,0	-539,3	323,1	208,5	349,7
1966	-434,2	140,6	9,0	-353,3	-409,8	501,0	-406,8	351,1	220,1	382,2
1967	-467,4	122,1	-4,6	-422,8	-421,3	678,0	-422,9	335,6	231,8	371,4
1968	-431,1	100,7	-2,8	-481,8	-437,6	612,4	-372,1	362,5	257,1	392,7
1969	-619,2	232,9	-12,9	-690,5	-624,2	888,2	-486,5	489,1	302,9	520,2
1970	-314,4	148,2	89,5	-294,0	-290,0	407,3	-316,9	228,4	142,8	199,1
1971	-380,4	198,9	50,3	-345,0	-195,8	450,5	-368,1	238,7	143,0	207,9
1972	-592,4	178,3	72,7	-309,9	-309,6	610,7	-343,8	291,5	155,6	246,9
1973	-590,3	167,0	70,5	-331,2	-363,1	679,3	-341,2	247,7	184,6	276,7
1974	-508,4	346,4	54,8	-508,0	-321,4	742,8	-572,2	298,6	194,8	276,2
1975	-660,5	368,6	45,5	-544,2	-206,1	717,6	-433,5	294,3	178,9	239,4
1976	-719,3	332,1	51,5	-541,5	-192,0	768,3	-504,6	340,7	195,5	269,3
1977	-1057,9	399,3	144,7	-618,2	-258,4	929,1	-357,8	286,6	210,8	321,8
1978	-1084,7	299,0	154,8	-581,8	-471,6	885,7	-121,8	355,5	216,0	354,4
1979	-1135,6	327,7	235,0	-832,5	-517,7	1002,2	-	291,1	228,0	401,6

Quelle: Verändert nach Pagenkopf (1981), S. 168, 215, 261.

[5] Berechnet nach: Statistisches Landesamt Bremen (1970), S. 242, Statistisches Landesamt Bremen (1975), S. 331.

[6] Zu berücksichtigen: Das Saarland wurde 1957 an die Bundesrepublik Deutschland rückgegliedert, eine Einbeziehung in den Länderfinanzausgleich fand erst später statt. Der nach dem Krieg abgetrennte „Bayrische Kreis Lindau" wurde 1955 wieder mit Bayern vereinigt, in. o.a. Tabelle wurde er aber von Beginn mit Bayern zusammen bewertet. Berlin hatte einen Sonderstatus inne und wurde in den allgemeinen Finanzausgleich nicht einbezogen. Vgl. Akademie für Raumforschung und Landesplanung (1977), S.275, 406 und Pagenkopf (1981) S. 168 f.

1950 wurde die sogenannte Hanseatenklausel im Rahmen des Finanzausgleichs unter den Ländern eingeführt. Es sollte hierbei sichergestellt werden, daß die Stadtstaaten nicht schlechter gestellt sind als vergleichbare finanzstarke Flächenstaaten. Lagen nach einer Vergleichsrechnung die Steuereinnahmen Bremens oder Hamburgs hinter den Vergleichsbeträgen, waren die Ausgleichszuweisungen bzw. die Ausgleichsbeiträge zu korrigieren. Die Korrekturbeträge wurden eingebracht, indem entweder die zu zahlenden Ausgleichsbeiträge der Stadtstaaten herabgesetzt wurden, oder, wenn ein Stadtstaat ausgleichsberechtigt war, die ausgleichspflichtigen Flächenländer zusätzliche Zahlungen aufbringen mußten. Praktisch wirksam wurde die Hanseatenklausel nur von 1955 bis 1957 zugunsten von Bremen.[7] Im dem Urteil des Bundesverfassungsgerichts von 1986 wurde die Hanseatenklausel, die inzwischen auch keine Anwendung mehr fand, für nicht verfassungskonform erklärt.[8]

Seit 1950 wurden die Hafenlasten der Stadtstaaten berücksichtigt,[9] indem die für die Ermittlung der Steuerkraft maßgeblichen Steuereinnahmen um einen prozentualen Anteil gekürzt wurden. Ab 1959 wurden die Hafenlasten mit festen Beträgen, denen die Aufwendungen für ihre jeweiligen Häfen zugrunde lagen, einbezogen.[10]

1959 erfolgte die Einführung der erhöhten Einwohnerwertung zur Berechnung der personenbezogenen Finanzkraft im Bereich der Landessteuern für die Stadtstaaten. Für Bremen galt vorerst eine Wertung von 125 v.H., 1970 wurde diese auf 135 v.H. angehoben.[11]

Im Rahmen der Finanzreform von 1969 wurde die Zerlegung der Lohnsteuer nach dem Wohnsitzprinzip sowie die Verteilung der Umsatzsteuer größtenteils nach Einwohnern festgelegt.[12]

2.1.2 Entstehung der Finanzkrise Bremens

Die Entstehung der Finanzkrise Bremens vollzog sich in den siebziger Jahren.[13] Abbildung 1 zeigt die Entwicklung der Deckungsquote[14] von 1970 bis 1985.

---

[7] Vgl. Selmer/Brodersen (1984), S. 65 f. und Hidien (1999), S. 528 f.

[8] Vgl. BVerfGe 72, 330 (419).

[9] Die Berücksichtigung der Hafenlasten ist nicht stadtstaatenspezifisch, vgl. auch Hickel (1998), S. 35 und den Abschnitt Sünner in diesem Buch.

[10] Vgl. Renzsch (1991), S. 181. Zugleich wurden auch erstmalig die niedersächsischen Lasten für den Hafen Emden anerkannt. Ebenda.

[11] Vgl. Hidien (1999), S. 399 f.

[12] Vgl. Kitterer et al. (1994), S. 7.

[13] Vgl. im folgenden Hickel et al. (1988), S. 1 ff.

[14] Die Deckungsquote „gibt an, welcher Teil der volkswirtschaftlichen Gesamtausgaben durch die volkswirtschaftlichen Gesamteinnahmen ohne besondere Finanzierungsvorgänge gedeckt wird und in welcher Höhe eine Kreditfinanzierung erforderlich ist." Ebenda, S. 2.

Zwischen 1970 und 1972 entwickelte sich die Deckungsquote noch auf vergleichbarem Niveau mit denen der Flächenländer. Ab 1973 fand eine Entwicklung statt, die sich deutlich von der der Flächenländer unterschied. Die Dekkungsquote sank rasch ab, was zur Folge hatte, daß die pro Kopf Verschuldung und die Zinslastquote[15] ca. drei mal so hoch als in den Flächenländern ausfielen. Nach kurzfristiger Annäherung der Deckungsquoten Bremens und der der Flächenländer zwischen 1977 und 1979 wurde der Abstand wieder größer.

Die Anfang der siebziger Jahre stattfindende finanzielle Abkopplung Bremens fand in einem relativ kurzen Zeitraum statt. Die benötigten hohen jährlichen Nettokreditaufnahmen kumulierten und hatten hohe Zinsausgaben zur Folge, die mit einem immer größer werdenden Teil der Einnahmen des Landes finanziert werden mußten. Es folgte ein Prozeß der Selbstverstärkung der Finanzkrise: Selbst unter der Annahme, daß der Abstand der Deckungsquote der Flächenländer und Bremens konstant bliebe, würde die Zinslastquote stark ansteigen. Die Unterschiede zwischen der Finanzlage Bremens und der der Flächenländer verfestigten sich. So lag z.B. 1985 die pro Kopf Verschuldung Bremens ca. um das 2,5-fache höher.

Als Folge der wachsenden Verschuldung des Landes wurde die Investitionsquote[16] stark gesenkt. Einschneidende Reduzierungen sind in den Jahren 1976 bis 1977 und 1981 bis 1982 zu beobachten. Da die Eigenmittel eines Landes oftmals die Voraussetzung für eine Mitfinanzierung durch z.B. den Bund darstellen, hatte die Reduzierung der Investitionsquote des Landes Bremen auch eine Verminderung des gesamten Investitionsniveaus zur Folge.[17] Indem die Investitionen eines Landes auch Investitionen in die zukünftige finanzielle Entwicklung darstellen, war diese Entwicklung ein zumindest bedenklicher Faktor für die zukünftige Finanzlage des Stadtstaates Bremen.

Die so entstandene Finanzkrise in Verbindung mit dem endogenen Selbstverstärkungsprozeß brachte Bremen in die Lage, nur mit Hilfe von außen diese Probleme lösen zu können.

Aus den vielfältigen Ursachen der Finanzkrise lassen sich folgende Faktoren, die alle zu Beginn der siebziger Jahre eintraten oder eine Verstärkung erfahren haben, herausgreifen:[18]

---

[15] Die Zinslastquote ist der „Anteil der Zinsausgaben an den Gesamtausgaben. Eine steigende Zinslastquote signalisiert, daß ein abnehmender Teil des Haushaltsvolumens für die Aufgabenerfüllung zur Verfügung steht und ein zunehmender Teil der Ausgaben in Form von Zinszahlungen abfließt.“ Ebenda. Siehe Abbildung 2.

[16] Die Investitionsquote ist der „Anteil der Sachinvestitionen an den volkswirtschaftlichen Gesamtausgaben. Im Unterschied zu anderen Ausgabenposten, (...), sind die Investitionen relativ variabel. “ Ebenda. Siehe Abbildung 2.

[17] Vgl. Hickel et al., S. 5, Fußnote 1.

[18] Vgl. Hickel et al. (1988), S. 26 f., S. 32 ff., S. 39 f, S. 43.

- Durch die mit der Finanzreform von 1969 eingeführte Zerlegung der Lohnsteuer nach dem Wohnsitzprinzip und dem einwohnerbezogenen Teil der Umsatzsteuerverteilung verlor und verliert Bremen mit jedem Fortzug Geld. Durch Suburbanisierungsprozesse wurden die Verluste für den Stadtstaat erheblich verstärkt. Der von Bremen an Niedersachsen abzuführende Lohnsteueranteil hat sich von 1970 bis 1990 mehr als verzehnfacht.[19]
- Der Stadtstaat Bremen trägt großstadttypische Lasten, wie z.B. erhöhte Sozialausgaben. Die Kosten müssen im Rahmen der engen stadtstaatlichen Grenzen übernommen werden und finden keinen Ausgleich in der Fläche.
- Die Errichtung der Universität brachte durch Nichteinhaltung zugesagter Finanzierungshilfen von außen ungeplante Mehrausgaben. Durch die teilweise Aufkündigung der bei Planung der Universität Bremen getroffenen Regelungen, die u.a. vorsahen, daß die anderen Bundesländer sich finanziell an den Betriebskosten beteiligen, entstand eine finanzielle Mehrbelastung Bremens. Von 1973 bis 1985 mußte Bremen ca. 360 Mio. DM (bzw. ca. 480 Mio. DM inkl. entstandener Zinskosten) an nicht vorherzusehenden Ausgaben tragen.

Abbildung 1: Entwicklung der Deckungsquote - Bremen und Flächenländer im Vergleich

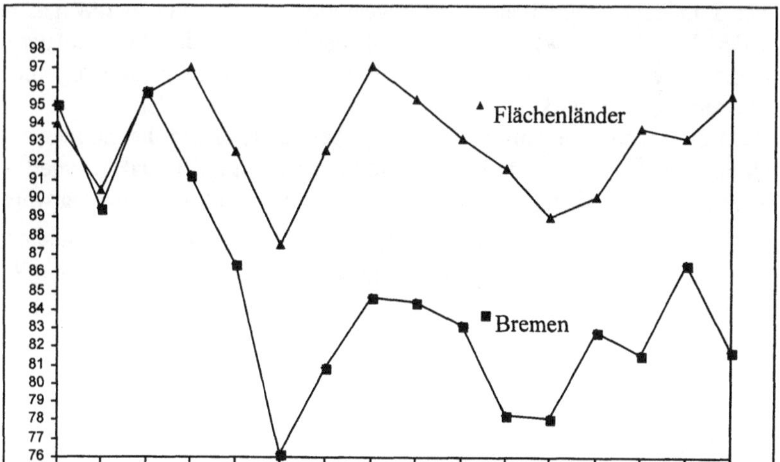

Quelle: Hickel et al. (1988), S. 3

[19] Vgl. Kitterer et al. (1994), S. 48.

Abbildung 2: Zinslastquote und Investitionsquote - Bremen und Flächenländer im Vergleich

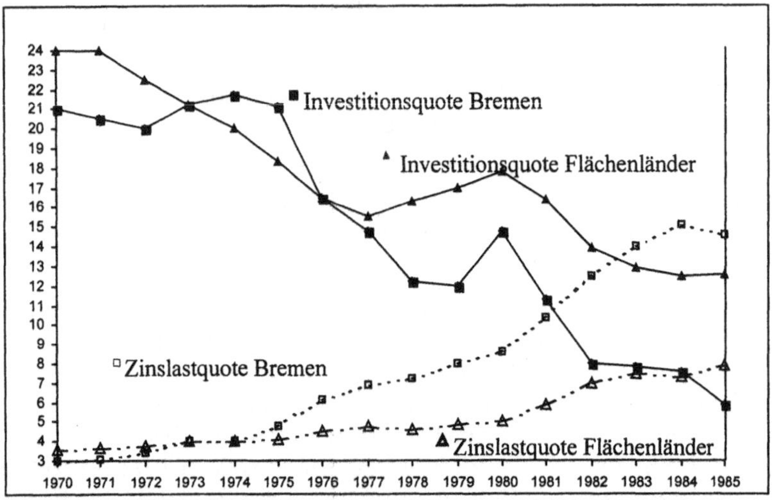

Quelle: Hickel et al. (1988), S. 3.

2.2 Aktuelle Situation und Reformvorschläge

Die in den siebziger Jahren beginnende Fehlentwicklung der finanziellen Situation des Landes Bremen konnte nicht gestoppt werden. Sie wurde u.a. noch durch den Einbruch im Bereich der Schiffbauindustrie, die Arbeitsplatz- und Einnahmeverluste in Verbindung mit steigenden Sozialhilfeausgaben für das Land bedeuteten, verstärkt.[20] Bremen hat heute eine Schuldenlast von ca. 16 Mrd. DM zu tragen. Die Zinslastquote liegt bei ca. 13% und die Zinssteuerquote[21] bei ca. 24%.[22] Auch anhand dieser Indikatoren zeigt sich, daß Bremen ohne die Zuweisungen aus dem Länderfinanzausgleich kaum überlebensfähig wäre.

Am 11.11.1999 erging das in der Geschichte der Bundesrepublik Deutschland vierte Urteil des Bundesverfassungsgerichtes zum Länderfinanzausgleich.[23] Die augleichspflichtigen Länder Baden-Württemberg, Bayern und Hessen hatten die Klage angestrengt. Sie halten vor allem die Bestimmungen des Finanzausgleichsgesetzes für verfassungswidrig, die die letztendliche Höhe des Au-

---

[20] Vgl. Hickel (1998), S. 40.

[21] Die Zinssteuerquote gibt den Anteil der Zinsausgaben an den Steuereinnahmen an. Die Steuereinnahmen beinhalten hierbei auch die Zuweisungen aus dem Länderfinanzausgleich und die Bundesergänzungszuweisungen (ohne BEZ Kosten polit. Führung). Vgl. Prigge et al. (1999), S. 122.

[22] Berechnet nach: Statistisches Landesamt Bremen (2000), S. 38.

[23] Vgl. BVerfG, 2 BvF 2/98 (1999).

gleichsniveaus von 99,5 v.H. bestimmen. Das Urteil wurde jedoch so unterschiedlich interpretiert, daß sich alle direkt oder indirekt Betroffenen als vermeintliche Gewinner fühlten.[24] Ein, schon fast ewiger, Streitpunkt im Rahmen des Länderfinanzausgleichs im engeren Sinn ist die stadtstaatenspezifische Einwohnerwertung. Die Länder Baden-Württemberg, Bayern, Hessen und Nordrhein-Westfalen haben ein Gutachten in Auftrag gegeben, das diese Einwohnerwertung beurteilen sollte.[25] Durch zwei unterschiedliche Ansätze der Berechnungsmethode ergab sich für Bremen eine Einwohnerwertung von 111 v.H. bzw. von 113 v.H.[26] Der Verwendung einer erhöhten Einwohnerwertung überhaupt sind nach diesem Gutachten jedoch andere Methoden vorzuziehen. Es wird eine Festbetragslösung, ähnlich der Berücksichtigung der Hafenlasten, vorgeschlagen. Daß der Stadtstaat Bremen bei so einem Vorgehen nur verlieren kann ist abzusehen. Die auftraggebenden Länder des Gutachtens wollen eine geringere Ausgleichswirkung des Finanzausgleichs erreichen und bewerten die heute übliche Methode als für zu hoch. Diesem Gutachten steht ein anderes, das von den Stadtstaaten Berlin, Hamburg und Bremen in Auftrag gegebenen wurde, gegenüber. Es handelt sich dabei um die Überprüfung eines 1986 erstellten Gutachtens.[27] Als Ergebnis wird die Bestätigung der geltenden Regelungen angegeben, also eine Beibehaltung der Wertung 135 v.H.[28] Eine 1988 vorgestellte Untersuchung zeigt ein für Bremen noch positiveres Ergebnis, die Einwohnerwertung müßte danach bei über 160 v.H. liegen.[29] Es wird die stadtstaatenspezifische Einwohnerwertung betreffend wohl kein Einvernehmen unter den Ländern erzielt werden können. Für das Land Bremen geht es in erster Linie darum, daß die gegebene Wertung beibehalten wird, denn mit stark reduzierten Ausgleichszahlungen könnte Bremen die Selbständigkeit nicht finanzieren.[30]

Die stadtstaatenspezifischen Besonderheiten, wie z.B. die Nutzung der Infrastruktur durch das Umland, werden finanziell nicht direkt ausgeglichen. Der Vorschlag, die entstandenen Kosten direkt mit dem betroffenen Umland abzurechnen, wurde schon als Lösungsansatz diese Problematik betreffend gemacht.[31] Eine Umsetzung ist wohl unwahrscheinlich. Die Quantifizierbarkeit der Kosten wäre problematisch, aber eventuell vorstellbar, die Zustimmung des jeweils betroffenen Umlandes aber wohl nicht. Das Bundesverfassungsgerichtsurteil von 1986 stellte außerdem heraus, daß die besondere Situation von

---

[24] Vgl. z.B. Kroll (2000), S. 46.
[25] Vgl. Baretti et al. (2001), S. 1 bis18.
[26] Ebenda, S. 17.
[27] Vgl. Hummel (2001), S. 1 bis 12. Hier wird für Bremen eine Spannbreite von 133 v.H. bis 147 v.H. angegeben.
[28] Vgl. Senator für Finanzen der Freien Hansestadt Bremen (2001), S. 1f.
[29] Vgl. Hickel et al. (1988), z.B. S.228.
[30] Vgl. Hickel (1998), S. 28.
[31] Vgl. z.B. Homburg (1994), S. 320 f.

Stadtstaaten nicht nur die Nachbarländer betrifft, sondern alle Glieder der Bundesrepublik Deutschland:

„Das Bestehen der Stadtstaaten gehört zum historischen Bestand der deutschen Staatsentwicklung, (...). Es ist sachgerecht, die Andersartigkeit der Stadtstaaten gegenüber den Flächenstaaten im Länderfinanzausgleich zu berücksichtigen. (...) Die Andersartigkeit der Stadtstaaten betrifft nämlich nicht etwa nur deren Nachbarländer, sondern alle Glieder des Bundes "[32]

2.3 Raum- und siedlungsstrukturelle Entwicklung

Seit ungefähr drei Jahrzehnten bestimmt der Prozeß der Suburbanisierung den regionalen Strukturwandel entscheidend.[33] Für Bremen ist dieser Prozeß, der Bevölkerungsrückgänge und Arbeitsplatzverluste in der Stadt zugunsten des Umlands bedeutet, vor allem in finanzieller Hinsicht von großer Bedeutung.

Die Region Bremen ist in Abbildung 3 dargestellt, sie ergibt sich aus der Stadt Bremen und den Einheits- und Samtgemeinden, die bis zu 30 Kilometern Luftlinie vom Stadtzentrum entfernt liegen.[34]

Abbildung 4 zeigt die Bevölkerungsentwicklung in der Region Bremen. In den sechziger Jahren nimmt die Bevölkerung der Stadt Bremen und die des Umlandes zu. Durch gesteigerte Mobilität in Verbindung mit steigendem Wohlstand konnten mehr Einwohner die Verbindung von Arbeiten in der Stadt und Wohnen in ländlicheren Gegenden verwirklichen. Im Rahmen der noch andauernden Urbanisierung zeigten sich also erste Anzeichen der Suburbanisierung.[35]

Seit Anfang der siebziger Jahre überwiegt die Suburbanisierung.[36] Durch hohe Aussiedlereinwanderungen und wiedervereinigungsbedingte Zuwanderungen wurde die Scherenentwicklung zwischen 1988 und 1992 zeitweise aufgehalten.[37] Zwischen 1992 und 1998 sank die Einwohnerzahl jährlich und per Saldo um über 11.000 auf ca. 543.300.[38]

Ein Vergleich mit Regionen, die wie Bremen sehr durch ein ländliches Umland und ein extremes Dichte-Gefälle von der Kernstadt ins Umland geprägt sind, hat folgendes gezeigt:[39]

- Bremen weist langfristige überdurchschnittliche Suburbanisierungstendenzen auf, besonders in den Bereichen der Bevölkerungsent-

[32] BVerfGE 72, 330 (415).
[33] Vgl. Elsner/Gebauer (1995), S. 1 und Holzschneider/Müller (1999), S. 1.
[34] Ebenda S. 2.
[35] Ebenda, S. 142.
[36] Vgl. Prigge (1998), S. 15.
[37] Vgl. Holzschneider/Müller (1999), S.4.
[38] Vgl. Statistisches Landesamt Bremen (1999), S. 7.
[39] Vgl. im folgenden Elsner/Gebauer (1995), S. 3 ff.

wicklung und der Erwerbstätigenentwicklung. Die Stadt Bremen hat sich in beiden Bereichen in den siebziger und achtziger Jahren im Vergleich mit anderen Kernstädten unterdurchschnittlich, das Umland Bremens im Vergleich mit anderen Umländern aber überdurchschnittlich entwickelt.

– Am Beispiel der sozialversicherungspflichtig Beschäftigten zeigen sich seit Mitte der achtziger Jahre für die Region Bremen im Vergleich zu den anderen Großstadtregionen überdurchschnittliche Entwicklungen, wobei die Entwicklung des Umlandes weitaus günstiger ist, als für die Stadt Bremen. Dadurch stellt sich wiederum eine überdurchschnittliche Suburbanisierungstendenz heraus.

Abbildung 3: Die Region Bremen

Quelle: Verändert nach Holzschneider/Müller (1999), S. 17 und Bahrenberg/Neutze (1998), S. 143.

Die finanzielle Bedeutung von Einwohner- und Arbeitsplatzverlusten für das Land Bremen lassen sich eindrucksvoll belegen:[40] Verliert Bremen einen Einwohner[41] durch Abwanderung an das Umland, also Niedersachsen, so bedeutete das im Jahr 1997 einen Verlust von 2.642 DM an Steuereinnahmen vor dem bundesstaatlichen Finanzausgleich.

Abbildung 4: Bevölkerungsentwicklung in der Region Bremen[42]

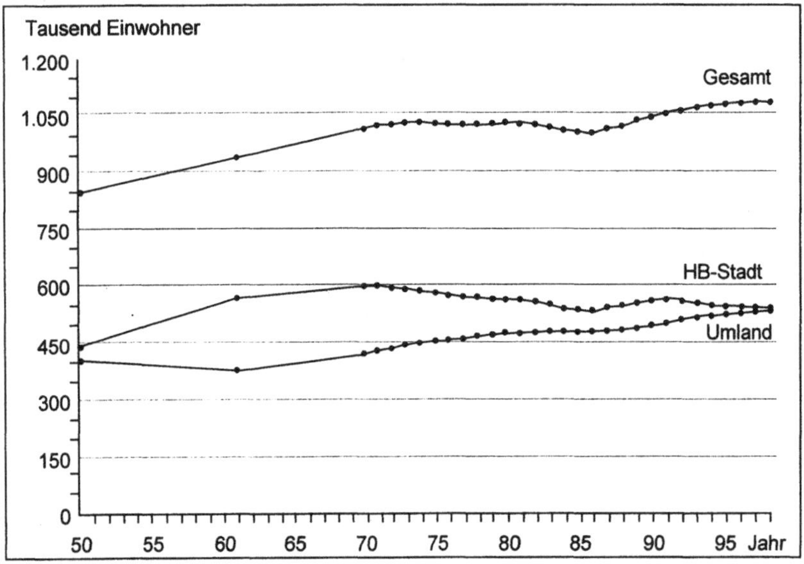

Quelle: Verändert nach Bahrenberg/Neutze (1998), S. 142, Datenaktualisierung nach Holzschneider/Müller (1999), S. 3.

Durch die Ausgleichsmechanismen des Finanzausgleichs und vor allem dessen starke Einwohnerabhängigkeit erhöht sich dieser Verlust auf insgesamt 5.894 DM. Dieser Verlust Bremens bedeutet jedoch nicht einen gleich hohen Gewinn für Niedersachsen, ebenfalls durch die Ausgleichsmechanismen bedingt beträgt der Gewinn hier insgesamt nur 4.679 DM, d.h. zusammen verlieren die Länder 1.216 DM.[43]

[40] Vgl. Klusewitz (1997), S. 2.

[41] Bei unveränderter Zahl der Arbeitsplätze. Ebenda.

[42] Die Daten bis 1970 beruhen auf Volkszählungen von 1950, 1961 und 1970, dazwischen geben die Kurven linear interpolierte Werte wieder. Vgl. Bahrenberg/Neutze (1998), S. 141, Fußnote 1.

[43] Abweichungen durch Rundungen. Ebenda.

Bei Verlagerung eines Arbeitsplatzes[44] in das Umland entsteht ein Verlust von 2.857 DM, der durch die Ausgleichsmechanismen des Finanzausgleichs auf 1.043 DM reduziert wird. Auch hier ergibt sich eine Differenz: Niedersachsen stehen nach dem Finanzausgleich 1.108 DM mehr zu. Also bedeutet ein Arbeitsplatzverlust des Landes Bremen an sein Umland insgesamt einen Gewinn für beide Länder zusammen. Der finanzielle Unterschied von Einwohner- und Arbeitsplatzverlust wird dadurch erklärt, daß es sich bei letzterem um eine reine Finanzkraftverschiebung zwischen Bremen und Niedersachsen handelt.

Von 1970 bis 1999 hat die Stadt Bremen insgesamt 93.505 Einwohner an das Umland verloren.[45] Aus der Stadt Bremerhaven, die als Region[46] mit den umliegenden Gemeinden definiert wird, zogen in diesem Zeitraum 13.206 Einwohner in das Umalnd.[47] Nach o.a. Berechnung der Einnahmenverluste würde sich für das Jahr 1997, in dem aus der Stadt Bremen 2.906 und aus der Stadt Bremerhaven 760 Einwohner in das Umland zogen, ein Einnahmenverlust von über 21,6 Mio. DM ergeben.[48]

3 Modellrechnung zur fiskalischen Lage eines räumlich erweiterten Stadtstaates Bremen

Im folgenden soll untersucht werden, wie sich eine räumliche Erweiterung des Stadtstaates Bremen auf die finanzielle Situation des Landes auswirkt. Kernpunkt der Betrachtung ist die Stellung eines neuen Bundeslandes Bremen im bundesstaatlichen Länderfinanzausgleich. Untersucht werden die Jahre 1996 bis 1999. Das Jahr 2000 kann aufgrund der Datenlage nicht berücksichtigt werden, da die Ergebnisse der amtlichen Statistik sowie die Ergebnisse der von den Finanzämtern benötigten Daten noch nicht oder nur unvollständig vorliegen. Zunächst wird auf den räumlichen Zuschnitt des fiktiven neuen Bundeslandes Bremen eingegangen. Es folgen die Berechnung der benötigten Eingangsdaten und die Ergebnisse der Berechnungen des sekundären horizontalen und vertikalen Finanzausgleichs.

Abschließend müssen diese Ergebnisse bewertet und die Gesamtsituation des neuen Landes dargestellt werden.

---

[44] Bei unveränderter Zahl der Einwohner. Ebenda.

[45] Berechnet nach Statistisches Landesamt Bremen (1982), S. 41, (1996), S. 22, (1999), S. 25, (2000), S. 9.

[46] Siehe Abbildung 5, grau markierte Gemeinden um Bremerhaven.

[47] Berechnet nach Statistisches Landesamt Bremen (1982), S. 44, (1996), S. 23, (1999), S. 26, (2000), S. 9.

[48] Die Berechnung bezieht sich nur auf die angegebenen Umlandwanderungen, der Wanderungssaldo, der sich insgesamt mit dem Land Niedersachsen ergibt, ist hier nicht einbezogen.

3.1 Ausgewählte Landkreise

3.1.1 Daten zur Lage und Bevölkerung der ausgewählten Landkreise und kreisfreien Städte

Abbildung 5 zeigt die geographische Lage der einbezogenen Landkreise und den Zuschnitt des erweiterten Landes Bremen. Der Zuschnitt hier weicht von der gemeindescharfen Abgrenzung der in Kapitel 2 beschriebenen Regionen Bremen und Bremerhaven ab. Der Zuschnitt mußte aufgrund der Datenverfügbarkeit auf Landkreisebene erfolgen. Es wurden nur diejenigen Landkreise einbezogen, die direkt an die Stadt Bremen und teilweise auch an Bremerhaven grenzen. Der Landkreis Rotenburg, zu welchem die Samtgemeinden Sottrum und Tarmstedt gehören, wurde demzufolge nicht einbezogen. Die kreisfreie Stadt Oldenburg wurde aufgenommen, da eine Einbeziehung aufgrund der Datenlage erforderlich war. Das neue Land Bremen bestünde demzufolge aus folgenden Landkreisen und kreisfreien Städten: Bremen, Bremerhaven, Cuxhaven, Delmenhorst, Diepholz, Oldenburg (Landkreis), Oldenburg (Stadt), Osterholz, Verden und Wesermarsch.

In Tabelle 2 wird die Bevölkerung der Landkreise dargestellt. Die Darstellung erfolgt hier nur auf der Ebene der Landkreise und kreisfreien Städte. Die Differenzierung nach Einheits- und Samtgemeinden, die zur Ermittlung der Ausgleichsmeßzahl zum Ausgleich der Gemeindesteuern im Rahmen des sekundären horizontalen Länderfinanzausgleichs benötigt werden, können dem Anhang entnommen werden.

Tabelle 2: Einwohner der ausgewählten Landkreise und des Stadtstaates Bremen von 1996 bis 1999

Landkreis/kreisfreie Stadt	Einwohner am 30.06.			
	1996	1997	1998	1999
Cuxhaven	199.029	199.882	201.264	202.879
Delmenhorst	78.139	78.245	77.649	77.155
Diepholz	205.218	206.925	207.770	210.084
Oldenburg (Stadt)	152.059	153.321	153.978	154.099
Oldenburg (LK)	113.586	115.047	116.410	118.266
Osterholz	105.683	106.180	107.365	108.621
Verden	128.659	130.024	130.973	131.753
Wesermarsch	93.992	94.465	94.412	94.254
Summe	1.076.365	1.084.089	1.089.821	1.097.111
Land Bremen	678.731	676.164	670.675	666.111
Gesamt	1.755.096	1.760.253	1.760.496	1.763.222

Quelle: NLS (1997b, 1998b, 2000b), jeweils S. 20f., 33f., 40, 47f., 56, 60; (1999b), S. 18f., 29f., 34, 41f., 49, 50 und Statistisches Landesamt Bremen (1999), S. 2, 7.

Abbildung 5: Land Bremen mit ausgewählten Landkreisen und kreisfreien Städten

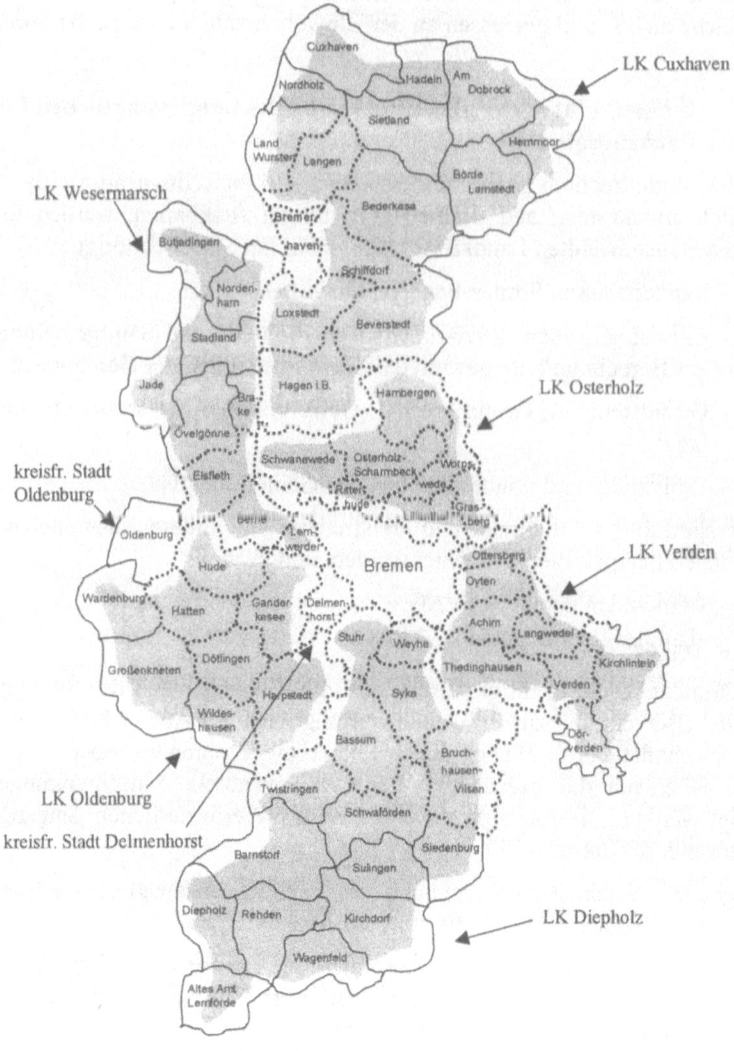

:Gemeindescharfe Abgrenzung der Regionen Bremen und Bremerhaven wie in Kapitel 2 beschrieben.

Quelle: Verändert nach Jung, Hans-Ulrich/Schätzl, Ludwig (1993), S. 31, (eig. Darstellung).

Das Land Bremen ist heute das kleinste Bundesland der Bundesrepublik Deutschland. Bei einer Erweiterung durch Einbeziehung der ausgewählten Landkreise und kreisfreien Städte würde das neue Land Bremen gemessen an der Fläche an 13. und gemessen an der Einwohnerzahl an 14. Stelle von 16 liegen.[49]

3.1.2 Eingangsdaten zur Modellrechnung des bundesstaatlichen Länderfinanzausgleichs

Um die Modellrechnung des bundesstaatlichen Länderfinanzausgleichs für ein räumlich erweitertes Land Bremen durchführen zu können, werden folgende Daten der ausgewählten Landkreise und kreisfreien Städte benötigt:

- Ländersteuern, Förderabgabe, Hafenlasten
- Einwohner, auch differenziert nach Einheits- und Samtgemeinden zur Berechnung der gewerteten Einwohnerzahlen der Gemeinden
- Grundsteuer A, Grundsteuer B, Gewerbesteuer, Gewerbesteuerumlage
- Gemeinde- und Landesanteil an den Gemeinschaftsteuern

Die ausgewählten Landkreise und kreisfreien Städte müssen also aus zwei verschiedenen Perspektiven betrachtet werden, und zwar als

- Gemeinden gemäß § 8 FAG,
- Teil des Landes gemäß § 7 FAG.

Die Grundaten, die benötigt wurden, um die Eingangsdaten der Simulation zu erhalten (Berechnung zur Einwohnerwertung nach § 9 Abs. 3 FAG und zu den Gemeinschaftsteuern), können der Diplomarbeit entnommen werden. An dieser Stelle sollen nur die errechneten Werte und eventuelle Einschränkungen aufgezeigt werden. Die folgende Tabelle 3 zeigt die erforderlichen Eingangsdaten am Beispiel des Jahres 1999.[50]

Maßgeblich für die Modellrechnung des Länderfinanzausgleichs ist nach § 9 FAG die Einwohnerzahl zum 30. Juni des Ausgleichsjahres.

Für die Einwohnerwertung zum Ausgleich der Ländersteuern ergeben sich zu den gegebenen Einwohnerzahlen keine Differenzen. In der Modellrechnung erfolgt die Wertung unter der Annahme, daß die stadtstaatenspezifische Einwohnerwertung von 135 v.H. gemäß § 9 Abs. 2 FAG entfällt, da es sich unter Einbeziehung des relevanten Umlandes nunmehr um ein Flächenland handelt.

---

[49] Vgl. Statistischen Bundesamt (2000), S. 1.

[50] Eventuelle Abweichungen sind durch Rundungen bedingt.

Für die Einwohnerwertung zum Ausgleich der Gemeindesteuern wurden bei der Berechnung folgende Wertungsstufen nach § 9 Abs. 3 FAG verwandt:

- die ersten 5.000 Einwohner werden mit 100 v.H. gewertet,
- die weiteren 15.000 Einwohner werden mit 110 v.H. gewertet,
- die weiteren 80.000 Einwohner werden mit 115 v.H. gewertet,
- die weiteren 400.000 Einwohner werden mit 120 v.H. gewertet.

Es gibt unter den ausgewählten Landkreisen und kreisfreien Städten keine Gemeinde mit mehr als 500.000 Einwohnern, so daß weitere Stufen und die Wertung nach Dichte nicht zum Tragen kam.

Die aufgeführten Länderanteile und Gemeindeanteile an den Gemeinschaftsteuern konnten anhand der Aufstellung der „Steueraufkommen in Niedersachsen im Kalenderjahr (...)“[51], geordnet nach zuständigen Finanzämtern, berechnet werden. Es ergibt sich somit für die aufgeführten Steuern:

- Lohnsteuer, veranlagte Einkommensteuer: 42,5 v.H. Anteil des Landes, 15 v.H. Anteil der Gemeinden,
- Nicht veranlagte Steuer vom Ertrag, Körperschaftsteuer: 50 v.H. Anteil des Landes,
- Zinsabschlag: 44 v.H. Anteil des Landes, 12 v.H. Anteil der Gemeinden.

Bei den so errechneten Werten müssen jedoch Einschränkungen beachtet werden: Die Steuern einer Gemeinde werden nicht unbedingt an das Finanzamt in diesen Gebieten abgeführt. So ist z.B. das Finanzamt Delmenhorst zuständig für Gemeinden aus den Landkreisen Oldenburg und Wesermarsch.[52] Daraus ergeben sich also höhere Summen, die dem Landkreis Delmenhorst zugerechnet werden. Die Einnahmen der Landkreise verringern sich entsprechend. Größtenteils handelt es sich hier lediglich um Umschichtungen unter den ausgewählten Landkreisen und kreisfreien Städten, die auf das Ergebnis der Berechnung des gesamten neuen Landes Bremen keinen Einfluß haben. Das Aufkommen dreier Gemeinden aus dem Landkreis Oldenburg konnte durch die Zuständigkeit eines Finanzamtes außerhalb der ausgewählten Landkreise und kreisfreien Städte allerdings nicht in die Berechnung einbezogen werden. Diese drei Gemeinden Dötlingen, Großenkneten und Wildeshausen haben zusammen einen Anteil von ca. 3,2% an der Gesamtbevölkerung der ausgewählten Landkreise und kreisfreien Städte. Für die übrigen Gemeinden sind die Finanzämter Oldenburg Stadt und Delmenhorst zuständig. Dadurch können für den Landkreis Oldenburg teilweise keine Einträge erfolgen.

---

[51] Vgl. Anhang

[52] Ebenda

Der Länderanteil am Aufkommen der Umsatzsteuer ergibt sich innerhalb der Berechnung des Finanzausgleichs. Der Länderanteil an der Gewerbesteuerumlage kann hier aufgrund der komplexen Berechnungsmethode nicht differenziert ausgewiesen werden, so daß das volle Aufkommen dem Land zugerechnet wird.

Der Gemeindeanteil an der Umsatzsteuer ab 1998 konnte gegebenen Aufstellungen entnommen werden.[53] Der Gemeindeanteil an den Gemeinschaftsteuern insgesamt geht dann hälftig in die Berechnung des Länderfinanzausgleichs ein, in 1999 also 50 v.H. von 446.378 TDM ergibt 223.189 TDM.[54]

Die Gemeindesteuern mußten hier modifiziert werden. Am Beispiel der Grundsteuer A soll die angewandte Methode dargestellt werden:

Es wurde der prozentuale Anteil der ausgewählten Landkreise und kreisfreien Städte aus der Summe der Grundsteuer A von Niedersachsen insgesamt berechnet. In 1999 ergibt sich hier für die Grundsteuer A ein Anteil von 17,88 v.H. Dieser Vomhundertsatz wurde nun mit dem gegebenen Wert für die gekürzten Gemeindesteuern in Niedersachsen im Länderfinanzausgleich im Status quo, also von 49.289 TDM multipliziert. So ergab sich ein Betrag, im Beispiel 8.814 TDM, der in der Modellrechnung von den Werten von Niedersachsen abgezogen wird und in die Werte für das erweiterte Bremen eingeht.

Außer den in Tabellen 3 bis 6 dargestellten Werten mußte noch der Anteil der ausgewählten Landkreise und kreisfreien Städte an der Förderabgabe einbezogen werden. Da diesbezüglich keine Daten auf Landkreisebene vorliegen, erfolgte eine Schätzung. In die Modellrechnung ging ein Anteil von 10 v.H. für die ausgewählten Landkreise und kreisfreien Städte ein. Dieser Anteil entspricht abgerundet dem Anteil der Bevölkerung der ausgewählten Landkreise und kreisfreien Städte an gesamt Niedersachsen.

Die Hafenlasten betreffen nicht die zu dem neuen Land Bremen hinzukommenden Gebiete, so daß hier keine Änderung erfolgen mußte.

Die Zerlegung der Körperschaftsteuer sowie des Zinsabschlages wird nicht auf Landkreisebene ausgewiesen und es konnten auch keine Annahmen über deren Höhe im Bezug zu den ausgewählten Landkreisen und kreisfreien Städten getroffen werden, die realistisch erschienen. Bei Zerlegung der Lohnsteuer konnte jedoch ein Näherungswert ermittelt werden. Die Zerlegung der Lohnsteuer erfolgt nach dem Wohnsitzprinzip. Bremen muß also die Lohnsteueranteile der Pendler abführen.[55] Wie in Anhang dargestellt, wurde nun der Anteil der Pendler aus den ausgewählten Landkreisen und kreisfreien Städten unter Berücksichti-

[53] Vgl. NLS (1997a, 1998a, 1999a, 2000a), jeweils S. 60.
[54] Differenzen durch Rundungen.
[55] Die Berechnung der Zerlegung der Lohnsteuer anhand eines pauschalisierten Verfahrens, der Bezug zu den Pendlerdaten ist jedoch gegeben.

gung der Auspendler aus Bremen ermittelt. Dieser Methode folgend ergibt sich ein Vomhundersatz im Bezug zu den gesamten Pendlern von Bremen. Dieser wurde auf die in den bundesstaatlichen Finanzausgleich eingehenden Zerlegungsanteile angewandt, für die betrachteten Jahre ergeben sich:

1996: 12,94 v.H.	1997: 13,09 v.H.
1998: 13,15 v.H.	1999: 13,47 v.H.

In 1999 mußte Bremen 679.610 TDM an Lohnsteuerzerlegung insgesamt abführen. Von diesem Wert wurde mit der veränderten Pendlersituation in die Rechnung nur noch 13,47 v.H. also 91.511 TDM eingebracht. Die von Niedersachsen in diesem Jahr erhaltenen Zerlegungsanteile von 2.822.521 TDM reduzieren sich in der Modellrechnung dann um Differenz, also 588.099 TDM, auf 2.234.422 TDM.

Die Fehlbetrags-Bundesergänzungszuweisungen ergeben sich innerhalb der Rechnung. Es muß darauf hingewiesen werden, daß in der Modellrechnung keine Veränderungen der anderen Bundesergänzungszuweisungen vorgenommen wurden. Die Voraussetzungen zum Erhalt der Bundesergänzungszuweisungen würden sich durch ein räumlich erweitertes Bremen prinzipiell nicht ändern. In Betracht käme nur die Sonderbedarfs-Bundesergänzungszuweisung der Kosten politischer Führung, die auch aufgrund von einer geringen Einwohnerzahl gewährt werden. Beim Vergleich mit den anderen Ländern, die diese Sonderbedarfs-Bundesergänzungszuweisungen erhalten, dürfte sich aber keine, oder höchsten eine geringe Veränderung in der Höhe der Zahlungen ergeben.

3.2 Ergebnisse der Modellrechnung des sekundären Finanzausgleichs

Tabelle 4 stellt die Ergebnisse der Modellrechnung zum bundesstaatlichen Finanzausgleich am Beispiel des Jahres 1999 für ein räumlich erweitertes Land Bremen dar.[56]

Die Verteilung der Umsatzsteueranteile zeigt ein differenziertes Bild. In den Jahren 1996 und 1997 ergeben sich nur Umverteilungen zwischen dem neuen Land Bremen und Niedersachsen. In 1998 erhalten außer Bremen alle Länder einen geringeren Umsatzsteueranteil. In 1999 bekommt nur Niedersachsen weniger aus der Umsatzsteuerverteilung, die anderen Länder hingegen mehr. Diese Ergebnisse lassen sich wie folgt erklären:

In den Jahren 1996 bis 1999 bekam Bremen keine und Niedersachen nur in 1999 Umsatzsteuerergänzungsanteile. Durch die veränderten Eingangsdaten stehen dem neuen Land Bremen in 1998 Ergänzungsanteile zu.

---

[56] Bei den Modellrechnungen waren Mitarbeiter des Senators für Finanzen, Bremen behilflich. Die Berechnungen der Jahre 1998 und 1999 beruhen auf den Daten der vorläufigen Abrechnung des bundesstaatlichen Länderfinanzausgleichs.

Tabelle 3: Eingangsdaten zur Modellrechnung für 1999

1999 in 1.000 DM	Cuxhaven	Delmenhorst	Diepholz	Oldenburg Stadt	Oldenburg LK	Osterholz	Verden	Wesermarsch	**Summe**
Einwohner am 30.06.	202.879	77.155	210.084	154.099	118.266	108.621	131.753	94.254	**1.097.111**
Gewertete Einwohner (§9 Abs. 3 FAG)	217.863	87.288	224.752	178.419	126.582	116.526	141.772	99.602	**1.192.804**
Länderanteile Gemeinschaftsteuern									
Lohnsteuer	109.684	101.259	185.186	277.770		63.102	151.886	75.000	963.886
Veranlagte Einkommensteuer	8.880	20.317	20.230	34.425		8.109	25.407	-413	116.954
Nicht veranlagte Steuer vom Ertrag	5.769	5.291	27.281	20.409		2.292	21.571	906	83.517
Zinsabschlagsteuer	2.006	9.871	5.673	23.232		2.071	2.958	621	46.432
Körperschaftsteuer	2.986	926	52.373	92.817		15.682	36.311	4.608	205.703
Summe	129.324	137.663	290.742	448.653		91.255	238.132	80.722	**1.416.491**
Ländersteuern	66.140	33.817	76.419	165.864		38.394	44.077	28.936	**453.647**
Gemeindeanteile Gemeinschaftsteuern									
Lohnsteuer	38.712	35.738	65.360	98.036		22.271	53.607	26.471	340.195
veranlagte Einkommensteuer	3.134	7.171	7.140	12.150		2.862	8.967	-146	41.278
Zinsabschlagsteuer	547	253	1.547	6.336		565	807	169	10.224
Umsatzsteuer (ab 1998)	5.981	4.067	11.051	11.238	4.880	3.471	8.570	5.424	54.682
Summe	48.374	47.228	85.098	127.760	4.880	29.169	71.951	31.918	**446.378**

Fortsetzung der Tabelle auf der nächsten Seite.

Fortsetzung von Tabelle 3: Eingangsdaten zur Modellrechnung für 1999[H1]

1999 in 1.000 DM	Cuxhaven	Delmenhorst	Diepholz	Oldenburg Stadt	Oldenburg LK	Osterholz	Verden	Wesermarsch	**Summe**
Gemeindesteuern									
Grundsteuer A	5.387	167	5.787	141	2.582	1.514	1.838	2.419	**19.835**
Grundsteuer B	43.217	15.073	35.541	36.324	19.988	23.898	24.185	19.656	**217.883**
Gewerbesteuer brutto	49.264	37.972	114.289	119.189	36.666	36.628	109.473	68.993	572.473
Gewerbesteuer netto	37.570	30.473	84.744	94.764	25.854	28.472	79.868	55.619	**437.365**
Gewerbesteuerumlage	11.694	7.499	29.545	24.424	10.811	8.156	29.605	13.374	135.108
	ges. NI	% Anteil der ausgewähl. LK an ges. NI	gek. Gem.St. im LFA ges. NI						
Grundsteuer A	110.926	17,88	49.289		17,88% gekürzte Gemeindesteuern Grundsteuer A:				8.814
Grundsteuer B	1.648.207	13,22	838.879		13,22% gekürzte Gemeindesteuern Grundsteuer B:				110.895
Gewerbesteuer netto	3.633.051	12,04	2.068.899		12,04% gekürzte Gemeindesteuern Gewerbesteuer netto:				249.064
					50% Gemeindeanteile Gemeinschaftst.(50% x 446.378):				223.189
					Summe (von NI abzuziehen, zu HB)				**591.962**

Diese belasten alle anderen Länder, so daß bei ihnen ein Defizit entsteht. In 1996 und 1997 stehen dem neuen Land Bremen und dem neuen Land Niedersachsen keine Ergänzungsanteile zu, es kommt also nur zu einer Umverteilung durch die veränderten Einwohnerzahlen, die die anderen Länder nicht betrifft. In 1999 fallen die im Status quo an Niedersachsen gezahlten Ergänzungsanteile durch die Veränderungen der Länderzuschnitte weg. Diese können so als positiver Saldo, abzüglich des Anteils der an Bremen geht, bei den anderen Ländern verzeichnet werden.

In den vier Jahren gewinnt ein neues Land Bremen durch die Verteilung der Umsatzsteueranteile durchschnittlich ca. 1,4 Mrd. DM, Niedersachsen verliert einen Betrag in fast gleicher Höhe. Für die anderen Länder ergibt sich im Durchschnitt nur eine geringe Veränderung.

Durch einen neuen Zuschnitt des Landes Bremen werden die Zahlungen innerhalb des Länderfinanzausgleichs für alle ausgleichspflichtigen Länder in den Jahren 1996 bis 1999 geringer. Außer Bremen und Niedersachsen erhalten die ausgleichsberechtigten Länder in den vier Jahren höhere Zuweisungen. Bremen hat im Durchschnitt Mindereinnahmen von ca. 413 Mio. DM, Niedersachsen von ca. 185 Mio. DM.

Durchschnittlich reduzieren sich die Fehlbetrags-BEZ für Niedersachsen um ca. 287 Mio. DM, Bremen erhält ca. 138 Mio. DM mehr. Die anderen ausgleichsberechtigten Länder erhalten in den vier Jahren entweder höhere oder gleichhohe Fehlbetrags-BEZ.

Die letzte Änderung gegenüber dem bundesstaatlichen Finanzausgleich im Status quo ergibt sich durch die Annuitäten des „Fonds Deutsche Einheit". Niedersachsen muß im Durchschnitt ca. 92 Mio. DM weniger zahlen, ein neues Land Bremen ca. 86 Mio. DM mehr. Bei den restlichen Bundesländer nur eine geringfügige Veränderung zu verzeichnen.

Das Volumen des Länderfinanzausgleichs wird in den vier Jahren durchschnittlich um ca. 400 Mio. DM geringer.

Folgende drei grundlegende Ergebnisse lassen sich der Modellrechnung entnehmen:

In den dargestellten Ausgleichsjahren

- profitiert Bremen von einer räumlichen Erweiterung, die durchschnittlichen Mehreinnahmen betragen ca. 1 Mrd. DM p.a.,
- verliert Niedersachen durch die räumliche Verkleinerung durchschnittlich ca. 1,8 Mrd. DM p.a.,

- ergeben sich für alle anderen Bundesländer positive Salden, einzige Ausnahme stellt Schleswig-Holstein im Ausgleichsjahr 1998 dar, es verliert ca. 1 Mio. DM.

Die Mehr- bzw. Mindereinnahmen des neuen Landes Bremen ergeben sich aus Veränderungen der Umsatzsteueranteile, des Länderfinanzausgleichs im engeren Sinn, den Fehlbetrags-Bundesergänzungszuweisungen und der Annuitäten des Fonds „Deutsche Einheit". Daß sich insgesamt ein positiver Saldo für Bremen ergibt, ist vor allem durch die Verteilung Umsatzsteueranteile begründet. Hier wird die starke Einwohnerabhängigkeit der Verteilungseffekte deutlich, die auch den Verlust Niedersachsens erklärt.

Von den Einnahmen der ausgewählten Landkreise und kreisfreien Städte wurde in der Modellrechnung die Summe der Zuweisungen von Bund und Land abgezogen. Die Zuweisungen werden nicht differenziert nach Bundes- und Landeszuweisungen ausgewiesen. Durch den Abzug der Gesamtsumme verringern sich die Einnahmen der einbezogenen Landkreise und kreisfreien Städte auch um den Anteil der Bundeszuweisungen, der, zumindest in ähnlicher Höhe, auch nach einer Neugliederung zur Verfügung stehen würde. Um die Darstellung der finanziellen Situation eines neuen Bundeslandes Bremen realistischer zu gestalten, wurde diese Vorgehensweise trotzdem gewählt. Die Verringerung der Einnahmen soll hier einen Teil der nach einer Eingliederung der dargestellten Landkreise und kreisfreien Städte vom Land Bremen zu finanzierenden Ausgaben simulieren.

Das positive Ergebnis von durchschnittlichen Mehreinnahmen von ca. 2 Mrd. DM p.a. darf natürlich nicht als reine Mehreinnahme eines räumlich erweiterten Landes Bremen gesehen werden. Das Land muß seine Aufgaben in diesen Gebieten erfüllen, d.h. es entstehen Ausgaben für die hinzugekommenen Landkreise und kreisfreien Städte, die nicht unbedingt in den angegebenen Ausgaben der Landkreise und kreisfreien Städte enthalten sind. Die Höhe der Ausgaben festzustellen, erfordern weitergehende Untersuchungen, die im Rahmen dieser Arbeit nicht vorgenommen werden können.

Tabelle 4: Modellrechnung des bundesstaatlichen Finanzausgleichs 1999

	Bundesstaatlicher Finanzausgleich 1999																
	vorläufige Abrechnung für das Ausgleichsjahr 1999							- in Mio DM -									
1999	**NW**	**BY**	**BW**	**NI**	**HE**	**SN**	**RP**	**ST**	**SH**	**TH**	**BB**	**MV**	**SL**	**BE**	**HH**	**HB**	**Summe**
Berechnung	**Simulation ausgewählter Landkreise aus NI nach HB unter der Annahme eines Wegfalls der Einwohnerwertung der Stadtstaaten für HB**																
Umsatzsteueranteile	22.656	15.266	13.167	8.587	7.613	11.412	5.075	7.152	3.490	6.482	6.520	4.696	1.766	4.275	2.144	2.251	122.553
Länderfinanzausgleich	-2.479	-3.113	-3.347	900	-4.685	2.176	389	1.317	181	1.233	1.163	932	301	5.349	-645	327	0
Fehlbetrags-BEZ	0	0	0	1.315	0	912	583	542	271	499	526	365	219	922	0	348	6.501
BEZ Kosten polit. Führung	0	0	0	0	0	0	219	164	164	164	164	164	153	219	0	126	1.537
Übergangs-BEZ	0	0	0	304	0	0	271	0	136	0	0	0	48	0	0	48	807
Sonder-BEZ	0	0	0	0	0	3.658	0	2.208	0	2.008	1.985	1.479	0	2.662	0	0	14.000
Sanierungs-BEZ	0	0	0	0	0	0	0	0	0	0	0	0	1.200	0	0	1.800	3.000
FDE-Annuitäten	-1.396	-942	-814	-507	-476	0	-303	0	-209	0	0	0	-80	-164	-154	-132	-5.178
FDE-Annuitäten-Umschicht.	-254	-168	-146	426	-86	0	42	0	105	0	0	0	62	0	-24	44	0
Status-quo																	
Umsatzsteueranteile	22.584	15.217	13.125	10.299	7.589	11.394	5.059	7.141	3.479	6.473	6.509	4.689	1.762	4.261	2.137	837	122.553
Länderfinanzausgleich	-2.578	-3.188	-3.426	1.037	-4.744	2.149	379	1.300	174	1.218	1.147	921	294	5.316	-665	665	0
Fehlbetrags-BEZ	0	0	0	1.556	0	910	568	540	261	498	525	364	218	919	0	139	6.497
BEZ Kosten polit. Führung	0	0	0	0	0	0	219	164	164	164	164	164	153	219	0	126	1.537
Übergangs-BEZ	0	0	0	304	0	0	271	0	136	0	0	0	48	0	0	48	807
Sonder-BEZ	0	0	0	0	0	3.658	0	2.208	0	2.008	1.985	1.479	0	2.662	0	0	14.000
Sanierungs-BEZ	0	0	0	0	0	0	0	0	0	0	0	0	1.200	0	0	1.800	3.000
FDE-Annuitäten	-1.394	-941	-813	-588	-475	0	-303	0	-209	0	0	0	-80	-164	-154	-57	-5.178
FDE-Annuitäten-Umschicht.	-254	-168	-146	426	-86	0	42	0	105	0	0	0	62	0	-24	44	0

Fortsetzung der Tabelle auf der nächsten Seite.

Fortsetzung von Tabelle 4: Modellrechnung des bundesstaatlicher Finanzausgleichs 1999[H2]

1999	**NW**	**BY**	**BW**	**NI**	**HE**	**SN**	**RP**	**ST**	**SH**	**TH**	**BB**	**MV**	**SL**	**BE**	**HH**	**HB**	**Summe**
Veränderungen zu Status-quo																	
Umsatzsteueranteile	73	49	42	-1.712	24	18	16	11	11	10	10	7	4	14	7	1.415	0
Länderfinanzausgleich	99	75	80	-137	60	28	10	16	7	15	16	11	7	33	20	-339	0
Fehlbetrags-BEZ	0	0	0	-241	0	2	15	1	10	1	1	1	1	2	0	209	4
BEZ Kosten polit. Führung	0	0	0	0	0	0	0	0	0	0	0	0	0	0	0	0	0
Übergangs-BEZ	0	0	0	0	0	0	0	0	0	0	0	0	0	0	0	0	0
Sonder-BEZ	0	0	0	0	0	0	0	0	0	0	0	0	0	0	0	0	0
Sanierungs-BEZ	0	0	0	0	0	0	0	0	0	0	0	0	0	0	0	0	0
FDE-Annuitäten	-2	-1	-1	81	-1	0	0	0	0	0	0	0	0	0	0	-75	0
FDE-Annuitäten-Umschicht.	0	0	0	0	0	0	0	0	0	0	0	0	0	0	0	0	0
Summe	**170**	**122**	**121**	**-2.008**	**83**	**48**	**41**	**28**	**28**	**26**	**28**	**19**	**11**	**49**	**27**	**1.211**	**4**
in DM je Einwohner	9	10	12	-296	14	11	10	11	10	11	11	11	11	14	16	687	0
LFA-Volumen																	
14.268																	

Tabelle 5: Simulation der finanziellen Veränderungen durch ausgewählte Landkreise und kreisfreie Städte[57]

in Mio. DM	**1996**	**1997**	**1998**	**1999**
Einnahmen der ausgewählten LK u. kreisfr. Städte:				
Länderanteile an Gemeinschaftsteuern	1.332	1.260	1.334	1.416
Ländersteuern	395	369	397	454
Einnahmen der Gemeinden abzügl. Zuweisungen v. Bund und Land lt. amtl. Statistik	3.601	4.248	3.500	3.573
10% Förderabgabe	16	22	22	14
Zerlegung	389	374	351	338
aus Modellrechnung FA (lt. Tab. 7-10)	888	1.028	1.138	1.211
Summe der Einnahmen d. ausgewählten LK u. kreisfr. Städte	*6.622*	*7.299*	*6.742*	*7.006*
Einnahmen HB alt[58]	11.468	11.034	11.426	12.236
Summe Einnahmen HB neu	**18.090**	**18.333**	**18.168**	**19.242**
Ausgaben d. Gemeinden. ausgewählten LK u. kreisfr. Städte lt. amtl. Statistik[59]	*4.942*	*4.868*	*5.045*	*4.980*
Ausgaben HB alt[60]	13.923	14.398	14.190	14.837
Summe der Ausgaben HB neu	**18.865**	**19.266**	**19.235**	**19.817**
Einnahmen ./. Ausgaben d. ausgewählten LK u. kreisfr. Städte	*1.680*	*2.431*	*1.697*	*2.026*
Einnahmen ./. Ausgaben HB alt	-2.455	-3.364	-2.764	-2.601
Einnahmen ./. Ausgaben HB neu	**-775**	**-933**	**-1.067**	**-575**

4 Zusammenfassung und Schlußfolgerung

Für das Bundesland Bremen ergibt sich als kleinstes Land der Bundesrepublik Deutschland eine besondere Problematik im Bezug auf die Finanzierung des Landes. Wie in der vorliegenden Arbeit gezeigt wird, hat hauptsächlich der enge räumliche Zuschnitt des Landes in Verbindung mit dem System der Länderfinanzierung in der Bundesrepublik Deutschland das Land Bremen in eine finanzielle Notlage gebracht. Ursächlich dafür waren die Veränderungen der Steuerverteilungsbestimmungen sowie die raum- und siedlungsstrukturelle Entwicklung der letzten Jahre. Als Ergebnis wird in der aktuellen Diskussion um eine

[57] Differenzen durch Rundungen.
[58] Einnahmen des Landes Bremen abzüglich Schuldenaufnahme am Kreditmarkt, vgl. Statistisches Landesamt Bremen (2000), S. 228.
[59] Inkl. besondere Finanzierungsvorgänge.
[60] Vgl. Statistisches Landesamt Bremen (2000), S. 229.

Neuordnung des Länderfinanzausgleichs auch die Frage nach der Selbständigkeit Bremens aufgeworfen, da sich das Land unter den derzeitigen Rahmenbedingungen kaum aus seiner Abhängigkeit von den Ausgleichszuweisungen des Länderfinanzausgleichs befreien kann. Sollte sich z.B. die stadtstaatenspezifische Einwohnerwertung im Rahmen des Länderfinanzausgleichs verringern, ergeben sich Einnahmeeinbußen, die die Finanzierung der dem Land obliegenden Aufgaben in Frage stellt.[61]

Der Lösungsansatz, das Land Bremen in ein Flächenland einzugliedern, und somit das eigenständige Land Bremen aufzulösen, wird vor allem von den zahlungspflichtigen Ländern eingebracht.[62] Ein alternativer Ansatz, der die Selbständigkeit des Landes berücksichtigt, ist eine räumliche Erweiterung des Stadtstaates Bremen. Diesem Ansatz folgt die vorliegende Arbeit. Die in Kapitel 2 dargestellte, erweiterte Region Bremen umfaßt das Land Bremen und einige Gemeinden des Landes Niedersachsen. Im Rahmen der Modellrechnung in Kapitel 3 wird, unter dargestellten Ausnahmen, die Region Bremen auf der Ebene der zu den Gemeinden dazugehörigen Landkreise und kreisfreien Städte zu einem fiktiven neuen Bundesland Bremen modelliert. Die Auswirkungen dieser räumlichen Erweiterung auf die Ausgleichsmechanismen des Länderfinanzausgleichs bilden den Kernpunkt der vorliegenden Arbeit.

Die Darstellung der Gesamtlage des räumlich erweiterten Bremens unter Einbeziehung der durch die zugehörigen Landkreise und kreisfreien Städte verursachten Mehreinnahmen und -ausgaben kann nur im Ansatz erfolgen. Die Simulation der fiskalischen Gesamtsituation erfordert weitergehende Untersuchungen, die in dieser Arbeit nicht vorgenommen werden.

Im Rahmen der Modellrechnung werden folgende vier Stufen berücksichtigt. In einem ersten Schritt wird der sogenannte Umsatzsteuervorwegausgleich betrachtet, gefolgt von dem Länderfinanzausgleich im engeren Sinne. Weiterhin werden die Auswirkungen der Bundesergänzungszuweisungen auf ein erweitertes Land Bremen und schließlich die Zahlungen im Rahmen der Finanzierung des Fonds „Deutsche Einheit" analysiert.

Die mit Abstand größte Bedeutung für die finanzielle Situation des erweiterten Landes Bremen hat der Umsatzsteuervorwegausgleich. Das neue Land Bremen würde für die betrachteten Jahre 1996 bis 1999 im Durchschnitt ca. 1,4 Mrd. DM pro Jahr mehr erhalten. Die Berechnung des Länderfinanzausgleichs im engeren Sinne ergab durchschnittliche Mindereinnahmen von ca. 413 Mio. DM pro Jahr über den betrachteten Zeitraum. Die Bundesergänzungszuweisungen sind teilweise in der Summe für ein Land festgelegt. Für diese Zuweisungen werden in der Modellrechnung keine Änderungen vorgenommen, da sich die

---

[61] Vgl. Hickel (1998), S. 26 ff.

[62] Vgl. z.B. Arndt (1998), S. 79, Huber (1998), S. 524, Rutz (1995), S. 69 ff, S. 73 ff.

Kriterien zur Gewährung dieser Zuweisungen durch eine räumliche Erweiterung prinzipiell nicht ändern. Eine Ausnahme könnte höchstens die Bundesergänzungszuweisung für die Kosten politischer Führung darstellen, die sich eventuell verringern würde. Im Rahmen der Modellrechnung wird jedoch eine Beibehaltung der festgesetzten Höhe angenommen. Die Höhe der Fehlbetrags-Bundesergänzungszuweisung, die sich durch den Finanzkraftvergleich der Bundesländer, also durch die Berechnung des Ergebnisses des Länderfinanzausgleichs im engeren Sinne ergibt, wird durch die Modellrechnung in der vorliegenden Arbeit neu bestimmt. Hier würden sich für die ausgewählten Jahre Mehreinnahmen von durchschnittlich ca. 138 Mio. DM ergeben. Die Zahlungen im Rahmen des Fonds „Deutsche Einheit" konnten ebenfalls durch die Modellrechnung ermittelt werden. Ein neues Bundesland Bremen hätte in den Jahren 1996 - 1999 durchschnittlich ca. 86 Mio. DM pro Jahr mehr zahlen müssen.

Das Endergebnis der Modellrechnung ergibt sich durch die Summierung der vier veränderten Ergebnisse im Rahmen des bundesstaatlichen Finanzausgleichs. Im betrachteten Zeitraum hätte das räumlich erweiterte Land Bremen Mehreinnahmen von ca. 1 Mrd. DM pro Jahr verzeichnen können.

Die Frage, ob sich die Gesamtsituation eines neuen Bundeslandes Bremen auch positiv darstellt, konnte nicht zureichend beantwortet werden. Die ausgewählten Landkreise müßten hinsichtlich ihrer Einnahmen und Ausgaben und unter Einbeziehung eventueller Schuldenstände untersucht werden. Die zur Verfügung stehenden Daten weisen erhebliche Einschränkungen auf, so daß eine Modellrechnung höchstens eine tendenzielle Aussagekraft hat. Es müssen auch die Mehrausgaben des Landes Bremen für seine neuen Landkreise und kreisfreien Städte bedacht werden. Die landesspezifischen Ausgaben auf Landkreisebene umzurechnen, und zudem die für den Zusammenschluß erforderlichen Daten der ausgewählten Gebiete zu erhalten, erfordert eine sehr umfangreiche Untersuchung und Berechnung, die im Rahmen dieser Arbeit nicht vorgenommen werden konnte. Mit gegebenen statistischen Werten konnte eine Modellrechnung zur Übersicht erstellt werden. Die Aussagekraft der Ergebnisse ist jedoch sehr zu hinterfragen. Das Ergebnis betreffend wies das neue Bundesland Bremen auch hier einen positiven Saldo auf, d.h. hier, daß die Mehreinnahmen die Mehrausgaben mit einem für die Jahre 1996 bis 1999 durchschnittlich errechneten Betrag von ca. 2 Mrd. DM überschreiten.

Ansatzpunkte für weitere Forschungen wären die Darstellung eines räumlich erweiterten Bundeslandes Bremen, das nur die zu der beschriebenen Region Bremen zugehörigen Gebiete, also nicht unbedingt ganze Landkreise, einbezieht. Die landesspezifischen Ausgaben und Schulden müßten auch Beachtung finden. Ein so dargestelltes neues Land Bremen würde aufgrund der Größe, im Gegensatz zu der hier vorgenommenen Modellrechnung, eventuell seinen Stadtstaatenstatus und damit die Einwohnerwertung vom 135 v.H. beibehalten und könnte mit den entsprechenden Mehreinnahmen aus dem Länderfinanzausgleich die Haushaltssanierung schneller durchführen. Dem Anhang kann eine Modellrechnung zum bundesstaatlichen Finanzausgleich für 1999 entnommen werden, die die Ausgleichswirkungen unter der Annahme einer Beibehaltung der erhöhten Einwohnerwertung von 135 v.H. für ein mit den ausgewählten Landkreisen und kreisfreien Städten räumlich erweitertes Land Bremen zeigt. Unter dieser Annahme würde ein neues Bremen ca. 4 Mrd. DM Mehreinnahmen durch den Finanzausgleich erhalten. Diese, unter den gegebenen Voraussetzungen zwar unrealistisch erscheinende, Modellrechnung zeigt die hohe finanzielle Wirkung der stadtstaatenspezifischen Einwohnerwertung und gibt Anlaß für weitere Forschungen.

Literatur- und Quellenverzeichnis

Akademie für Raumforschung und Landesplanung (Hrsg.), 1977: Verwaltungsgrenzen in der Bundesrepublik Deutschland seit Beginn des 19. Jahrhunderts, Hannover.

Arndt, Hans-Wolfgang, 1998: Finanzverfassungsrechtlicher Reformbedarf - vom unitarischen Föderalismus zum Wettbewerbsföderalismus, in: Wirtschaftsdienst, 78 Jg., H. 2, S. 76-80.

Bahrenberg, Gerhard/Neutze, Michael, 1998: Stadt-Umland-Beziehungen in der Region Bremen, in: Heseler, Heiner/Hickel, Rudolf/Prigge, Rolf (Hrsg.): Bremens Selbständigkeit. Bedrohung - Herausforderung - Chance, Bremen, S. 140 -154.

BVerfGE (Bundesverfassungsgericht), 1986: Urteil vom 24.06.1986, in: Entscheidungen des Bundesverfassungsgerichts, Mitglieder des Bundesverfassungsgerichts (Hrsg.), 72. B. 1997, Tübingen, S. 330-437.

Elsner, Wolfram/Gebauer, Thomas 1995: Stadt - Umland - Entwicklung in der Region Bremen im überregionalen Vergleich. Innerregionale Entwicklungen in den westdeutschen Ballungsräumen, in: BAW Bremer Ausschuß für Wirtschaftsforschung - Monatsbericht 2/1995.

FAG (Gesetz über den Finanzausgleich zwischen Bund und Ländern), (Finanzausgleichsgesetz) vom 23. Juni 1993, zuletzt geändert durch Gesetz zur Familienförderung vom 22. Dezember 1999, in: Das Deutsche Bundesrecht. Systematische Sammlung der Gesetze und Verordnungen mit Erläuterungen, 841. Lieferung, 2000, Baden-Baden.

Hesselberger, Dieter, 1999: Das Grundgesetz. Kommentar für die politische Bildung, 11. überarbeitete Auflage, Neuwied.

Hickel, Rudolf/Roth, Bernhard/Troost, Axel, 1988: Stadtstaat Bremen im föderalen Finanzsystem. Ursachen der Krise - Neuordnungsvorschläge zum Länderfinanzausgleich, in: Reihe Kooperationsforschung Universität/Arbeiterkammer, Bremen.

Hickel, Rudolf, 1998: Bundesland Bremen in existenzbedrohender Finanzkrise: Kann der Zweistädtestaat noch gerettet werden?, in: Heseler, Heiner/Hickel, Rudolf/Prigge, Rolf (Hrsg.): Bremens Selbständigkeit. Bedrohung-Herausforderung-Chance, Bremen, S. 24-69.

Hidien, Jürgen W., 1999: Handbuch Länderfinanzausgleich, Baden-Baden.

Homburg, Stefan, 1994:Anreizwirkungen des deutschen Finanzausgleichs, in: Finanzarchiv, N.F. 51, S. 313-330.

Huber, Bernd, 1998: Der deutsche Finanzausgleich, Konzeption und Reformbedarf, in: WiSt, 27. Jg., H. 10, S. 517-524.

Jung, Hans-Ulrich/Schätzl, Ludwig, 1993: Atlas zur Wirtschaftsgeographie von Niedersachsen. Ökonomische, soziale und ökologische Aspekte räumlicher Strukturen und Entwicklungen, Niedersächsische Landeszentrale für politische Bildung (Hrsg.), Braunschweig.

Kitterer, Wolfgang/Kellermann, Kersten/Klusewitz; Stefan/Massierer, Dirk, 1994: Finanzausgleich im vereinten Deutschland: Neugestaltung der Finanzbeziehungen zur Stärkung des Föderalismus unter besonderer Berücksichtigung des Landes Bremen, Heidelberg.

Klusewitz, Stefan, 1997a: Steuerliche Effekte von Arbeitsplätzen und Einwohnern, in: Finanzbericht Bremen, 1/1997, Senator für Finanzen der Freien Hansestadt Bremen (Hrsg.).

Kroll, Thorsten, 2000: Das Bundesverfassungsgericht setzt „Maßstäbe" - Wie geht es nun weiter im Finanzausgleich zwischen Bund und Ländern? Anmerkungen zum Urteil des Zweiten Senats des Bundesverfassungsgerichts vom 11.11.1999, in: Steuer und Wirtschaft, Nr. 1, S. 45-80.

Niedersächsisches Landesamt für Statistik (Hrsg.), 1997a: Statistische Berichte Niedersachsen. Gemeindeergebnisse der Finanzstatistik 1996, Hannover.

Niedersächsisches Landesamt für Statistik (Hrsg.), 1997b: Statistische Berichte Niedersachsen. Bevölkerung der Gemeinden am 30. Juni 1996, Hannover.

Niedersächsisches Landesamt für Statistik (Hrsg.), 1998a: Statistische Berichte Niedersachsen. Gemeindeergebnisse der Finanzstatistik 1997, Hannover.

Niedersächsisches Landesamt für Statistik (Hrsg.), 1998b: Statistische Berichte Niedersachsen. Bevölkerung der Gemeinden am 30. Juni 1997, Hannover.

Niedersächsisches Landesamt für Statistik (Hrsg.), 1999a: Statistische Berichte Niedersachsen. Gemeindeergebnisse der Finanzstatistik 1998, Hannover.

Niedersächsisches Landesamt für Statistik (Hrsg.), 1999b: Statistische Berichte Niedersachsen. Bevölkerung der Gemeinden am 30. Juni 1998, Hannover.

Niedersächsisches Landesamt für Statistik (Hrsg.), 2000a: Statistische Berichte Niedersachsen. Gemeindeergebnisse der Finanzstatistik 1999, Hannover.

Niedersächsisches Landesamt für Statistik (Hrsg.), 2000b: Statistische Berichte Niedersachsen. Bevölkerung der Gemeinden am 30. Juni 1999, Hannover.

Pagenkopf, Hans 1981: Der Finanzausgleich im Bundesstaat: Theorie und Praxis, Stuttgart.

Prigge, Rolf, 1998: Stadt, Staat, Region - Modernisierung zwischen regionalem Wettbewerb und nachhaltiger Entwicklung, in: Heseler, Heiner/Hickel, Rudolf/Prigge, Rolf (Hrsg.): Bremens Selbständigkeit. Bedrohung-Herausforderung-Chance, Bremen, S. 8-23.

Prigge, Rolf/Prange, Martin/Bovenschulte, Andreas, 1999: Die Stadtstaaten im Modernisierungsfieber?: Bedingungen und Strategien der Modernisierung in Berlin, Hamburg und Bremen, Dopatka, Friedrich-Wilhelm (Hrsg.), Bremen.

Renzsch, Wolfgang, 1991: Finanzverfassung und Finanzausgleich: Die Auseinandersetzungen um ihre politische Gestaltung in der Bundesrepublik Deutschland zwischen Währungsreform und deutscher Vereinigung (1948 - 1990), Göttinger Habilitationsschrift, Bonn.

Rutz, Werner, 1995: Die Gliederung der Bundesrepublik Deutschland in Länder: Ein neues Gesamtkonzept für den Gebietsstand nach 1990, Föderalismus-Studien, Schneider, Hans-Peter (Hrsg.), Baden-Baden.

Selmer, Peter/Brodersen, Carsten, 1984: Finanzverfassungsrechtliche Grundfragen des horizontalen Finanzausgleichs - untersucht im Hinblick auf die stadtstaatspezifischen Bestimmungen des Finanzausgleichsgesetzes -, Hamburg.

Statistisches Landesamt Bremen (Hrsg.), 1970: Statistisches Handbuch 1965 bis 1969, Bremen.

Statistisches Landesamt Bremen (Hrsg.), 1982: Statistisches Handbuch 1975 bis 1980, Bremen.

Statistisches Landesamt Bremen (Hrsg.), 1996: Statistisches Jahrbuch 1996, Bremen.

Statistisches Landesamt Bremen (Hrsg.), 1975: Statistisches Jahrbuch 1970 bis 1974, Bremen.

Statistisches Landesamt Bremen (Hrsg.), 1999: Statistisches Jahrbuch 1999, Bremen.

Statistisches Landesamt Bremen (Hrsg.), 2000: Statistisches Jahrbuch 2000, Bremen.

ZerlG (Zerlegungsgesetz) vom 06. August 1998, in: Das Deutsche Bundesrecht. Systematische Sammlung der Gesetze und Verordnungen mit Erläuterungen, 837. Lieferung, 1999, Baden-Baden.

Online-Dokumente

sämtliche Online-Dokumente wurde am 25. 02.2001 auf ihre Abrufbarkeit überprüft

Baretti, Christian/Huber, Bernd/Lichtblau, Karl/Parsche, Rüdiger (2001): Die Einwohnerwertung [H3]auf Länderebene im Länderfinanzausgleich, Kurzfassung, Gutachten im Auftrag der Länder Baden-Württemberg, Bayern, Hessen und Nordrhein-Westfalen http://www.ifo.de/orcl/owai/studie0101-kf-laenderfinanzausgleich.pdf.

BVerfGE (Bundesverfassungsgericht) (1999): Urteil vom 11.11.1999, http://www. bundesverfassungsgericht.de/entscheidungen/frames/fs19991111_2bvf000298.

Holzschneider, Marko/Müller, Marion: Stadtregion Bremen. Die Stadt Bremen und ihr Umland, in: Finanzberichte Bremen, 4/1999, Senator für Finanzen der Freien Hansestadt Bremen (Hrsg.), http://www.bremen.de/info/sff/finanzbericht0499.htm.

Hummel, Marlies (2001): Einwohnerwertung der Stadtstaaten gemäß § 9 Abs.2 FAG - Aktualisierung der Ergebnisse des Gutachtens des ifo-Instituts aus dem Jahre 1986/87, Zusammenfassung der Ergebnisse zur Expertise im Auftrag von Senatsverwaltung für Finanzen, Berlin; Senator für Finanzen, Bremen; Finanzbehörde Hamburg, http://www.bremen.de/info/presse/kurzfassung-hummel.pdf.

Senator für Finanzen der Freien Hansestadt Bremen (2001): Pressemitteilung vom 16.01.2001, http://www.bremen.de/web/owa/p_anz_presse_mitteilung?pi_mid=24614&pi_back=%2Fweb%2Fowa%2Fp_anz_presse_ressort?pi_rid%3D5%26pi_archiv%3D1%26pi_monat%3D1.2001.

Statistisches Bundesamt (2000): Deutschland nach Ländern - Gebiet und Bevölkerung, http://www.statistik-bund.de/jahrbuch/jahrzab1.htm.

Andere Quellen

Anfrage beim niedersächsischen Landesamt für Statistik:

Ein- und Auspendler (Berufspendler) mit Ausgangs-/Zielort Bremen auf Landkreis- oder Gemeindeebene, folgende Landkreise und kreisfreie Städte betreffend: Cuxhaven, Delmenhorst, Diepholz, Oldenburg (St), Oldenburg (LK), Osterholz, Verden, Wesermarsch, die Daten der Jahre 1996 - 1999.

Ergebnis: Darstellung der Ein- und Auspendler der betreffenden Landkreise und kreisfreien Städte und Niedersachsen gesamt, jeweils zwei Seite pro Jahr, eine Seite Fußnote übermittelt, Daten für 1996 nicht ermittelbar.

Anfrage beim Statistischen Landesamt Bremen:

Ein- und Auspendler (Berufspendler) mit Zielort Niedersachsen, betreffende Landkreise für die Jahre 1996 - 1999.

Ergebnis: Darstellung der Daten nur für 1996 und 1998, nur gesamte Ein- und Auspendler, Auskunft über die Daten für 1997 und 1999 sowie eine Differenzierung nach Ausgangs-/Zielort konnte nicht erteilt werden.

Anfrage bei Finanzämtern der ausgewählten Landkreise und kreisfreien Städte:

Steueraufkommen auf Gemeindeebene, Landkreisebene, von 1996 bis 1999.

Ergebnis: Differenzierte Daten unterliegen laut Auskunft dem Datenschutz/Geheimhaltung, Darstellung nur auf Ebene der Finanzämter als Auswertung der Oberfinanzdirektion Hannover erhältlich. Darstellungen, die die Daten der ausgewählten Landkreise und kreisfreien Städte betreffen sind im Anhang abgebildet.

Anhang: Ergänzende Berechnungen

Tabelle 6: Berechnung der prozentualen Veränderung der Pendlerdaten

Jahr	Ausgewählte LK	Einpendler von 04 Bremen	Auspendler nach 04 Bremen	Auspendler abzüglich Einpendler	
1999	Summe	19.200	85.587	66.387	Stat. Landesamt
1998	Summe	18.651	86.196	67.545	Stat. Landesamt
1997	Summe	17.911	86.395	68.484	Stat. Landesamt
1996	Summe	17.300	86.802	69.557	Annahme

Jahr	Land Bremen	Einpendler	Auspendler	Netto Einpendler (Ein - - Auspendler)	
1999		107.625	30.908	76.717	Annahme
1998		107.878	30.103	77.775	Stat.Land HB
1997		108.131	29.329	78.802	Annahme
1996		108.384	28.555	79.829	Stat.Land HB

Veränderung Neu HB	Einpendler Einpendler HB - Auspendler LK	Auspendler Auspendler HB - Einpendler LK	Netto Einpendler (Ein- - Auspendler)	Prozentuale Veränderung
1999	22.038	11.708	10.330	13,47
1998	21.682	11.452	10.230	13,15
1997	21.736	11.418	10.318	13,09
1996	21.582	11.255	10.327	12,94

Tabelle 7: Berechnung der Veränderung der Zerlegungsanteile anhand der prozentualen Veränderung der Pendlerdaten

1999	in 1.000 DM	
Einkommen- u. Körperschaftst.	**NI**	**HB**
Zerlegungsanteile (Salden) für die Zeit vom 01.10.1998 - 30.09.1999	2.822.521	-679.610
Bundesanteil 42,5%	1.199.571	-288.834
Landesanteil 42,5%	1.199.571	-288.834
Gemeindeanteil 15%	423.378	-101.942

Annahme der prozentualen Veränderung bei HB vom Wert: 13,47

Neue Länder	**Ni neu**	**HB neu**	**Veränderung Ni**	**Veränd. HB**
Zerlegungsanteile (Salden) für die Zeit vom 01.10.1998 - 30.09.1999	2.234.422	-91.511	-588.099	588.099
Bundesanteil 42,5%	949.629	-39.307	-249.942	249.528
Landesanteil 42,5%	949.629	-38.892	-249.942	249.942
Gemeindeanteil 15%	335.163	-13.727	-88.215	88.215
Gemeindeanteil 15% / 2	167.582	-6.863	-44.107	44.107
Summe Landesanteil + Gemeindeanteil	1.284.793	-52.619	-338.157	338.157
Summe Landesanteil + Gemeindeanteil 50%	1.117.211	-45.755	-294.050	294.050

Tabelle 8: Modellrechnung zum bundesstaatlichen Finanzausgleich 1999
(unter Annahme der Beibehaltung der stadtstaatenspezifischen Einwohnerwertung für HB (HB inkl. ausgewählter Landkreise und kreisfreien Städte))[H4]

	Bundesstaatlicher Finanzausgleich 1999																
	vorläufige Abrechnung für das Ausgleichsjahr 1999								- in Mio DM								
1999	**NW**	**BY**	**BW**	**NI**	**HE**	**SN**	**RP**	**ST**	**SH**	**TH**	**BB**	**MV**	**SL**	**BE**	**HH**	**HB**	**Summe**
Berechnung	**Simulation ausgewählter Landkreise aus NI nach HB unter der Annahme einer Beibehaltung der Einwohnerwertung der Stadtstaaten für HB**																
Umsatzsteueranteile	22.611	15.235	13.141	8.526	7.598	11.401	5.065	7.145	3.483	6.476	6.513	4.691	1.764	4.266	2.140	2.497	122.553
Länderfinanzausgleich	-2.923	-3.473	-3.729	726	-4.929	2.068	350	1.252	154	1.173	1.100	889	275	5.235	-730	2.562	0
Fehlbetrags-BEZ	0	0	0	1.090	0	906	525	538	231	496	523	362	217	916	0	466	6.270
BEZ Kosten polit. Führung	0	0	0	0	0	0	219	164	164	164	164	164	153	219	0	126	1.537
Übergangs-BEZ	0	0	0	304	0	0	271	0	136	0	0	0	48	0	0	48	807
Sonder-BEZ	0	0	0	0	0	3.658	0	2.208	0	2.008	1.985	1.479	0	2.662	0	0	14.000
Sanierungs-BEZ	0	0	0	0	0	0	0	0	0	0	0	0	1.200	0	0	1.800	3.000
FDE-Annuitäten	-1.391	-938	-810	-507	-473	0	-302	0	-209	0	0	0	-80	-164	-154	-150	-5.178
FDE-Annuitäten-Umschicht.	-254	-168	-146	-426	-86	0	42	0	105	0	0	0	62	0	-24	44	0

Fortsetzung der Tabelle auf der nächsten Seite.

Fortsetzung von Tabelle 8: Modellrechnung zum bundesstaatlichen Finanzausgleich 1999 (unter Annahme der Beibehaltung der stadtstaatenspezifischen Einwohnerwertung für HB (HB inkl. ausgewählter Landkreise und kreisfreien Städte))

1999	**NW**	**BY**	**BW**	**NI**	**HE**	**SN**	**RP**	**ST**	**SH**	**TH**	**BB**	**MV**	**SL**	**BE**	**HH**	**HB**	**Summe**
Status-quo																	
Umsatzsteuer-anteile	22.584	15.217	13.125	10.299	7.589	11.394	5.059	7.141	3.479	6.473	6.509	4.689	1.762	4.261	2.137	837	122.553
Länderfinanz-ausgleich	-2.578	-3.188	-3.426	1.037	-4.744	2.149	379	1.300	174	1.218	1.147	921	294	5.316	-665	665	0
Fehlbetrags-BEZ	0	0	0	1.556	0	910	568	540	251	498	525	364	218	919	0	139	6.497
BEZ Kosten polit. Führung	0	0	0	0	0	0	219	164	154	164	164	164	153	219	0	126	1.537
Übergangs-BEZ	0	0	0	304	0	0	271	0	136	0	0	0	48	0	0	48	807
Sonder-BEZ	0	0	0	0	0	3.658	0	2.208	0	2.008	1.985	1.479	0	2.662	0	0	14.000
Sanierungs-BEZ	0	0	0	0	0	0	0	0	0	0	0	0	1.200	0	0	1.800	3.000
FDE-Annuitä-ten	-1.394	-941	-813	-588	-475	0	-303	0	-209	0	0	0	-80	-164	-154	-57	-5.178
FDE-Annuitäten-Um-schicht.	-254	-168	-146	426	-86	0	42	0	105	0	0	0	62	0	-24	44	0

Fortsetzung der Tabelle auf der nächsten Seite.

Fortsetzung von Tabelle 8: Modellrechnung zum bundesstaatlichen Finanzausgleich 1999 (unter Annahme der Beibehaltung der stadtstaatenspezifischen Einwohnerwertung für HB (HB inkl. ausgewählter Landkreise und kreisfreien Städte))[H5]

1999	NW	BY	BW	NI	HE	SN	RP	ST	SH	TH	BB	MV	SL	BE	HH	HB	Summe
Berechnung zu Status-quo																	
Umsatzsteuer-anteile	27	18	16	-1.772	9	7	6	4	4	4	4	3	2	5	3	1.660	0
Länderfinanz-ausgleich	-345	-285	-302	-311	-185	-81	-29	-48	-20	-45	-47	-33	-19	-81	-65	1.897	0
Fehlbetrags-BEZ	0	0	0	-466	0	-4	-43	-2	-30	-2	-2	-1	-1	-4	0	327	-227
BEZ Kosten polit. Führung	0	0	0	0	0	0	0	0	0	0	0	0	0	0	0	0	0
Übergangs-BEZ	0	0	0	0	0	0	0	0	0	0	0	0	0	0	0	0	0
Sonder-BEZ	0	0	0	0	0	0	0	0	0	0	0	0	0	0	0	0	0
Sanierungs-BEZ	0	0	0	0	0	0	0	0	0	0	0	0	0	0	0	0	0
FDE-Annuitä-ten	3	3	3	81	2	0	0	0	0	0	0	0	0	0	1	-93	0
FDE-Annuitäten-Um-schicht.	0	0	0	0	0	0	0	0	0	0	0	0	0	0	0	0	0
Summe	**-315**	**-264**	**-284**	**-2.469**	**-174**	**-78**	**-65**	**-46**	**-45**	**-43**	**-45**	**-31**	**-19**	**-80**	**-62**	**3.792**	**-227**
in DM je Ein-wohner	-17	-22	-27	-364	-29	-17	-16	-17	-16	-17	-17	-17	-17	-24	-37	2.151	-3
LFA-Volumen																	
15.784																	

Christoph Liebig

Die Umstellung der Lohn- und Einkommensteuer auf das Betriebstätten-Prinzip - Eine Simulationsrechnung zur Finanzkraftsteigerung des Stadtstaates Bremen

Inhaltsverzeichnis

1 Problem 71

2 Horizontale Steuerverteilung und Zerlegung als Zuordnung des „Eigenen“ 74

2.1 Überprüfung der Anreizkompatibilität 75

2.2 Überprüfung der Internalisierungsfähigkeit 76

3 Änderungsvorschlag und Simulationsrechnung 79

3.1 Entwicklung der Stellung Bremens im Finanzausgleich 80

3.2 Ländervergleichende Betrachtung 83

3.2.1 Relative Veränderung der Finanzkraft 83

3.2.2 Veränderung der Rangfolge der Länder 84

4 Zusammenfassung und Schlußfolgerung 87

Literaturverzeichnis 89

1 Problem

Der Zustand der Bremer Finanzen beeinträchtigt, wie das Bundesverfassungsgericht dem Senat auf dessen Antrag bescheinigt hat, die Fähigkeit des Landes seine Pflichten für die Bürger und den Bundesstaat voll zu erfüllen. Dabei befindet sich Bremen in einer Haushaltsnotlage. Und diese Haushaltsnotlage gefährdet darüber hinaus die Selbständigkeit des Bundeslandes Bremens.

Die Haushaltsnotlage des Landes Bremen soll dabei hauptsächlich durch eine zu geringe Wirtschaftskraft, und einer daraus resultierenden geringen Finanzkraft im Lande Bremen, hervorgerufen worden sein. Diese Untersuchung dagegen geht der Hypothese nach, daß die geringe Finanzkraft des Landes Bremen teilweise auch durch einen systematischen Fehler im Bundesstaatlichen Finanzausgleich begründet ist. Dieser systematische Fehler wird dabei darin vermutet, daß die Ausgestaltung des bundesstaatliche Finanzausgleich die spezifische Situation der Stadtstaaten als Ballungszentren ohne Umland und den daraus resultierenden externen Effekten nicht angemessen berücksichtigt.

Um dies zu verdeutlichen soll hier die Entwicklung der bremischen Wirtschaftskraft anhand des Bruttoinlandprodukts je (natürlichen) Einwohner im Verhältnis zum Bundesdurchschnitt dargestellt werden. Der Betrachtungszeitraum erstreckt sich dabei von 1991 bis 1998.

Wie aus der Abbildung 1 und der Tabelle 1 zu ersehen ist, liegt die Pro-Kopf-Wirtschaftskraft erheblich über dem Bundesdurchschnitt.

Tabelle 1: Entwicklung der bremischen Wirtschafts- und relativen Finanzkraft je (natürlichen) Einwohner in % des Durchschnitts

	1991	1992	1993	1994	1995	1996	1997	1998
BIP j.E.i.%	144,37%	140,46%	137,23%	136,63%	134,26%	133,16%	134,44%	136,65%
FK j.E.i.%					103,77%	101,62%	110,87%	104,40%

Quelle: Eigene Darstellung (Daten: Stat. Bundesamt, 1999; Sen. f. Finanzen).

Zur Erweiterung dieser Betrachtung kann die Finanzkraft je Einwohner mit einbezogen werden. Der Vergleich dieses Wertes zu der Wirtschaftskraft zeigt, daß die Finanzkraft je Einwohner in Bremen auch über dem Bundesdurchschnitt liegt. Dabei überragt die Finanzkraft den Bundesdurchschnitt jedoch nicht so weit wie dies die Wirtschaftskraft tut.

Etwas aussagekräftiger wird die Betrachtung, wenn man sich den in Abbildung 2 dargestellten Vergleich der Wirtschafts-, der Finanz- und der relativen Finanzkraft im Jahr 1997 vergegenwärtigt. Die relative Finanzkraft ist dabei der Quotient von der Finanzkraft und dem Finanzbedarf. Er gibt dabei an, in wie weit die eigene Finanzkraft den eigenen Finanzbedarf deckt.

Abbildung 1: Wirtschaftskraft und Finanzkraft je (natürlichen) Einwohner in % des Bundesdurchschnitts

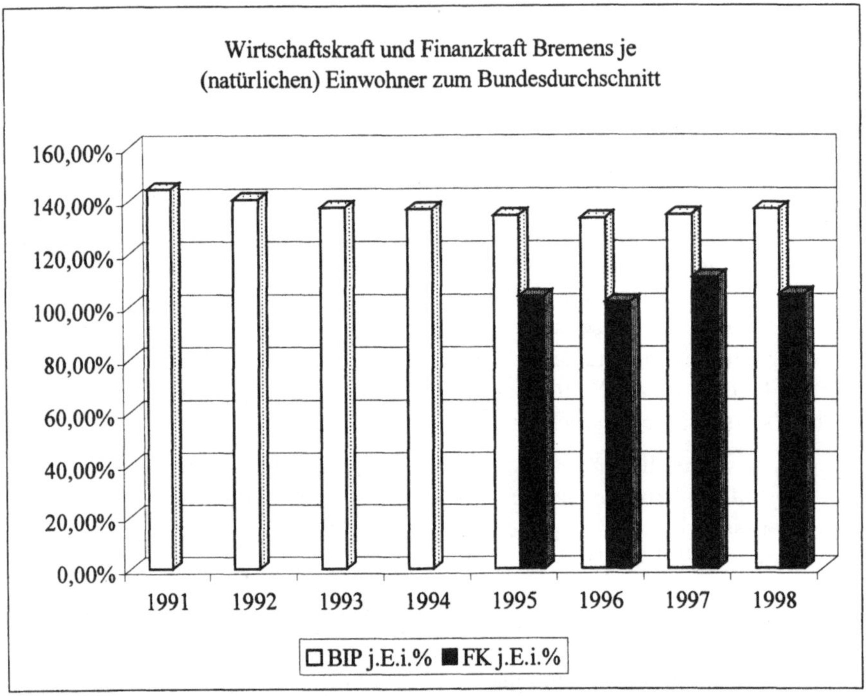

Quelle: Eigene Darstellung; (Daten:((Stat. Bundesamt, 1999); (Sen. f. Finanzen).

Hierbei wird ersichtlich, daß das Land Bremen hinter dem anderen Stadtstaat Hamburg die zweithöchste Wirtschaftskraft je Einwohner aufweist. Außerdem wird hier ersichtlich, daß Bremen eine überdurchschnittliche Finanzkraft je Einwohner hat. Aber trotz der hohen Wirtschafts- und Finanzkraft kann das Land Bremen seinen Finanzbedarf nicht decken, wobei die relative Finanzkraft hinter den Bundesdurchschnitt zurückfällt.

Es läßt sich also feststellen, daß die bremische Wirtschaftskraft je Einwohner mit über 135% keineswegs unterdurchschnittlich ist. Wenn man dabei noch bedenkt, daß der Finanzbedarf des Stadtstaates Bremens aufgrund der Einwohnerwertung im Länderfinanzausgleich ebenfalls mit 135% angesetzt ist, ist es verwunderlich, daß Bremen diesem Finanzbedarf nicht mit seiner Wirtschaftskraft decken kann.

Als Fazit läßt sich also vermuten, daß das Land Bremen seinen Finanzbedarf nicht nur aufgrund einer Wirtschaftsstrukturschwäche sondern auch aufgrund eines systematischen Fehlers innerhalb des Finanzausgleichs nicht decken kann.

Da aber das Land Bremen wie alle anderen Länder auch von der Finanzverfassung eine Regelung erwarten kann, die ihr eine angemessene Finanzausstattung gewährleistet, soll an dieser Stelle eine Überprüfung des bundesstaatlichen Finanzausgleichs erfolgen. Dabei muß unter anderem die spezifische Situation der Stadtstaaten analysiert werden, damit man überprüfen kann, ob der bundesstaatliche Finanzausgleich gegen über den Stadtstaaten angemessen ist.

Abbildung 2: Wirtschaftskraft, Finanzkraft und relative Finanzkraft vor LFA 1997

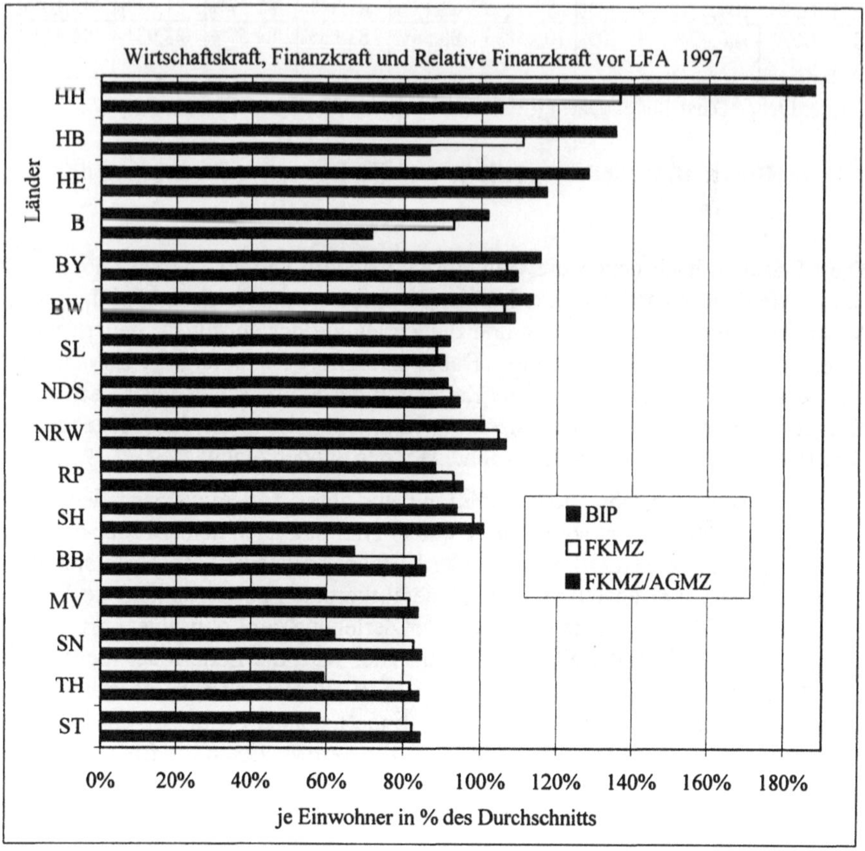

Quelle: Eigene Darstellung; (Daten:((Stat. Bundesamt, 1999);(Sen. f. Finanzen).

Tabelle 2: Wirtschaftskraft, Finanzkraft und relative Finanzkraft vor LFA 1997

	HH	HB	HE	BE	BY	BW	SL	NI
BIP	187,35%	135,11%	127,98%	101,74%	115,49%	113,43%	91,82%	91,29%
FKMZ	136,25%	110,88%	114,24%	92,90%	106,66%	106,02%	88,31%	92,28%
FKMZ/A GMZ	105,22%	86,42%	116,90%	71,43%	109,39%	108,67%	90,39%	94,42%

	NW	RP	SH	BB	MV	SN	TH	ST
BIP	100,77%	88,10%	93,69%	66,89%	59,80%	61,93%	59,16%	58,15%
FKMZ	104,67%	92,93%	97,92%	83,17%	81,34%	82,57%	81,62%	82,19%
FKMZ/A GMZ	106,42%	95,20%	100,58%	85,56%	83,63%	84,67%	83,93%	84,41%

Quelle: Eigene Darstellung; (Daten:((Stat. Bundesamt, 1999);(Sen. f. Finanzen).

2 Horizontale Steuerverteilung und Zerlegung als Zuordnung des „Eigenen"

Die Maßstäbe, nach denen die Gemeinschaftsteuern verteilt werden und somit die eigene Finanzausstattung der Länder bestimmt wird, erfolgt nicht einheitlich. Vielmehr erfolgt die Zuordnung und die Zerlegung der einzelnen Steuern nach unterschiedlichen Gesichtspunkten. Dabei erfolgt die Zerlegung der Lohnsteuer nach dem Wohnsitzprinzip und die Zerlegung der Körperschaftsteuer nach dem Betriebstättenprinzip. Die Umsatzsteuer hingegen wird nach der Vorgabe des Art. 107 Abs. 1 GG über die Einwohnerzahl der Länder zugewiesen.

Im Falle der Körperschaftsteuerverteilung und ihrer Zerlegung nach dem Betriebstättenprinzip erfolgt somit durch eine Verteilung nach dem Ort der Erwirtschaftung. Die Anteile der Länder an der Körperschaftsteuer bestimmen sich danach, wie hoch ihre jeweilige, dem Steueraufkommen zugrundeliegende Wertschöpfung ist. Das Wohnsitzprinzip bei der Zerlegung der Lohnsteuer verursacht hingegen eine andere Verteilungswirkung. Hier wird die Lohnsteuer nicht dem Ort, an dem der Lohnsteuerpflichtigen sein Einkommen erwirtschaftet (bzw. dem Ort, an dem die Wertschöpfung statt findet), sondern dem Ort, an dem der Lohnsteuerpflichtige seinen Wohnsitz hat, zugeordnet. Ebenfalls frei von einer aufkommensbezogenen Zuordnung ist auch die Umsatzsteuer. Bei der grundsätzlichen Pro-Kopf-Verteilung ist weder der Ort der Erwirtschaftung, noch der direkte Bezug zu dem Steuerpflichtigen geschaffen. Vielmehr richtet sich die Umsatzsteuerverteilung über den Einwohnerbezug an einem abstrakten Bedarfsmaßstab aus, der eine gleichmäßige Pro-Kopf-Versorgung zum Ziel hat[1].

Die gegenwärtige horizontale Steuerverteilung vollzieht sich demnach über eine Vermischung verschiedener Zuordnungsmaßstäbe, wodurch die Steuerkraft der

[1] Vgl. BVerfGE 72, S. 384.

Länder als ihr „Eigenes" sowohl eine Wertschöpfungs- als auch eine Bedarfskomponente aufweist. Insofern ist die Bestimmung des „Eigenen" der Länder, insbesondere über die Verteilung der Umsatzsteuer nach Einwohnern, teilweise Ergebnis dessen, was die Länder zur Deckung ihres Bedarfs brauchen, und entspricht weniger dessen, was sie an „örtlichen" Aufkommen haben. Somit findet eine Umverteilung schon bei der Primärverteilung statt.

2.1 Überprüfung der Anreizkompatibilität

Wie dieses Vorziehen des Distributionsaspektes zu bewerten ist zeigt sich, wenn man die Anforderungen an das Finanzausgleichssystem heranzieht. Dabei hat der Finanzausgleich innerhalb des Länderfinanzausgleich zwar die Aufgabe einen Finanzkraftausgleich zwischen den finanzstarken und den finanzschwachen Länder herbeizuführen. Er sollte dabei aber auch gewährleisten, daß für die Länder ein Anreiz besteht, ihre Finanzkraft aus eigener Anstrengung zu vergrößern. Dabei wird davon ausgegangen, daß vor allem durch die Steigerung der Wirtschaftskraft die Finanzkraft gestärkt werden kann. Die Anreizgerechtigkeit ist aber nur dann gegeben, wenn ein Land von den eigenen Maßnahmen zur Steigerung der Wirtschaftskraft profitieren kann. Dies soll sich dabei dadurch vollziehen, daß eine erfolgreiche Wirtschaftspolitik durch wachsende Steuereinnahmen honoriert wird. Das wird jedoch durch die praktizierte Gemeinschaftssteuerverteilung nur unzureichend geleistet.

Dabei ist die Körperschaftsteuer die einzige Gemeinschaftsteuer die gegenwärtigen nach dem Ort der Steuererwirtschaftung zerlegt wird. Hier erhält das Land, in dem der zu versteuernde Teil der Wertschöpfung entstanden ist, auch den Steuerertrag, wodurch ein unmittelbarer Anreiz für die Länder gesetzt wird, ihre Wirtschaftskraft zu steigern. Die Zuordnung der Lohnsteuer knüpft jedoch bei der gegenwärtigen Praxis in keiner Weise an der Aufkommenserwirtschaftung an. Die Lohnsteuer wird dem Land zugesprochen, in dem der Lohnsteuerzahler seinen Wohnsitz hat. Dabei muß sich der Wohnsitz des Steuerpflichtigen nicht immer in dem Land befinden, wo dieser seiner Erwerbstätigkeit nachgeht. In einem solchen Fall bestehen für das Land keine Anreizmöglichkeit sein Steueraufkommen über die Wirtschaftskraft zu steigern. Dies zeigt sich dabei insbesondere im Falle der Stadtstaaten. Und auch bei der Umsatzsteuerverteilung entfalten sich keine Anreizmöglichkeiten, da diese generell nach den Bedarf, also gleichmäßig über die Bevölkerung, verteilt wird.

Um der Anreizkompatibilität bei der horizontalen Steuerverteilung gerecht werden zu können, muß man allein den Ort der Aufkommenserwirtschaftung für die Verteilung der Steuerkraft wählt. Demnach wurde man unter der eigenen Finanzausstattung eines Landes den Anteil am Gemeinschaftsteueraufkommen verstehen, der ihm jeweils aufgrund seiner eigenen Wertschöpfung und damit seiner Wirtschaftskraft zugeflossen ist[2]. Hierzu müßte man aber die Zerlegung der Lohnsteuer weg von dem Wohnsitzprinzip, und hin zu dem Betriebstättenprinzip gestalten. Außerdem müßte in diesem Fall auch die Umsatzsteuer nicht nach dem Verbrauch bzw. nach den Einwohner, sondern nach den in den Regionen getätigten Einzelhandelsumsätzen bzw. nach der Wertschöpfung der Betriebe aufteilen werden[3].

Der damit verbundene Ausschluß von nivellierend wirkenden Bedarfsmaßstäben beseitigt dabei nicht nur die Diskrepanz zwischen Steuerkraft und Wirtschaftskraft der Länder, sondern trägt somit auch zur Anreizstärkung bei[4]. Und gleichzeitig ließe sich, durch die so herbeigeführte Trennung des horizontalen Finanzausgleichssystem in zwei Schritte, auch die Transparenz erhöhen. Dabei wird dann erst nach der Zuordnung des „Eigenen" und mit Hilfe der Länder selbst „Geschaffenen" die Bedarfsseite betrachtet. Wenn dann die eigene Finanzausstattung der Länder nicht genügt, um ein vertretbares Niveau staatlicher Aufgabenerfüllung zu gewährleisten, kann eine Umverteilung vorgenommen werden. Dies hat dann aber erst innerhalb in Länderfinanzausgleich i.e.S. zu geschehen[5].

2.2 Überprüfung der Internalisierungsfähigkeit

Art. 107 Abs. 1 enthält die Grundregel, daß die Steuereinnahmen nach dem örtlichem Aufkommen verteilt werden. Die Verteilung der Steuern auf die Länder soll dabei grundsätzlich dem örtlichem Aufkommen entsprechen, weil es die regionale Leistungsfähigkeit und Steuerkraft im Prinzip zutreffend widerspiegelt[6]. Daher muß die wirkliche Steuerkraft das entscheidende Kriterium für die Steuerertragsverteilung unter den Ländern sein. Deshalb verpflichtete das Grundgesetz die Gesetzgeber, durch Bestimmungen über die Abgrenzung und Zerlegung des örtlichen Aufkommens, dafür zu sorgen, daß die Steuerertragsverteilung soweit wie möglich der Steuerleistung der Wirtschaft und der Bürger eines jeden Landes entspricht[7].

Das örtliche Aufkommen ist daher nur ein Hilfsmaßstab für das eigentlich dahinterstehende Kriterium der örtlichen Wertschöpfung bzw. des regionalen Wertschöpfungsbeitrags. Die örtliche Wertschöpfung ist somit als ein anderer Ausdruck für die wirkliche bzw. wahre Steuerkraft zu verstehen[8].

Die aus erhebungstechnischen Gründen zweckmäßige Erhebung nach dem „örtlichen Aufkommen" spiegelt jedoch keinesfalls die wirkliche Steuerkraft der

---

[2] Vgl. (FIFO-Gutachten, 1999), S. 62.
[3] Vgl. (Kitterer, 1993), S. 280.
[4] Siehe (FIFO-Gutachten, 1999), S. 62.
[5] Vgl. (FIFO, 1999), S. 62.
[6] Vgl. (Wieland, 1993), S. 242.
[7] Vgl. (Wieland, 1993), S. 242.
[8] Vgl. (Folke Schuppert/Dahrendorf, 1985), S. 26

einzelnen Bundesländer wieder. In Fällen, in denen der Hilfsmaßstab des örtlichen Aufkommens von dem eigentlichen Verteilungsmaßstab der örtlichen Steuerkraft abweicht, soll die Zerlegungsvorschrift des Art. 107 Abs. 1 als Regulativ eingreifen und soll die Abweichungen des regionalen Steueraufkommens von der wahren Steuerkraft der Länder weitgehend beseitigen.

Dabei ist die Zerlegungsregel der Lohnsteuer und die Verteilung der Einkommensteuer keineswegs unumstritten. Denn ökonomisch ist es durchaus fraglich, wo die jeweilige Steuerkraft wirklich entsteht.

Würde man die Steuerkraft der Lohnsteuer mit der Einkommensentstehung verbinden, müßte auch die Lohnsteuer nach dem Betriebstättenprinzip zerlegen werden. Bei dieser Auslegung müßte dann aber auch die Umsatzsteuer nicht nach dem Verbrauch bzw. nach der Zahl der Einwohner, sondern nach den in den Regionen getätigten Einzelhandelsumsätzen bzw. nach der Wertschöpfung der Betriebe aufteilt werden[9].

Hält man jedoch die Einkommensverwendung für den richtigen Ansatzpunkt für die wirkliche Steuerkraft, so ist die Zerlegung der Lohnsteuer nach dem Wohnsitzprinzip gerechtfertigt[10].

In diesem Fall dürfte man dann aber die Umsatzsteuer nicht nach der Einwohnerzahl verteilen[11], da sich die Verteilung der Umsatzsteuer nach Einwohner an einem Belastungskonzept orientiert, bei dem die Belastungswirkung am Konsumort bzw. dem Heimatort der Konsumenten eintritt[12]. Da aber in den Stadtstaaten pro Kopf der Bevölkerung deutlich mehr konsumiert wird als in den Flächenländern, werden die Stadtstaaten durch die Umsatzsteuerverteilung nach Einwohnern benachteiligt[13].

Ökonomisch gesehen müßte sich eigentlich eine richtige Zerlegungsformeln finden, wenn man nach dem Belastungskonzept fragt, das mit der jeweiligen Steuer angestrebt wird. Aber auch hier gibt es zwei gegensätzliche Positionen.

Auf der einen Seite stellt die Lohnsteuer eine Form der persönlichen Einkommensbesteuerung dar. Dabei wird die Steuerleistung im Sinne eines Einkommensverlust zugunsten des Staates zweifellos vom einzelnen Steuerpflichtigen und keineswegs von Unternehmen erbracht. Insoweit bezieht sich Besteuerung auf die Person des Steuerpflichtigen, und daher ist die Verteilung des Steueraufkommens nach dem Wohnsitz ökonomisch geboten[14].

---

[9] Vgl. (Kitterer, 1993), S. 280.
[10] Vgl. (Kitterer, 1993), S. 280.
[11] Vgl. (Kitterer, 1993), S. 280.
[12] Vgl. (FIFO-Gutachten, 1999), S. 67.
[13] Vgl. (Wieland, 1993), S. 166.
[14] Vgl. (Kitterer, 1993), S. 280.

Andererseits und obwohl die Lohnsteuerleistung tatsächlich vom einzelnen Lohnsteuerpflichtigen und nicht vom Unternehmen erbracht wird, beruht die zu besteuernde Leistung nicht aus irgendwelchen Umständen an seinem Wohnsitz, sondern auf der an der Betriebsstätte erbrachten Wertschöpfung, die durch die Lohnzahlung vergütet wird. Das Belastungskonzept der Lohnsteuer knüpft dementsprechend an der Betriebsstätte und nicht am Wohnsitz an[15].

Wenn man sich also an den Belastungskonzepten orientiert, scheint es keinen klaren Hinweis zu geben, wie die Ausgestaltung der Zerlegungsvorschriften vorzunehmen ist.

Im Gegensatz hierzu, gehört es zu den unbestrittenen Grundsätzen des Finanzausgleichs, daß die Verteilung der öffentlichen Einnahmen grundsätzlichen der aus der Aufgabenverteilung resultierenden Ausgabenbelastung der einzelnen Körperschaften entsprechen muß.

Dabei geht es in erster Linie nicht um die Belastungskonzeption oder um den Grundsatz, daß das regionale Steueraufkommen der regionalen Steuerleistung entsprechen soll, sondern um die allokationspolitisch richtige und ausreichende Zuordnung von Steuererträgen in der Form, so daß jede Gebietskörperschaft durch die primäre Verteilung des Steueraufkommen in die Lage versetzt wird, ihre Aufgaben zu erfüllen.

Hierfür wäre eine Verteilung nach dem Ort der Steuererwirtschaftung am geeignetsten, da sich so eine wirtschaftskraftbezogene Verteilung Gemeinschaftssteuer ergeben würde. Hieraus würde sich für die Länder die Möglichkeit ergeben, ihre Wirtschaftskraft unmittelbar in Steuerkraft umzusetzen.

Dabei sind gerade die Stadtstaaten aufgrund ihrer strukturellen Eigenart darauf angewiesen, daß die von ihnen erbrachten Leistungen für das Umland, über die Steuerverteilung internalisieren werden können. Im Fall der Stadtstaaten ergibt sich dies nur, in dem die Steuerzerlegung stärker wertschöpfungsbezogen statt personenbezogen vorgenommen wird[16].

Hierzu müßte die Lohnsteuer nach dem Betriebstättenprinzip zerlegt werden. Aber auch die Verteilung der Umsatzsteuer nach der Einwohnerzahl ist aus Sicht der Stadtstaaten unbefriedigend. Der abstrakte Bedarfsmaßstab der Einwohnerzahl wird der Eigenart der Stadtstaaten als Ballungszentrum ohne Umland nicht gerecht. Angemessen wäre es vielmehr, an der direkten Belastungskonzeption der Umsatzsteuer nach der Verteilung der Einzelhandelsumsätze bzw. der Wertschöpfung anzusetzen.

Dabei widerspricht dies keineswegs der Belastungskonzeptionen der einzelnen Steuerarten. Denn es ist ökonomisch sinnvoll und geboten, daß Verbraucher und

[15] Vgl. (Wieland, 1993), S. 243.
[16] Vgl. (Wieland, 1993), S. 244.

Arbeitnehmer aus dem Umland, die ihre Einkäufe in der Großstadt tätigen oder dort ihren Arbeitsplatz haben, über ihre Umsatzsteuer bzw. ihre Lohnsteuer an den Finanzierungslasten der dafür notwendigen Infrastruktur beteiligt werden[17].

3 Änderungsvorschlag und Simulationsrechnung

Die Zerlegung des Lohnsteueraufkommens nach dem Wohnsitzprinzip und der abstrakte Bedarfsmaßstab bei der Umsatzsteuerverteilung führen zu einer willkürlichen Verzerrung zu Lasten der Stadtstaaten. Dagegen würde eine Zuordnung der Gemeinschaftsteuern nach der Wirtschaftskraft der strukturellen Eigenart der Stadtstaaten gerecht werden. Hierfür wäre eine Verteilung nach dem Ort der Steuererwirtschaftung am geeignetsten, da sich so eine wirtschaftskraftbezogene Verteilung Gemeinschaftssteuer ergeben würde. Hieraus würde sich für die Länder die Möglichkeit ergeben, ihre Wirtschaftskraft unmittelbar in Steuerkraft umzusetzen.

Die Mängel der Primärverteilung könnten daher, wenn die Lohnsteuer- und die Umsatzsteuerverteilung stärker Wirtschaftskraft bezogen ausrichtet werden, beseitigt werden. Bei der Zerlegung der Lohnsteuer müßte man dann vom Wohnsitzprinzip zum Betriebstättenprinzip über gehen. Aufgrund der örtlichen Zuständigkeit des Betriebstättenfinanzamtes kommt dies im Ergebnis einer Zuordnung nach der Steuererwirtschaftung gleich. Bei der Umsatzsteuer ließe sich eine wertschöpfungsbezogene Aufteilung erreichen, wenn man sie nach Einzelhandelsumsätzen bzw. nach der Wertschöpfung verteilen würde. Für die Verteilung der Körperschaftsteuer hingegen kann die bisherige Praxis beibehalten werden, weil sie als einzige der drei Gemeinschaftssteuern schon gegenwärtig nach dem Ort der Steuererwirtschaftung verteilt wird.

Auf dieser Basis wird nun an dieser Stelle ein Vorschlag unterbreitet, wie die Verteilungsmaßstäbe im bundesstaatlichen Finanzausgleich gestaltet werden könnten:

Da die Umsatzsteuerverteilung nach Bedarfsgesichtspunkten ein von der Verfassung vorgeschriebener Grundsatz ist, soll er an dieser Stelle auch nicht geändert werden. Die Lohnsteuerzerlegung hingegen soll nach dem Betriebstättenprinzip zerlegt werden. Die Körperschaftssteuerzerlegung, die in der gegenwärtigen Regelung ebenfalls nach dem Betriebstättenprinzip gehandhabt wird, soll beibehalten werden.

Mit der so vorgeschlagenen Gemeinschaftssteuerverteilung soll nun der bundesstaatliche Finanzausgleich evaluiert werden. Dabei sollen zwei Modell-Varianten untersucht werden.

---

[17] Vgl. (Kitterer, 1993), S. 281.

In der ersten Variante wird die Lohnsteuer in einem Verhältnis von 50: 50 nach dem Betriebstätten- und dem Wohnsitzprinzip zerlegt. In dem Modell wird hierbei von einer „hälftigen" Lohnsteuerzerlegung (LStZ) gesprochen.

In der zweiten Variante wird die Lohnsteuer zu 100% nach dem Betriebstättenprinzip zerlegt. Dies Modellvariante wird dabei „Wegfall" der Lohnsteuerzerlegung genannt.

3.1 Entwicklung der Stellung Bremens im Finanzausgleich

Bei der Betrachtung der bremischen Finanzkraft über den Zeitraum von 1995 bis 1999, stellt sich ein etwas differenziertes Bild da.

Abbildung 3: Finanzkraft je Einwohner in Bremen unter Modelloptionen

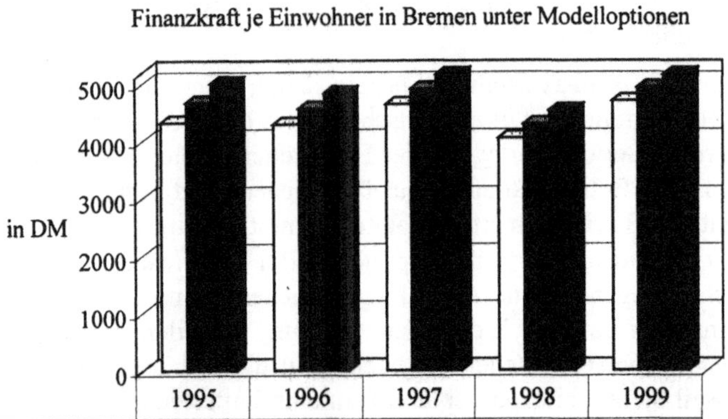

	1995	1996	1997	1998	1999
□ Status quo	4336,3	4297,9	4650,4	4058,9	4708,2
■ hälftige LStZ	4682,2	4577,5	4915,4	4303,3	4943,8
■ Wegfall LStZ	5017	4845,6	5172,2	4542	5169

Quelle: eigene Darstellung (Daten: Sen. d. Finanzen Bremen).

Durch die Veränderung der Lohnsteuerzerlegung gibt es die gewollten Effekte in der Finanzausstattung. Durch die wirtschaftskraftorientierte Steuerverteilung erhöht sich die Finanzkraft des Landes Bremen. Dabei entwickelt sich die Finanzkraft (Abbildung 3) bei den unterschiedlich zugrunde gelegten Verteilungsmaßstäben entsprechend.

Bei dem Vergleich der vereinheitlichten Finanzkraft Bremens zu der vereinheitlichten bundesdurchschnittlich Finanzkraft (Abbildung 4) kommt man zu dem Ergebnis, daß die bremische Finanzkraft, abgesehen von dem Jahr 1998, unter Beibehaltung der Lohnsteuerzerlegung nach dem Wohnsitzprinzip auf bundesdurchschnittlichem Niveau liegt.

Bei einer wirtschaftsorientierten Steuerverteilung steigt die Finanzkraft auf 123,3% an und liegt damit deutlich über dem Bundesdurchschnitt.

Bei der Betrachtung der relativen Finanzkraft ergibt sich jedoch ein anderes Bild.

Abbildung 4: Bremer Finanzkraft in % zum Bundesdurchschnitt unter Modelloptionen

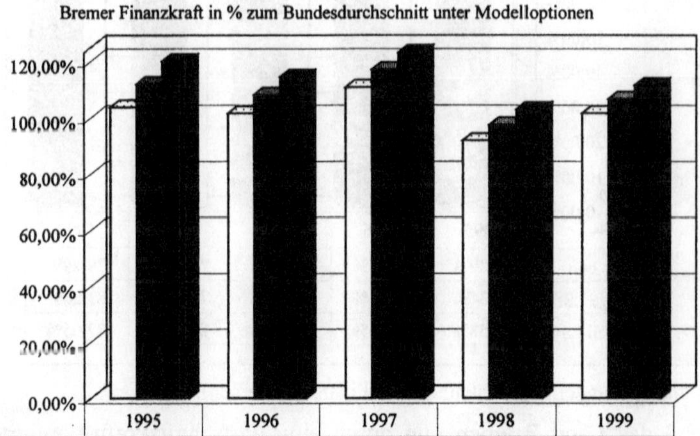

	1995	1996	1997	1998	1999
□ Status quo	103,80%	101,60%	110,90%	92,00%	101,70%
■ hälftige LStZ	112,00%	108,20%	117,20%	97,60%	106,80%
■ Wegfall LStZ	120,10%	114,60%	123,30%	103,00%	111,70%

Quelle: eigene Darstellung (Daten: Sen. d. Finanzen Bremen).

Die relative Finanzkraft ist dabei ein Ausdruck, der die Finanzkraft eines Landes zu seinem Finanzbedarf ins Verhältnis setzt. Ein Quotient von unter 100% bedeutet dabei, daß das betreffende Land gegenüber seinem Finanzbedarf eine geringer Finanzkraft ausweist. Dieses Land erhält den Status „Empfänger"- Land. Länder mit einem Quotienten von über 100% weisen eine über ihren Bedarf liegende Finanzkraft auf, und erhalten den Status „Zahler"-Land. Ein Empfänger-Land ist dabei im Länderfinanzausgleich ausgleichsberechtigt, während ein Zahlerland ausgleichspflichtig ist.

Die relative Finanzkraft ist somit ein Ausdruck für die tatsächliche Finanzstärke oder Finanzschwäche eines Landes.

Abbildung 5: Bremens relative Finanzkraft unter Modelloptionen

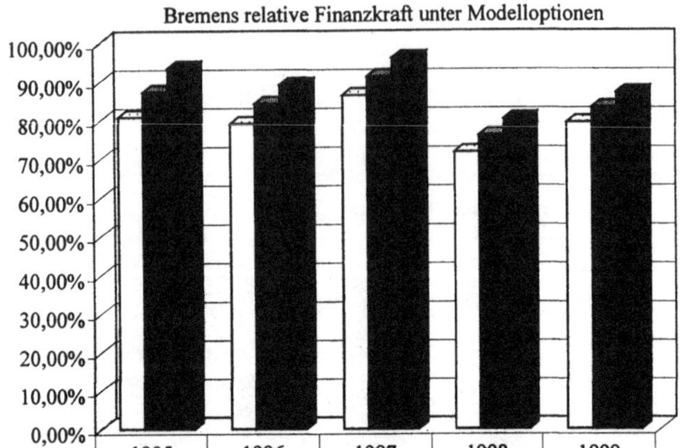

	1995	1996	1997	1998	1999
□ Status quo	80,89%	79,15%	86,42%	71,77%	79,29%
■ hälftige LStZ	87,34%	84,30%	91,35%	76,09%	83,26%
■ Wegfall LStZ	93,58%	89,24%	96,12%	80,32%	87,05%

Quelle: eigene Darstellung (Daten: Sen. d. Finanzen Bremen).

Während das Land Bremen nun durch eine wirtschaftskraftorientierte Steuerverteilung tatsächlich eine höhere Finanzkraft aufweist, erreicht diese Finanzkraft dennoch nicht die Höhe seines Finanzbedarfs (Abbildung 5).

Die Auswirkung der wirtschaftskraftorientierten Steuerverteilung auf die Finanzausstattung des Landes Bremen nach dem Länderfinanzausgleich und nach Fehlbetragsbundesergänzungs-Zuweisungen, ist sehr gering. Bei der „hälftigen" Lohnsteuerzerlegung bewegt sich diese in einem Bereich zwischen 1 bis 2 Millionen DM. Bei einem „Wegfall" der Lohnsteuerzerlegung in einem Bereich zwischen 2 und 7 Millionen DM. Die Auswirkungen sind daher nur marginal.

Festzustellen bleibt aber, daß sich die relative Finanzkraft des Landes Bremens verbessert. Hierdurch verringern sich die bremischen Ausgleichsforderungen im Länderfinanzausgleich und entlastet somit den Länderfinanzausgleich. Hierin zeigt sich dann auch die Angemessenheit einer wirtschaftsorientierten Steuerverteilung gegenüber der stadtstaatenspezifischen Situation.

Tabelle 3: Bremer Finanzkraft in Mio. DM nach LFA und Fehlbetrags-BEZ unter Modelloptionen

		1995	1996	1997	1998	1999
Status quo	FKMZ	2948	2917,1	3144,4	2722,2	3136,2
	LFA Zuweis.	562,3	634,7	349,6	912,4	665,2
	Fehlbetrags BEZ	120,8	120,2	129,9	142,5	138,6
	Summe	3631,1	3672	3623,9	3777,1	3940
hälftige LStZ	FKMZ	3183,2	3106,9	3323,6	2886,1	3293,1
	LFA Zuweis.	345,7	459,5	184,5	761,6	521
	Fehlbetrags BEZ	104,2	107,1	117,3	130,7	127,1
	Summe	3633,1	3673,5	3625,4	3778,4	3941,2
Wegfall LStZ	FKMZ	3410,8	3288,8	3497,3	3046,6	3443,1
	LFA Zuweis.	154,6	292,1	71,7	614,3	383,7
	Fehlbetrags BEZ	71,3	94	62,5	118,8	115,7
	Summe	3636,7	3674,9	3631,5	3779,7	3942,5
hälftige LStZ	Diff. z. Status quo	2	1,5	1,5	1,3	1,2
Wegfall LStZ	Diff. z. Status quo	5,6	2,9	7,6	2,6	2,5

Quelle: eigene Darstellung (Daten: Sen. d. Finanzen Bremen).

3.2 Ländervergleichende Betrachtung

Das Ergebnis dieser Modellrechnung bei einen Vergleich der Länder geschieht auf der Basis des Jahres 1997.

3.2.1 Relative Veränderung der Finanzkraft

Die relativen Veränderungen in der Finanzkraft unter den genannten Modelloptionen, im Jahr 1997 werden in Abbildung 6 dargestellt. Hier wird ersichtlich, daß sich bei den meisten Bundesländer nur marginale Veränderung in der Finanzausstattung ergeben.

Bei den Stadtstaaten Bremen und Hamburg hingegen erhöht sich die Finanzausstattung bei „hälftiger" Lohnsteuerzerlegung um 5,7% bzw. 9,77%, und bei „Wegfall" der Lohnsteuerzerlegung um 11,2% bzw. 19,4%. Im Gegensatz dazu machen sich bei den Nachbarländer Niedersachen und Schleswig-Holstein entsprechende Verluste bemerkbar. Bei dem im Vergleich zu Niedersachsen kleinerem Land Schleswig-Holstein fallen die Verluste stärker aus. Bei dem dritten Stadtstaat Berlin hingegen machen sich nur geringe Zuwächse bemerkbar.

Hierbei wird deutlich, in welchem Umfang die Lohnsteuerzerlegung nach dem Wohnortprinzip das auf der Wirtschaftskraft basierende Steueraufkommen aus den Stadtstaaten abzieht. Dabei ist die Umverteilung zwischen den Stadtstaaten und den Nachbarstaaten bezeichnend für die Problematik der Stadtstaaten. Eine wirtschaftskraftorientierte Steuerverteilung beseitigt diese Verzerrungen.

Abbildung 6: Relative Veränderung der Finanzkraft unter den Modelloptionen in %

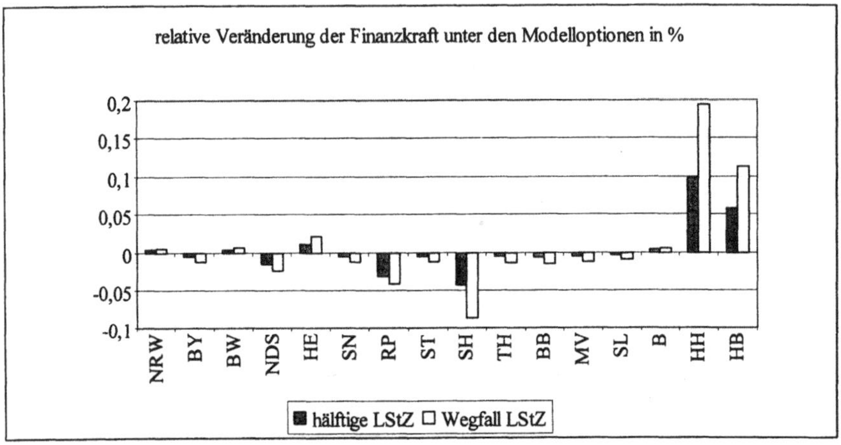

Quelle: eigene Darstellung (Daten: Sen. d. Finanzen Bremen).

Tabelle 4: Relative Veränderung der Finanzkraft unter den Modelloptionen

relative Veränderung der Finanzkraft unter Modelloptionen								
1997	NW	BY	BW	NI	HE	SN	RP	ST
Hälftige LStZ	0,36%	-0,49%	0,40%	-1,59%	1,16%	-0,48%	-3,16%	-0,47%
Wegfall LStZ	0,54%	-1,17%	0,62%	-2,44%	2,15%	-1,19%	-4,17%	-1,17%

1997	SH	TH	BB	MV	SL	BE	HH	HB
Hälftige LStZ	-4,26%	-0,54%	-0,63%	-0,53%	-0,38%	0,39%	9,77%	5,70%
Wegfall LStZ	-8,60%	-1,32%	-1,49%	-1,30%	-0,98%	0,57%	19,40%	11,22%

Quelle: eigene Darstellung(Daten: Sen. d. Finanzen Bremen).

Eine nach der Wirtschaftskraft ausgerichtete Lohnsteuerzerlegung erzeugt dagegen bei den anderen Ländern nur geringe Finanzkraftverluste, die mit Ausnahme des Lande Rheinland-Pfalz, dabei deutlich unter 2% liegen.

3.2.2 Veränderung der Rangfolge der Länder

Die Rangfolge im Länderfinanzausgleich ermittelt sich durch den Quotienten aus der Finanzkraft und dem Finanzbedarf. Die Reihenfolge der Quotienten mit abnehmender Größe ergibt die Rangfolge im Länderfinanzausgleich. Dies muß dabei nach den Ländersteuergarantien auch nach dem Länderfinanzausgleich erhalten bleiben.

Wie in Abbildung 7 dargestellt wird, erreicht zwar das Land Bremen durch die modellierte hälftige und „weggefallene" Lohnsteuerzerlegung eine deutlich höhere Finanzkraft. Die relative Finanzkraft steigt dementsprechend. Dabei überschreitet sie jedoch nicht die 100%-Marke, und daher bleibt das Land Bremen auch bei Wegfall der Lohnsteuerzerlegung immer noch ein Empfängerland. Dahingegen steigt die Finanzkraft des Landes Hamburg von 105,22% auf 125,63% an. Damit klettert das Land Hamburg von Rang 5 auf Rang 1. Bremen verbessert sich dabei von Rang 10 auf Rang 6. Bei den übrigen Ländern bleibt die Rangfolge nahezu erhalten.

Tabelle 5: Veränderung der Rangfolge vor Länderfinanzausgleich

1997	NW	BY	BW	NI	HE	SN	RP	ST
Status quo	4	2	3	8	1	12	7	10
hälftige LStZ	5	4	3	7	1	12	8	13
Wegfall LStZ	5	4	3	9	2	12	8	13

1997	SH	TH	BB	MV	SL	BE	HH	HB
Status quo	6	14	11	15	9	16	5	10
hälftige LStZ	6	14	11	15	10	16	2	9
Wegfall LStZ	7	14	11	15	10	16	1	6

Quelle: eigene Darstellung (Daten: Sen. d. Finanzen Bremen).

Aufgrund der durch die wirtschaftskraftbezogene Steuerverteilung verbesserten Position der Länder Bremen und Hamburg, wird deutlich wie sehr die Stadtstaaten-Problematik die Finanzkraft der Stadtstaaten beeinflußt. Dabei stellt sich die Position des Landes Bremen, bei einer streng wirtschaftskraftbezogenen Steuerverteilung mit 96,12% deutlich besser da. In diesem Fall ist das Bremen nahezu in der Lage seinen Finanzbedarf über seine eigene Finanzkraft zu dekken. Und somit zeigt sich, daß eine wirtschaftskraftbezogene Steuerverteilung der spezifischen Situation der Stadtstaaten gerechter wird, als die Lohnsteuerzerlegung nach dem Wohnsitzprinzip.

Abbildung 7: Veränderung der Rangfolge vor Länderfinanzausgleich

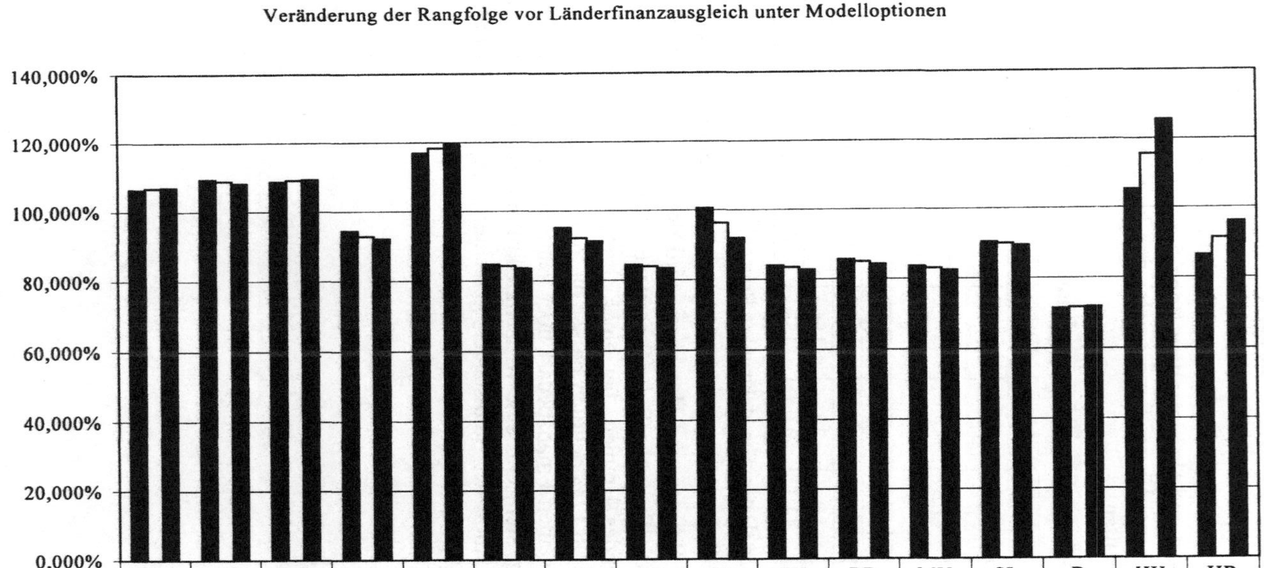

	NRW	BY	BW	NDS	HE	SN	RP	ST	SH	TH	BB	MV	SL	B	HH	HB
■ Status quo	106,42	109,39	108,67	94,420	116,90	84,670	95,200	84,410	100,58	83,930	85,560	83,630	90,390	71,430	105,22	86,420
□ hälftige LStZ	106,81	108,85	109,11	92,910	118,25	84,260	92,190	84,010	96,300	83,470	85,020	83,180	90,050	71,700	115,50	91,350
■ Wegfall LStZ	107,00	108,11	109,34	92,110	119,41	83,660	91,220	83,410	91,930	82,810	84,280	82,540	89,510	71,830	125,63	96,120

Quelle: eigene Darstellung (Daten: Sen. d. Finanzen Bremen).

4 Zusammenfassung und Schlußfolgerung

Dem Bundesland Bremen wurde 1992 vom Verfassungsgericht eine extreme Haushaltsnotlage bescheinigt. Diese soll durch eine geringe Wirtschaftskraft ausgelöst worden sein. Eine Analyse der Wirtschaftskraft belegt aber, dass das Land Bremen eine überdurchschnittlich hohe Wirtschaftskraft aufweist, dabei seinen Finanzbedarf jedoch nicht decken kann. Es stellt sich daher die Frage, ob die geringe Finanzkraft des Landes Bremen nicht auch teilweise durch den systematischen Aufbau des Bundesstaatlichen Finanzausgleich ausgelöst wird.

Die Betrachtung der Systematik der horizontalen Steuerverteilung und Zerlegung der Gemeinschaftssteuern zeigt, dass die einzelnen Gemeinschaftsteuern uneinheitlich verteilt werden. Einmal ist die Systematik der Steuerverteilung auf die Einkommensentstehung, dann wieder auf die Einkommensverwendung und dann wieder einfach nur auf den Bedarf ausgerichtet.

Dem Ansatz der Anreizkompatibilität wird nur bei der Verteilungssystematik der Körperschaftsteuer entsprochen. Der Wirkungszusammenhang, die Finanzkraft über die Wirtschaftskraft zu steigern, ist teilweise durchbrochen. Um der Anreizkompatibilität gerecht zu werden, müsste die horizontale Steuerverteilung jedoch insgesamt nach dem Ort der Aufkommenserwirtschaftung erfolgen.

Dem Ansatz der Internalisierungsfähigkeit wird die gegeben Gemeinschaftsteuer ebenfalls nicht gerecht, da die Verteilung nicht bei allen Steuerarten nach der Steuerkraft erfolgt. Und so zeigt sich beispielsweise auch, dass die Lohn- und Einkommensteuer zwar nach dem Kriterium des örtlichen Aufkommens verteilt, die Auslegung dieses Kriteriums Steuerkraft nicht nach dem Ort der Erwirtschaftung erfolgt. Um die Steuerverteilung anreizkompatibel und internalisierungsfähig zu gestalten, müsste lediglich die Wirtschaftskraft das Verteilungskriterium sein.

Dementsprechend wurde hier ein alternatives Modell zum Status quo des Finanzausgleichs aufgestellt. Innerhalb dieses Modells wird die Lohnsteuer entsprechend der Wirtschaftskraft zerlegt. Dabei wird dieser Verteilungsparameter einmal zu 50% und einmal zu 100% nach dem Betriebsstättenprinzip zerlegt. Die übrigen Gemeinschaftsteuern werden wie im Status quo zerlegt. Dabei steigt die Finanzkraft des Landes Bremen bei wirtschaftskraftorientierter Steuerkraftverteilung erwartungsgemäß. Die Finanzkraft des Landes Bremens liegt dabei über dem Bundesdurchschnitt, die relative Finanzkraft beträgt bei dem „Wegfall“ der Lohnsteuerzerlegung bis zu 96%. Das Land Bremen verbessert dabei seine Rangfolgeposition bei dem „Wegfall“ der Lohnsteuerzerlegung von Platz 10 auf 6“. Dabei zeigt sich bei der alternativen Modellrechnung, dass sich die bei der wirtschaftsorientierten Steuerverteilung ergebenden Veränderungen zum Status quo überwiegend von den Nachbarländern der Stadtstaaten getragen werden.

Die Ergebnisse dieser Modellrechnung scheinen daher die Eingangs gestellte These, dass die Finanzschwäche des Landes Bremen durch einen systematischen Fehler im bundesstaatlichen Finanzausgleich ausgelöst wird, zu bestätigen. Dahingegen sollte das Land Bremen jedoch von der Finanzverfassung eine Regelung erwarten können, die allen Bundesländern eine angemessene Finanzausstattung gewährleistet. Hierzu zeigt diese Arbeit, dass die Zerlegung des Lohnsteueraufkommens nach dem Wohnsitzprinzip (und der abstrakte Maßstab bei der Umsatzsteuerverteilung) zu einer willkürlichen Verzerrung zu Lasten der Stadtstaaten führen. Eine Zuordnung der Gemeinschaftssteuern nach der Wirtschaftskraft dagegen würde der strukturellen Eigenart der Stadtstaaten gerecht werden.

Literaturverzeichnis

BVerfGE 72: Urteil des Zweiten Senats vom 24. Juni 1986

Carl, Dieter, 1995, „Bund-Länder-Finanzausgleich im Verfassungsstaat", Baden-Baden 1995; zugleich: Saarbrücken, Univ., Diss., 1994.

FiFo, 1999, Finanzwissenschaftliches Forschungsinstitut an der Universität zu Köln „Finanzwissenschaftliche Überprüfung und Bewertung des Länderfinanzausgleichs", Gutachten im Auftrag des Finanzministeriums des Landes Nordrhein-Westfalen, Endfassung, Köln, Juli 1999.

Kitterer, Wolfgang, 1993, „Gutachten zur Neugestaltung der Finanzbeziehungen zur Stärkung des Föderalismus im vereinigten Deutschland unter besonderer Berücksichtigung des Landes Bremen", in: Senator für Finanzen der Freien Hansestadt Bremen (Hrsg), „Neuordnung des Finanzausgleichs zwischen Bund und Ländern und ihre Auswirkung auf das Land Bremen, Bremen 1993.

Wiedland, Joachim, 1993, „Gutachten zur Neugestaltung der Finanzbeziehungen zur Stärkung des Föderalismus im vereinigten Deutschland unter besonderer Berücksichtigung des Landes Bremen", in: Senator für Finanzen der Freien Hansestadt Bremen (Hrsg), „Neuordnung des Finanzausgleichs zwischen Bund und Ländern und ihre Auswirkung auf das Land Bremen", Bremen 1993.

Folke Schuppert, Prof. Dr. Gunnar, Dahrendorf, Frank, Namens und Kraft Vollmacht des Senats der Freien Hansestadt Hamburg, 1985, „Normenkontrollanträge gegen Vorschriften des Zerlegungsgesetzes und des Gesetzes über den Finanzausgleich zwischen Bund und Ländern", Augsburg, den 5. August 1985.

Isabel Sünner

Die Einwohnerveredelung im Finanzausgleich der Bundesrepublik Deutschland - Ein umstrittenes, aber tragfähiges Ausgleichsinstrument - und seine besondere Bedeutung für die Stadtstaaten

Inhaltsverzeichnis

1 Problem 95

2 Wesen und Bedeutung der Einwohnerveredelung 100
2.1 Die Einwohnerveredelung in der Finanzwissenschaft 100
2.1.1 Das Wesen der Einwohnerveredelung 100
2.1.2 Theoretische Grundlagen 102
2.1.2.1 Das Brecht'sche Gesetz 102
2.1.2.2 Die Kompensation finanzpolitischer Fehlentwicklungen 106
2.1.2.3 Der Ausgleich von „spill-over-Effekten" 108
2.2 Die Bedeutung der Einwohnerveredelung in der interdisziplinären Betrachtung 112
2.2.1 aus volkswirtschaftlicher Sicht 112
2.2.2 aus politischer Sicht 117
2.3 Die Einwohnerveredelung in der internationalen Betrachtung 120
2.3.1 Europäischer Raum 120
2.3.2 Amerikanischer Raum 123

3 Das Prinzip der Einwohnerveredelung im deutschen Finanzausgleichsrecht 126
3.1 Allgemeine verfassungsrechtliche Vorgaben für den Finanzausgleich 126
3.1.1 Harmonisierungsgebote 126
3.1.2 Nivellierungsverbote 127
3.2 Die Stellung der Einwohnerveredelung in den Finanzausgleichssystemen der BRD 128
3.2.1 Verfassungsrechtlicher Hintergrund 128
3.2.2 Gesetzliche Grundlagen, Anwendungsformen und Wirkungsweisen der Einwohnerveredelung 131
3.2.2.1 im LFA 131
3.2.2.2 im kommunalen FA 132

4 Die Bedeutung der Einwohnerveredelung für die Überlebensfähigkeit der Stadtstaaten im föderalen System 135

4.1 Die Einwohnerveredelung im LFA als Instrument zur Kompensation stadtstaatenspezifischer und allgemeiner agglomerationsbedingter Nachteile ... 135
4.1.1 Der Stadtstaatenbonus gemäß § 9 (2) FAG ... 135
4.1.1.1 Gesetzliche Grundlagen ... 135
4.1.1.2 Begründungsansätze und Kritikpunkte ... 136
4.1.1.2.1 Spezifizierung des Stadtstaatenbonus anhand eines Großstadtvergleichs -Das ifo-Gutachten- ... 136
4.1.1.2.2 Abgeltung stadtstaatenspezifischer Enklavenlasten ... 141
4.1.2 Die Größenklassenwertung (inkl. Dichteklausel) gemäß § 9 (3) FAG ... 147
4.1.3 Die „Doppelveredelung" der Stadtstaateneinwohner gem. § 9 (2) u. (3) FAG ... 154
4.2 Analyse möglicher Auswirkungen einer Reform des bundesstaatlichen Finanzausgleichs auf die Stadtstaaten ... 156
4.2.1 Wegfall des Stadtstaatenbonus gemäß § 9(2) FAG ... 157
4.2.2 Wegfall der Größenklassenwertung (inkl. Dichteklausel) gemäß § 9(3) FAG ... 159
4.2.3 Veränderung des hälftigen Ansatzes der Gemeindesteuereinnahmen gemäß § 8(5) FAG ... 161
4.2.4 Wegfall der Hafenlastenregelung gemäß § 7(3) FAG ... 163
4.2.5 Streichung der SBEZ für überdurchschnittlich hohe Kosten politischer Führung ... 164
4.3 Die finanzielle und politische Bedeutung der Einwohnerveredelung im LFA für die Stadtstaaten ... 164

5 Die finanzausgleichsrechtliche Sonderbehandlung der Stadtstaaten auf dem Prüfstand - Bestandsaufnahme und Bewertung - ... 166
5.1 Die Diskussion um die Einwohnerveredelung der Stadtstaaten im Rahmen der Entwicklung des bundesstaatlichen Finanzausgleichs in Deutschland - Historischer Abriß und Bewertung - ... 166
5.1.1 Die Änderungen im Zuge der großen Finanzreform 1969/70 ... 166
5.1.2 Die Entwicklung in den 70er Jahren bis zum Verfassungsstreit 1983/86 ... 168
5.1.3 Der Verfassungsstreit 1988/92 ... 171
5.1.4 Die Neugestaltung der Finanzbeziehungen im vereinten Deutschland ... 176
5.2 Der Verfassungsstreit 1998/99 ... 179
5.2.1 Der Standpunkt der klagenden Geberländer ... 180

5.2.2 Der Standpunkt der Klagegegner/Stadtstaaten 186
5.2.3 Der Standpunkt der neuen Länder 192
5.2.4 Streitpunkt: Stadtstaatenbonus für Berlin 195
5.2.5 Die Standpunkte zur Größenklassenwertung (inkl. Dichteklausel) des § 9 (3) FAG 199
5.3 Die Entscheidung des Bundesverfassungsgerichts vom 11.11. 1999 201
5.3.1 Das Urteil im Überblick 201
5.3.2 Die Einwohnerveredelung der Stadtstaaten auf dem verfassungsgerichtlichen Prüfstand 205
5.3.2.1 Die Kernaussagen des BVerfG zum Stadtstaatenbonus und ihre Hintergründe 207
5.3.2.2 Die Bedeutung der Aussagen zum Stadtstaatenbonus für die Stadtstaaten 209
5.3.2.3 Größenklassenwertung (inkl. Dichteklausel) gem. § 9(3) FAG aus der Sicht des BVerfG 210
5.4 Politische Konsequenzen des Bundesverfassungsgerichtsurteils 211
5.4.1 Der Stand der Diskussion um den Stadtstaatenbonus 214
5.4.1.1 Der Standpunkt der Stadtstaaten/Nehmerländer 215
5.4.1.2 Der Standpunkt der ehem. Klageländer (einschl. NRW) 218
5.4.1.3 Die Vorschläge des Wissenschaftlichen Beirats des BMF 219

6 Schlußfolgerungen 221
6.1 Die Zukunft des Stadtstaatenbonus im bundesstaatlichen Finanzausgleich - ein Ausblick - 221
6.2 Handlungsalternativen und Handlungsempfehlungen 226

Literatur- und Quellenverzeichnis 243

Anhang 251

1 Problem

„In jedem Bundesstaat mit unterschiedlichen politischen Entscheidungsebenen ist die Regelung der Finanzverfassung die Kernfrage des föderativen Aufbaus - besonders die Verteilung der Steuererträge [im Rahmen des bundesstaatlichen Finanzausgleichs] ... .[1]"

Ohne die Verteilungs- und Umverteilungswirkungen des Finanzausgleichs wäre es kaum möglich, innerhalb eines Bundesstaates eine aufgabengerechte Finanzausstattung aller Gebietskörperschaften sicherzustellen.

Die „Kriterien für die Ausgestaltung des Finanzausgleichs ... [werden] von gleich drei Disziplinen .. [beeinflußt] ...: der Politik als der Kunst des Machbaren, der Finanzwissenschaft mit der Maxime effektiver Finanzallokation und nicht zuletzt des Verfassungsrechts als der Kategorie des Zulässigen.[2]"

In der Bundesrepublik Deutschland sind die verfassungsrechtlichen Vorgaben für die Ausgestaltung des bundesstaatlichen Finanzausgleichs in Art. 106 und 107 GG verankert. Aufgabe des Gesetzgebers ist es, die Finanzverfassung mittels einfachgesetzlichem Recht zu konkretisieren, wobei der Verfassungsgeber ihm einen relativ großen Gestaltungsspielraum zugestanden hat. In Anbetracht dieser Tatsache und der immensen wirtschafts- und finanzpolitischen Bedeutung des bundesstaatlichen Finanzausgleichs verwundert es nicht, daß die Vorschriften des Finanzausgleichsgesetzes immer wieder zum Gegenstand von Verteilungskämpfen zwischen den Gebietskörperschaften geworden sind. Maunz spricht in diesem Zusammenhang von einem wirtschaftspolitischen und verfassungsrechtlichen Kampffeld.[3] Allein seit 1983 gipfelten die Auseinandersetzungen um das bundesstaatliche Finanzausgleichssystem in Deutschland in drei großen Verfassungsstreitigkeiten.

Besonders hart umkämpft war stets die Ausgestaltung des sog. „Länderfinanzausgleichs". Abgeleitet aus Art. 107 (2) GG zielt er auf einen angemessenen horizontalen Finanzkraftausgleich zwischen den einzelnen Gliedstaaten ab. Durch Zahlungen finanzstarker an finanzschwache Bundesländer soll im Sinne eines kooperativen Föderalismus zur Herstellung einheitlicher Lebensverhältnisse innerhalb des Bundesgebietes beigetragen werden.[4]

Die Politik in Gestalt der Länderfiski setzte jedoch von jeher andere Prioritäten: Geber- wie Nehmerländer fühlten sich regelmäßig stärker ihrer eigenen Kassenlage verpflichtet, denn einem gerechten, gemeinwohlorientierten Föderalis-

---

[1] Der ehem. Bundesfinanzminister H. Apel, in: Die Zeit, Ausgabe v. 8.7.77, in: Rürup/Körner, S. 36.

[2] Dietrich, S. 1.

[3] Vgl. Maunz, S. 43f.

[4] Vgl. Art. 106 (3) GG.

mus.[5] Insofern sind die anhaltenden Auseinandersetzungen um die Ausgestaltung des LFA Ausdruck des stetigen Versuchs einzelner Bundesländer, ihre finanzielle Situation innerhalb der Föderation auf Kosten anderer Bundesgenossen zu verbessern.

Der Finanzwissenschaftler Popitz charakterisierte die Frage nach der Ausgestaltung des Finanzausgleichssystems bereits zu Zeiten der Weimarer Republik als eine, die sich in der dynamischen Entwicklung von Bundesstaatlichkeit immer wieder neu stellen werde.[6] Diese Einschätzung hat bis heute nichts von ihrer Gültigkeit verloren. Im Gegenteil, durch die einschneidenden Veränderungen, die die föderale Struktur der Bundesrepublik Deutschland infolge der deutschen Wiedervereinigung erfahren hat, kommt ihr zur Zeit sogar eine besondere Aktualität zu. Die veränderte Situation hat die Frage nach der Angemessenheit des bestehenden Finanzausgleichssystems in Deutschland zu Recht neu aufgeworfen und die Diskussion um mögliche Reformbedarfe des LFA weiter angeheizt.

Vor dem Hintergrund der großen finanziellen Belastungen, die die Solidargemeinschaft infolge der deutschen Wiedervereinigung zu tragen hat, schien es nur eine Frage der Zeit zu sein, wann die Verteilungsstreitigkeiten erneut eskalieren würden. Zusätzlich verstärkt wurde dieses Konfliktpotential durch finanzielle Befürchtungen, die die Bundesländer mit dem fortschreitenden Prozeß der Europäischen Integration verbanden.[7]

Drei Jahre nach der Einbeziehung der neuen Bundesländer in das gesamtdeutsche Finanzausgleichssystem begann 1998 - initiiert durch die Hauptgeberländer Bayern, Baden-Württemberg und Hessen - abermals ein großer Verfassungsstreit um das deutsche Finanzausgleichsrecht. Erstmalig wurde diesmal „der kooperative Föderalismus als solcher mit Hinblick auf seine mangelnde Lern- und Anpassungsfähigkeit ... in Frage gestellt.[8]" Die Geberländer forderten „in Anlehnung an die Modelle des Konkurrenzföderalismus[9]" künftig „der allokativen Effizienz .. im innerstaatlichen Verhältnis ... [ein stärkeres Gewicht gegenüber] ausgleichspolitischen Überlegungen (Einheitlichkeit der Lebensverhältnisse) .. [einzuräumen].[10]" - Mit dieser Forderung verliehen sie dem Streit um den LFA eine neue Qualität. Zwar ging es ihnen letztendlich - genau wie in den vorangegangenen Streitigkeiten - um eine Reduzierung ihrer Ausgleichspflichten im LFA, sie stützten sich dabei jedoch zum ersten Mal auf ein richtungsweisendes ideologisches Fundament.[11]

---

[5] Vgl. Dietrich, S. 2.
[6] Vgl. Popitz, S. 345.
[7] Vgl. Kröning, S. 1.
[8] RWI, S. 1.
[9] Lenk/Teichmann, S. 4.
[10] RWI, S. 1.
[11] Vgl. Gelinsky, in: Frankfurter Allgemeine vom 12.11.1999, S. 12.

Eine Streitfrage zieht sich wie ein roter Faden durch alle verfassungsgerichtlichen Auseinandersetzungen um den LFA: Sie betrifft die Sonderbehandlung der Stadtstaaten in Form einer Einwohnerveredelung, dem sog. „Stadtstaatenbonus“. Dabei handelt es sich um eine Höhergewichtung der tatsächlichen Einwohnerzahl, durch die die Stadtstaaten im LFA erheblich günstigere Ausgleichsergebnisse erzielen, als dies bei einer Einfachwertung ihrer Einwohner der Fall wäre.

Auf den ersten Blick bewirkt der Stadtstaatenbonus eine Besserstellung der Stadtstaaten gegenüber den Flächenstaaten. Tatsächlich zielt er jedoch darauf ab, stadtstaatenspezifischen Nachteilen Rechnung zu tragen, um auf diese Weise eine finanzielle Benachteiligung der „Hauptstädte ohne Umland“ im LFA zu verhindern.

Strittig ist in diesem Zusammenhang weniger die Existenz eines berücksichtigungsfähigen Stadtstaatenproblems, als vielmehr die Frage, ob diesem eine nationale Qualität beizumessen ist, die den gegenwärtig praktizierten Nachteilsausgleich auf der Ebene des LFA rechtfertigen könnte. Nach Ansicht von Kritikern, vor allem aus den Reihen der Geberländer, handelt es sich um ein rein regionales Problem, dessen finanzielle Lösung nicht in Form einer Einwohnerveredelung im LFA erfolgen sollte, sondern auf bilateraler Ebene zwischen den Stadtstaaten und ihren Anrainerländern.

Die Angemessenheit dieser Regionalisierungsforderung ist unter juristischen wie unter ökonomischen Gesichtspunkten gleichermaßen umstritten, eine endgültige Klärung gestaltet sich nicht zuletzt methodisch sehr schwierig und steht trotz diverser Ansätze weiterhin aus.

Ohnehin griffe es jedoch zu kurz, die Beurteilung des Stadtstaatenbonus von der Beantwortung dieser einen Streitfrage abhängig zu machen. Zu vielschichtig sind Begründungsansätze und Kritikpunkte, die hinter dem Prinzip der Einwohnerveredelung stehen, das im deutschen Finanzausgleichsrecht eine lange Tradition hat. Entstanden ist das Prinzip der EV zur Abgeltung ballungsbedingter Mehrbedarfe im Bereich der öffentlichen Leistungserstellung. Alle Anwendungsformen der EV in den deutschen Finanzausgleichssystemen[12] gehen im Kern auf diese umstrittene Grundannahme zurück.

Durch die Integration der neuen Bundesländer in den bundesstaatlichen Finanzausgleich haben die Zweifel an der Berechtigung der EV eine neue Qualität erhalten. Der Stadtstaatenbonus steht dabei einmal mehr im Zentrum der Kritik. Zwar hat die Wiedervereinigung an der besonderen Situation der Stadtstaaten innerhalb des föderativen Gefüges nichts geändert, sie hat jedoch das siedlungsstrukturelle Gefälle innerhalb dieser Föderation erheblich verstärkt. Im wiedervereinigten Deutschland steht den außergewöhnlich stark verdichteten Stadt-

[12] Bundesstaatlicher Finanzausgleich und kommunaler Finanzausgleich der Länder.

staaten plötzlich ein anderes „Extrem" gegenüber: Die unterdurchschnittlich verdichteten neuen Bundesländer Mecklenburg-Vorpommern und Brandenburg.[13] Vor diesem Hintergrund hat das BVerfG 1999 die Frage aufgeworfen, mit welcher Berechtigung stark agglomerierte Bundesländer, wie die Stadtstaaten, im LFA für finanzielle Mehrbelastungen entschädigt werden, schwach agglomerierte Bundesländer hingegen mit etwaigen deglomerationsbedingten Kostennachteilen allein zurechtkommen müssen. Diese Überlegung erklärt nicht nur die neue Dringlichkeit, mit der die in Deutschland praktizierten Formen der EV hinterfragt werden müssen. Sie verdeutlicht darüber hinaus in eindringlicher Weise, daß der Stadtstaatenbonus nicht auf eine stadtstaatenspezifische Dimension reduziert werden darf, sondern seine Berechtigung nur aus einer verfassungsmäßigen Einbettung in das Gesamtsystem des bundesdeutschen Finanzausgleichs ziehen kann.

Um dieser Erkenntnis Rechnung zu tragen, versucht die nachfolgende Arbeit sich dem Für und Wider des Stadtstaatenbonus über eine Einordnung in den finanzausgleichsrechtlichen Gesamtkontext zu nähern. Natürlich ist dabei in erster Linie zu klären, welche grundsätzlichen Rechtfertigungsansätze es für die Sonderbehandlung der Stadtstaaten im LFA geben kann. Eine isolierte Betrachtung kann jedoch leicht ein verzerrtes Bild ergeben. Nur ein Blick auf die Gesamtsituation der Stadtstaaten im bundesstaatlichen Finanzausgleich kann deutlich machen, welche spezifische Funktion der Stadtstaatenbonus zu erfüllen hat bzw. ob möglicherweise Wirkungsüberschneidungen mit anderen „konkurrierenden" Ausgleichsregelungen vorliegen könnten.

Schließlich bleibt im Hintergrund stets die Frage nach der Wahrung des föderalen Gleichbehandlungsgebotes[14] zu beachten. Denn auch eine - für sich gesehen - angemessene Sonderbehandlung der Stadtstaaten kann ihre Berechtigung dadurch verlieren, daß anderen Bundesländern die Abgeltung ähnlich gelagerter Sonderbedarfe versagt bleibt.

Die folgende Untersuchung soll jedoch nicht auf die theoretische Auseinandersetzung mit dem Ausgleichsinstrumentarium „Stadtstaatenbonus" beschränkt bleiben.

Ein zweiter Untersuchungsschwerpunkt wird sich mit der Frage beschäftigen, welche Auswirkungen eine Reform des bestehenden Ausgleichssystemes unter Wegfall des umstrittenen Stadtstaatenbonus auf die Stadtstaaten haben könnte. Insbesondere für die Nehmerländer unter den Stadtstaaten geht die Bedeutung dieses Ausgleichsinstrumentariums bei weitem über eine rein finanzpolitische Dimension hinaus. Mehr als einmal wurde im Rahmen der Diskussion um die finanzielle Lösung des Stadtstaatenproblems seitens der Geberländer der Vor-

---

[13] Gilt in abgeschwächter Form auch für Sachsen-Anhalt und Thüringen.

[14] Art. 20 (1) GG i.V.m. Art. 3 (1) GG.

schlag einer Länderneugliederung auf den Tisch gebracht. Zwar scheint diese Forderung infolge der BVerfG-Entscheidung vom 11.11.99 zunächst abgewendet, eine formale Bestandsgarantie für die Stadtstaaten bedeutet jedoch nicht zwangsläufig auch eine Bestandsgarantie für den Stadtstaatenbonus. Eine solche - bzw. eine adäquate Ersatzlösung - könnte aber von Nöten sein, um den finanzschwachen Stadtstaaten Bremen und Berlin auf längere Sicht das Überleben als eigenständige Bundesländer zu sichern.

Eine isolierte Betrachtung des Stadtstaatenbonus führt allerdings auch in dieser Frage nicht weit genug. Aufgrund der BVerfG-Entscheidung vom 11.11.99 steht das gesamte bundesstaatliche Finanzausgleichssystem vor möglicherweise einschneidenden Veränderungen. Dabei ist aus der Perspektive der Stadtstaaten nicht nur der Fortbestand des Stadtstaatenbonus fraglich, sondern gleichzeitig die Zukunft diverser anderer Ausgleichsregelungen, von denen sie bislang finanziell profitiert haben. Dieser Aspekt muß unbedingt in die Gesamtbetrachtung einbezogen werden, will man ein realistisches Bild der Chancen und Risiken zeichnen, die die geplante Neuordnung des FAG für die Stadtstaaten mit sich bringt. Angesichts der vielen noch bestehenden Unwägbarkeiten wird dadurch zwar immer noch keine präzise Zukunftsprognose möglich, wohl aber eine aussagefähige Situationsanalyse.

2 Wesen und Bedeutung der Einwohnerveredelung

2.1 Die Einwohnerveredelung in der Finanzwissenschaft

2.1.1 Das Wesen der Einwohnerveredelung

-Versuch einer Begriffsbestimmung -

Bei der Suche nach einer Definition für das Prinzip der Einwohnerveredelung fällt auf, daß die Literatur dieses Prinzip nur eingebunden in die Erläuterung der bestehenden Finanzausgleichssysteme beschreibt und bewertet. Eine allgemein gehaltene, abstrahierte Definition des Begriffs der Einwohnerveredelung taucht innerhalb der im Rahmen dieser Arbeit untersuchten Texte nur an einer Stelle auf. Dietrich äußert in diesem Zusammenhang die Vermutung, die Einwohnerveredelung erscheine (den meisten Autoren) „für sich genommen zu klein und unbedeutend für eine isolierte Analyse.[15]" Er selbst macht jedoch den Versuch einer finanzwissenschaftlich allgemein nutzbaren Begriffsdefinition:

„Die 'Einwohnerveredelung' ist eine Rechenoperation, durch die das Bedarfs- und Hauptzuweisungskriterium „Einwohnerzahl" bei der Ermittlung der Ausgleichsparameter künstlich verändert wird, um so weitere, nicht exakt erfaßbare und nachrangige Einflußgrößen (Bevölkerungsdichte, Kosten der Kleinheit .. u.a.) in Form der modifizierten ... Einwohnerzahl pauschal mitberücksichtigen und finanziell angemessen abgelten zu können.[16]"

In diesem Sinne stellt die Einwohnerveredelung eine bedarfsorientierte rechnerische Hilfsgröße dar, die einen „angemessenen Ausgleich der Finanzkraft[17]" im Länder- bzw. im Gemeindefinanzausgleich gewährleisten soll.[18]

Das Bundesverfassungsgericht warnt jedoch in seinem Urteil vom 27.5.92 zur Einwohnerveredelung der Stadtstaaten davor, „die Gewichtung der Einwohnerzahl ... auf eine bloße Rechenoperation zu reduzieren.[19]" Vielmehr sollen darüber hinausgehende normative Wertungen die Grundlage für die Einwohnerveredelung bilden.[20]

Mit der Einwohnerveredelung der Stadtstaaten im LFA setzen sich Hickel, Roth und Troost in ihrer Abhandlung über den Stadtstaat Bremen im föderalen System auseinander. Sie beschreiben Einwohnerveredelung als „das Instrument,

[15] Dietrich, S. 9.
[16] Dietrich, S. 9.
[17] Verankert in Art. 107 (2) GG sowie in einigen Landesverfassungen.
[18] Vgl. Dietrich, S. 10.
[19] BVerfG E 86, 148 II; S. 240.
[20] Vgl. BVerfG E 86, 148 II; S. 240.

mit dem beim Finanzausgleich zwischen den Bundesländern die großstadtspezifische Sonderstellung der Stadtstaaten berücksichtigt wird ... .[21]"

Kitterer formuliert es etwas allgemeiner und spricht von einer „Bedarfskomponente", die „Struktur und Niveau der Umverteilung" der Finanzkraft von den finanzstarken zu den finanzschwachen Bundesländern mitbestimmt. Mit ihrer Hilfe wird den Stadtstaaten auf Länderebene eine bedarfsorientierte Sonderstellung eingeräumt, während die Einwohnerveredelung auf der kommunalen Ebene allgemein angewandt wird.[22]

Mit der Einwohnerveredelung im kommunalen Finanzausgleich und den theoretischen Grundlagen dieses Prinzips beschäftigt sich Pagenkopf. Für ihn ist die EV beim Gemeindefinanzausgleich „eine besondere Methode zur Ermittlung des angemessenen Finanzbedarfs in Rücksicht auf die abweichenden Ausgabenbedarfe bei unterschiedlicher Gemeindegröße ... .[23]" Dahinter steht die These von Brecht und Popitz[24], wonach „der Finanzbedarf einer Gebietskörperschaft mit ihrer Größe überproportional steigt.[25]" Ausgehend von dieser Überlegung werden bei der Einwohnerveredelung der effektiven Einwohnerzahl einer Gemeinde - gestaffelt nach Gemeindegrößenklassen - prozentual fiktive Einwohner hinzugerechnet.[26] Auf diese Weise soll die EV„zum Zwecke der Berechnung eines objektivierten Bedarfs[27]" dienen.

Das Prinzip der Hinzurechnung fiktiver Einwohner hat der Einwohnerveredelung den Beinamen „Toteseelenprinzip" eingebracht.[28] Der Begriff „Einwohnerveredelung hat sich jedoch in Literatur und Finanzausgleichspraxis durchgesetzt, weshalb er auch in dieser Arbeit Verwendung finden soll.

Beispielhaft für die Kritik an diesem Begriff sei Korinsky zitiert, der „Veredelung" als Werturteil im Sinne einer Besserstellung versteht und daher die Benutzung des wertfreien Ausdrucks „modifizierte Einwohnerzahl" vorschlägt.[29] Das Bundesverfassungsgericht trägt dieser Überlegung Rechnung, wenn es von Einwohnerwertung oder von Einwohnerveredelung in Anführungszeichen spricht und diese als „Modifikation" der „tatsächliche[n] Einwohnerzahl als Bezugspunkt für die Vergleichbarmachung des Finanzaufkommens[30]" bezeichnet.[31]

---

[21] Hickel/Roth/Troost, S. 141.
[22] Vgl. zu alledem Kitterer, S. 3.
[23] Pagenkopf, S. 56.
[24] Siehe dazu die Ausführungen unter Pkt. 2.1.2.1 dieser Arbeit.
[25] Pagenkopf, S. 214.
[26] Vgl. Pagenkopf, S. 283.
[27] Pagenkopf, S. 56.
[28] Vgl. Pagenkopf, S. 56.
[29] Vgl. Korinsky, S. 28ff.
[30] BVerfG E 86, 148 II; S. 239.
[31] Vgl. BVerfG E 86, 148 II; S. 239.

2.1.2 Theoretische Grundlagen

2.1.2.1 Das Brecht'sche Gesetz

Das Prinzip der EV stützt sich auf die finanzwissenschaftliche Vermutung des Brecht-Popitz'schen Gesetzes[32] von der „progressiven Parallelität zwischen Ausgaben und Bevölkerungsmassierung[33]". Demnach steigen mit zunehmender Einwohnerzahl und Siedlungsdichte die Pro-Kopf-Ausgaben, die Städte und Gemeinden zur Erfüllung öffentlicher Aufgaben aufwenden müssen.[34] Brecht hat 1932 erstmals einen Zusammenhang zwischen Siedlungsform und Finanzbedarf finanzwissenschaftlich theoretisch begründet.[35] „Popitz hat die These von Brecht empirisch aufgearbeitet, anhand der Finanzstatistik 1928/1929 statistisch nachgeprüft und bestätigt gefunden.[36]" In seinen Ausführungen dazu heißt es, „je höher die Einwohnerzahl einer Gemeinde ist, desto höher der Bedarf[37]" (je Einwohner), „obgleich mit der Einwohnerzahl die Einnahmen aus allgemeinen Deckungsmitteln (Betriebseinnahmen und eigenen Steuern) ansteigen ...[38]".

Den „Hauptgrund für die Mehrausgaben der Stadt [sahen Brecht und Popitz] .. im „kanalisierten Bürger", .. [d.h.] in der anspruchsvolleren städtischen Bedürfnisstruktur.[39]" Dieser Ansatz ist aus heutiger Sicht nicht mehr tragfähig, da nicht mehr von unterschiedlichen Bedürfnisstrukturen der Bürger in Stadt und Land ausgegangen wird. Stattdessen wird der von Brecht und Popitz ermittelte Zusammenhang zwischen Siedlungsstruktur und Ausgabenbelastung heute vorwiegend mit der funktionalen Arbeitsteilung begründet, die auf regionaler Ebene zwischen den Städten und ihrem Umland stattfindet[40] (sog. Zentralitätsansatz[41]).

[32] Im folgenden wird der Begriff „Brecht'sches Gesetz" verwendet, der sich in der Literatur überwiegend durchgesetzt hat.

[33] Dietrich, S. 7.

[34] Vgl. Kesper, S. 117/257; Dietrich, S. 7.

[35] Vgl. Brecht, S. 6ff.

[36] Dietrich, S. 7.

[37] Popitz, J. (1932): Der künftige Finanzausgleich zwischen Bund, Länder und Gemeinden, Berlin; in: Pagenkopf, S. 56.

[38] Popitz, J. (1932): Der künftige Finanzausgleich zwischen Bund, Länder und Gemeinden, Berlin; in: Pagenkopf, S. 56.

[39] Dietrich, S. 91 (in der Fußnote).

[40] Vgl. zu alledem Hickel/Roth/Troost, S. 22.

[41] Vgl. Bayrischer Verfassungsgerichtshof (1997), S. 337, in: Münzenmayer, S. 7.
Zentralität: Relative Bedeutung eines Ortes im Bezug auf das ihn umgebende Gebiet/Bedeutungsüberschuß für Ergänzungsgebiet. (Quelle: Eigene Aufzeichnungen in der Vorlesung „Einführung in die Siedlungs- und Bevölkerungsgeographie", W. Matzat, Uni Bonn WS 1994/95.)

Zusammenfassend lassen sich als Begründungen der Brecht-Popitz'schen-Kernthese die folgenden Aussagen Hansmeyers anführen[42]:

- Die Erstellung derselben kommunalen Leistungen erfordert in größeren Gemeinden höhere Pro-Kopf-Aufwendungen. (Brecht nennt z.B. Kanalisation, Beleuchtung, Polizei[43])
- Größere Gemeinden bieten (aufwendigere) kommunale Leistungen an, die kleinere nicht anbieten können oder wollen. („Übernahme von zentralörtlichen Funktionen[44]", z.B. kulturelle Einrichtungen und Bildungseinrichtungen[45]);
- Größere Gemeinden stellen in ihrer zentralörtlichen Funktion nicht nur Leistungen für ihre eigenen Bürger, sondern auch für die Bewohner umliegender Gemeinden zur Verfügung. (Es entstehen sog. „Nutzen-Spillover"[46])

Ausgehend von diesen Überlegungen wurde das Brecht'sche Gesetz zur wichtigsten Grundlage für die Anwendung des Prinzips der Einwohnerveredelung in den deutschen Finanzausgleichssystemen. Mit Hilfe des Ausgleichsinstrumentes EV soll sichergestellt werden, daß allen Ländern und Gemeinden eine ihrem Finanzbedarf entsprechende angemessene Finanzausstattung zur Verfügung gestellt werden kann.[47] Zu diesem Zweck wurde das Prinzip der EV nicht nur in die kommunalen Ausgleichssysteme fast aller Bundesländer, sondern auch in das System des Länderfinanzausgleichs aufgenommen.[48]

In der Begründung der Bundesregierung zur Einführung eines Länderfinanzausgleichs wurde das Brecht'sche Gesetz 1950 sogar als alleiniges Argument für die Einführung einer Einwohnerveredelung herangezogen.[49] Im Länderfinanzausgleich spielt das Gesetz nicht zuletzt für die Behandlung der Stadtstaaten eine Rolle[50], denn diese profitieren in zweifacher Form von der Veredelung ihrer Einwohner.[51]

---

[42] Vgl. Hansmeyer, S. 114, vgl. sinngemäß Bayrischer Verfassungsgerichtshof (1997), S. 337, in: Münzenmayer, S. 6.
[43] Vgl. Brecht, S. 8f.
[44] Hickel/Roth/Troost, S. 143.
[45] Vgl. Bayrischer Verfassungsgerichtshof (1997), S. 337, in: Münzenmayer, S. 6.
[46] Vgl. Hickel/Roth/Troost, S. 143. Aus dieser Problematik resultiert mittlerweile ein eigenständiger Begründungsansatz der EV. Siehe die Ausführungen unter Pkt. 2.1.2.3 dieser Arbeit.
[47] Vgl. Pagenkopf, S. 283/56.
[48] Siehe dazu die Ausführungen unter Pkt. 3.2.2 dieser Arbeit.
[49] Vgl. Brockhaus-Enzyklopädie, S. 641.
[50] Vgl. Kesper, S. 259.
[51] Siehe dazu die Ausführungen unter Pkt. 4.1.3 dieser Arbeit.

Nicht nur in diesem Zusammenhang ist das Brecht'sche Gesetz als Grundlage der EV vielfältigen Einwänden ausgesetzt. Im Mittelpunkt der kontroversen Diskussion, die seit Anfang der 80er Jahre in verschärfter Form stattfindet, steht vor allem die Frage, ob dem Brecht'schen Gesetz überhaupt eine Gesetzmäßigkeit zugrunde liegt oder lediglich eine immer wieder empirisch bestätigte Korrelation zwischen Ausgabenbedarf und Bevölkerungsmassierung.[52]

Bereits der begrenzte Umfang an Literatur, der im Rahmen dieser Arbeit untersucht werden konnte, weist hinsichtlich der Beurteilung des Brecht'schen Gesetzes das ganze Spektrum möglicher Einschätzungen auf: Die historische Kritik setzt an dem Umstand an, daß sich die Wissenschaft in Gestalt von Brecht und Popitz erstmalig neun Jahre nach der tatsächlichen Einführung des Prinzips der EV in den preußischen Gemeindefinanzausgleich mit deren theoretischen Grundlagen auseinandersetzte.[53] Die Prüfung kam also erst zustande, nachdem auf politischer Ebene bereits Tatsachen geschaffen worden waren. „Die Einwohnerveredelung hatte zu diesem Zeitpunkt schon fast ein Jahrzehnt lang auf die ursprünglich gewachsenen Siedlungsstrukturen und die Ausgabenstatistik eingewirkt, so daß das statistisch nachweisbare höhere Pro-Kopf-Ausgabenvolumen in Agglomerationen durch die Einwohnerveredelung erst herbeigeführt worden sein könnte.[54]“ Dietrich hält es zwar für denkbar, „daß Ausgaben und objektivierter Finanzbedarf identisch sind, das Brechtsche Gesetz demnach keinen Zirkelschluß darstellt, doch läßt sich ein solcher Nachweis [seiner Ansicht nach] mit Hilfe des Ansatzes von Brecht und Popitz nicht führen.[55]“

In der Grundthese von Brecht und Popitz sieht er keinen tragfähigen Ansatz für die Anwendung einer EV: Es seien keine hinreichenden Beweise dafür erkennbar, „daß eine Agglomeration zwangsläufig superadditive Pro-Kopf-Ausgaben verursacht.[56]“ Vielmehr gleichen sich nach Einschätzung Dietrichs Vor- und Nachteile von Agglomerationen im Laufe der Zeit weitestgehend aus.[57]

Nach Auffassung von Wildasin steigen die Pro-Kopf-Ausgaben von Gemeinden nur bis zu einer bestimmten Größenordnung. „Once a minimum population size of the order of 10-50 thousand is reached costs come approximately proportional to population, i.e. we have constant per capita costs.[58]“

---

[52] Vgl. Schuppert/Dahrendorf, S. 52.
[53] Vgl. Dietrich, S. 50f.
[54] Dietrich, S. 51.
[55] Dietrich, S. 106.
[56] Dietrich, S. 138.
[57] Vgl. Dietrich, S. 138f.
[58] Wildasin, Urban Public Finance, S. 7, in: Dietrich, S. 21.

Auch Littmann hält das Ergebnis des Brecht'schen Gesetzes für falsch, sieht aber einen erheblichen Verdienst Brechts darin, den originären Anstoß für weiterführende Untersuchungen in dieser Frage gegeben zu haben.[59]

Kesper unternimmt den Versuch, die Vielzahl der Kritikpunkte, die gegenüber dem Brecht'schen Gesetz geäußert werden, auf wesentliche Kernaspekte zu reduzieren: Dabei betont sie zum einen, „ ... daß [bei der Brecht'schen Einschätzung] auch die aus der von vornherein höheren finanziellen Leistungsfähigkeit der städtischen Gebiete resultierenden höheren Ausgaben mitberücksichtigt werden ... und [zum anderen,] daß eventuelle Deglomerationsnachteile besonders dünn besiedelter Regionen ganz außer Betracht gelassen werden.[60]" (Auf diese Weise wird ihrer Meinung nach das Ergebnis des Finanzkraftvergleiches zwischen den Ländern zu Ungunsten gering verdichteter Regionen verzerrt, weil diese weniger von der EV im Ausgleich der Gemeindesteuereinnahmen[61] profitieren.[62] Nach Ansicht Kespers kann in diesem Zusammenhang mittlerweile schon von einer „traditionellen Bevorzugung der Stadtgebiete gegenüber dem ländlichen Raum[63]" gesprochen werden.)

Bei Schuppert und Dahrendorf[64] findet sich ebenfalls der Versuch, die Haltung der neueren finanzwissenschaftlichen Literatur gegenüber dem Brecht'schen Gesetz zusammenfassend zu beurteilen. Sie gelangen dabei jedoch verglichen mit Kesper zu einem gegenteiligen Ergebnis, nämlich „daß [die Literatur] das Brecht'sche Gesetz ... mehr ausdifferenziert sehen möchte, den richtigen Kern ... aber nicht ernsthaft bezweifelt.[65]"

Die Frage nach dem Gesetzescharakter der Brecht'schen Aussagen wird allerdings auch von Autoren, die die Richtigkeit dieser Aussagen im wesentlichen anerkennen, nicht immer eindeutig beantwortet. Der Gebrauch der Begriffe „Erfahrungssatz[66]" bzw. „Erfahrungstatsache[67]" als Charakterisierung für die Brecht'sche These qualifiziert diese nicht deutlich als Gesetzmäßigkeit, sondern reflektiert vielmehr den in dieser Frage noch bestehenden Klärungsbedarf.

Aufgrund der Vielschichtigkeit der kontroversen Diskussion um das Brecht'sche Gesetz muß es an dieser Stelle bei einem groben Überblick über die Problematik

---

59 Vgl. Littmann, S. 346/360f.
60 Kesper, S. 257.
61 Zur Funktionsweise der EV bei diesem Ausgleich siehe Pkt. 3.2.2.1 dieser Arbeit.
62 Vgl. Kesper, S. 257.
63 Vgl. Kesper, S. 257.
64 Beide waren Gutachter des Landes Hamburg im Normenkontrollverfahren 1983-86. Vgl. Tipke, S. 1122.
Siehe dazu auch den historischen Abriß unter Pkt. 5.1.2 dieser Arbeit.
65 Schuppert/Dahrendorf, S. 59f.
66 Hensel, S. 37ff., in: Dietrich, S. 8.
67 Bundestagsdrucksachen 2/480, Randnr. 124, 146, in: Dietrich, S. 8.

bleiben. Dieser macht jedoch bereits deutlich, welches Konfliktpotential die Anwendung des Prinzips der EV allein aufgrund seiner (möglichen) Herleitung aus dem Brecht'schen Gesetz in sich birgt.

2.1.2.2 Die Kompensation finanzpolitischer Fehlentwicklungen

Die Ausführungen zum Brecht'schen Gesetz haben deutlich gemacht, daß es zumindest problematisch erscheint, diesen Ansatz als alleinige Rechtfertigung für die heute praktizierte EV heranzuziehen.

Ein neuer Begründungsansatz könnte im Laufe der Jahre daraus erwachsen sein, daß der Gesetzgeber die EV durch eine stetige - in ihrem Rahmen praktizierte Agglomerationsförderung - selbst unverzichtbar gemacht hat. Falls der Gesetzgeber über einen längeren Zeitpunkt eine übertriebene Agglomerationsförderung betrieben hat, wird die EV heute möglicherweise gerade dafür benötigt, „die Folgen .. [dieser] fiskalpolitischen Fehlentwicklung [zu] kompensieren[68]".

Ein kurzer historischer Abriß soll das Entstehen dieses Begründungsansatzes begreiflich machen:

Mit dem Beginn der Industrialisierung in Deutschland ab ca. 1850 wurden die Städte zu wirtschaftlichen Ballungszentren, die immer mehr Menschen anzogen. Im Zeitraum zwischen 1800 und 1910 wuchsen die Einwohnerzahlen vieler deutscher Städte um ein Vielfaches an.[69] In den wachsenden Agglomerationen mußten, finanziert aus öffentlichen Mitteln, Infrastruktureinrichtungen geschaffen und unterhalten werden, es entstanden sog. „Verdichtungskosten".[70] Schon vor Beginn des 1. Weltkrieges wurde es für die Städte zusehends schwieriger, diese Kosten aus ihren Steuereinnahmen zu decken. Verstärkte Landflucht sorgte für eine erhebliche Zunahme der Arbeitslosigkeit in den Städten und bescherte diesen zurückgehende Steuereinnahmen, gleichzeitig aber höhere Aufwendungen für Sozialleistungen.[71] Der Zusammenbruch der deutschen Wirtschaft infolge des 1. Weltkrieges verschärfte die finanzielle Lage der großen Städte dann dramatisch. Als nach Ende des Krieges die zusätzlichen Belastungen aus Reparationszahlungen und Gebietsabtretungen das deutsche Reich zu einer Reform des Finanzwesens zwangen[72], beanspruchten die Städte eine Korrektur, die ihrer gegenüber den ländlichen Gebieten deutlich höheren Pro-Kopf-Verschuldung Rechnung tragen sollte.[73] 1923 kam das Reich dieser Forderung insoweit nach, als es den Landesgesetzgebern eine Ermächtigung[74] für die An-

[68] Dietrich, S. 139.
[69] Vgl. Informationen zur politischen Bildung, S. 7.
[70] Vgl. Informationen zur politischen Bildung, S. 14.
[71] Vgl. Dietrich, S. 34.
[72] Vgl. Bovermann, S. 11ff.
[73] Vgl. Brecht, S. 6.
[74] § 43 Satz 1 Finanzausgleichsgesetz des Reiches in der Fassung vom 23.6.1923.

wendung einer EV in ihren kommunalen Ausgleichssystemen erteilte.[75] Preußen machte von dieser Ermächtigung Gebrauch und schrieb das Prinzip der EV noch im selben Jahr im „Preußischen Ausführungsgesetz zum Finanzausgleichsgesetz des Reiches" fest.[76] Die anderen Länder führten unter veränderten Rahmenbedingungen die EV nach preußischem Vorbild während der nationalsozialistischen Zeit nach und nach ein.

Nach 1945 berücksichtigten alle Flächenbundesländer in ihren kommunalen Ausgleichsgesetzen eine EV mit weit gespreizten Verhältnissätzen. „Nach Gründung der Bundesrepublik Deutschland [1949] fand das ursprünglich kommunal ausgerichtete preußische Prinzip der Einwohnerveredelung Eingang in den neu geschaffenen Länderfinanzausgleich.[77]"

Aus der Idee, Städten aufgrund kriegsbedingter Sonderbelastungen höhere Finanzmittel zur Deckung ihrer Verdichtungskosten und zum Schuldenabbau zur Verfügung zu stellen, ist faktisch eine dauerhafte Aufnahme des Prinzips der EV in die deutschen Finanzausgleichssysteme geworden.

Kritiker sehen hierin einen gravierenden finanzpolitischen Fehler. Ihrer Meinung nach hätte es allenfalls eine Privilegierung von Städten auf Zeit geben sollen. Nach Überwindung der jeweiligen Sonderbelastungen hätte die außergewöhnliche „Begünstigung" aber wieder abgebaut werden müssen, um zu verhindern, daß durch EV zusätzlich zur Verfügung gestellte Gelder zu einem unnötigen Ausgabenwachstum in den Städten führen. Ist ein solches Wachstum erst einmal erfolgt, läßt es sich kaum wieder durchbrechen, da einmal entstandene Kosten sich nur schwer wieder zurückfahren lassen (Problem der Kostenresistenz). Vor dieser Situation stehen - nach Ansicht von Einwohnerveredelungsgegnern - Finanzwissenschaft und Gesetzgeber heute: Indem der Einsatz der EV nicht auf die Überwindung bestimmter Sonderbelastungen begrenzt blieb, sondern auf der Grundlage der Brecht'schen Annahmen zu einer grundsätzlichen Agglomerationsförderung auswuchs, wurde aus Kritikersicht finanzpolitischen Fehlentwicklungen geradezu Vorschub geleistet.[78]

Die Kernthese von Brecht und Popitz, die bis heute das maßgebliche wissenschaftliche Fundament für die Agglomerationsförderung im Rahmen der EV liefert, ist - wie bereits erläutert - in vielerlei Hinsicht umstritten.[79] So waren die Erkenntnisse der beiden Wissenschaftler nicht das Ergebnis einer a-prori-Untersuchung, sondern einer nachträglich durchgeführten empirisch-deskriptiven Prü-

---

[75] Vgl. Dietrich, S. 39.
[76] Vgl. Dietrich, S. 39.
[77] Selmer/Brodersen, Pkt. 2a, in: Dietrich, S. 64.
[78] Vgl. zu alledem Dietrich, S. 140ff. m.w.N.
[79] Siehe hierzu die Ausführungen im vorigen Abschnitt dieser Arbeit.

fung, in die die Ausgabenstrukturen preußischer Gemeinden miteinflossen, die bereits jahrelang von einer EV profitiert hatten.[80]

Um so wichtiger wäre es gewesen, die EV spätestens beim Neuaufbau des deutschen Finanzsystems nach dem 2. Weltkrieg - d.h. vor ihrer erstmaligen Anwendung im bundesstaatlichen FA - eingehend auf eine mögliche ausgabensteigernde Wirkung hin zu untersuchen: „Hätte man die Ausgabenstatistik [1950] eingehender analysiert, so wäre aufgefallen, daß es sich bei der Ausgabenentwicklung der letzten dreißig Jahre um einen fiskalpolitischen Teufelskreis gehandelt hatte, bei dem sich die Differenz von städtischen und ländlichen Pro-Kopf-Ausgaben gefährlich vergrößert hatte.[81]“ Die EV hat also möglicherweise - entgegen ihrer eigentlichen Zielsetzung - zur Ausgabenexplosion in den Städten beigetragen bzw. diese finanziell überhaupt erst ermöglicht. Was ursprünglich zur Kompensation besonderer städtischer Belastungen eingesetzt worden war, hätte demnach auf längere Sicht finanzpolitischen Fehlentwicklungen Vorschub geleistet und bestehende regionale Disparitäten innerhalb Deutschlands weiter verschärft.

Inzwischen hat sich die Ausgabenstruktur der Ballungsräume so entwickelt, daß ein ersatzloser Wegfall der EV diese fast ausnahmslos in tiefe Verschuldungskrisen stürzen würde und allein schon unter diesem Aspekt kaum noch möglich erscheint.[82] Ob gerade darin ein tragfähiger neuer Begründungsansatz für den Fortbestand der EV zu sehen ist, ist eine kontrovers diskutierte Frage, die an dieser Stelle nicht weiter verfolgt werden kann. Zumindest wäre es unter verfassungsrechtlichen[83] wie raumordnungspolitischen[84] Gesichtspunkten hoch problematisch, auch weiterhin eine ausschließliche Agglomerationsförderung zu betreiben.

2.1.2.3 Der Ausgleich von „spill-over-Effekten“

Wie bereits unter Pkt. 2.1.2.1 deutlich wurde, bilden spill-over-Effekte heute eine wesentliche Erklärung für die Annahme eines erhöhten Pro-Kopf-Finanzbedarfs in Agglomerationen. In der neueren finanzwissenschaftlichen Literatur werden sie sogar als eigenständiger Begründungsansatz für die Anwendung des Prinzips der Einwohnerveredelung in den deutschen Finanzausgleichssystemen herangezogen.[85] Unter „spill-over-Effekten[86]“ versteht man in diesem Zusammenhang externe Nutzungseffekte der zentralörtlichen Angebote größerer

[80] Vgl. Dietrich, S. 50f.
[81] Dietrich, S. 141.
[82] Vgl. Dietrich, S. 237.
[83] Siehe hierzu die Ausführungen unter Pkt. 5.3.2 dieser Arbeit.
[84] Siehe hierzu die Ausführungen unter Pkt. 2.2.2.
[85] Vgl. Dietrich, S. 142 m.w.N.
[86] In der Literatur finden sich auch die Bezeichnungen „Nutzen-Finanzströme“ bzw. „externe Effekte“ sowie die Differenzierung zwischen „spill-out-“ und „spill-in-Effekten“.

Städte durch die Bewohner eines näheren oder weiteren Einzugsbereiches.[87] „Beispiele solcher Nutzen-„Spillover" sind: die Museen, der öffentliche Personennahverkehr, die Theater, die Krankenhäuser sowie andere Pflegeeinrichtungen und das Bildungs- sowie Ausbildungsangebot.[88]" Sie treten als Folge zentralörtlicher Aufgabenwahrnehmung innerhalb der Einzugsbereiche aller Agglomerationszentren auf. Durch die Stadt-Umland-Wanderungstendenzen der letzten Jahrzehnte hat sich die spill-over-Problematik der meisten Großstädte zunehmend verschärft.[89]

Mit Hilfe des Ausgleichsinstrumentes EV sollen sowohl landesinterne spill-over-Effekte zwischen Städten und ihrem Umland, als auch grenzüberschreitende spill-over-Effekte zwischen Stadtstaaten und Flächenländern eine angemessene finanzausgleichsrechtliche Berücksichtigung finden.[90]

Innerhalb von Flächenländern steht für die Abgeltung von spill-over-Effekten ein landesinterner FA zur Verfügung, im Rahmen dessen größere Gemeinden mittels einer Höhergewichtung ihrer Einwohner für ihre Umlandversorgungsfunktion entschädigt werden.[91]

In den Stadtstaaten fehlt eine vergleichbare Finanzierungsmöglichkeit. Sie können „wegen [ihrer] engen Staatsgrenzen die räumlichen externen Leistungen, die sie für ihr Umland erbringen, nicht durch einen kommunalen Finanzausgleich ausgleichen[92]" Die besondere stadtstaatliche spill-over-Problematik bildet einen wesentlichen Rechtfertigungsgrund für die Anwendung einer stadtstaatenspezifischen EV bei den Landessteuereinnahmen im LFA, der „auch im Urteil des Bundesverfassungsgerichts von 1986 bemüht worden ist.[93]" Die beschriebene Problematik wird zusätzlich dadurch verschärft, daß Stadtstaaten von den Folgen der Stadt-Umland-Wanderung erheblich härter getroffen werden als Großstädte in Flächenländern: Das 1970 eingeführte Lohnsteuerzerlegungsverfahren nach dem Wohnsitzprinzip hat bewirkt, daß die Lohnsteuer von Berufseinpendlern ausschließlich deren Wohngemeinden im Umland der Städte zugute kommt. Damit gehen diese Einnahmen den Stadtstaaten vollständig verloren, denn ihre Einzugsbereiche liegen nahezu ausschließlich außerhalb ihrer Landesgrenzen. Indem die Einpendler zugleich weiterhin die Infrastruktur der Stadtstaaten in Anspruch nehmen, entstehen Nutzenspillovers, die das Prinzip der fiskalischen Äquivalenz auf Landesebene außer Kraft setzen. Dieses Prinzip erfordert eine

---

[87] Vgl. Hickel/Roth/Troost, S. 201.
[88] Hickel/Roth/Troost, S. 143.
[89] Vgl. zu alledem Kitterer, S. 7.
[90] Vgl. Dietrich, S. 142.
[91] Zu den Details siehe die Ausführungen unter Pkt. 3.2.2.2 dieser Arbeit.
[92] Kitterer, S. 94.
[93] Peffekoven Gutachten, S. 9.

Übereinstimmung von Nutzer- und Kostenkreisen[94], die zwar in keinem Bundesland exakt gegeben ist, in den Stadtstaaten aufgrund ihrer strukturell bedingten Sonderproblematik aber besonders weit verfehlt wird.[95]

Ob die stadtstaatenspezifische EV bei den Landessteuereinnahmen im LFA das richtige Instrument darstellt, um der besonderen spill-over-Problematik der Stadtstaaten gerecht zu werden, ist sehr umstritten.

Aus Kritikersicht rechtfertigen die stadtstaatlichen Nutzenspillovers eine derartige Vorgehensweise nicht, da durch den Stadtstaatenbonus auf der Ebene des LFA auch Länder belastet werden, deren Einwohner gar nicht zu den Nutzern der stadtststaatlichen Einrichtungen gehören.[96]

Vorgeschlagen wird stattdessen, die jeweiligen spillovers zu spezifizieren und durch zweckgebundene Zuweisungen des Bundes bzw. durch Ausgleichszahlungen der empfangenden Gebietskörperschaften[97] abzugelten.[98] Diesem Vorschlag stehen allerdings sowohl verfassungsrechtliche als auch methodische Bedenken entgegen: Unter verfassungsrechtlichen Gesichtspunkten ist die strukturell bedingte Andersartigkeit der Stadtstaaten - und damit auch die daraus resultierende spill-over-Problematik - eine Besonderheit des deutschen Bundesstaates, die alle Mitglieder dieses Bundes betrifft.[99] Das BVerfG hat es daher 1986 für sachgerecht erklärt, diese Problematik auf der Ebene des LFA zu berücksichtigen.[100] Die Gegner des Stadtstaatenbonus lehnen diese Sichtweise zwar ab, gestehen aber ein, daß ihre Alternativvorschläge mit erheblichen methodischen Schwierigkeiten verbunden wären - vor allem da sie eine exakte Quantifizierung aller relevanten spill-over-Effekte erforderlich machen würden.[101] „Vertikale Transfers kompensieren .. allenfalls Spillovers bei der empfangenden Gebietskörperschaft - vorausgesetzt, die Spillovers konnten [überhaupt] quantifiziert werden. Diese Vorgehensweise würde vermutlich aber neue Spillovers schaffen, denn die übergeordnete Gebietskörperschaft würde diese Lasten zu Lasten der nachgeordneten Gebietskörperschaftsebene refinanzieren wollen (z.B. der Bund durch einen höheren Umsatzsteueranteil).[102]" „Versucht man, Nutzenspillovers durch horizontale Ausgleichszahlungen zu internalisieren, so stellt sich das Problem ihrer Quantifizierung und regionalen Inzidenz, und zwar für jede öffentli-

94 D.h. innerhalb eines Landes sollte den zur Verfügung gestellten Infrastrukturleistungen ein Äquivalent an geleisteten Steuereinnahmen gegenüberstehen.
95 Vgl. zu alledem RWI, S. 21 und 41f.
96 Vgl. RWI, S. 27.
97 Gemeint sind die Nutznießer stadtstaatlicher Leistungen.
98 Vgl. RWI-Reaktion, S. 4; Kitterer, S. 20; Peffekoven-Gutachten, S. 9.
99 Vgl. Wieland-Gutachten, S. 21 mit Verweis auf BVerfG E 72, 330 II, S. 415.
100 Vgl. BVerfG E 72, 330 II, S. 415.
101 Vgl. Dietrich, S. 142; Peffekoven-Gutachten, S. 10; RWI, S. 27.
102 RWI, S. 21f.

che Leistung gesondert[103]". (Zu berücksichtigen wäre dabei auch, „daß den Belastungen der Stadtstaaten für das Umland („spillouts") auch gewisse Nutzen („spillins") gegenüberstehen, weil die einpendelnden ... [Umlandbewohner] .. die Wertschöpfung der zentralen Orte durch den Teil ihres Einkommens, den sie dort ausgeben, erhöhen[104].") Nur aus den saldierten Nutzen-Finanzströmen (spillins und spillouts) ließen sich tragfähige Aussagen über grundsätzliche Berechtigung und Höhe eines stadtstaatenspezifischen Nachteilsausgleichs ableiten.[105] - Sofern die EV der Stadtstaaten ausschließlich bzw. hauptsächlich mit dem Ausgleich von spill-over-Effekten begründet wird, müßte sie an derartigen Kennzahlen gemessen werden, jedoch fehlen für die Länderebene bislang die erforderlichen Untersuchungsergebnisse. Auf der Ebene des kommunalen FA wurde dagegen bereits festgestellt, „daß die Salden der Finanzströme nicht im Verhältnis der Veredelung von den Agglomerationen in die Deglomerationen fließen.[106]" Die Untersuchungsergebnisse für die kommunale Ebene haben jedoch nur regionale Aussagekraft. Eine bundesweite Verallgemeinerung bzw. eine Übertragung auf die Stadtstaaten erscheint aufgrund der regionalspezifischen Unterschiede bei den spill-over-Effekten nicht möglich.[107] So wird bei den Stadtstaaten angenommen, daß ihre finanzwirtschaftlichen Aktivitäten nicht nur auf das Umland ausstrahlen, sondern auf das gesamte Bundesgebiet - bzw. sogar noch darüber hinaus.[108] (Folgt man der Annahme überregionaler stadtstaatlicher spillovers[109], so läßt sich deren Abgeltung auf der Ebene des LFA zwar besser rechtfertigen als wenn von einer reinen Stadt-Umland-Problematik ausgegangen wird. Der Kritikpunkt, daß die Zahlungen der einzelnen Länder im LFA ausschließlich von ihrer relativen Finanzkraft bestimmt werden, also nichts mit dem Ausmaß ihrer Inanspruchnahme stadtstaatlicher Leistungen zu tun haben[110], läßt sich dadurch jedoch nicht entkräften.[111])

Solange Qualität und Quantität der spill-over-Effekte, die von den Stadtstaaten ausgehen, nicht näher bestimmt sind, wird es auch nicht möglich sein, die finanziellen Mittel für die Stadtstaaten in ihrer Höhe (oder in ihrer Herkunft) darauf abzustimmen. Indes ist es zweifelhaft, ob es überhaupt jemals möglich sein wird, eine exakte Bewertung von spill-over-Effekten vorzunehmen und ob eine

---

[103] RWI, S. 21.
[104] Kitterer, S. 9; nach Peffekoven.
[105] Gilt analog für die Berücksichtigung von spill-over-Effekten im kommunalen FA.
[106] Dietrich, S. 142, nach Treuner/Winkelmann/Junesch, S. 42.
[107] Vgl. zu alledem Dietrich, S. 142f.
[108] Vgl. RWI, S. 29 und 37.
[109] Zur Problematisierung dieses Ansatzes siehe die Kritik zum RWI-Gutachten unter Pkt. 5.2.2 (Zwischenüberschrift „Krit. Bewertung) dieser Arbeit.
[110] Vgl. Peffekoven-Gutachten, S. 10.
[111] Ihm stehen allenfalls die bereits genannten verfassungsrechtlichen Gesichtspunkte entgegen.

derartige Differenzierung in ihrer Komplexität nicht die Leistungsfähigkeit (nationaler) Finanzausgleichssysteme sprengen würde.

Aufgrund der fehlenden Untersuchungsergebnisse ist es sehr fraglich, ob der gegenwärtige Stadtstaatenbonus die spill-over-Effekte der Stadtstaaten auf einem angemessenen Niveau ausgleicht. Letztendlich muß diese Frage unbeantwortet bleiben. Zumindest ist jedoch in hohem Maße davon auszugehen, daß die EV der Stadtstaaten einen nicht unerheblichen Beitrag zur Abgeltung vorhandener stadtstaatlicher spillovers leistet.[112]

2.2 Die Bedeutung der Einwohnerveredelung in der interdisziplinären Betrachtung

2.2.1 aus volkswirtschaftlicher Sicht

Das Prinzip der EV korreliert indirekt mit verschiedenen Bereichen der Volkswirtschaft.[113] Mögliche volkswirtschaftliche Auswirkungen dürfen daher bei der Untersuchung der EV nicht außer Acht gelassen werden.

In der Gesamtbetrachtung steht die Volkswirtschaft der EV eher kritisch bis ablehnend gegenüber[114], wofür allerdings sehr unterschiedliche Begründungsansätze existieren, die im folgenden kurz angerissen werden sollen.

Den Ausgangspunkt der meisten Überlegungen bildet der Aspekt der Agglomerationsförderung: Traditionell gestützt auf die Annahmen des Brecht'schen Gesetzes soll die EV dem Ausgleich ballungsbedingter finanzieller Mehrbelastungen dienen. Volkswirtschaftlich gesehen ist diese Art von Agglomerationsförderung äußerst umstritten, da sie im Widerspruch zum volkswirtschaftlichen Oberziel der Maximierung des Gemeinnutzens stehen könnte. Laut Isenberg wird diese theoretisch bei räumlich homogener Aufgabenerfüllung erreicht, weil der Gemeinnutzen sich nicht an Durchschnittswerten orientiert, sondern am untersten Niveau der für den ländlichen Bürger bereitgestellten Versorgungsgüter.[115] Unter diesem Gesichtspunkt wäre die Agglomerationsförderung durch die EV abzulehnen, da sie das finanzielle Interesse der Gebietskörperschaften an der Vermeidung unvorteilhafter Einwohnerballungen absinken läßt.[116]

Die Tatsache, daß sich Agglomerationen bereits gebildet haben, lange bevor das Prinzip der EV erstmalig zur Anwendung kam, läßt dagegen auf eine volkswirtschaftliche Vorteilhaftigkeit der Bevölkerungsmassierung schließen.[117]

---

[112] Vgl. Dietrich, S. 143.
[113] Vgl. Andel, S. 458.
[114] Vgl. Dietrich, S. 143.
[115] Vgl. Isenberg, in: Finanzarchiv 17 (56), S. 64ff.
[116] Vgl. Kesper, S. 257.
[117] Vgl. Homburg, in: Finanzarchiv 51 (94), S. 317; vgl. auch Andel, S. 461.

Umstritten ist in diesem Zusammenhang insbesondere die Frage, ob Agglomerationen im Hinblick auf ihre Kosteneffizienz[118] begünstigt oder benachteiligt sind: Während Anhänger des Brecht'schen Gesetzes die EV mit höheren Kosten der Leistungserstellung und "diseconomies of scale" in Verdichtungsräumen rechtfertigen[119], ist anderen Einschätzungen zufolge zunehmende räumliche Zentralisierung aufgrund steigender Skalenerträge[120] wirtschaftlich vorteilhaft.[121] „Bei vielen öffentlichen Leistungen ... sind gerade in dünn besiedelten Gebieten ... die Pro-Kopf-Ausgaben relativ hoch, da die Gesamtkosten auf eine geringe Kopfzahl umgelegt werden müssen.[122]"

Zur Frage der Vorteilhaftigkeit von Agglomerationen existieren in der Volkswirtschaft aber auch viele Zwischenmeinungen. So werden unter Abwägung wirtschaftlicher Vor- und Nachteile von Ballungsgebieten „optimale" Agglomerationsgrößen vorgegeben, die aus Kosten- und/oder Nutzengründen nicht über- oder unterschritten werden sollten. (Tetsch unterscheidet in diesem Zusammenhang „über- und unteroptimal agglomerierte" Gemeinden.)[123]

Betrachtet man EV als finanziellen Anreiz zu einer expansiven Ansiedlungspolitik[124], so müßten die Veredelungssätze unter der Annahme optimaler Agglomerationsgrößen durch Höchstwerte gedeckelt werden, die sich an den Idealgrößen orientieren. Diese Überlegung fand bei der Ausgestaltung der Veredelungsformen in den deutschen Finanzausgleichssystemen offensichtlich keine Berücksichtigung[125], denn die abgestuften Bevölkerungsschlüssel der Größenklassenwertung und der Gemeindegrößenstaffel[126] zielen auf die Finanzierung und nicht auf die Verhinderung vermeintlich zu stark agglomerierter Gebiete ab.

Krugman vertritt die Auffassung, daß Agglomerationsförderung bis zu einer bestimmten Größenordnung sinnvoll sein kann, die Rückflüsse darüber hinaus aber aufgrund wachsender Kosten nicht mehr gesteigert werden können: "[A] nation that supports a system of cities will be characterized by increasing returns at a micro level but constant returns at the aggregate level.[127]" Im Hinblick auf die Ausgestaltung einer EV als Instrument der Agglomerationsförderung müßten demnach geringer verdichtete Gebiete stärker begünstigt werden, damit sie sich

---

[118] (öffentliche) Leistungserstellung zu geringst möglichen Preisen.
[119] Vgl. Peffekoven-Gutachten, S. 7.
[120] Der Ertrag steigt, je mehr Kostenverursacher die Fixkosten der Produktion tragen. (Lehrsatz aus der Betriebswirtschaft, der auf die Erzeugung öffentlicher Güter übertragen wurde.)
[121] Vgl. Dietrich, S. 143.
[122] Peffekoven-Gutachten, S. 8.
[123] Vgl. Tetsch, S. 118ff. und 184ff. ; vgl. Dietrich, S. 143 m. w. N.
[124] Vgl. Kesper, S. 257.
[125] Zu den relevanten Begründungsansätzen vgl. Pkt. 2.1.2 dieser Arbeit.
[126] Siehe zu beiden Veredelungsformen Pkt. 3.2.2 dieser Arbeit.
[127] Krugman, S. 21.

dem hohen Ertragsniveau annähern können, das die stark verdichteten Räume bereits erreicht haben. Die derzeit in Deutschland praktizierten Veredelungsformen gehen jedoch den gegenteiligen Weg, da sie - basierend auf den Annahmen des Brecht'schen Gesetzes - vornehmlich der Kompensation der finanziellen Mehrbelastungen der Ballungsräume dienen sollen. Ob die Belastungen tatsächlich mit der Einwohnerzahl einer Stadt progressiv steigen, wurde jedoch nie eindeutig bewiesen.[128]

Wildasin betrachtet nur die Ausgabeseite von Ballungsräumen und kommt zu dem Schluß, daß die Pro-Kopf-Kosten nur bis zur Einwohnerzahl von 50.000 mit der Ortsgröße wachsen. "Once .. [this] population size ... is reached ... we have constant per capita costs.[129]" Demzufolge müßte es eine entsprechende Obergrenze bei der Staffelung von Agglomerationsfördermitteln geben, nach der sich auch eine etwaige EV zu richten hätte.

Ausgehend von dieser Sichtweise lassen sich Veredelungsformen wie die Größenklassenwertung nach § 9(3) FAG und die Gemeindegrößenstaffel in den deutschen Finanzausgleichssystemen nicht rechtfertigen, da durch sie die bevölkerungsreichsten Städte und Gemeinden pauschal am stärksten gefördert werden, ohne daß eine solche Förderung unter Kostenaspekten angezeigt wäre.

Aus ökonomischer Sicht spielt das Allokationsargument „einer effizienten und bürgerpräferenzorientierten Bereitstellung öffentlicher Leistungen[130]" eine wichtige Rolle bei der Begründung einer föderalen staatlichen Ordnung. Der bundesstaatliche Finanzausgleich im allgemeinen und das Prinzip der EV im speziellen werden unter allokationspolitischen Gesichtspunkten sehr kontrovers diskutiert.

Die deutschen Finanzausgleichssysteme zielen darauf ab, den Gebietskörperschaften eine aufgabengerechte Finanzausstattung zu verschaffen.[131] Die horizontalen Ausgleichsmechanismen im LFA sollen für einen „angemessenen Finanzkraftausgleich[132]" auf Länderebene sorgen, um den Bürgern aller Bundesländer möglichst „gleichwertige Lebensverhältnisse[133]" zu gewährleisten. Nur wenn größere relative Finanzkraftunterschiede zwischen den Ländern bzw. Gemeinden verhindert werden, ist unter allokativen Gesichtspunkten eine weitreichende Chancengleichheit gegeben. Denn nur so können regionale Disparitäten hinsichtlich der Versorgung mit öffentlichen Gütern und der Abgabenbelastung

---

128 Siehe dazu die Ausführungen zum Brecht'schen Gesetz unter Pkt. 2.1.2.1 dieser Arbeit.
129 Wildasin, S. 7.
130 Dietrich, S. 2.
131 Vgl. RWI, S. 20.
132 Vgl. Art. 107(2) Satz 1 GG.
133 Vgl. Art. 72(2) Satz 1 GG.

begrenzt werden.[134] Beide Faktoren beeinflussen maßgeblich die Standortwahl von Unternehmen und privaten Haushalten und stellen somit eine nicht zu vernachlässigende Einflußgröße der regionalen Wirtschaftsentwicklung dar. Die horizontale Finanzkraftumverteilung auf Länder- bzw. Gemeindeebene ist daher aus allokativer Sicht bedeutsam, um Entwicklungsvoraussetzungen regional anzugleichen.

Mit der EV fließt eine Komponente in die horizontalen Finanzausgleichssysteme ein, die Agglomerationsräumen eine bedarfsorientierte Sonderstellung bei der Verteilung der Finanzmittel einräumt. Im Hinblick auf mögliche allokationspolitische Wirkungen der EV, finden sich in der Literatur geradezu konträre Einschätzungen: Einerseits existiert die Befürchtung, ein Wegfall der EV könnte zu einem finanziellen Land-Stadt-Gefälle führen.[135] Dies könnte die anhaltenden Suburbanisierungstendenzen forcieren und auf diesem Wege die finanzielle Situation der Städte weiter verschärfen, was mittelfristig dann wieder eine stärkere Berücksichtigung der Agglomerationsräume im FA erforderlich machen würde.

Unter allokativen Gesichtspunkten könnte eine Abschaffung der EV zudem die Standortvoraussetzungen von Agglomerationsräumen gegenüber ländlichen Gebieten verschlechtern, da die fehlenden Finanzmittel in den Städten zu erheblichen Problemen bei der Finanzierung öffentlicher Leistungen und damit fast zwangsläufig zu steigenden Abgabenbelastungen führen würden.

Andererseits existiert allerdings auch die Einschätzung, die EV verursache in ihrer bestehenden Form volkswirtschaftlich relevante Fehlallokationen der Infra- und Industriestruktur.[136] EV wird in diesem Zusammenhang wiederum als Instrument übermäßiger Agglomerationsförderung angesehen, die es den Städten ermöglicht, ihre ohnehin gute Infrastrukturausstattung noch weiter zu verbessern und auf diese Weise ihre Entwicklungsvorsprünge und Wettbewerbsvorteile gegenüber ländlichen Räumen weiter auszubauen. Eine Verschärfung regionaler Disparitäten und volkswirtschaftlich nachteilige Wanderungsbewegungen könnten die Folge sein.[137]

Tetsch geht sogar so weit, als Folge der EV eine Verschlechterung der Chancen des Industriestandortes Deutschland zu befürchten, da die finanzielle Benachteiligung ländliche Gemeinden oft zu einer Anhebung ihrer Gewerbesteuersätze zwingt. Auf diese Weise werden dort Unternehmensansiedlungen verhindert, die dann angesichts „überfüllter Ballungsgebiete" dem Standort Deutschland in vielen Fällen gänzlich verloren gehen.[138]

---

[134] Vgl. RWI, S. 20.
[135] Vgl. Kops, S. 410.
[136] Vgl. Dietrich, S. 144.
[137] Vgl. Andel, S. 459.
[138] Vgl. Tetsch, S. 125ff.

Derartig weitreichende negative Konsequenzen von EV können aber nur angenommen werden, wenn die Notwendigkeit eines Ausgleichs ballungsbedingter Nachteile nicht anerkannt wird. Um beurteilen zu können, ob die EV eine unangemessene Bevorzugung von Verdichtungsräumen darstellt, die die Entwicklungschancen ländlicher Gebiete beschneidet, müßten sowohl die Brecht'schen Annahmen als auch der Begründungsansatz der spill-over-Effekte einer eingehenden Überprüfung unterzogen werden.[139]

Im Hinblick auf das Brecht'sche Gesetz wäre dabei nicht nur zu klären, ob überhaupt ballungsbedingte Mehrbedarfe bestehen, sondern auch, ob diesen nicht vergleichbare deglomerationsbedingte Mehrbelastungen gegenüberstehen, die ebenfalls einer finanzausgleichsrechtlichen Berücksichtigung bedürfen.

Zur angemessenen Abgeltung von spill-over-Effekten wäre zunächst eine exakte Quantifizierung der unterschiedlichen Nutzen-Finanzströme von Nöten. Außerdem müßte bezüglich des Ausgleichs stadtstaatenspezifischer spillover-Effekte nach einer geeigneten Form der Berücksichtigung gesucht werden. Denn - wie bereits erläutert - ist das Ausgleichsinstrument EV (Stadtstaatenbonus[140]) in diesem Zusammenhang sehr umstritten.[141] Viele Kritiker lehnen die EV der Stadtstaaten mit dem Hauptargument ab, sie belaste die Nutzer zentralörtlicher Leistungen nicht verursachungsgerecht.[142] An der grundsätzlichen Berechtigung eines Ausgleichs von spill-over-Effekten bestehen hingegen wenig Zweifel. Peffekoven hält einen derartigen Ausgleich unter allokationspolitischen Gesichtspunkten sogar für geboten.[143]

Die Grundkonzeption des horizontalen Finanzausgleichs in Deutschland zielt zweifelsohne nicht zuletzt unter allokationspolitischen Aspekten auf eine sinnvolle und gerechte Ressourcenverteilung ab. Ob die EV jedoch in dieser Hinsicht ein geeignetes Ausgleichsinstrumentarium darstellt oder ob sie zu volkswirtschaftlich relevanten Fehlallokationen beitragen kann, ist offensichtlich sehr umstritten und kann an dieser Stelle nicht abschließend geklärt werden. Die detaillierten Untersuchungen zur EV der Stadtstaaten können aber zur Meinungsbildung in dieser Frage beitragen.[144]

Mögliche mikroökonomische Auswirkungen von EV sind gesamtwirtschaftlich gesehen kaum von Bedeutung.[145] Denkbar erscheint, daß die Veredelung das Niveau der Abgaben für öffentliche Leistungen in Agglomerationsräumen dämpft.

---

139 Siehe dazu Pkt. 2.1.2.1 und 2.1.2.3 dieser Arbeit.
140 Siehe dazu Pkt. 3.2.2.1 dieser Arbeit.
141 Siehe dazu Pkt. 2.1.2.3 dieser Arbeit.
142 Vgl. dazu beispielhaft Peffekoven-Gutachten, S. 9f.
143 Vgl. Peffekoven-Gutachten, S. 9f.
144 Siehe dazu die Untersuchungen unter Pkt. 4 und 5 dieser Arbeit.
145 Vgl. Dietrich, S. 145.
145 Vgl. Dietrich, S. 145.

Sofern die aus der Veredelung stammenden Finanzmittel von den Gebietskörperschaften nicht unmittelbar für investive Zwecke oder für Schuldendienst verwendet werden, könnte sich daraus eine geringfügige Einkommensverbesserung der privaten Haushalte ergeben. Positive Auswirkungen auf die gesamtwirtschaftliche Nachfrage sind angesichts dessen theoretisch möglich, von der Größenordnung her aber sicher zu vernachlässigen.

2.2.2 aus politischer Sicht

Die Politik spielt eine tragende Rolle bei der Ausgestaltung von Finanzausgleich und EV.[146] Während der Rahmen für den Finanzausgleich verfassungsrechtlich vorgegeben ist[147], „gibt es speziell für die EV keinen direkten verfassungsrechtlichen Anknüpfungspunkt, so daß der Politik weitgehend freie Hand im Umgang mit den veredelten Einwohnerzahlen gelassen wird.[148]"

Innerhalb der politischen Diskussion um den bundesstaatlichen Finanzausgleich, die seit Gründung der Bundesrepublik Deutschland nie wirklich zum Erliegen kam, wurde das Prinzip der EV von Gegnern wie Befürworten - sowohl im Grundsatz als auch im Detail - immer wieder auf den Prüfstand gestellt.[149] Problematisch erscheint in diesem Zusammenhang, daß die Vorschläge zur EV im Rahmen der Neugestaltung des bundesstaatlichen Finanzausgleichs auf politi scher Ebene stets wesentlich von spezifischen finanzpolitischen Interessen der einzelnen Länder geprägt waren und nur wenig von staatspolitischer Verantwortung für die Ländergesamtheit im föderalen System zeugen. Die Verfassungsstreitigkeiten der letzten 16 Jahre einschließlich der aktuellen Auseinandersetzung bestätigen diesen Eindruck. So waren in der Frage nach der Beibehaltung des Stadtstaatenbonus im LFA die Befürworter regelmäßig identisch mit den finanziell profitierenden Stadtstaaten, die Gegner hingegen mit den aufgrund ihrer Finanzstärke finanziell besonders stark belasteten Geberländern.[150] Zwar sind die unterschiedlichen Standpunkte der Länder in der Einzelbetrachtung ausnahmslos gut nachvollziehbar, als objektive Beiträge zur Lösung umstrittener finanzausgleichsrechtlicher Fragen dürfen sie jedoch kaum angesehen werden. Betrachtet man die divergierenden politischen Vorschläge der Länder zur Neuregelung der Stadtstaatenfrage, so sind die Argumentationsketten in allen Fällen auf eine Ergebnisfindung zugeschnitten, die den jeweiligen Länderinteressen am bestem gerecht wird.[151]

---

[146] Vgl. Dietrich, S. 146.
[147] Siehe dazu die Ausführungen unter Pkt. 3.2.1 dieser Arbeit.
[148] Dietrich, S. 146.
[149] Siehe dazu die historische Betrachtung unter 5.1 dieser Arbeit.
[150] Siehe dazu die Ausführungen unter Pkt. 5.1. und 5.2 dieser Arbeit.
[151] Siehe dazu die Auswertungen der verschiedenen Standpunkte im Verfassungsstreit 98/99 unter Pkt. 5.2 und 5.4 dieser Arbeit.

Im Spannungsfeld zwischen dem Vorwurf mangelnder länderübergreifender Solidarität und dem einer „Überstrapazierung des Solidargedankens[152]" im LFA, scheinen sich die Meinungsstände einzelner Länder ihrer jeweiligen finanziellen Situation entsprechend einzureihen.

Angesichts unterschiedlich verlaufender Wirtschafts- und Finanzkraftentwicklungen der Länder[153], ist die Aussicht auf eine dauerhafte Beilegung des politischen Interessenkonfliktes in der Streitfrage LFA äußerst gering. Eine länderübergreifende politische Akzeptanz der EV durch den Stadtstaatenbonus erscheint unter diesem Gesichtspunkt mehr als unwahrscheinlich. Eher ist damit zu rechnen, daß diese Frage auf Länderinitiativen hin auch weiterhin Gegenstand verfassungsrechtlicher Erörterung bleiben wird.

Unabhängig von der allgemeinen politischen Diskussion verdient die EV eine Betrachtung unter struktur- und ordnungspolitischen Gesichtspunkten.

„Die Einwohnerveredelung, für sich allein betrachtet, ist raum- und ordnungspolitisch kontraproduktiv, weil sie die Bevölkerungskonzentration und die damit verbundenen Probleme fördert, dadurch die sozialen Spannungen in den Städten sowie zwischen Stadt und Land verstärkt und einer polyzentrischen Siedlungspolitik im Wege steht.[154]" Ausgangspunkt dieser kritischen Bewertung Dietrichs ist der Aspekt der Agglomerationsförderung, der auch unter struktur- und ordnungspolitischen Gesichtspunkten zu einer ablehnenden Haltung gegenüber dem Prinzip der EV beigetragen hat.

Zu den agglomerationsbedingten Belastungen, die durch die EV abgegolten werden sollen, gehören solche, die den Städten aus der Wahrnehmung zentralörtlicher Aufgaben erwachsen. In diesem Sinne trägt die EV dazu bei, die Existenz von Agglomerationen als Zentren überörtlicher Aufgabenerfüllung zu sichern. Nach Ansicht von Andel geht mit der Konzentration öffentlicher Aufgabenerfüllung in den Zentren gleichzeitig eine Ballung politischer Macht einher.[155] Er hält dies für bedenklich, weil seiner Meinung nach nur auf dem Wege der Machtdezentralisierung ein ausgewogenes politisches Machtgefüge entstehen kann, das einen sinnvollen Grad von Kontrolle und Wettbewerb zwischen den Gebietskörperschaften ermöglicht.[156]

Bezogen auf die Strukturpolitik erschiene unter diesem Aspekt die Förderung homogener Siedlungsstrukturen bzw. vieler gleichgeordneter Zentren vorteilhafter als eine ausgeprägte finanzielle Agglomerationsförderung (beispielsweise

[152] Kesper, S. 25.
[153] Vgl. Kesper, S. 25.
[154] Dietrich, S. 146.
[155] Vgl. Andel, S. 462.
[156] Vgl. Andel, S. 462f.

durch EV), die in politischer und ökonomischer[157] Hinsicht eine Verschärfung räumlicher Disparitäten zur Folge haben könnte.

Nach Ansicht Isenbergs steht die EV in Konflikt mit dem Subsidiaritätsprinzip, da ländliche Gebiete aufgrund fehlender finanzieller Mittel zunehmend politische und gesellschaftliche Aufgaben an die Städte abgeben müssen, auf deren Politik sie aber keinen Einfluß nehmen können.[158] Dies widerspricht insofern dem Subsidiaritätsprinzip, als innerhalb des hierarchischen Systems der Gebietskörperschaften prinzipiell immer die unterst mögliche Ebene mit der Erfüllung öffentlicher Aufgaben betraut werden sollte, um auf diese Weise Bürgernähe zu gewährleisten.

Das Subsidiaritätsprinzip ist jedoch nicht durchbrochen, wenn Aufgaben auf übergeordnete Gebietskörperschaften übertragen werden, die auf unteren Ebenen nicht bewältigt werden können. An diesem Punkt stellt sich die Frage, ob das zentralörtliche Angebot, für dessen kostenintensive Bereitstellung die Agglomerationen über eine EV im Finanzausgleich entschädigt werden sollen, nicht im wesentlichen in den Bereich fällt, der von den nachgeordneten Gebietskörperschaften gar nicht zu leisten wäre. Dieser Einwand relativiert den Vorwurf, das Prinzip der EV könnte der Wahrung des Subsidiaritätsprinzips entgegenstehen. Ob in Teilbereichen der öffentlichen Aufgabenwahrnehmung Verletzungen des Subsidiaritätsprinzips vorliegen, weil Leistungen unnötigerweise auf der Ebene übergeordneter Gebietskörperschaften erbracht werden, könnte nur im Rahmen einer Einzelfallprüfung geklärt werden.

Verletzungen des Subsidiaritätsprinzips können außerdem dadurch entstehen, daß Aufgaben öffentlich wahrgenommen werden, die unter Wahrung gesamtgesellschaftlicher Interessen privatisiert werden könnten. Privatisierungen sind in vielen Fällen nicht nur im Hinblick auf das Subsidiaritätsprinzip geboten, sondern ermöglichen Ländern und Gemeinden auch nicht unerhebliche Kosteneinsparungen. Falls nun Agglomerationsräume durch Privatisierungen von ihren ballungs- bzw. zentralitätsbedingten Kosten teilweise entlastet werden, wäre eine Überprüfung der Veredelungssätze im Länder- bzw. im Gemeindefinanzausgleich durchaus angezeigt. Denkbar erschienen allerdings allenfalls geringfügige Reduktionen der Veredelungssätze, da der Privatisierung öffentlicher Aufgaben unter Gemeinwohlaspekten enge Grenzen gesetzt sind - und damit auch möglichen finanziellen Entlastungen der Städte.

---

[157] Unter ökonomischen Gesichtspunkten wurde diese Frage im Zusammenhang mit möglichen allokationspolitischen Wirkungen der EV unter Pkt. 2.2.1 dieser Arbeit bereits erörtert.

[158] Vgl. Isenberg, S. 479f.

2.3 Die Einwohnerveredelung in der internationalen Betrachtung

2.3.1 Europäischer Raum

Mehrere Staaten innerhalb der EU weisen föderale Ordnungen auf, die der deutschen prinzipiell vergleichbar sind. Dazu gehören mit Spanien, Dänemark und den Niederlanden Länder, die sich zudem in ihren Siedlungsstrukturen nicht wesentlich von Deutschland unterscheiden.[159] Angesichts dieser sich ähnelnden Rahmenbedingungen erschiene auch die Anwendung einer EV innerhalb der nationalen Verteilungssystematiken der genannten Länder denkbar. Tatsächlich findet sich aber in keinem der Länder ein Finanzausgleichssystem, das den Versuch unternimmt, ortsspezifischen Merkmalen über eine EV Rechnung zu tragen.[160] Zwar kennen z.B. Italien und Spanien auf nationaler Ebene eine dem deutschen horizontalen Finanzausgleich vergleichbare Verteilungssystematik, doch ist dort die unveredelte Einwohnerzahl das alleinige Zuweisungskriterium.[161]

Eine mögliche Ursache für diese Unterschiede wird in den abweichenden Zielvorstellungen der Länder im Bereich der Wirtschaftsentwicklung vermutet: Andere Staaten fördern eher die Ausbildung vieler gleichgeordneter Zentren, während die Größenklassenwertung in den deutschen Finanzausgleichssystemen auf eine Förderung abgestufter Zentren schließen läßt.[162]

Zudem ist Deutschland das einzige der genannten Länder, in dem der Finanzausgleich in der Verfassung geregelt ist[163], d.h. der föderale Ausgleichsgedanke ist in Deutschland besonders stark ausgeprägt. Auch dieser Aspekt spiegelt sich in der Anwendung der EV wider, denn durch sie werden im Finanzausgleich spezielle Bedarfskriterien berücksichtigt, die im Ergebnis zu einer noch gerechteren Verteilung der Finanzmittel führen sollen.

In stärker zentralistisch geprägten Staaten, wie Großbritannien und Frankreich, findet kein horizontaler FA statt[164], so daß sich auch die Frage nach einer EV in diesem Zusammenhang nicht stellt.

Dennoch ist Deutschland nicht der einzige europäische Staat, in dem das Prinzip der EV zur Anwendung kommt. Vielmehr scheint es sich dabei um ein Phänomen des deutschsprachigen Raumes zu handeln. So findet sich die EV auch in den Finanzausgleichssystemen Österreichs und der Schweiz.[165]

---

[159] Vgl. Bundesministerium für Raumordnung, Bauwesen und Städtebau, Heft 496, S.2.
[160] Vgl. Dietrich, S. 22.
[161] Vgl. Biehl/Ungar, S. 146ff.
[162] Vgl. Bundesministerium für Raumordnung, Bauwesen und Städtebau, Heft 496, S.2.
[163] Vgl. Biehl/Ungar, 147ff.
[164] Vgl. Biehl/Ungar, S. 148.
[165] Vgl. Dietrich, S. 19.

Österreich

In Österreich erfolgt eine EV bei der Verteilung der Gemeindeanteile an den gemeinschaftlichen Bundesabgaben auf die einzelnen Gemeinden.[166] Veredelt wird mit Hilfe des sog. „Dannebergschlüssels", eines abgestuften Bevölkerungsschlüssels, der mit wachsender Gemeindegröße die Einwohnerzahlen der Gemeinden gestaffelt um fiktive Einwohner ergänzt. (Das Prinzip ist dem der Größenklassenwertung nach § 9(3) FAG vergleichbar, die Wertung ist allerdings in Österreich noch stärker gespreizt.)[167]

Auf diese Weise werden Agglomerationen in der Annahme eines erhöhten Bedarfs besonders gefördert, eine Vorgehensweise, die verdeutlicht, daß auch der Dannebergschlüssel im Gedankengut des Brecht'schen Gesetzes wurzelt. Umstritten sind die Brecht'sche These und die EV auch in Österreich.[168] Der österreichische Verfassungsgerichthof hat den Dannebergschlüssel jedoch 1990 für verfassungsgemäß erklärt, da der Finanzausgleich ein Gesamtsystem bildet, innerhalb dessen wiederum andere Regelungen kleinere Gemeinden begünstigen.[169]

Schweiz

Im schweizerischen Föderalismus kommt dem bundesstaatlichen FA eine zentrale Bedeutung zu, da der Bund dort zur Wahrung der politischen Autonomie der Kantone verpflichtet ist.[170]

„In Deutschland wenig beachtet, ist in der Schweiz [1999] ein neues System der Finanzverteilung, der „Neue Finanzausgleich" (NFA), ins Werk gesetzt worden.[171]" Sowohl dessen Verfahren als auch dessen konkrete Ausgestaltung bieten „Ansatzpunkte, die auch für eine Modellbildung in Deutschland richtungsweisend sein könnten.[172]" Denn ähnlich wie hierzulande zielt auch der FA in der Schweiz auf eine „Gleichheit der Gliedstaaten im Bundesstaat[173]" ab, die dort ebenfalls in der Verfassung verankert ist.[174]

„Fragt man nach den Lehren, die für die deutsche Diskussion aus dem Schweizer Modell gezogen werden können, so ist ... [zunächst] auf die grundlegende

[166] Vgl. Dietrich, S. 20.
[167] Vgl. zu alledem Bös, S. 364, in: Dietrich, S. 20.
[168] Vgl. Bös, S. 364ff., in: Dietrich, S. 20.
[169] Vgl. Haller, S. 119.
[170] Vgl. Thürer, S. 146.
[171] Bull/Mehde, in: DÖV 8/2000, S. 309.
[172] Bull/Mehde, in: DÖV 8/2000, S. 309.
[173] Thürer, S. 146.
[174] Vgl. Thürer, S. 146.

Entscheidung gegen den Wettbewerbs- und für den solidarischen Föderalismus zu verweisen.[175]"

Unter den Einzelmaßnahmen ist für diese Arbeit „die gleichzeitige Anerkennung von Kosten der Agglomerationen und der dünnen Besiedelung[176]" im Rahmen des NFA im engeren Sinne von besonderem Interesse. Zum NFA im engeren Sinne „gehört sowohl ein horizontaler als auch ein vertikaler Ansatzpunkt, und er ist zum Teil ressourcen- und zum Teil lastenorientiert. Zum Ausgleich der Ressourcen stehen zwei Instrumente zur Verfügung: ... zum Abbau von Disparitäten von den reicheren Kantonen zu denen, die unterhalb eines ... Mindestindexes liegen, [ist] ein Ressourcentransfer vorgesehen. Erreichen nach diesem horizontalen Ausgleich nicht alle Kantone den Mindestindex, so stellt der Bund ... die .. Mindestausstattung sicher.[177]" Die sog. „Bundesanteile", die abgestuft nach der Finanzkraft der einzelnen Kantone vergeben werden, waren schon vertikaler Bestandteil des alten Finanzausgleichssystems in der Schweiz. [178] Sie erzeugen zugleich einen horizontalen Ausgleichseffekt zwischen den Kantonen[179], da sie abgestuft nach der Finanzkraft der einzelnen Kantone vergeben werden. „ [Und] zwar wird unterschieden zwischen finanzstarken, finanziell mittelstarken und finanzschwachen Kantonen.[180]" Durch eine nach Bevölkerungsdichten gestaffelte Einwohnergewichtung gingen bislang Kantone, deren Gemeinden hohe Bevölkerungsdichten aufweisen, mit geringeren Finanzkraftwerten in den FA ein und erhielten so vom Bund höhere Zuweisungen.[181] Im NFA soll diese Vorgehensweise nun zugunsten einer Veredelungspraxis aufgegeben werden, die sowohl agglomerations- als auch deglomerationsbedingte Nachteile berücksichtigt[182] und insofern keine einseitige Agglomerationsförderung mehr betreibt, wie sie den beiden im bundesdeutschen LFA praktizierten Einwohnerveredelungsformen vorgeworfen wird.

Interessant ist zudem, daß der Aspekt der Agglomerationsförderung in der Schweiz nicht nur in Form einer EV Berücksichtigung in den Finanzausgleichssystemen findet. Es gibt außerdem einen horizontalen Lastenausgleich „als Entschädigung für (vor allem zentralörtliche) öffentliche Leistungen eines Kantons oder einer Gemeinde, von denen Einwohner anderer Kantone oder Gemeinden einen Nutzen ziehen, für den sie aber direkt nichts bezahlen.[183]" Dieser Lasten-

---

175 Bull/Mehde, in: DÖV 8/2000, S. 311.
176 Bull/Mehde, in: DÖV 8/2000, S. 311.
177 Bull/Mehde, in: DÖV 8/2000, S. 310.
178 Vgl. Thürer, S. 147.
179 Vgl. Thürer, S. 147.
180 Thürer, S. 148; siehe dazu auch Tabelle 3 bei Frey, S. 112.
181 Vgl. Dietrich, S. 19.
182 Vgl. Bull/Mehde, in: DÖV 8/2000, S. 311.
183 Frey, S. 113.

ausgleich findet ausschließlich auf regionaler Ebene zwischen den betroffenen Gebietskörperschaften statt.[184] Er steht damit im Gegensatz zum Ansatz des Stadtstaatenbonus[185] in Deutschland, der n. h. M. ebenfalls dem Ausgleich von spill-over-Effekten dient[186], dafür jedoch im Rahmen des LFA die gesamte Solidargemeinschaft heranzieht.

Auch in Deutschland wurden bereits wiederholt Forderungen nach einer (teilweisen) Regionalisierung des bundesstaatlichen Finanzausgleichs[187] laut, deren Berechtigung allerdings sehr umstritten ist.[188] Hintergrund der kontroversen Diskussion ist insbesondere die Frage, ob spill-over-Effekte ein Problem rein regionaler Natur darstellen, das nur die Stadtstaaten und ihre Anrainer betrifft, oder ob dieses Problem unter ökonomischen bzw. verfassungsrechtlichen Gesichtspunkten alle Bundesgenossen angeht.[189]

Ein Modell, das die Regionalisierungsforderung als Alternative zum Stadtstaatenbonus aufgreift, ist das der „fiktiven Integration" der Stadtstaaten in den kommunalen FA der umliegenden Flächenstaaten, das an anderer Stelle dieser Arbeit noch vorgestellt wird.[190]

2.3.2 Amerikanischer Raum

Die USA sind einer der wenigen föderal organisierten Staaten, in dem kein staatliches Finanzausgleichssystem etabliert wurde, um regionale Disparitäten zu reduzieren.[191]

Im amerikanischen Konkurrenzföderalismus steht jeder Bundesstaat in der ungeteilten Verantwortung für die Ergebnisse seiner Haushaltspolitik, es gilt der Grundsatz des „no bailing out".[192]

Entsprechend findet in den USA auch das Prinzip der EV keine Anwendung, mit Hilfe dessen in Deutschland Finanzkraftunterschiede zwischen den Bundesländern auf der Ebene des LFA angeglichen werden. Die Ursache hierfür liegt nicht

---

[184] Vgl. Frey, S. 113.

[185] Als Stadtstaatenbonus wird die Einwohnerwertung der Stadtstaaten im LFA gem. § 9(2) FAG bezeichnet. Gegenwärtig 135%.

[186] Siehe dazu die Ausführungen zum Begründungsansatz des Ausgleichs von spill-over-Effekten unter Pkt. 2.1.2.3 dieser Arbeit.

[187] Vgl. z.B. BW Schriftsatz, S. 74f.

[188] Siehe dazu die gegensätzlichen Positionen von Geber- und Nehmerländern unter Pkt. 5.2.1 und 5.2.2 dieser Arbeit.

[189] Für letzteres könnte eine bundesweite Qualität der spillovers sprechen oder auch die historisch gewachsene Tradition der Stadtstaaten innerhalb des Bundesstaates. (Siehe dazu bitte auch die Ausführungen unter Pkt. 5.2.2 dieser Arbeit.)

[190] Siehe dazu die Ausführungen unter Pkt. 5.2.1 (letzter Abschnitt unter Zwischenüberschrift „Kritische Bewertung") sowie unter Pkt. 6.2 dieser Arbeit.

[191] Vgl. Kenyon/Kincaid, S. 46.

[192] Vgl. Sarrazin: Zum Leichtsinn verführt, in: Die Zeit v. 11.7. 97.

in der mangelnden Anerkennung des Brecht'schen Gesetzes: Dieses wird in den USA ebenso kontrovers diskutiert wie im deutschsprachigen Raum und wurde dort auch bereits empirisch bestätigt.[193] Die Gründe liegen vielmehr in der historischen Entwicklung und den unterschiedlichen Wertesystemen beider Staaten. „Germany has traditionally placed an emphasis on equalizing living standards across the country.[194]" Eine Zielsetzung, die auch im deutschen Grundgesetz verankert ist[195], sich aber weder in der amerikanischen Verfassung noch in den Wertvorstellungen der meisten Amerikaner wiederfindet. „Americans tolerate, even support, large variations in living standards within the country.[196]" „There is no tradition of equalization [in the U.S.A.] .. [and] the U.S. Constitution does not require it.[197]" Ein horizontaler FA zur Angleichung der Lebensverhältnisse innerhalb des Landes fände daher in den USA wohl kaum breite Akzeptanz, noch weniger das Prinzip der EV, das aus diesem Blickwinkel wie eine „Perfektionierung der Gleichmacherei" angesehen werden könnte. Dies erscheint insbesondere deshalb interessant, als die Bundesstaaten in den USA ebenso inhomogen strukturiert sind, wie die deutschen Bundesländer und die Einwohnerzahlen zwischen den Bundesstaaten sogar noch stärker differieren.[198] Es liegen dort also Voraussetzungen vor, die (aus Sicht der Befürworter) durchaus für die Anwendung eines horizontalen Finanzausgleichs und eventuell auch einer EV sprechen könnten. Kenyon und Kincaid geben in diesem Zusammenhang an, daß es auch in den USA bereits Argumente für mehr Ausgleich zwischen den Bundesstaaten gegeben habe, diese aber nie ausreichten, um an der grundsätzlichen Einstellung innerhalb des Landes etwas zu ändern: Americans „generally reject the idea that the federal government should equalize the fiscal circumstances of state and local governments[199]". Zu dieser Haltung tragen nicht zuletzt die weitaus größere nationale Mobilität der Amerikaner[200] bei sowie die Tatsache, daß ein Großteil der öffentlichen Leistungen in den USA privatisiert ist und daher gar nicht von der Vergabe und Verteilung öffentlicher Mittel abhängt.[201]

Das deutsche System des kooperativen Föderalismus wird von amerikanischen Kritikern teilweise als „administrative decentralization[202]" bezeichnet, womit der föderative Charakter erheblich in Zweifel gezogen wird. Ähnliche Einschätzungen existieren allerdings auch in Deutschland, wo etwa der Ökonom C.C. von

---

[193] Vgl. Dietrich, S. 21f.
[194] Kenyon/Kincaid, S. 34.
[195] Siehe dazu Artikel 72(2) und Art. 107(2) GG.
[196] Kenyon/Kincaid, S. 38.
[197] Kenyon/Kincaid, S. 54.
[198] Vgl. Kenyon/Kincaid, S. 44f.
[199] Kenyon/Kincaid, S. 49.
[200] Vgl. Kenyon/Kincaid, S. 48.
[201] Vgl. Dietrich, S. 22.
[202] Vgl. Bird (1986): Federal finance in comparative perpective, S. 78.

Weizsäcker das bundesdeutsche System als „Pseudoföderalismus" qualifiziert hat.[203]

Für das Prinzip der EV läßt sich zusammenfassend feststellen, daß es sich hierbei offenbar um eine Erscheinung der Staatswesen des deutschsprachigen Raumes handelt[204], die in keinem anderen Land Aufnahme in das Finanzausgleichsrecht gefunden hat. Die Ursachen hierfür sind meines Erachtens nach vornehmlich in der historischen Entwicklung[205] sowie in den unterschiedlichen Wertesystemen zu sehen.

---

[203] Vgl. Pommerehne/Ress, S. 12.
[204] Vgl. Dietrich, S. 22.
[205] Siehe dazu auch die Ausführungen unter Pkt. 2.1.2.2 dieser Arbeit.

3 Das Prinzip der Einwohnerveredelung im deutschen Finanzausgleichsrecht

Zum Verständnis der verhältnismäßig komplizierten Wirkungsweisen der verschiedenen Einwohnerveredelungsformen in den deutschen Finanzausgleichssystemen wird im folgenden eine kurze Einführung in die allgemeinen Grundlagen des Finanzausgleichs zwischen Bund, Ländern und Gemeinden gegeben.

3.1 Allgemeine verfassungsrechtliche Vorgaben für den Finanzausgleich

Um den Finanzausgleich als solchen verstehen und beurteilen zu können, ist es zunächst erforderlich, sich mit allgemeinen Verfassungsprinzipien zu beschäftigen, die den übergeordneten Rahmen für diesen Ausgleich vorgeben. Nur vor diesem Hintergrund ist es möglich, die vielschichtigen Diskussionen um die Verfassungsmäßigkeit des geltenden Finanzausgleichsrechts bzw. einzelner Ausgleichsregelungen nachzuvollziehen und eigene Bewertungen vorzunehmen. (In einem separaten Punkt an späterer Stelle dieser Arbeit folgt eine Zuspitzung der verfassungsrechtlichen Betrachtung auf das Ausgleichsinstrumentarium „Einwohnerveredelung“.[206])

Der Verfassungsgeber hat den Finanzausgleich in Deutschland innerhalb des Spannungsfeldes von Ausgleichsstreben und föderativem Wettbewerb zu ordnen versucht.[207] Sog. „Harmonisierungsgebote“ und „Nivellierungsverbote“, die sich teils direkt, teils implizit aus dem Grundgesetz ergeben, bilden die verfassungsrechtlichen Leitmotive, an denen der Finanzausgleich zu messen ist.[208]

3.1.1 Harmonisierungsgebote

„Die als Sozialstaatsklausel bezeichnete Norm des Art. 20 Abs. 1 GG und die als Einheitswahrungsklausel bezeichneten Normen der Art. 72 Abs. 2 Nr. 3 und Art. 106 Abs. 3 Nr. 2 GG bilden die Ausdrucksformen grundgesetzlicher Postulate, die als Harmonisierungsgebote ... zu tragenden Prinzipien der Bundesrepublik Deutschland geworden sind.[209]“ „Sie verpflichten den Staat zur Gestaltung der Lebensverhältnisse unter dem Blickwinkel sozialer Gerechtigkeit und erfordern ein Verteilungsprinzip, das jeder Schicht oder Gruppe der Bevölkerung die ihr zukommenden Rechte einräumt, insbesondere die wirtschaftliche ... Lebensfähigkeit des Volkes auf einem angemessenen Niveau hält.[210]“

---

[206] Siehe dazu die Ausführungen unter Pkt. 3.2.1 dieser Arbeit.
[207] Vgl. Huber/Lichtblau, in: IW-Trends 04/97.
[208] Vgl. Pagenkopf, S. 156ff.
[209] Vgl. BVerfG E Bd. 3, S. 381, in: Pagenkopf, S. 157f.
[210] Vgl. BVerfG E Bd. 1, S. 105, in: Pagenkopf, S. 158.

„Der Grundgedanke einer optimal gleichmäßigen Sozialversorgung erstreckt sich .. auch auf die Gebietskörperschaften der verschiedenen Ebenen des Staatsaufbaus[211]", auf denen er „stark divergierende Finanzkraftunterschiede und als deren Folge [beträchtliche Abweichungen im Stand der Verwaltungsleistungen] nicht .. zuläßt.[212]" Die Deckungsbedürfnisse der verschiedenen Verwaltungsträger sollen so aufeinander abgestimmt werden, „daß unter ihnen ein billiger Ausgleich erzielt ... und ein weitgehend angeglichenes Leistungsniveau erreicht wird.[213]" Eine Überbelastung der Abgabepflichtigen ist dabei zu vermeiden.[214]

3.1.2 Nivellierungsverbote

Den erwähnten Harmonisierungsgeboten stehen .. Nivellierungsverbote gegenüber, die der Verwirklichung des Ausgleichsgedankens gewisse Grenzen setzen. Zwar finden diese im Grundgesetz keine ausdrückliche Erwähnung, sie lassen sich jedoch implizit daraus ableiten.[215]

Der unbestimmte Rechtsbegriff „Einheitlichkeit der Lebensverhältnisse[216]" - als Ausdruck der Einheitswahrungsklausel - ist nach Ansicht Pagenkopfs „keiner extremen Auslegung ... im Sinne einer Nivellierung zugängig.[217]" Eine solche „würde nicht nur die Eigenstaatlichkeit der Länder und damit den föderativen Staatsaufbau der Bundesrepublik gefährden, sondern auch die gemeindliche Selbstverwaltung aushöhlen. [...] Beides entspräche .. nicht dem Grundgesetz, das ... die bundesstaatliche Struktur durch Art. 79 mit unabdingbarer Wirkung begründet und das Recht der Gemeinden auf [eigenverantwortliche] Erledigung ihrer Aufgaben ... in Art. 28 GG gewährleistet .. . [...] Die zu wahrende Eigenstaatlichkeit der Länder und der Wesensgehalt der gemeindlichen Selbstverwaltung sind indessen ... sehr weitgehende Ermessensbegriffe.[218]"

Durch die Einräumung von Ermessen und den Gebrauch unbestimmter Rechtsbegriffe hat der Verfassungsgeber dem Gesetzgeber einen großen Spielraum für die einfachgesetzliche Ausgestaltung des Finanzausgleichsrechts zugestanden.

Nach Einschätzung Pagenkopfs wurden „im Interesse eines funktionsfähigen Bundesstaates ... für die Verfassung flexible und den politischen Kräften Raum gebende Formulierungen gewählt[219]".

---

[211] Pagenkopf, S. 158.
[212] Pagenkopf, S. 158.
[213] Pagenkopf, S. 159, nach: Art. 106 (3) Nr. 2 GG.
[214] Vgl. Art. 106 (3) Nr. 2 GG.
[215] Vgl. zu alledem Pagenkopf, S. 160.
[216] Art. 106 (3) Nr. 2 GG.
[217] Pagenkopf, S. 159.
[218] Pagenkopf, S. 160.
[219] Pagenkopf, S. 160.

(Diese Tatsache hat allerdings auch zu anhaltenden Streitigkeiten um die Vorschriften des Finanzausgleichsgesetzes beigetragen und zugleich die verfassungsgerichtliche Beurteilung der strittigen Sachverhalte erschwert.)

3.2 Die Stellung der Einwohnerveredelung in den Finanzausgleichssystemen der BRD

3.2.1 Verfassungsrechtlicher Hintergrund

Die Vorgaben des geschriebenen Verfassungsrechts sind in zweierlei Hinsicht von Bedeutung für das Prinzip der Einwohnerveredelung in den deutschen Finanzausgleichssystemen:

Zum einen lassen sich aus den Verfassungsbestimmungen, die sich unmittelbar auf die Ausgestaltung des sekundären Finanzausgleichs beziehen, Aussagen zur Angemessenheit der einfachgesetzlich geregelten Einwohnerveredelung ableiten.

Zum anderen muß die EV auch an allgemeinen Verfassungsprinzipien, wie etwa dem Gleichbehandlungsgrundsatz des Art. 3 (1) GG, gemessen werden.[220] Damit „wird [sie] .. nicht nur durch die Finanzverfassung des Grundgesetzes und der Landesverfassungen, sondern zusätzlich durch Verfassungsnormen mit allgemeiner Stoßrichtung determiniert[221]".

„Den Ausgangspunkt für [den] Länderfinanzausgleich [und damit auch für die Anwendung der EV im LFA] bildet Art. 107 (2) GG, der den Bund verpflichtet dafür Sorge zu tragen, daß die Finanzkraft der Länder angemessen[222] ausgeglichen wird ... .[223]" Damit soll erreicht werden, daß der Bevölkerung in allen Bundesländern pro Kopf ein etwa gleiches Leistungsangebot zur Verfügung gestellt werden kann, um auf diese Weise bundesweit „einheitliche Lebensverhältnisse" zu schaffen.[224] Der Grundsatz der „Einheitlichkeit der Lebensverhältnisse", die sog. Einheitswahrungsklausel, ist in Art. 72 (2) GG verankert. Ausdrückliche Erwähnung findet der Grundsatz nochmals in Art. 106 (3) Nr. 2 GG, in dem die Verteilung des Aufkommens an Gemeinschaftssteuern zwischen Bund und Ländern geregelt ist. Somit taucht die Einheitswahrungsklausel in der Verfassung zwar nur im Zusammenhang mit der primären Steuerverteilung zwischen Bund

---

[220] Vgl. zu alledem Dietrich, S. 178.

[221] Dietrich, S. 178.

[222] Strittig ist in der Diskussion um eine Reform des LFA die Interpretation des Begriffes „angemessener Finanzkraftausgleich". Es handelt sich hierbei um einen unbestimmten Rechtsbegriff, für den keine eindeutige Definition vorliegt. Hauptstreitgegenstand ist in diesem Zusammenhang die Höhe des Ausgleichsniveaus.

[223] Pagenkopf, S. 259.

[224] Vgl. Peffekoven, Reform des Länderfinanzausgleichs tut not, in: Wirtschaftsdienst 1998/II, S. 80.

und Ländern auf, n. h. M. ist jedoch nicht davon auszugehen, daß die Grundgesetzväter diese Zielsetzung nicht auch für die nachgelagerten Ausgleichsstufen des Art. 107 GG[225] im Auge gehabt haben.[226] (Art. 107 GG umfaßt Vorgaben für die Steuerverteilung unter den Ländern sowie für den gesamten sekundären FA.) Die Annahme einer „planwidrigen Lücke[227]" erscheint um so wahrscheinlicher als der sekundäre Finanzausgleich aufgrund seiner starken horizontalen Umverteilungswirkungen zumindest unmittelbar mehr zur Angleichung unterschiedlicher Lebensverhältnisse beitragen kann als der primäre.[228] Dies gilt in besonderem Maße für den LFA, dessen ausdrückliches verfassungsrechtliches Ziel darin besteht, „die unterschiedliche Finanzkraft der Länder angemessen [auszugleichen].[229]"

Die EV im Rahmen des LFA stellt unter diesem Gesichtspunkt eine rechnerische Hilfsgröße da, derer sich der Gesetzgeber bedient, um der übergeordneten Zielsetzung einer Vereinheitlichung der Lebensverhältnisse im Bundesgebiet besser gerecht zu werden.[230]

Nach herrschender Meinung ist unter „Einheitlichkeit der Lebensverhältnisse" allerdings keine absolute Gleichheit im Sinne einer völligen Nivellierung länderspezifischer (Finanzkraft-)Unterschiede zu verstehen.[231] In diesem Zusammenhang wird die derzeitige Ausgestaltung des LFA sehr kontrovers diskutiert:[232] Gemessen an der tatsächlichen Einwohnerzahl bewirkt der LFA eine Nivellierung von Finanzkraftunterschieden zwischen den Bundesländern, unter Berücksichtigung des Stadtstaatenbonus ist dies dagegen nicht der Fall.[233] Hinter der Frage, ob es im gegenwärtigen LFA zu ungerechtfertigten Finanzkraftnivellierungen kommt, steht also nicht zuletzt der Disput um die Berechtigung des Stadtstaatenbonus.

Durch die übergeordnete Norm des Art. 107(2) GG wird der Gesetzgeber vom Verfassungsgeber ausdrücklich dazu verpflichtet, einen angemessenen Finanzkraftausgleich zwischen den Ländern sicherzustellen. Zu diesem Zweck muß er per Gesetz „Maßstäbe für die Höhe der Ausgleichsleistungen[234]" bestimmen, die

---

[225] In Art. 107 GG ist die Steuerverteilung unter den Ländern sowie der gesamte sekundäre FA geregelt.
[226] Vgl. Dietrich, S. 179 m.w.N.
[227] Dietrich, S. 179, nach: Ossenbühl, Verfassungsrechtliche Grundfragen 1984, S. 25 m.w.N.
[228] Vgl. die Berechnungen bei Lenk/Teichmann, S. 3ff.
[229] Art. 107 (2) S. 1 GG.
[230] Hinter dieser Überlegung stehen die unter Pkt. 2.1.2 dieser Arbeit vorgestellten Begründungsansätze, allen voran das Brecht'sche Gesetz.
[231] Vgl. dazu Pagenkopf, S. 159f. sowie Maunz/Dürig, Ausführungen zu Art. 107 GG.
[232] Vgl. z.B. BW Schriftsatz, S. 69.
[233] Siehe dazu die Ausführungen unter Pkt. 5.2.1 dieser Arbeit.
[234] Art. 107 (2) S. 2 GG.

er innerhalb eines verfassungsrechtlich vorgegebenen Rahmens frei ausgestalten kann.[235] Mit der Anwendung des Ausgleichsinstrumentariums „Einwohnerveredelung" im LFA hat der Gesetzgeber versucht, den legislativen Gestaltungsrahmen, den ihm der Verfassungsgeber zur Erreichung eines „angemessenen Finanzkraftausgleichs[236]" eingeräumt hat, in adäquater Weise auszufüllen. Ob ihm dies gelungen ist, wird seit langem kontrovers diskutiert. Eine wesentliche Ursache für die geradezu konträren Einschätzungen in dieser Frage, ist darin zu suchen, daß die grundgesetzlichen Rahmenvorgaben für den bundesstaatlichen Finanzausgleich weit gefaßt sind und einen erheblichen Interpretationsbedarf in sich bergen.[237] Eine eindeutige Beurteilung einzelner Ausgleichsregelungen auf der Grundlage der einschlägigen Verfassungsnormen gestaltet sich dementsprechend sehr schwierig. Gegensätzliche Standpunkte verschiedener Interessengruppen - nicht nur in puncto EV - sind die logische Folge.

Eine umfangreiche Erörterung würde an dieser Stelle zu weit führen, es sei aber zusammenfassend folgendes angemerkt: Die gegenwärtigen Ausgestaltungen des Prinzips der Einwohnerveredelung[238] im Länder- bzw. Gemeindefinanzausgleich[239] orientieren sich grundsätzlich an den genannten normativen Vorgaben des Grundgesetzes.[240] Dennoch werden gegen die Einwohnerveredelung im LFA vielfältige verfassungsrechtliche Bedenken vorgebracht, die bereits wiederholt zu verfassungsgerichtlichen Kontrollen der besagten Ausgleichsregelung geführt haben.

In den Bundesverfassungsgerichtsentscheidungen der Jahre 1986 und 1992 wurde die Anwendung der EV im LFA mit der Begründung gebilligt, sie bewege sich innerhalb des bereits angesprochenen legislativen Beurteilungsspielraumes des Gesetzgebers[241].[242] Die 1995 vollzogene Integration der neuen Länder in den bundesstaatlichen Finanzausgleich hat jedoch dessen Rahmenbedingungen so stark verändert, daß die Frage nach der Verfassungsmäßigkeit der EV neu gestellt werden mußte. In seiner jüngsten Entscheidung zum geltenden FAG[243] hat

---

[235] Siehe dazu die Ausführungen unter Pkt. 3.1 dieser Arbeit.
[236] Art. 107 (2) GG.
[237] Siehe dazu die Ausführungen unter Pkt. 3.1 dieser Arbeit.
[238] Zum Wortlaut siehe § 9 FAG des Bundes bzw. die Finanzausgleichsgesetze der einzelnen Länder.
[239] Für den kommunalen Finanzausgleich enthält das Grundgesetz keine speziellen Vorgaben. In Art. 106 (7) GG ist lediglich die Pflicht zur vertikalen Finanzverteilung an die Gemeinden geregelt.
[240] Vgl. Dietrich, S. 237.
[241] Siehe dazu die Ausführungen zur historischen Entwicklung der Diskussion um die EV unter Pkt. 5.1.2 und 5.1.3 dieser Arbeit.
[242] Vgl. Dietrich, S. 237.
[243] Vom 11.11.1999.

das BVerfG der neuen Situation Rechnung getragen und seine bisherige Haltung gegenüber der EV im LFA modifiziert.

Die Richter erachten es nun für notwendig, die beiden im LFA angewandten Einwohnerveredelungsformen auf ihre Konformität mit dem föderalen Gleichbehandlungsgebot hin zu überprüfen, da von ihnen eine ungerechtfertigte Benachteiligung der neuen Bundesländer ausgehen könnte.[244]

Ob sich die EV mit dem föderalen Gleichbehandlungsgebot vereinbaren läßt, war bereits vor diesem Urteil - und damit unabhängig von den wiedervereinigungsbedingten Veränderungen in der föderalen Struktur der Bundesrepublik Deutschland - sehr umstritten.

Abgeleitet aus Art. 20 (1) GG i.V.m. dem allgemeinen Gleichheitsgrundsatz des Art. 3 (1) GG erlegt dieses Gebot dem Zentralstaat die föderale Pflicht auf, alle Gliedstaaten innerhalb eines Bundesstaates gleich zu behandeln.[245] Die Anwendung des Stadtstaatenbonus im LFA könnte eine Verletzung dieser Gleichbehandlungspflicht darstellen, denn sie bewirkt, daß nicht alle Bundesländer ihre Einwohnerzahl nach denselben Kriterien in die Ausgleichswertung einbringen können: Ausschließlich für die Stadtstaaten sieht das FAG bei der Ermittlung der Landessteuer AMZ eine Einwohnergewichtung von 135% vor.[246] Sie erfahren damit eine Sonderbehandlung, deren Verfassungsmäßigkeit im Zuge der Auseinandersetzungen um den LFA oft in Zweifel gezogen wurde.[247]

(Der aktuelle Stand im Streit um die finanzausgleichsrechtliche Behandlung der Stadtstaaten wird an anderer Stelle dieser Arbeit ausführlich erörtert.[248])

3.2.2 Gesetzliche Grundlagen, Anwendungsformen und Wirkungsweisen der Einwohnerveredelung

Innerhalb der bestehenden Finanzausgleichssysteme der Bundesrepublik Deutschland findet die Einwohnerveredelung sowohl im bundesstaatlichen FA - auf der Ebene des LFA - als auch im kommunalen Finanzausgleich der Flächenländer Anwendung.[249]

3.2.2.1 im LFA

Im LFA wird die EV für die Ermittlung der Landes- und der Gemeindesteuer-AMZ jeweils separat angewandt.[250]

---

[244] Zu Details der Urteilsbegründung siehe die Ausführungen unter Pkt. 5.3.2 dieser Arbeit.
[245] Vgl. Maunz/Dürig, zu Art. 20 GG, Rn. 68.
[246] § 9(2) FAG. Siehe zur Funktionsweise der Vorschrift Pkt. 3.2.2.1 dieser Arbeit.
[247] Siehe dazu die Ausführungen zu den umstrittenen Begründungsansätzen der EV unter Pkt. 2.1.2 dieser Arbeit.
[248] Siehe dazu die Ausführungen unter Pkt. 5.4.1 dieser Arbeit.
[249] Vgl. Dietrich, S. 10.
[250] Vgl. Dietrich, S. 10.

Bei der Berechnung der Steuereinnahmen der Länder kommt die EV nur für die Stadtstaaten in Form des sog. „Stadtstaatenbonus“ zum Tragen. Der Stadtstaatenbonus ist in § 9(2) FAG gesetzlich verankert und besagt, daß „bei der Ermittlung der Meßzahlen zum Ausgleich der Steuereinnahmen der Länder .. die Einwohnerzahlen [der Stadtstaaten] ... mit 135[%] .. gewertet[251]“ werden. Auf diese Weise wird die Gesamt-AMZ[252] eines Stadtstaates erhöht, d.h. es ergibt sich im Vergleich mit der FMZ eine geringere relative Finanzkraft als es bei einer einfachen Einwohnerwertung bei der Ermittlung der Landessteuer-AMZ der Fall wäre.[253] Im Ergebnis steigen entweder die Ausgleichsansprüche eines Stadtstaates im LFA oder die Höhe seiner Ausgleichsbeiträge sinkt.

Bei der Ermittlung der Gemeindesteuer-AMZ werden die Einwohner der Gemeinden eines Landes mit Hilfe der „Größenklassenwertung“ gemäß § 9(3) FAG veredelt. Die Größenklassenwertung gewichtet „ bei der Ermittlung der Meßzahlen zum Ausgleich der Steuereinnahmen der Gemeinden[254]“ die ersten 5.000 Einwohner einer Gemeinde einfach, weitere Einwohner dann bei wachsender Gemeindegröße abgestuft mit steigenden Prozentsätzen. Die Staffelung ist in sechs Größenklassen unterteilt - die Höchstwertung der Veredelung liegt bei 130% für Einwohner, um die die Millionengrenze einer Gemeinde überschritten wird. Zudem erhalten Gemeinden ab 500.000 Einwohnern einen Dichtezuschlag, der sich je nach Siedlungsdichte bei 2%, 4% oder 6% der tatsächlichen Einwohnerzahl bewegt.[255] Im Ergebnis wirkt § 9(3) FAG zugunsten von Bundesländern mit stark agglomerierten Siedlungsstrukturen, denen „in Abhängigkeit von der Gemeindegröße ein erhöhtes Gemeindesteuersollaufkommen zugerechnet [wird], wodurch sich ihre Ausgleichsverpflichtung entsprechend erniedrigt bzw. ihre Ausgleichsberechtigung erhöht.[256]“

Die Konzeption des § 9(3) FAG basiert auf den Annahmen des Brecht'schen Gesetzes, dessen Strittigkeit im Rahmen dieser Arbeit bereits aufgezeigt wurde.[257]

3.2.2.2 im kommunalen FA

Obwohl die EV im LFA bzw. ihre Bedeutung für die Stadtstaaten den Untersuchungsschwerpunkt dieser Arbeit bildet, wird nachfolgend auch die EV im

---

[251] § 9(2) FAG.
[252] Diese setzt sich zusammen aus Landes- und Gemeindesteuer-AMZ.
[253] Vgl. Huber/Lichtblau, in: IW-Trends 04/97.
[254] § 9(3) FAG.
[255] Vgl. zu alledem Gesetzestext des § 9(3) FAG.
[256] Kesper, S. 257.
[257] Vgl. dazu die Ausführungen unter Pkt. 2.1.2.1 dieser Arbeit.

kommunalen FA kurz vorgestellt, um einen vollständigen Überblick über die Veredelungsformen in den deutschen Finanzausgleichssystemen zu geben.[258]

Auf der Ebene des kommunalen Finanzausgleichs findet sich das Prinzip der EV in den Finanzausgleichsgesetzen[259] nahezu aller Flächenländer. Davon ausgenommen bleiben lediglich Schleswig-Holstein und Mecklenburg-Vorpommern.[260]

Zur Anwendung kommt die EV bei der Berechnung der Schlüsselzuweisungen für die Gemeinden, die sich aus der Gegenüberstellung der Bedarfs- und Steuerkraftmeßzahlen der Gemeinden ergibt.[261] „Den Hauptansatzpunkt für die Ermittlung der Bedarfsmeßzahl .. bilden .. die Gemeindeeinwohnerzahlen, die mit wachsender Gemeindegröße [stufenweise] durch fiktive Einwohnerzahlen ... ergänzt[262]", also veredelt werden. So ergibt sich die sog. „Gemeindegrößenstaffelung"[263]. Die Veredelung bewirkt durch die fiktive stufenweise Erhöhung der Einwohnerzahlen, daß die Bedarfsmeßzahl größerer Gemeinden überproportional zur wachsenden Einwohnerzahl steigt.[264] Mit steigendem Veredelungsfaktor erhöht sich so die Differenz zwischen Bedarfs- und Ausgleichsmeßzahl, d.h. größere Gemeinden erscheinen finanzschwächer und erhalten höhere Schlüsselzuweisungen.[265]

„Bei der Bildung [des] Hauptansatzes verfahren die einzelnen Länder unterschiedlich, indem sie in den einzelnen Gemeindegrößenklassen der effektiven Einwohnerzahl voneinander abweichende Hundertsätze hinzurechnen.[266]" Baden-Württemberg bildet insofern eine Ausnahme als dort keine Veredelung der effektiven Einwohnerzahlen stattfindet, sondern diese mit Pro-Kopf-Beträgen multipliziert werden, die wiederum nach Größenklassen gestaffelt sind.[267]

In allen Bundesländern wird zur Ermittlung der Bedarfsmeßzahl der Hauptansatz durch verschiedene Arten von Nebenansätzen ergänzt.[268] Die Nebenansätze sollen unterschiedlichen Wirtschafts- und Sozialstrukturen der Gemeinden

---

[258] Im weiteren Verlaufe der Arbeit bleibt der kommunale FA dann aber außer Acht, da sonst der Rahmen der Untersuchung gesprengt würde.
[259] Teilweise lautet die Bezeichnung auch Gemeindefinanzierungsgesetz. Geregelt wird darin u.a. der landesinterne kommunale FA zwischen den Gemeinden.
[260] Vgl. zu alledem Dietrich, S. 11.
[261] Vgl. Dietrich, S. 11.
[262] Pagenkopf, S. 283.
[263] Vgl. z.B. Voß, S. 105.
[264] Vgl. Petersen, Kap. 1.4.2.
[265] Vgl. Dietrich, S. 11.
[266] Pagenkopf, S. 283.
[267] Vgl. Voß, S. 105.
[268] z.B. zur Berücksichtigung von Schülerzahlen, zentralörtlichen Funktionen, Bevölkerungszuwächsen oder Soziallasten der Gemeinden.

Rechnung tragen.[269] Formen der Veredelung, bei denen bestimmte Gruppen von Einwohnern besonders gewertet werden, finden sich auch in den Nebenansätzen. Ein Beispiel ist der Soziallastenansatz des Landes NRW, der die Arbeitslosen einer Gemeinde je nach Dauer ihrer Arbeitslosigkeit fünf-, sechs- oder siebenfach gewichtet.[270] Bei Gemeinden mit zentralörtlicher Bedeutung werden die Einwohner um 15% der sozialversicherungspflichtig Beschäftigten ergänzt.[271]

Die Nebenansätze werden dem Hauptansatz selektiv hinzugerechnet, es ergibt sich dann der Gesamtansatz in Form einer modifizierten Einwohnerzahl.[272] Diese Zahl wird anschließend mit einem Grundbetrag multipliziert, den die zuständigen Ministerien festsetzen. So wird die Bedarfsmeßzahl in DM ermittelt, der dann die Steuerkraftmeßzahl in DM gegenübergestellt werden kann.[273]

---

[269] Vgl. zu alledem Pagenkopf, S. 283.
[270] Vgl. § 8(5) GFG NRW.
[271] Vgl. § 8(6) GFG NRW.
[272] Vgl. Pagenkopf, S. 283.
[273] Vgl. zu alledem Pagenkopf, S. 283.

4 Die Bedeutung der Einwohnerveredelung für die Überlebensfähigkeit der Stadtstaaten im föderalen System

4.1 Die Einwohnerveredelung im LFA als Instrument zur Kompensation stadtstaatenspezifischer und allgemeiner agglomerationsbedingter Nachteile

Das Prinzip der EV kommt für die Stadtstaaten im LFA in zweifacher Form zur Anwendung:

- § 9(2) FAG regelt die stadtstaatenspezifische EV im Rahmen des „Stadtstaatenbonus".
- § 9(3) FAG regelt die Größenklassenwertung (inkl. der Dichteklausel), von der die Stadtstaaten als Bundesländer mit stark agglomerierten Siedlungsstrukturen ebenfalls in erheblichem Maße profitieren.

4.1.1 Der Stadtstaatenbonus gemäß § 9 (2) FAG

4.1.1.1 Gesetzliche Grundlagen

Die EV durch den Stadtstaatenbonus ist nur für die Ermittlung der Ausgleichsmeßzahlen der Stadtstaaten bei den Steuereinnahmen der Länder relevant. „§ 9(2) FAG wandelt .. den Ausgleichsmaßstab für die drei Stadtstaaten Berlin, Bremen und Hamburg ab, indem er bei der Bestimmung der [Landessteuer-] Ausgleichsmeßzahl ... die Einwohnerzahl dieser Länder ... mit 135% wertet.[274]" Alle anderen Bundesländer fließen dagegen mit einfacher Einwohnerwertung in den relativen Finanzkraftvergleich ein.

Das Bundesverfassungsgericht hat den Stadtstaatenbonus 1986 für „dem Grunde nach zulässig" erklärt, um der „vorgegebenen strukturellen Eigenart der Stadtstaaten" Rechnung zu tragen.[275]

In der jüngsten Bundesverfassungsgerichtsentscheidung vom 11.11.1999 wird diese Einschätzung relativiert. Die Verfassungsrichter fordern den Gesetzgeber dazu auf, eine nachvollziehbare transparente Erklärung für die bisher praktizierte EV der Stadtstaaten zu finden, um sicherzustellen, daß es nicht zu einer unangemessenen Bevorzugung der Stadtstaaten gegenüber den neuen Bundesländern kommt, die ebenfalls durch strukturelle Besonderheiten gekennzeichnet sind[276].[277]

---

[274] Kesper, S. 115.

[275] Vgl. BVerfG E 72, 330 II, S. 415.

[276] Im Bundesdurchschnitt niedrige Bevölkerungsdichten und geringe Gemeindegrößen.

[277] Vgl. zu alledem die Ausführungen unter Pkt. 5.3.2 dieser Arbeit.

4.1.1.2 Begründungsansätze und Kritikpunkte

Bereits seit 1983 ist eine anhaltende politische Diskussion um die Einwohnerveredelung durch den Stadtstaatenbonus im Gange.[278]

Umstritten ist zum einen, ob der Stadtstaatenbonus grundsätzlich Bestand haben sollte, d.h. ob eine Privilegierung der Stadtstaaten bei den Landesteuern überhaupt gerechtfertigt ist.[279] Zum anderen ist die Höhe des Stadtstaatenbonus strittig. Es wird in Zweifel gezogen, ob die EV gemäß § 9(2) FAG die stadtstaatenspezifischen Besonderheiten in angemessenem Maße berücksichtigt oder ob sie überhöht bzw. zu niedrig ist.[280]

Der Enklavencharakter der Stadtstaaten und ihre daraus resultierenden finanziellen Belastungen haben bei der Begründung des Stadtstaatenbonus bislang die größte Rolle gespielt.

Die infolge des jüngsten Finanzausgleichsurteils des BVerfG anstehende Überprüfung des Stadtstaatenbonus wird nicht der erste Anlauf sein, die Regelung des § 9(2) FAG empirisch zu bestätigen. Im Verlaufe der andauernden Auseinandersetzung um die EV der Stadtstaaten im LFA, wurden bereits verschiedene Versuche unternommen, um die Angemessenheit dieser Ausgleichskonstruktion zu bestätigen bzw. zu widerlegen. Im folgenden sollen die Ergebnisse der wichtigsten bislang erstellten Gutachten näher erläutert werden.[281]

4.1.1.2.1 Spezifizierung des Stadtstaatenbonus anhand eines Großstadtvergleichs -Das ifo-Gutachten-

Bereits bei der Frage nach der strukturell bedingten Überzeichnung der Finanzkraft der Stadtstaaten wurde festgestellt, daß diese prinzipiell eher anderen Großstädten vergleichbar sind als den Flächenbundesländern.

Auf dieser Überlegung baut der Versuch auf, den Stadtstaatenbonus in seiner bestehenden Form mittels eines Vergleichs der finanziellen Situation der Stadtstaaten mit der anderer Großstädte zu begründen. „Generelles Ziel der Einwohnerwertung bei den Landessteuern im LFA ist nach Auffassung des BVerfG die Gleichstellung der Finanzkraft der Stadtstaaten mit der vergleichbarer Großstädte.[282]" Entsprechend forderte das Bundesverfassungsgericht den Gesetzgeber in seinem Urteil vom 24.6.1986 auf, den Stadtstaatenbonus auf diese Anforderung hin untersuchen zu lassen.[283] Das Münchner ifo-Institut für Wirtschaftsforschung wurde daraufhin damit beauftragt, einen finanzstatistisch begründeten

[278] Siehe dazu die Ausführungen unter Punkt 5.1 dieser Arbeit.
[279] Siehe dazu die Ausführungen unter Pkt. 5.2.1 bis 5.2.3 dieser Arbeit.
[280] Vgl. Hickel/Roth/Troost, S. 217ff.
[281] Vgl. Dietrich, S. 90ff.
[282] Hickel/Roth/Troost, S. 156; vgl. außerdem BVerfG E 72, 330 II, S. 416.
[283] Vgl. Dietrich, S. 91.

Großstadtvergleich[284] zur Überprüfung bzw. Modifizierung des Stadtstaatenbonus durchzuführen.[285]

Das ifo-Gutachten basiert auf der These, daß Großstädte strukturell bedingt eine höhere Pro-Kopf-Finanzkraft aufweisen als kleinere Kommunen.[286] Anhand bestimmter Indikatoren wird ermittelt, welches Finanzkraftgefälle in Flächenländern zwischen Großstädten und dem Durchschnitt aller Kommunen besteht[287].[288] Untersuchungsmethode ist ein indirekter Großstadtvergleich, d.h. nicht die einzelnen Vergleichsstädte[289] werden den Kommunen gegenübergestellt, sondern jeweils ein bereinigter Durchschnitt. (Durch dieses Vorgehen können statistische Ausreißer weitgehend kompensiert werden.)[290]

Die für die Großstädte ermittelte finanzielle Besserstellung gegenüber dem Durchschnitt der Flächenländer soll - funktional begründet[291] - auch den Stadtstaaten zugestanden werden.[292] Um den Stadtstaaten pro Kopf dieselbe Finanzkraft zur Verfügung stellen zu können wie anderen Großstädten, nehmen die ifo-Gutachter das zwischen Vergleichsgroßstädten und Flächenländern ermittelte Finanzkraftgefälle zum Maßstab des Stadtstaatenbonus.[293]

Die im folgenden dargestellten Untersuchungsergebnisse beziehen sich auf das Gefälle der gesamten strukturellen Finanzkraft[294] gemessen an der gegenwärtigen Definition im LFA. (Ein anderes Untersuchungsverfahren berücksichtigt lediglich die Unterschiede zwischen den aus Ländersteuern finanzierten Leistungen je Einwohner[295] und kommt dementsprechend zu abweichenden Ergebnissen.[296])

Die umfassende Untersuchungsmethode führt „zu unterschiedlichen Einwohnerwertungen für die beiden Stadtstaaten Hamburg und Bremen[297]“: Die ifo-

---

[284] Die komplizierte Methodik dieser Untersuchung wird im folgenden nur in Grundzügen dargestellt, da sonst der Rahmen dieser Arbeit gesprengt würde.

[285] Vgl. Hickel/Roth/Troost, S. 157.

[286] Vgl. Hickel/Roth/Troost, S. 158f.

[287] Untersuchungszeitraum 1980-84.

[288] Vgl. ifo-Gutachten, S. 81ff.

[289] Vergleichsstädte sind alle Großstädte in Flächenländern mit mehr als 500.000 Einwohnern: München, Stuttgart, Frankfurt, Hannover, Köln, Düsseldorf, Dortmund, Essen und Duisburg. (vgl. Hickel/Roth/Troost, S. 164.)

[290] Vgl. Dietrich, S. 92f.

[291] Kosten für die Erfüllung von zentralörtlichen bzw. Hauptstadtfunktionen.

[292] Vgl. Hickel/Roth/Troost, S. 159.

[293] Vgl. Hickel/Roth/Troost, S. 158/160.

[294] Vgl. ifo-Gutachten, S. 81.

[295] Vgl. ifo-Gutachten, S. 81.

[296] Vgl. ifo-Gutachten, S. 87: Demnach wäre ein Stadtstaatenbonus von 125% für beide Stadtstaaten angemessen.

[297] ifo-Gutachten, S. 89.

Gutachter ermitteln separate Stadtstaatenboni für verschiedene Varianten der Finanzbedarfsermittlung[298], wobei sich für Bremen eine Wertungsspanne von 127% bis 143% und für Hamburg von 125% bis 141% ergibt[299]. Im Durchschnitt der sechs Finanzbedarfsermittlungs-Varianten, kommt die ifo-Studie auf einen Veredelungsfaktor in Höhe von ca. 131% für Hamburg bzw. von ca. 133% für Bremen.[300]

Im Hinblick auf etwaige Untersuchungsungenauigkeiten sowie Anpassungsprobleme, die eine Veränderung des Stadtstaatenbonus im System des bundesstaatlichen FAs kurz- bis mittelfristig mit sich bringen könnte, wird aus der Untersuchung aber letztendlich die Empfehlung abgeleitet, die bestehende Einwohnerwertung des § 9(2) FAG für Bremen und Hamburg beizubehalten.[301]

Das ifo-Gutachten stellte den ersten Versuch der empirischen Finanzwissenschaft dar, den Stadtstaatenbonus über einen Großstadtvergleich zu spezifizieren.[302] Folgende Gutachten mit demselben Untersuchungsgegenstand übten zwar methodische Kritik an der Vorgehensweise der ifo-Gutachter, benutzten es aber dennoch als Basis für eigene Versuche einer problemadequaten Weiterentwicklung des Großstadtvergleichs.[303]

Eine grundsätzliche Kritik am ifo-Gutachten findet sich bei Dietrich:[304] Er hält die Untersuchung für einen Versuch, „die These von Brecht und Popitz mit Hilfe eines Vergleichs empirisch ... zu bestätigen[305]", da anhand verschiedener Indikatoren eine funktional begründete finanzielle Besserstellung von Agglomerationsräumen bestätigt werden soll[306]. Dietrich gibt zu bedenken, daß eine empirische Untersuchung aus wissenschaftlicher Sicht problematisch ist[307] - eine Einschätzung, die sich auch in der Diskussion um den Gesetzescharakter der Brecht'schen These wiederfindet.[308]

Ein anderer Kritikpunkt richtet sich gegen die von den ifo-Gutachtern verwendete Methode des indirekten Großstadtvergleichs. Durch eine direkte Gegenüberstellung der realen Einnahmesituationen verschiedener Großstädte mit de-

---

[298] Diese unterscheiden sich hinsichtlich der Berücksichtigung überdurchschnittlich hoher Kosten politischer Führung sowie hinsichtlich der Berücksichtigung der Umland- bzw. Flächenversorgungsfunktion der hanseatischen Hochschulen.

[299] Bei Einbeziehung aller o.g. Vergleichsstädte.

[300] Bei Einbeziehung aller o.g. Vergleichsstädte.

[301] Vgl. Dietrich, S. 95.

[302] Vgl. Hickel/Roth/Troost, S. 157f.

[303] Vgl. Dietrich, S. 95 sowie Hickel/Roth/Troost, S. 157f.

[304] Vgl. Dietrich, S. 91 und 94.

[305] Dietrich, S. 94.

[306] Vgl. Hickel/Roth/Troost, S. 159.

[307] Vgl. Dietrich, S. 94.

[308] Siehe dazu Pkt. 2.1.2.1 dieser Arbeit.

nen der Stadtstaaten könnten eventuelle stadtstaatliche Mehrbedarfe sichtbar gemacht und quantifiziert werden. Der indirekte Großstadtvergleich macht dagegen das allgemein zwischen Großstädten und Kommunen der Flächenländer bestehende Finanzkraftgefälle - ohne besondere Berücksichtigung spezifischer Enklavenlasten[309] - zum Maßstab des Stadtstaatenbonus.[310]

Auf der Grundlage dieser Überlegung hat der Bremer Senat sich 1987 für einen direkten Großstadtvergleich als Grundlage für die Bestimmung eines neuen Stadtstaatenbonus eingesetzt[311], um so der besonderen Situation der Hauptstädte ohne Umland besser gerecht zu werden.

Weitere Einwände gegen die methodische Vorgehensweise des ifo-Gutachtens finden sich bei Hickel, Roth und Troost[312]: Sie kritisieren insbesondere, daß die ifo-Gutachter die Einwohnerzahl als alleiniges Kriterium für die Auswahl der Vergleichsgroßstädte in den Flächenstaaten angesetzt haben. Auf diese Weise werden alle Großstädte mit mehr als 500.000 Einwohnern in den Vergleich einbezogen, ohne Rücksicht darauf zu nehmen, ob diese Städte von den sonstigen strukturellen Gegebenheiten her mit den Stadtstaaten vergleichbar sind. Hickel kritisiert in diesem Zusammenhang die Einbeziehung der Ruhrgebietsstädte in den Vergleich, da diese auf Landesebene keine Hauptstadtfunktion zu erfüllen haben, sondern - im Gegenteil - aufgrund ihrer Lage innerhalb desselben Verdichtungsraumes sogar untereinander eine ausgabensenkende Arbeitsteilung bei den zentralörtlichen Funktionen praktizieren können. Sie bilden unter diesem Gesichtspunkt keine geeigneten Vergleichsobjekte für die Stadtstaaten, die ihrerseits sowohl Landeshauptstädte als auch solitäre Oberzentren innerhalb ihrer Region darstellen.[313]

Die Einbeziehung der finanzschwachen Ruhrgebietsstädte in den Vergleich wirkt sich für die Stadtstaaten ungünstig auf die Höhe ihrer Einwohnerwertung aus. Denn „je mehr fiskalisch notleidende Großstädte in den Vergleich einbezogen werden, umso .. [geringer] fällt die gegenüber dem Durchschnitt der Flächenländer abgeleitete Einwohnerwertung der Stadtstaaten aus.[314]“

Ein wesentlich höherer Stadtstaatenbonus ergäbe sich dagegen, falls nur Landeshauptstädte bzw. solitäre Kernstädte in den Großstadtvergleich einbezogen würden.[315] Im Hinblick auf die Empfehlung des BVerfG[316], dem Enklavencha-

[309] So z.B. eine wesentlich von der anderer Großstädte abweichende Einnahmesituation.
[310] Vgl. zu alledem Dietrich, S. 98f.
[311] Vgl. Antrag der Freien Hansestadt Bremen im Bundesrat, Nr. 225/87, in: Hickel/Roth/Troost, Anhang VI, S. 80* sowie Hickel/Roth/Troost, S. 226/228.
[312] Vgl. Hickel/Roth/Troost, S. 164ff.
[313] Vgl. zu alledem Hickel/Roth/Troost, S. 165.
[314] Hickel/Roth/Troost, S. 165.
[315] Vgl. Hickel/Roth/Troost, S. 164f.
[316] Vgl. E 72, 330 II, S. 416.

rakter der Stadtstaaten als Hauptstädte ohne Umland in der Untersuchung angemessen Rechnung zu tragen, wäre eine derartige Städteauswahl zur Maßstabsbildung für den Stadtstaatenbonus eigentlich vorzuziehen gewesen.

Eine optimale Städteauswahl zu treffen, erscheint indes kaum möglich, da letztendlich wohl jede Lösung mit spezifischen Problemen behaftet wäre. Dies gestehen auch die ifo-Gutachter ein, wenn sie feststellen, „daß jede für die Ermittlung der Einwohnerwertung notwendige Grenzziehung in gewisser Weise willkürlich[317]"gewesen wäre.

In Zweifel gezogen wird die Untersuchungsmethode des ifo-Gutachtens auch im Hinblick darauf, ob sie die Phänomene der Stadt-Umland-Wanderung bzw. der Pendlerproblematik hinreichend erfaßt.[318] Da die Stadtstaaten von beiden Problemen stark betroffen sind, muß die Frage gestellt werden, inwieweit der im ifo-Gutachten ermittelte Stadtstaatenbonus dieser Tatsache gerecht wird.

Nach Ansicht der ifo-Gutachter trägt die von ihnen „vorgeschlagene Methode zur Quantifizierung der Einwohnerwertung .. der Pendlerproblematik insoweit Rechnung als die Situation im Durchschnitt der Vergleichsstädte zugrunde gelegt wird.[319]" Zwar ist die Pendlersituation der Stadtstaaten mit der anderer Großstädte nicht unmittelbar zu vergleichen, doch haben auch die Vergleichsgroßstädte infolge der Umlandwanderung erhebliche Steuermindereinnahmen zu verkraften. Sofern nun die großen Städte in den Flächenstaaten für die finanziellen Benachteiligungen durch die Stadt-Umland-Wanderung bzw. für die finanziellen Belastungen durch die Pendler landesintern entschädigt werden, fließt dies in die Einwohnerwertung der Stadtstaaten ein. Denn die interkommunalen Kompensationsleistungen erhöhen in den Flächenländern die städtische Finanzkraft und führen damit zu einer Vergrößerung des strukturellen Finanzkraftgefälles zwischen Großstädten und Durchschnittskommunen. Dieses wiederum bildet im ifo-Gutachten die Bemessungsgrundlage für den Stadtstaatenbonus.[320]

Die ifo-Gutachter erheben aber nicht den Anspruch, „die gesamten Auswirkungen der [stadtstaatlichen] Pendlerproblematik ... durch die im Gutachten vorgeschlagene Einwohnerwertung .. einfangen [zu können].[321]" Vielmehr stellen sie den Vorschlag in den Raum, eventuelle Mehrbelastungen der Stadtstaaten infolge des Pendlerproblems durch eine Änderung der geltenden Zerlegungsvor-

---

[317] ifo-Gutachten, S. 56.
[318] Vgl. z.B. Hickel/Roth/Troost, S. 165f.
[319] ifo-Gutachten, S. 66.
[320] Vgl. zu alledem ifo-Gutachten, S. 66ff.
[321] ifo-Gutachten, S. 67.

schriften zu kompensieren. Ein höherer Stadtstaatenbonus wäre dazu ihrer Meinung nach aus verfassungsrechtlichen Gründen[322] nicht geeignet.[323]

Hickel, Roth und Troost befürworten dagegen „eine gesonderte Berücksichtigung der stadtstaatenspezifischen Belastungen aus der Umlandwanderung bei der Einwohnerwertung im Rahmen der Landessteuern[324]“. Ihrer Einschätzung zufolge trifft die „Pendlerproblematik .. die Stadtstaaten fiskalisch systematisch [so viel] stärker als den Durchschnitt der Vergleichsgroßstädte[325]“, daß eine Erhöhung des Stadtstaatenbonus oder ein gleichwertiger Nachteilsausgleich als „unabdingbar[326]“ angesehen werden müssen.[327]

4.1.1.2.2 Abgeltung stadtstaatenspezifischer Enklavenlasten

Die Stadtstaaten sind als Folge ihrer strukturellen Besonderheit als „Hauptstädte ohne Umland“ besonderen finanziellen Belastungen ausgesetzt.

Die Einwohnerwertung des § 9(2) FAG stellt nach Ansicht der Stadtstaaten ein geeignetes und unverzichtbares Instrumentarium dar, um diese Sonderbelastungen zu kompensieren und dadurch eine finanzausgleichsrechtliche Benachteiligung der drei betroffenen Bundesländer zu verhindern. Mit der Höhe des ihnen zugestandenen Stadtstaatenbonus waren sie allerdings lange Zeit nicht einverstanden: Die Einwohnerwertung von 135% wurde von den Stadtstaaten für zu niedrig eingeschätzt, um ihrer problematischen Enklavensituation in ausreichendem Maße Rechnung zu tragen.[328] Aus diesem Grunde unterstützte Bremen als Reaktion auf die 1987 erfolgte Veröffentlichung des ifo-Gutachtens eine wissenschaftliche Untersuchung der Universität Bremen[329], die den Stadtstaatenbonus im Hinblick auf die angemessene Berücksichtigung spezifischer Enklavenlasten überprüfen sollte.[330]

Hickel, Roth und Troost haben im Rahmen dieser Untersuchung versucht, die vielfältigen Leistungen, die die Stadtstaaten für ihr Umland erbringen, zu erfassen und rechnerisch zu konkretisieren: Den Ausgangspunkt bildet dabei die Überlegung, daß Stadtstaaten als Oberzentren bzw. Landeshauptstädte ohne eigenes Umland in Ermangelung eines landesinternen Ausgleichs von Ausgaben-

---

322 Dies käme ihrer Meinung nach einer Wohlstandsgarantie für die Stadtstaaten gleich, die das BVerfG ausdrücklich abgelehnt hat. (Vgl. BVerfG E 72, 330 II, S. 416f.)
323 Vgl. zu alledem ifo-Gutachten, S. 67f.
324 Hickel, Roth, Troost, S. 166.
325 Hickel, Roth, Troost, S. 166.
326 Hickel, Roth, Troost, S. 166.
327 Vgl. Hickel, Roth, Troost, S. 166.
328 Vgl. Dietrich, S. 95ff.
329 Diese wurde in Kooperation mit der Arbeiterkammer Bremen durchgeführt.
330 Vgl. Dietrich, S. 96.

spitzen erheblich höhere Pro-Kopf-Ausgaben aufweisen als Flächenländer.[331] Genau wie die ifo-Gutachter gehen auch die Bremer Gutachter davon aus, daß Stadtstaaten aufgrund ihrer strukturellen Besonderheit nicht mit anderen Bundesländern vergleichbar sind, sondern lediglich mit anderen Großstädten. „Die Höhe der Einwohnerwertung im LFA muß sich [ihrer Ansicht nach] aus dem Ziel definieren, die Finanzkraft der Stadtstaaten derjenigen vergleichbarer Großstädte anzupassen [332]" (- worunter Hickel, Roth, Troost nur Landeshauptstädte verstehen.[333]) Bei der Ermittlung eines geeigneten Stadtstaatenbonus müssen nach Einschätzung der Bremer Gutachter „bestehende Unterschiede zwischen [den Stadtstaaten] Bremen (bzw. Hamburg)[334] und den meisten anderen großstädtischen Ballungsräumen[335]" stärker berücksichtigt werden, als dies im ifo-Gutachten der Fall ist.[336]

Zunächst stellen Hickel, Roth und Troost fest, daß sich die „höheren Ausgaben der Stadtstaaten je Einwohner ... - analog zu jenen anderer Großstädte - durch die Wahrnehmung besonderer Funktionen und durch Sonderlasten erklären.[337]" Der Brecht-Popitz'sche Begründungsansatz des „kanalisierten Einwohners" eignet sich nach Ansicht der Bremer Gutachter nicht als Erklärung für den erhöhten Finanzbedarf der Städte. Sie führen diesen stattdessen auf die funktionale Arbeitsteilung zurück, die auf regionaler Ebene zwischen Städten und ihrem Umland stattfindet. Damit stellen sie schwerpunktmäßig auf den sog. Zentralitätsansatz[338] ab, der aus heutiger Sicht die wichtigste Erklärung für die Annahme erhöhter städtischer Pro-Kopf-Bedarfe darstellt. Als solcher bildet er die Grundlage für die Anwendung einer agglomerationsbegünstigenden EV in den kommunalen Ausgleichssystemen der Flächenländer sowie bei den Gemeindesteuereinnahmen im LFA.[339]

Die Berechtigung für eine zusätzliche stadtstaatenspezifische EV bei der Ermittlung der Landessteuer-AMZ im LFA erwächst nach Ansicht der Bremer Gutachter aus dem Umstand, daß „Stadtstaaten [als] .. Oberzentren mit Landeshauptstadtfunktionen, deren Umland zu einem anderen Bundesland gehört[340]",

---

[331] Vgl. Hickel/Roth/Troost, S. 20.
[332] Hickel/Roth/Troost, S. 141.
[333] Vgl. Hickel/Roth/Troost, S. 164f.
[334] Berlin hatte derzeit noch einen Sonderstatus. (Vgl. die Ausführungen unter Pkt. 5.2.4 dieser Arbeit.)
[335] Hickel/Roth/Troost, S. 21.
[336] Vgl. Hickel/Roth/Troost, S. 204f. sowie die Ausführungen unter Pkt. 4.1.1.2.1 dieser Arbeit.
[337] Hickel/Roth/Troost, S. 22.
[338] Zentralität: Relative Bedeutung eines Ortes im Bezug auf das ihn umgebende Gebiet/Bedeutungsüberschuß für Ergänzungsgebiet.
[339] Vgl. Hickel/Roth/Troost, S. 142f. und 146.
[340] Hickel/Roth/Troost, S. 20.

Belastungen zu bewältigen haben, die bei weitem über die „normalen" agglomerationsbedingten Lasten hinaus gehen.[341]

Hickel, Roth und Troost gehen in ihrem Gutachten von einem dreistufigen System zentraler Orte in Niedersachsen aus, bestehend aus Grund-, Mittel- und Oberzentren.[342] Bremen und Hamburg ordnen sie innerhalb dieser Zentrale-Orte-Hierarchie die Position wichtiger Oberzentren[343] zu. Die Extremsituation der Stadtstaaten besteht nach Ansicht der Bremer Gutachter darin, daß sie ihre oberzentrale Funktion aufgrund ihres Enklavencharakters im Gegensatz zu anderen Großstädten fast ausschließlich über ihre Landesgrenzen hinweg ausüben.[344] Zugleich fehle den Stadtstaaten „im Unterschied zu den Oberzentren der Flächenländer ein landesinterner Ausgleich für den „Export" von Leistungen an das Umland[345]" - Mit dieser Argumentation verweisen die Bremer Gutachter bei der Rechtfertigung der EV des § 9(2) FAG im wesentlichen auf den Bedeutungsüberschuß der Stadtstaaten für ihre außer Landes gelegenen Ergänzungsgebiete, der in der besonderen spill-over-Problematik der Stadtstaaten seinen Niederschlag findet.[346] (Derselbe Grundgedanke ist während des Verfassungsstreites 1998/99 von den Gutachtern des Rheinisch-Westfälischen Instituts für Wirtschaftsforschung aufgegriffen und insofern weiterentwickelt worden, als sie die Anwendung des Stadtstaatenbonus im LFA über eine Einordnung der Stadtstaaten in eine „ökonomisch-funktionale Hierarchie europäischer Stadtregionen[347]" zu rechtfertigen suchen[348]. [349])

Wie bereits erläutert, hegen die Stadtstaaten Zweifel daran, daß ihre enklavenbedingten Sonderbelastungen durch den - im ifo-Gutachten bestätigten - Stadtstaatenbonus in Höhe von 135% im LFA angemessen berücksichtigt werden. Um dies herauszufinden, versuchen Hickel, Roth und Troost „auf der Basis einer Verlaufsanalyse seit 1970 zu zeigen, wie sich die Finanzkraft [der Stadtstaaten] nach Zuweisung aus dem LFA (je Einwohner) gegenüber der Finanzausstattung vergleichbarer Großstädte entwickelt hat. Wird dabei eine Entkop-

---

[341] Vgl. Hickel/Roth/Troost, S. 143ff.

[342] Vgl. Hickel/Roth/Troost, S. 22.

[343] Oberzentren üben auch die Funktionen von Unter- und Mittelzentren aus. (Quelle: Eigene Aufzeichnungen in der Vorlesung „Einführung in die Siedlungs- und Bevölkerungsgeographie", W. Matzat, Uni Bonn WS 1994/95.)

[344] Vgl. Hickel/Roth/Troost, S. 22f.

[345] Hickel/Roth/Troost, S. 21f.

[346] Vgl. zu alledem Hickel/Roth/Troost, S. 21f.

[347] RWI, S. 28.

[348] Die Bedeutungsüberschüsse der Stadtstaaten werden dabei als so erheblich dargestellt, daß sie neben regionalen auch überregionale - bis hin zu europaweiten - spill-over-Effekten erzeugen. Der Forderung der Geberländer nach einer Regionalisierung der Stadtstaatenfrage sollte so der Boden entzogen werden.

[349] Siehe dazu die Ausführungen unter Pkt. 5.2.2 dieser Arbeit.

pelung der Stadtstaaten gegenüber den [anderen] Großstädten festgestellt, dann .. [wäre nach Ansicht der Bremer Gutachter] ausgleichsrechtlich ... eine Erhöhung der Einwohnerwertung bei den Landessteuern erforderlich[350]", um die angestrebte finanzielle Gleichstellung von Stadtstaaten und Vergleichsgroßstädten in Flächenländern zu erreichen.[351]

Den Kern ihrer Untersuchung bildet eine bedarfsorientierte Regressionsanalyse mit dem Schwerpunkt auf der finanziellen Situation Bremens.[352] Diese Analyse berücksichtigt „weit mehr Ausgabenkriterien .. als die im Gutachten des ifo-Instituts und [bezieht] alle raum- und ordnungspolitischen Aspekte in den Vergleich Stadt-/Flächenstaat [ein].[353]" Auf diese Weise soll eine Einwohnerwertung ermittelt werden, die der komplizierten Enklavensituation der Stadtstaaten so weit wie möglich gerecht wird.[354] Hickel, Roth und Troost gelangen schließlich anhand verschiedener Modellrechnungen zu dem Ergebnis, daß ein Stadtstaatenbonus im Bereich zwischen 163%[355] und 173%[356] geeignet wäre, um den stadtstaatenspezifischen Eigenheiten angemessen Rechnung zu tragen.[357] „Der Einwohnerwertung am oberen Rand der Bandbreite kommt dabei [ihrer Ansicht nach] die höchste Plausibilität zu.[358]" „Wer die Stadtstaaten im föderalen System fiskalisch absichern will, muß sich [nach Einschätzung der Bremer Gutachter] zur umgehenden Novellierung des FAG entschließen.[359]"

Auf der Grundlage der dargestellten Ergebnisse des Bremer Forschungsberichtes, der im Mai 1988 veröffentlicht wurde, forderten die Stadtstaaten noch im selben Jahr vor dem BVerfG eine Anhebung ihres Stadtstaatenbonus (auf mindestens 163%[360]).[361] Es kam - wie bereits fünf Jahre zuvor - zu einem großen Verfassungsstreit um das geltende Finanzausgleichsrecht, in dem der künftigen Behandlung der Stadtstaaten eine besondere Bedeutung zukam.[362]

---

350 Hickel/Roth/Troost, S. 147.

351 Vgl. Hickel/Roth/Troost, S. 147.

352 Vgl. Hickel/Roth/Troost, S. 140ff.

353 Dietrich, S. 97.

354 Vgl. Hickel/Roth/Troost, S. 18ff.

355 Untersuchungsmethode: Direkter Vergleich. Auf die Ergebnisse des direkten Vergleichs stützen sich die Bremer Forderungen zur Erhöhung des Stadtstaatenbonus im Vorfeld des zweiten großen Verfassungsstreites.

356 Untersuchungsmethode: Indirekter Vergleich.

357 Vgl. Hickel/Roth/Troost, Vorwort, S. x sowie Hauptteil S. 217ff.

358 Hickel/Roth/Troost, S. 220.

359 Hickel/Roth/Troost, S. 253.

360 Grundlage ist das Ergebnis des direkten Großstadtvergleichs bei Hickel/Roth/Troost, S. 228.

361 Vgl. Dietrich, S. 98.

362 Siehe dazu die Ausführungen zum Verfassungsstreit 1988/92 unter Pkt. 5.1.3 dieser Arbeit.

Eine Bewertung der Untersuchung von Hickel, Roth und Troost läßt sich nur im Zusammenhang mit der vorangegangenen Studie des ifo-Instituts für Wirtschaftsforschung vornehmen, denn als Reaktion auf diese ist der Bremer Forschungsbericht entstanden. Er orientiert sich grundsätzlich am Untersuchungsaufbau des ifo-Gutachtens, wobei die Vorgehensweise der ifo-Gutachter teilweise nachvollzogen, teilweise aber auch verändert bzw. ergänzt wird.

Zum wissenschaftlichen Anspruch der Bremer Untersuchung ist anzumerken, daß sie im wesentlichen darauf ausgerichtet ist, potentielle Mängel der ifo-Studie hinsichtlich der angemessenen Berücksichtigung stadtstaatenspezifischer Enklavenlasten auszumerzen und auf diese Weise eine korrigierte, gerechtere Einwohnerwertung für die Stadtstaaten zu ermitteln.

Ein weiterer wesentlicher Unterschied zwischen dem Bremer und dem ifo-Gutachten betrifft die Behandlung agglomerationsbedingter spill-over-Effekte. „In der Auseinandersetzung um die Neufestsetzung der Einwohnerwertung auf der Basis eines Großstadtvergleichs spielt die Frage, ob und wenn ja, in welchem Ausmaß die Großstädte durch Entzug der in ihren Grenzen erhobenen Steuern das Umland bzw. das Flächenland mitfinanzieren, eine wichtige Rolle.[363]" Angesichts der stadtstaatenspezifischen Besonderheiten erscheint es zweifelhaft, ob den Stadtstaaten derselbe Grad der Umlandfinanzierung zugemutet werden kann wie Großstädten in Flächenbundesländern.

Nach Ansicht Hickels, Roths und Troosts erlaubt grundsätzlich nur eine Nettobetrachtung, die die Nutzen-Finanzströme zwischen den Großstädten und ihrem Umland wechselseitig erfaßt, zuverlässige Aussagen über den Grad städtischer Umlandfinanzierung.[364] Fließen „weniger Landesmittel in die Großstadt zurück, als von den städtischen Steuerzahlern aufgebracht wurden",[365] so liegt ein Nettomittelabzug vor, die Stadt finanziert ihr Umland mit.[366] Bruttopositionen können leicht zu einer Überzeichnung des Umfangs der städtischen Umlandfinanzierung führen, denn sie berücksichtigen nur die Nutzen-Finanzabflüsse aus den Großstädten (spill-outs), nicht aber landessteuerfinanzierte Leistungen,[367] die den Städten innerhalb der Flächenländer von außen zugeführt werden (spill-ins).[368] Ein präziser Netto-Vergleich der spill-over-Effekte von Stadtstaaten und anderen Großstädten trägt dagegen der Tatsache Rechnung, daß Großstädte in Flächenländern im Rahmen ihrer landesinternen Finanzausgleiche zumindest teilweise für ihre zentralörtliche Leistungserbringung entschädigt werden, wäh-

---

363 Hickel/Roth/Troost, S. 197.

364 Vgl. Hickel/Roth/Troost, S. 197ff.

365 Hickel/Roth/Troost, S. 197.

366 Vgl. Hickel/Roth/Troost, S. 197.

367 Reale staatliche Leistungen sowie empfangene Leistungen aus dem kommunalen FA. (Vgl. Hickel/Roth/Troost, S. 197.)

368 Vgl. Dietrich, S. 99f.

rend Stadtstaaten aufgrund ihrer gebietsidentischen Landes- und Kommunalhaushalte über eine derartige Finanzierungsmöglichkeit nicht verfügen.[369] Aus Sicht der Bremer Gutachter wäre es sinnvoll, differenzierte Nettopositionen unmittelbar in die Ermittlung einer geeigneten Einwohnerwertung für die Stadtstaaten einfließen zu lassen.[370] Die ifo-Gutachter haben zwar einen Nettovergleich durchgeführt, wollen diesen aber ausdrücklich nur als Ergänzung zur Ableitung des Stadtstaatenbonus verstanden wissen und nicht als Grundlage für dessen Bemessung.[371] Als solche wäre die in der ifo-Studie ermittelte Nettoposition nach Ansicht Hickels, Roths und Troosts allerdings auch nicht geeignet, da sie den Anforderungen, die die Bremer Gutachter an eine Nettobetrachtung stellen, nicht vollständig genügt.[372] Der Einschätzung Hickels, Roths und Troosts zufolge muß in einer aussagekräftigen Nettobetrachtung „der gesamte Mittelentzug der Stadtstaaten - insbesondere ... die Lohn- und Einkommensteuerzerlegung nach dem Wohnortprinzip - sowie die Entstehung von Nutzen-Spillovers beim Dienstleistungsangebot, die durch keinen landesinternen Finanzausgleich aufgefangen werden, .. berücksichtigt werden."[373] Im ifo-Gutachten werden die beiden genannten Aspekte jedoch außer Acht gelassen, was die Bremer Gutachter als unangemessene Nichtberücksichtigung stadtstaatenspezifischer Nachteile ansehen.[374]

In ihrer Abschlußbetrachtung gelangen Hickel, Roth und Troost zu der Einschätzung, die Münchner ifo-Studie werde der besonderen Enklavensituation der Stadtstaaten „nicht in vollem Umfang gerecht[375]".

Ihre Argumentation verdeutlicht, daß sich die ifo-Gutachter mit der spill-over-Problematik als Einflußgröße der stadtstaatlichen Einwohnerwertung nicht differenziert genug auseinandergesetzt haben. Die Vorgehensweise der Bremer Gutachter erscheint in dieser Hinsicht besser geeignet, um die stadtstaatenspezifischen Probleme methodisch treffend abzubilden.[376]

Insgesamt gesehen liefert der Bremer Forschungsbericht gegenüber der ifo-Studie verschiedene beachtenswerte Modifikationen bzw. Präzisionen für die

---

[369] Einige der Vergleichsstädte werden im Untersuchungszeitraum sogar von ihrem Umland finanziert, so. z.B. Hannover. Vgl. zu alledem Hickel/Roth/Troost, S. 197ff.
[370] Vgl. Dietrich, S. 100, Verweis auf Hickel/Roth/Troost, S. 199f.
[371] Vgl. Hickel/Roth/Troost, S. 199.
[372] Vgl. Hickel/Roth/Troost, S. 201f.
[373] Hickel/Roth/Troost, S. 202.
[374] Vgl. Hickel/Roth/Troost, S. 200f.
[375] Hickel/Roth/Troost, S. 202.
[376] Nach Meinung des BVerfG sind die Mängel des ifo-Gutachtens allerdings auch nicht so groß, daß ernsthafte Zweifel an der Verwendbarkeit der ifo-Ergebnisse aufkommen müßten. (Näheres siehe die Ausführungen zum Verfassungsstreit 1988/92 unter Pkt. 5.1.3 dieser Arbeit.)

Ermittlung eines angemessenen Stadtstaatenbonus,[377] die nicht zuletzt bei der Bewertung der Höhe des gegenwärtigen Veredelungsfaktors in Betracht gezogen werden sollten.

Einen grundlegend neuen, objektivierbaren Ansatz zur Beurteilung der Verfassungsmäßigkeit des § 9(2) FAG stellt die Untersuchung aufgrund ihrer Parallelitäten zur Methodik der ifo-Studie aber nicht dar.

4.1.2 Die Größenklassenwertung (inkl. Dichteklausel) gemäß § 9 (3) FAG

Die EV durch die Größenklassenwertung gemäß § 9(3) FAG[378] ist für alle Bundesländer „bei der Ermittlung der Meßzahlen zum Ausgleich der Steuereinnahmen der Gemeinden[379]" relevant. Wie der Stadtstaatenbonus stellt auch die Größenklassenwertung eine „Durchbrechung der grundsätzlichen Konzeption des einwohnerbezogenen Finanzausgleichs[380]" dar. Denn durch sie werden mit zunehmender Gemeindegröße die tatsächlichen Einwohnerzahlen der Gemeinden mit steigenden Prozentsätzen gewichtet. Außerdem enthält § 9(3) FAG als Ergänzung eine „Dichteklausel", derzufolge die Bevölkerungszahlen von Gemeinden mit mindestens 500.000 Einwohnern zusätzlich nach Dichteklassen gestaffelt veredelt wird.[381]

„Im Gegensatz zum Stadtstaaten-Bonus geht die offizielle Begründung für die Größenklassenwertung .. direkt auf das Brecht'sche Gesetz zurück.[382]" „Seit der ersten Erwähnung des veredelten Einwohners [in] der Bundesrepublik Deutschland im Gesetz über den Finanzausgleich unter den Ländern für das Rechnungsjahr 1950 [ist der Bundesgesetzgeber] davon ausgegangen, daß die Zunahme der Siedlungsgröße zu einem überproportionalen Anstieg der Pro-Kopf-Quote des öffentlichen Aufwands führe und ... einen strukturellen Mehrbedarf für die Erledigung der den Gemeinden obliegenden Aufgaben begründe.[383]" Die Einteilung der gemeindlichen Bevölkerung in Größenklassen soll dem Bedarfsmerkmal „Siedlungsgröße" in angemessener Weise Rechnung tragen.[384] Die Dichteklausel, die im Zuge der großen Finanzreform 1969/70 ergänzend einge-

---

[377] Vgl. Dietrich, S. 100.
[378] Im folgenden als „Größenklassenwertung" bezeichnet.
[379] § 9(3) FAG.
[380] Kesper, S. 255.
[381] Siehe zu alledem den Gesetzestext des § 9(3) FAG sowie die Ausführungen unter Pkt. 3.2.2.1 dieser Arbeit.
[382] Dietrich, S. 104; vgl. dazu auch BVerfG E 86, 148 II, S. 234.
[383] Dietrich, S. 109 mit Verweis auf die Bundestags-Drucksachen I/1634, Rn. 27; 2/480, S. 102, Rn. 146; 3/703, S. 16f.
[384] Vgl. Bundestags-Drucksache, I/1634, S. 24, in: Dietrich, S. 110.

führt wurde, dient der besonderen Berücksichtigung des erhöhten Finanzbedarfs dicht besiedelter Ballungsgebiete.[385]

Da die Ausgleichsregelung des § 9(3) FAG seit diesem Zeitpunkt nicht mehr grundlegend verändert wurde[386], finden sich keine neueren Gesetzesbegründungen.[387] Die Größenklassenwertung stützt sich also im Kern nach wie vor auf die Aussagen des Brecht'schen Gesetzes.

Wie bereits unter Punkt 2.1.2.1 dieses Beitrags deutlich wurde, sind die „Annahmen einer gesteigerten Ausgabenintensität der Aufgabenerfüllung bei steigender Gemeindegröße und Siedlungsdichte nach dem Brecht-Popitzschen Gesetz[388]" vielfältigen Einwänden ausgesetzt. Im folgenden werden die unmittelbar mit der Größenklassenwertung in Zusammenhang stehenden Kernpunkte der Kritik genauer beleuchtet:

Ein wesentlicher Einwand betrifft das Problem des finanzkraftinduzierten Bedarfs. Gemeint ist damit, daß der von Brecht und Popitz ermittelte gesteigerte Finanzbedarf größerer Gemeinden zumindest teilweise das Ergebnis der Berücksichtigung hoher Ausgaben ist, „die aus der von vornherein höheren finanziellen Leistungsfähigkeit der Städte [resultieren][389]". „Zwar ist es theoretisch denkbar, daß Ausgaben[390] und objektiver Finanzbedarf[391] identisch sind, [und] das Brechtsche Gesetz demnach keinen Zirkelschluß darstellt, doch läßt sich ein solcher Nachweis mit Hilfe des Ansatzes von Brecht und Popitz nicht führen.[392]" Dafür fallen die „objektiviert hergeleiteten Ansätze .. bei Popitz .. zu knapp aus.[393]" Zumindest „genügen [sie] nicht den Maßstäben, die heute an eine wissenschaftliche Beweisführung anzulegen sind.[394]" Das BVerfG hat in seinem Urteil vom 11.11.99 sowohl die Größenklassenwertung als auch die Dichteklausel des § 9(3) S. 2 FAG massiv in Zweifel gezogen, wobei letztere nach Ansicht der Verfassungsrichter „nicht erkennen [läßt], ob sie ein empirisch nachweisbares Bedarfsindiz erfaßt oder erfassen könnte. Die allein von der Anzahl der Einwohner pro Quadratkilometer eines Gemeindegebietes anhängige Einwohner-

---

[385] Vgl. Dietrich, S. 110.
[386] Änderungen betrafen lediglich die Ausgestaltung hinsichtlich der Größenklassen und der Veredelungssätze.
[387] Vgl. Dietrich, S. 110.
[388] Kesper, S. 257.
[389] Kesper, S. 257.
[390] Was eine Gemeinde tatsächlich ausgibt.
[391] Was eine Gemeinde nach objektivierbaren Kriterien im Vergleich zu anderen Gemeinden ausgeben darf. (Vgl. Dietrich, S. 106.)
[392] Dietrich, S. 106.
[393] Dietrich, S. 106.
[394] Dietrich, S. 106.

wertung modifiziert den [einfachen] Einwohnermaßstab [ihrer Einschätzung zufolge] durch frei gegriffene Größen und ist .. deshalb überprüfungsbedürftig.[395]"

Solange die EV gem. § 9(3) FAG nicht auf einem objektiven Nachweis agglomerationsbedingt höheren Finanzbedarfs beruht, muß sie als zweifelhafte Bevorzugung stark verdichteter Länder im LFA angesehen werden.[396]

Ähnlich gelagert ist die Kritik, die das Bundesverfassungsgericht in seinem Urteil vom 27.5.1992 gegenüber dem Begründungsansatz des Bundesgesetzgebers zum Ausdruck gebracht hat[397]: Die Verfassungsrichter weisen darin ausdrücklich auf die Gefahr eines Zirkelschlusses hin. Sie äußern den Verdacht, daß die durch die EV des § 9(3) FAG zusätzlich zur Verfügung gestellten Mittel möglicherweise erst Auslöser für das Ausgabenwachstum der Agglomerationen gewesen sein könnten.[398] (Der erhöhte Finanzbedarf der Ballungsräume wäre demnach zumindest teilweise das Ergebnis der finanziellen Besserstellung der Agglomerationen durch die Größenklassenwertung/Dichteklausel.) Als nachteilige Folge könnte sich ein Teufelskreis aus steigenden Ausgabevolumina und steigenden Ausgleichsbedarfen ergeben haben, der aus Gründen der Kostenresistenz nur schwer wieder zu durchbrechen sein wird. Unter diesem Gesichtspunkt muß die Frage gestellt werden, inwieweit schon heute viele Ballungsgebiete finanziell auf die Beibehaltung der agglomerationsbegünstigenden EV angewiesen sind. Nach Ansicht von Kritikern hat die EV zugunsten verdichteter Räume im Laufe der Jahre so stark zum Ausgabenwachstum der Städte beigetragen, daß sie mittlerweile finanzpolitisch unentbehrlich geworden ist.[399] Damit hätte sich die Annahme ballungsbedingter Mehrbedarfe, auf deren Grundlage die Größenklassenwertung (und später auch die Dichteklausel) eingeführt wurde, durch eine überhöhte Agglomerationsförderung nachträglich selbst bewahrheitet.

Aus der Schaffung „nur teilreversible[r][400]" bzw. „irreversible[r] Bedarfslagen[401]" durch die hohen Pro-Kopf-Zuweisungen in den Verdichtungsräumen ist nach Ansicht Dietrichs eine neue eigenständige Anspruchsgrundlage erwachsen, mit Hilfe derer der Fortbestand der EV gem. § 9(3) FAG in Zukunft durchgesetzt werden könnte. Er äußert in diesem Zusammenhang seine Verwunderung darüber, daß sich der Bundesgesetzgeber angesichts seines grundsätzlichen Festhaltens an der Größenklassenwertung das Argument der Kosten- bzw. Ausgabenresistenz noch nicht zu eigen gemacht hat.[402] Nach Einschätzung Dietrichs

---

[395] BVerfG, 2 BvF 2/98 vom 11.11.99, Absatz-Nr. 322.
[396] Vgl. Homburg, Finanzarchiv 51(94); vgl. Kesper, S. 257.
[397] Vgl. BVerfG E 86, 148 II, S. 233ff.
[398] Vgl. zu alledem BVerfG E 86, 148 II, S. 235.
[399] Siehe zu alledem die Ausführungen unter Pkt. 2.1.2.2 dieser Arbeit.
[400] Dietrich, S. 109.
[401] Dietrich, S. 109.
[402] Vgl. Dietrich, S. 109.

verfolgt der Gesetzgeber „heute mit der Einwohnerveredelung [nämlich] primär das Ziel, der .. gewachsenen Ausgabenstruktur ... bei Agglomerationen und Deglomerationen zu entsprechen, um ... eine noch größere Verschuldung der Agglomerationen zu verhindern.[403]"

Aus diesem Blickwinkel heraus hat die im Gedankengut Brechts wurzelnde Ausgleichsvorschrift des § 9(3) FAG über Jahrzehnte hinweg finanzpolitischen Schaden angerichtet. Paradoxerweise könnte nun ausgerechnet aus dieser Fehlentwicklung eine neue Rechtfertigungsgrundlage für Größenklassenwertung und Dichteklausel erwachsen sein.[404]

In Zweifel gezogen wird das Brecht'sche Gesetz als Grundlage der Größenklassenwertung auch aufgrund der Einseitigkeit seiner Betrachtungsweise, die zu stark auf die besondere Belastungssituation von Agglomerationsräumen beschränkt bleibt.

Basierend auf der Brecht'schen Annahme ballungsbedingter Kostennachteile berücksichtigt die EV des § 9(3) FAG ausschließlich die Mehrbedarfe von Verdichtungsräumen. Diese werden weder gegen etwaige Agglomerationsvorteile aufgewogen noch ins Verhältnis zu den Nachteilen gering verdichteter Räume gesetzt.

Kitterer kritisiert diese Vorgehensweise und fordert eine Relativierung der agglomerationsbedingten Nachteile durch Umstände, die Städten gegenüber ländlichen Gemeinden Vorteile verschaffen.[405] Zu nennen sind in diesem Zusammenhang insbesondere Kostenvorteile in den Bereichen Transport, Logistik und Information, die aus der überdurchschnittlich guten Infrastrukturausstattung der Agglomerationsräume resultieren.[406]

Auch dürfen die hohen Kosten öffentlicher Leistungserstellung in den Ballungsräumen nicht isoliert betrachtet werden. Ihnen stehen nämlich gleichfalls höhere Löhne und Grundstückspreise gegenüber[407], die es den Agglomerationen ermöglichen würden, ihre überdurchschnittlich hohen Kosten im öffentlichen Bereich „über höhere Beiträge und Gebühren weitgehend [zu decken][408]". Ob auf diesem Wege „die Subventionierung [der Ballungsräume] aus öffentlichen Kassen mittels der Veredelung [des § 9(3) FAG völlig] zu vermeiden [wäre][409]", wie Dietrich es annimmt, läßt sich nicht mit Bestimmtheit sagen. Zumindest wird jedoch deutlich, daß die Brecht'sche Annahme superadditiver Ballungskosten auf einer

---

403 Dietrich, S. 237.
404 Siehe zu alledem auch die Ausführungen unter Pkt. 2.1.2.2 dieser Arbeit.
405 Vgl. Kitterer, S. 19.
406 Vgl. Dietrich, S. 19.
407 Vgl. Kitterer, S. 19.
408 Dietrich, S. 106.
409 Dietrich, S. 106.

Betrachtung beruht, die zu undifferenziert ist, um daraus angemessene Veredelungssätze für die Ermittlung der Gemeindesteuer-AMZ im LFA abzuleiten.

Selbst eine detaillierte Analyse der ballungsbedingten Vor- und Nachteile würde dafür allein nicht ausreichen. Erforderlich wäre vielmehr eine umfassende Gegenüberstellung der Vor- und Nachteile von stark und schwach verdichteten Räumen. Die Untersuchungen von Brecht und Popitz genügen diesem Anspruch nicht, denn sie beschränken sich auf einen Vergleich größenbedingter Belastungsunterschiede im Bereich der öffentlichen Leistungserstellung, der ein einseitiges Bild deglomerationsbedingter Kostenvorteile entstehen läßt. Tatsächlich weisen schwach verdichtete Räume im Verhältnis zu Ballungsräumen jedoch nicht nur finanzielle Minderbelastungen[410] auf, sondern leiden auch unter spezifischen deglomerationsbedingten Nachteilen[411], die bei der Ermittlung geeigneter Veredelungssätze nicht ausgeblendet werden dürfen. Dies ist bei der bestehenden Veredelungssystematik des § 9(3) FAG aber der Fall. Wurzelnd auf der umstrittenen Brecht'schen Annahme ballungsbedingter Kostennachteile trägt sie den finanziellen Nachteilen der Deglomerationen ebensowenig Rechnung wie den Vorteilen der Agglomerationen. Die Gesamtproblematik strukturell bedingter Bedarfsunterschiede wird durch die EV des § 9(3) FAG in ihrer derzeitigen Ausgestaltung daher nur unzureichend erfaßt.

Dieses Versäumnis ist zwar häufig kritisiert, jedoch nie in angemessener Form nachgeholt worden. Ein 1992 erteilter Auftrag des BVerfG, den abstrakten Mehrbedarf größerer Gemeinden anhand bestimmter Kriterien zu überprüfen[412], ist vom Gesetzgeber bis heute nicht erfüllt worden. Die Verfassungsrichter sahen sich daher 1999 dazu gezwungen, ihre entsprechende Vorgabe nochmals eindringlich zu erneuern[413]: Ihrer Meinung nach ist der „Prüfungsauftrag umso dringlicher [geworden], als der Bedarf der [gering verdichteten] neuen Länder Mecklenburg-Vorpommern, Brandenburg und Thüringen[414] durch die gegenwärtige Einwohnerwertung weniger Gewicht erhält ... , die Kosten vieler öffentlicher Leistungen in dünn besiedelten Gebieten [aber] deutlich höher liegen

410 In Form niedrigerer Pro-Kopf-Ausgaben zur Erfüllung öffentlicher Ausgaben.

411 Den Agglomerationsvorteilen stehen in den peripheren Räumen Kosten- und Wettbewerbsnachteile gegenüber, die diese im Vergleich zu den Ballungszentren schlechter stellen.

412 Vgl. BVerfG E 86, 148, S. 236.

413 Vgl. BVerfG, 2 BvF 2/98 vom 11.11.99, Absatz-Nr. 321.

414 Eigentlich ist Sachsen-Anhalt und nicht Thüringen das Bundesland mit der dritt niedrigsten Bevölkerungsdichte. Aufgrund der Struktur der Gemeindegrößenklassen, die die Bemessungsgrundlage für § 9(3) FAG bilden, nennt das BVerfG in diesem Zusammenhang aber stets Thüringen. Es steht jedoch außer Zweifel, daß grundsätzlich auch Sachsen-Anhalt von der Dünnsiedelungsproblematik betroffen ist. (Informationen aus persönlichem Gespräch mit direkt an den Verhandlungen zur Neuordnung des bundesstaatlichen FAs beteiligten Akteuren.)

können als in Städten, [und dort] zudem die Gemeinkosten auf eine geringere Kopfzahl umgelegt werden müssen.[415]"

Nach Ansicht Grawerts[416] müßte der Finanzausgleichsgesetzgeber das „bisherige Quotensystem [der Größenklassenwertung] ... um objektive Indikatoren für den Sonderbedarf .. unteroptimal agglomerierter Kommunen .. ergänzen[417]", um den Belastungsunterschieden zwischen Stadt und Land besser gerecht zu werden. Die bisherige Form der EV gemäß § 9(3) FAG läßt seiner Meinung nach nicht nur außer acht, „daß der Finanzbedarf der Kommunen ... auch mit deren Degression ansteigt[418]", sondern mißachtet auch die notwendige Unterscheidung zwischen kreisfreien und kreisangehörigen Gemeinden.[419] Grawert hält es für sinnvoll, die funktionale Gliederung der kommunalen Ebene bei der Festlegung der Veredelungssätze des § 9(3) FAG mit zu berücksichtigen, da sich die Aufgabenlasten kreisfreier bzw. kreisangehöriger Gemeinden erheblich voneinander unterscheiden.[420]

Die Frage, inwieweit sich Vor- und Nachteile stark und schwach verdichteter Räume finanziell gegeneinander aufheben bzw. ob und in welcher Höhe tatsächlich ein ausgleichsbedürftiges finanzielles Ungleichgewicht besteht, wird ebenso kontrovers diskutiert wie das Brecht'sche Gesetz selbst. Von der Beurteilung dieser Frage hängt es im wesentlichen ab, ob die EV des § 9(3) FAG in ihrer bestehenden Form für überflüssig, reformbedürftig oder akzeptabel gehalten wird. Die vorangegangenen Ausführungen haben bereits einen Eindruck vermittelt, wie sehr die Einschätzungen in diesem Punkt differieren. Am deutlichsten wird dies jedoch am Vorschlag Fischer-Menshausens, der anregt, die bestehende EV des § 9(3) FAG in eine Einwohnermalifizierung zugunsten gering agglomerierter Gemeinden umzuwandeln.[421] Seiner Ansicht nach würde die Umkehrung der Aussagen des Brecht'schen Gesetzes der aktuellen Finanzsituation der Gemeinden am besten entsprechen. Daraus folgt für ihn die Notwendigkeit, das bestehende Prinzip der EV gemäß § 9(3) FAG auf den Kopf zu stellen und die bisherige Agglomerationsförderung durch eine Deglomerationsförderung zu ersetzen.[422] Dahinter steht die Annahme, Bevölkerungsballungen seien finanziell überwiegend vorteilhaft, da mit steigender Einwohnerzahl ein Rück-

---

[415] BVerfG, 2 BvF 2/98 vom 11.11.99, Absatz-Nr. 321.

[416] Er gelangte bereits 1989 zu dieser Einschätzung.

[417] Grawert, S. 93.

[418] Grawert, S. 124.

[419] Vgl. Grawert, S. 124.

[420] Vgl. Grawert, S. 87f.

[421] Dietrich, S. 107.

[422] Vgl. zu alledem Fischer-Menshausen, Wörterbuch der Wirtschaftswissenschaften, Bd. II, S. 636ff.

gang der administrativen Pro-Kopf-Kosten zu verzeichnen sei (Skaleneffekt).[423] „Die ausgabenmindernde Bedeutung des Skaleneffekts beruht auf der betriebswirtschaftlichen Beobachtung, daß die Fixkosten der Produktion auf die Zahl der Benutzer verteilt (proportionalisiert) werden.[424]" Demnach „sinken die langfristigen Durchschnittskosten der öffentlichen Leistungserstellung mit jedem zusätzlichen Einwohner.[425]" Auf der Grundlage dieser Überlegung formuliert Fischer-Menshausen seine Forderung nach einer Deglomerationen begünstigenden EV bei den Gemeindesteuereinnahmen im LFA. Seine Argumentation erscheint dann plausibel, wenn man davon ausgeht, „daß sich die Bedürfnisstrukturen bezüglich öffentlicher Einrichtungen zwischen ländlichem und städtischem Raum inzwischen weitgehend angeglichen haben, daß also Stadt und ländlicher Raum identischen Grundbedürfnissen ihrer Einwohner nachkommen müssen. [...] Die Statistik weist [jedoch] aus, daß die Zahl öffentlicher Einrichtungen im ländlichen Raum zwar zugenommen hat, insgesamt aber längst nicht die Zahl [und die Wertigkeit[426]] im städtischen Raum erreicht.[427]" Viele städtische Einrichtungen sind heute Zuschußeinrichtungen, die erhebliche öffentliche Ausgaben verursachen.[428] „Die Stadt kann sich der Schaffung und dem Unterhalt solcher Einrichtungen politisch nicht widersetzen; die ländliche Gemeinde verlangt dagegen von ihren Einwohnern angesichts geringen Haushaltsbudget[s] die Mitbenutzung städtischer Einrichtungen auf Kosten der Stadt. Mit unterschiedlicher Bedürfnisstruktur („kanalisierter" Einwohner) hat dieses allerorts anzutreffende Benutzerverhalten nichts zu tun, denn es kommt finanzwissenschaftlich allein darauf an, welchem öffentlichen Träger die mit dieser Bedürfnisbefriedigung verbundenen Kosten zurechenbar sind.[429]" Vielmehr entstehen den Städten gerade durch die Angleichung der ländlichen an die städtische Bedürfnisstruktur erhebliche Mehrbelastungen, weil viele Bedürfnisse der Landbewohner nur durch das höherwertige städtische Angebot befriedigt werden können. (spillover-Problematik[430])

Zusammenfassend läßt sich feststellen, daß die Theorie vom Skaleneffekt in der Finanzwissenschaft zwar grundsätzlich anerkannt ist, es aber ebenso „als ausgemacht gelten .. [kann], daß ab einer gewissen [städtischen] Größenordnung der zu beobachtende Skaleneffekt wieder in die Bedarfssituation „höherer Ko-

---

[423] Vgl. zu alledem Fischer-Menshausen, Wörterbuch der Wirtschaftswissenschaften, Bd. II, S. 660.
[424] Dietrich, S. 107.
[425] Dietrich, S. 107, nach: Dichtl/Issing, Vahlens Großes Wirtschaftslexikon 1993, S. 1888f.
[426] Vgl. Bayrischer Verfassungsgerichtshof 1997, S. 337, in: Münzenmayer, S. 6.
[427] Dietrich, S. 108.
[428] Vgl. Dietrich, S. 108.
[429] Dietrich, S. 108.
[430] Siehe dazu auch die Ausführungen unter Pkt. 2.1.2.3 dieser Arbeit.

sten der Agglomeration" .. [umschlägt].[431]"[432] Kitterer verweist in diesem Zusammenhang auf Untersuchungen, die Fabricant anhand von Daten aus den USA für die Brecht'schen Bestimmungsfaktoren der Ausgaben durchgeführt hat[433]: Dabei wurde festgestellt, „daß die Bevölkerungsdichte in weiten Bereichen zunächst negativ mit den Pro-Kopf-Ausgaben korreliert ist und eine Zunahme der Ausgaben je Einwohner erst bei einer hohen Bevölkerungsdichte eintritt.[434]" „Zusammen ergibt dies einen in etwa U-förmigen Verlauf der Pro-Kopf-Ausgaben[435]", der nach Einschätzung des Wissenschaftlichen Beirats des BMF für eine EV gemäß § 9(3) FAG zugunsten besonders stark und besonders schwach verdichteter Räume sprechen könnte.[436] Eine ausschließlich auf der Theorie von den Skaleneffekten beruhende, gespiegelte EV, wie Fischer-Menshausen sie fordert, ließe sich unter diesem Gesichtspunkt nicht rechtfertigen.

Trotz der aufgezeigten Einwände ist aber grundsätzlich nicht an der Berechtigung der Forderung zu zweifeln, etwaige deglomerationsbedingte Mehrbelastungen im Rahmen des LFA zu berücksichtigen. Das BVerfG hat in seinem aktuellen Finanzausgleichsurteil nachdrücklich auf diese Notwendigkeit hingewiesen und den Gesetzgeber dazu aufgefordert, beide Einwohnerveredelungsformen im LFA im Hinblick auf eine mögliche Benachteiligung schwach verdichteter Bundesländer zu überprüfen.[437] Das Auftreten von Skaleneffekten sollte bei der Gesamtbeurteilung der EV des § 9(3) FAG nicht den alleinigen, wohl aber einen beachtenswerten Aspekt darstellen. Über einen Veredelungsverlauf zugunsten besonders stark und besonders schwach verdichteter Räume wäre es möglich, zugleich agglomerationsbedingten Mehrbelastungen und einer bis zu einem bestimmten Verdichtungsgrad auftretenden Kostendegression bei der öffentlichen Leistungserstellung Rechnung zu tragen.

4.1.3 Die „Doppelveredelung" der Stadtstaateneinwohner gem. § 9 (2) u. (3) FAG

In der Literatur wird kontrovers diskutiert, ob die Kombination von Stadtstaatenbonus und Größenklassenwertung/Dichteklausel zu einer ungerechtfertigten Bevorzugung der Stadtstaaten führt, da ihre Einwohner im LFA zweimal veredelt werden.[438] Der entscheidende Streitpunkt ist die Frage, ob § 9(2) und 9(3) FAG zwei separate Bedarfselemente berücksichtigen oder ob die Stadtstaaten

---

[431] Dietrich, S. 109 m.w.N.

[432] Näheres zur finanzwissenschaftlichen Diskussion um Vor- und Nachteile von Agglomerationen siehe die Ausführungen unter Pkt. 2.2.1 dieser Arbeit.

[433] Vgl. Kitterer, S. 19.

[434] Kitterer, S. 19.

[435] BMF-Stellungnahme, S. 5.

[436] Vgl. BMF-Stellungnahme, S. 5.

[437] Siehe zu § 9(3) FAG die Ausführungen unter Pkt. 5.3.2.3 dieser Arbeit.

[438] Vgl. Dietrich, S. 119ff. m. w. N.

durch die beiden Regelungen zweimal für ein und dasselbe Bedarfselement entschädigt werden.

Kirchhof sieht in der gleichzeitigen Anwendung des Stadtstaatenbonus und der EV des § 9(3) FAG auf die Stadtstaaten eine unangemessene Doppelberücksichtigung stadtstaatenspezifischer Mehrbedarfe.[439] Seiner Meinung nach reicht der Stadtstaatenbonus allein aus, um „alle ‚angeblichen' Nachteile der Stadtstaaten zu nivellieren[440]" (- also auch die allgemeinen agglomerationsbedingten Nachteile, die sonst im Rahmen der EV des § 9(3) FAG abgegolten werden.) Die zusätzliche Anwendung von Größenklassenwertung und Dichteklausel auf die Stadtstaaten ist aus seiner Sicht nicht nur überflüssig, sondern unvertretbar.[441]

Peffekoven lehnt die Doppelveredelung der Stadtstaateneinwohner mit dem Hinweis ab, dasselbe Bedarfselement werde zweimal abgegolten, „ohne daß der Einwohner des betreffenden Landes ... dieses doppelt überproportional belastet.[442]" Anders als Kirchhof hält er die Größenklassenwertung allein für geeignet, um mögliche agglomerationsbedingte Mehrkosten der Leistungserstellung hinreichend zu berücksichtigen.[443] Die besondere spill-over-Problematik der Stadtstaaten erkennt Peffekoven zwar als zusätzliches stadtstaatenspezifisches Bedarfselement an - er sieht darin jedoch keine Rechtfertigungsgrundlage für den Stadtstaatenbonus, sondern verweist die Problemlösung ausdrücklich auf die regionale Ebene.[444]

Ähnlich argumentiert Carl: Er hält es grundsätzlich für vertretbar, die Stadtstaaten über die EV des § 9(3) FAG hinaus für ihre spezifische Leistungserbringung für das Umland zu entschädigen, da sie dafür auf kommunaler Ebene keinen Ausgleich erlangen können[445], lehnt den Stadtstaatenbonus als Kompensationsinstrument aber strikt ab. Die Regelung des § 9(2) FAG ist in seinen Augen ökonomisch wie verfassungsrechtlich die falsche Methode für einen angemessenen Nachteilsausgleich, da sie die gesamte Solidargemeinschaft im LFA belastet, obwohl nur einige Flächenländer von der zentralörtlichen Leistungserstellung der Stadtstaaten profitieren.

Carl befürwortet stattdessen, spill-over-Effekte auf regionaler Ebene abzugelten: Nur Bundesländer, die Leistungen der Stadtstaaten in Anspruch nehmen, sollten

---

[439] Vgl. Kirchhof, S. 117f., in: Dietrich, S. 120.
[440] Dietrich, S. 120.
[441] Vgl. Kirchhof, S. 117, in: Dietrich, S. 120.
[442] Peffekoven-Gutachten, S. 7.
[443] Vgl. Peffekoven-Gutachten, S. 7.
[444] Vgl. Peffekoven-Gutachten, S. 9.
[445] Großstädte in Flächenländern werden im Rahmen des landesinternen FAs für ihre zentralörtliche Leistungserbringung entschädigt.

seiner Meinung nach zur finanziellen Lösung des Stadtstaatenproblems herangezogen werden[446].[447]

Auf demselben Grundgedanken basiert die Argumentation der Klageländer im Verfassungsstreit 1998/99, mit der sie auf eine Abschaffung der für sie kostspieligen Einwohnerwertung des § 9(2) FAG abzielen.[448]

Schuppert und Dahrendorf verteidigen die gleichzeitige Anwendung von § 9(2) und (3)·FAG auf die Stadtstaaten. Die Bezeichnung „Doppelveredelung" lehnen sie ab, da ihrer Meinung nach beide Regelungen der finanziellen Abgeltung unterschiedlicher Sachverhalte dienen und insofern nicht als unangemessene Bevorzugung der Stadtstaaten angesehen werden dürfen.[449] Dahinter steht die Überlegung, daß die EV des § 9(3) FAG - wurzelnd auf den Annahmen von Brecht und Popitz - ballungsbedingte Mehrbedarfe dicht bevölkerter Bundesländer abgelten soll, während der Stadtstaatenbonus auf die Berücksichtigung stadtstaatenspezifischer Eigenarten abzielt, die von der Größenklassenwertung[450] nicht erfaßt werden[451]. Dietrich unterscheidet in diesem Zusammenhang zwischen „Agglomerations- und Enklavenlasten der Stadtstaaten", die im LFA getrennt Berücksichtigung finden sollten. Vorhandene Überschneidungen zwischen beiden Belastungen sind seiner Meinung nach zu geringfügig, um den Vorwurf der unzulässigen Doppelveredelung stichhaltig begründen zu können.[452]

Unter diesem Aspekt „werden für die Stadtstaaten ... zu Recht zwei voneinander getrennte, unterschiedliche Bedarfsgesichtspunkte .. separat abgegolten.[453]"

4.2 Analyse möglicher Auswirkungen einer Reform des bundesstaatlichen Finanzausgleichs auf die Stadtstaaten

Die Länder Bayern und Baden-Württemberg haben im Vorfeld des Verfassungsstreites 1998/99 ein Reformkonzept zur Neuregelung des bundesdeutschen Finanzausgleichs erarbeitet, das den anderen Bundesländern auf einer Finanzministerkonferenz am 12. Mai 1998 vorgestellt wurde. Ein großer Teil der darin ent-

---

446 Carl verweist in seiner Argumentation darauf, das der Ausgleich ballungsbedingter spill-over-Effekte beim kommunalen FA der Flächenländer auch landesintern, also unter Betroffenen, stattfinde.

447 Vgl. zu alledem Carl, S. 85ff.

448 Siehe dazu die Ausführungen unter Pkt. 5.2.1 dieser Arbeit.

449 Vgl. zu alledem Schuppert/Dahrendorf, S. 76f.

450 inkl. Dichteklausel.

451 Dies betrifft in erster Linie den Ausgleich von spill-over-Effekten, die in Stadtstaaten nicht landesintern abgegolten werden können. (Siehe dazu die Ausführungen unter Pkt. 2.1.2.3 dieser Arbeit.)

452 Vgl. Dietrich, S. 122.

453 Dietrich, S. 122.

haltenen Vorschläge fand Eingang in die Normenkontrollanträge, die beide Länder im Sommer 1998 beim BVerfG einreichten, um das geltende FAG für verfassungswidrig erklären zu lassen.

Das Reformmodell sieht unter anderem eine Abschaffung des Stadtstaatenbonus im LFA vor. Lenk und Teichmann haben die zu erwartenden finanziellen Auswirkungen dieser und anderer potentieller Änderungen des Finanzausgleichssystems auf die einzelnen Bundesländer beispielhaft für das Ausgleichsjahr 1998 ermittelt.[454] Im folgenden werden ihre Untersuchungsergebnisse, soweit sie für die Stadtstaaten von besonderer Relevanz sind, vorgestellt und interpretiert.

Die Untersuchung von Lenk und Teichmann ist an dieser Stelle der Arbeit von Interesse, da sie Informationen darüber liefert, welche Regelungen des bestehenden bundesstaatlichen Finanzausgleichssystems für Hamburg, Bremen und Berlin einen besonderen Stellenwert einnehmen. Aus einem Vergleich der unterschiedlichen Ausgleichswirkungen läßt sich ableiten, wie stark die einzelnen Stadtstaaten tatsächlich auf eine Beibehaltung des Stadtstaatenbonus im LFA angewiesen sind.[455]

4.2.1 Wegfall des Stadtstaatenbonus gemäß § 9(2) FAG

Künftig soll im bundesstaatlichen Finanzausgleich nach dem Willen der Hauptgeberländer nur noch die einfache Einwohnerzahl jedes Landes maßgeblich für die Höhe seiner Ausgleichsbeiträge bzw. Ausgleichszuweisungen sein.[456] - Wie nicht anders zu erwarten, wären die Stadtstaaten die eindeutigen Verlierer eines Wegfalls der EV des § 9(2) FAG.[457] Berlin hätte 1998 im LFA Mindereinnahmen von fast 3,9 Milliarden DM (1.132 DM pro Kopf) zu verzeichnen. Beim kleinen Stadtstaat Bremen wären es immerhin noch 758 Millionen DM Verlust, dies entspräche pro Kopf etwa derselben Summe wie bei Berlin (1.131 DM). Die Ausgleichszuweisungen, die die beiden ausgleichsberechtigten Stadtstaaten im LFA erhalten, würden damit gegenüber dem status quo um 79% im Falle Berlins bzw. sogar um 83% im Falle Bremens absinken.

---

[454] Vgl. Lenk/Teichmann, Anlagen.

[455] Falls nichts Gegenteiliges vermerkt ist, ist Grundlage meiner Berechnungen der Tabellen-Anhang bei Lenk/Teichmann (Anlage 1, 3-7 u. 10). Die Simulationen Lenks und Teichmanns werden in ihren Tabellen eingebettet in den Gesamtzusammenhang des sek. FAs dargestellt. Die folgende Betrachtung konzentriert sich auf Veränderungen auf der Ebene des LFA, da alle unter Pkt. 4.2 (Analyse möglicher Auswirkungen einer Reform des bundesstaatlichen Finanzausgleichs auf die Stadtstaaten) beschriebenen Maßnahmen auf dieser Ebene ansetzen würden.

[456] Vgl. Mayer-Vorfelder/Huber, S. 2.

[457] Vgl. Lenk/Teichmann, S. 15.

Das positive finanzielle Gesamtergebnis, das beide Länder 1998 im sekundären Finanzausgleich verzeichnen konnten[458], würde sich durch einen Wegfall des Stadtstaatenbonus im Falle Bremens um 26% schmälern, Berlin würde fast die Hälfte verlieren[459].[460]

Diese Zahlen verdeutlichen die immense finanzielle Bedeutung, die dem Stadtstaatenbonus aus der Sicht der beiden finanzschwachen Stadtstaaten innerhalb des bestehenden Finanzausgleichssystemes zukommt.

Hart getroffen würde durch einen Wegfall des Stadtstaatenbonus auch Hamburg, obwohl das Land zu den finanzstarken Geberländern im LFA zählt. Der Stadtstaat müßte ohne die Regelung des § 9(2) FAG im LFA um ca. 255% höhere Ausgleichsbeiträge an die ausgleichsberechtigten Länder zahlen. Pro-Kopf stiege die Belastung damit von gegenwärtig 360 DM auf 1.279 DM an.

Die finanziellen Einbußen, die alle drei Stadtstaaten ohne den Stadtstaatenbonus zu verzeichnen hätten, erklären sich rechnerisch durch das 20 bis 30%-ige Anwachsen ihrer relativen Finanzkraft[461] infolge der ausbleibenden Erhöhung ihrer Ausgleichsmeßzahlen. Die relative Finanzkraft bildet die Bemessungsgrundlage für die Höhe der Ausgleichsansprüche und -verpflichtungen der einzelnen Länder im LFA.

Die Geberländer kämen durch einen Wegfall des Stadtstaatenbonus auf niedrigere Finanzkraftwerte vor dem LFA und würden infolgedessen bei ihren Aus-

---

[458] Alle Ausgleichsstufen des sek. FAs einbezogen: Berlin 1998 7,8 Mrd. DM, Bremen 2,9 Mrd. DM (jeweils inkl. Fonds Deutsche Einheit). Zahlen des baden-württembergischen Finanzministeriums, siehe BW-Schriftsatz, Anl. A 2/1.

An dieser Stelle werden Zahlen BWs verwendet, da Lenk und Teichmann in ihren Tabellen den Umsatzsteuervorwegausgleich nicht gesondert ausweisen, sondern nur die gesamten Umsatzsteueranteile der Länder (inkl. Umsatzsteuervorwegausgleich) angeben. Eine gesonderte Ausweisung der Ausgleichsstufe Umsatzsteuervorwegausgleich ist aber erforderlich, um das Gesamtergebnis des sek. FAs, der mit dieser Ausgleichsstufe beginnt, zu ermitteln. (Da Lenk/Teichmann und die Baden-Württemberger - abgesehen von dieser methodischen Abweichung - dieselben Zahlen verwenden, ist es möglich, ihre Ergebnisse bei der Zahlenauswertung miteinander zu kombinieren.)

[459] Dies bedeutet aber nicht zwangsläufig, daß Berlin finanziell härter getroffen würde als Bremen, denn es profitiert außerhalb des Finanzausgleichs noch von spezifischen Hauptstadtregelungen (Bonn-Berlin-Gesetz, Hauptstadtfinanzierungsvertrag von 1994). Bremen kommt dagegen auf einen vergleichsweise niedrigen prozentualen Verlust, weil es im FA SBEZ in erheblicher Höhe erhält SBEZ für (überdurchschnittlich hohe Kosten politischer Führung, Sanierungs-BEZ), die in das Gesamtvolumen mit einfließen. Der Fortbestand dieser Sondervergünstigungen ist jedoch zukünftig sehr fraglich.

[460] Eigene Berechnungen auf der Grundlage der Zahlen von Lenk/Teichmann (Anl. 1 u. 4) bzw. der Zahlen des baden-württembergischen Finanzministeriums zu den Gesamtergebnissen des sek. FAs.

[461] Berlin und Bremen um gut 20%, Hamburg um gut 30%.

gleichsbeiträgen um bis zu 43% (NRW)[462] entlastet. Entsprechend groß ist ihr finanzielles Interesse an einer Aufhebung der Gesetzesvorschrift des § 9(2) FAG. So gehört der Stadtstaatenbonus denn auch zu den Regelungen des geltenden FAG, die Bayern, Baden-Württemberg und Hessen im Verfassungsstreit der Jahre 1998/99 besonders heftig kritisiert haben - mit dem Ziel, die Feststellung seiner Verfassungswidrigkeit durch das BVerfG zu erreichen.

Abbildung 1: Auswirkungen eines Wegfalls des Stadtstaatenbonus auf die einzelnen Bundesländer im LFA (1998) c.p.

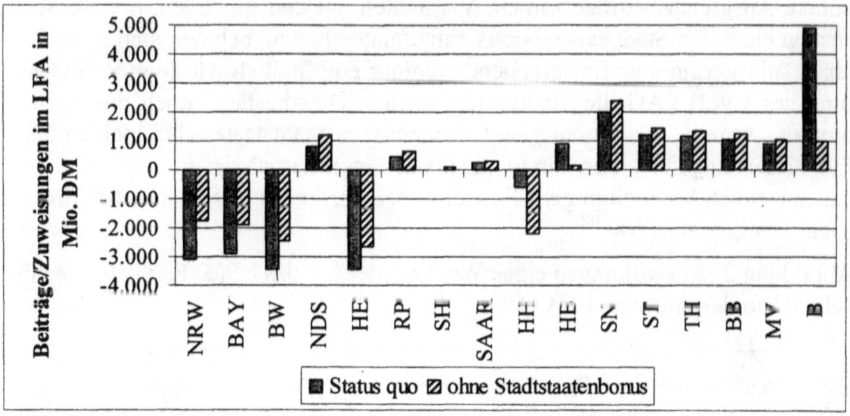

Quelle: Lenk/Teichmann, S. 15.

4.2.2 Wegfall der Größenklassenwertung (inkl. Dichteklausel) gemäß § 9(3) FAG

Von der EV des § 9(3) FAG profitieren naturgemäß besonders die dicht bevölkerten bzw. stark agglomerierten Bundesländer, allen voran die drei Stadtstaaten. Sie erhalten bei der Gewichtung der Einwohnerzahlen der Gemeinden die höchsten Veredelungsfaktoren. Als logische Konsequenz dessen würde eine Aufhebung dieser Regelung die Stadtstaaten am härtesten treffen.

Diese Einschätzung bestätigt sich durch die Simulation eines Wegfalls der EV des § 9(3) FAG, die Lenk und Teichmann für das Ausgleichsjahr 1998 durchgeführt haben.[463] Ihre Ergebnisse zeigen, daß nur Bremen, Hamburg und Berlin sowie NRW - als bevölkerungsreichster Flächenstaat - durch eine Abschaffung der besagten Regelung im LFA schlechter gestellt würden. Alle anderen Bun-

---

[462] Bayern um 35%, Baden-Württemberg um 30%.

[463] Vgl. Lenk/Teichmann, Anhang (Anlage 1 u. 5).

desländer würden dagegen von einem Wegfall der EV des § 9(3) FAG profitieren.[464]

Die finanziellen Einbußen, die die Stadtstaaten zu verkraften hätten, sind von der Größenordnung her allerdings nicht zu vergleichen mit den hohen Verlusten, die ein Wegfall des Stadtstaatenbonus für sie mit sich brächte[465]:

Bremen hätte ohne die EV des § 9(3) FAG einen Rückgang seiner Ausgleichszuweisungen um knapp 2% zu verzeichnen, bei Berlin wäre es immerhin ein Rückgang um fast 9%. Hamburg müßte gegenüber dem status quo um etwa 18% höhere Ausgleichsbeiträge zahlen. Verglichen mit den Einbußen, die die Stadtstaaten ohne den Stadtstaatenbonus aufzufangen hätten, nehmen sich diese Zahlen relativ gering aus. Entsprechend weniger empfindlich würde eine Abschaffung des § 9(3) FAG die Stadtstaaten treffen. Dies bestätigt auch die Betrachtung der Anteile, die den ausgleichsberechtigten Stadtstaaten durch einen Wegfall dieser Regelung von ihrem positiven Gesamtergebnis im sekundären Finanzausgleich verlorengingen: Es wären bei Berlin nur knapp 6%, bei Bremen sogar weniger als 0,6%.[466]

Abbildung 2: Auswirkungen eines Wegfalls der EV des § 9(3) FAG auf die einzelnen Bundesländer im LFA (1998) c.p.

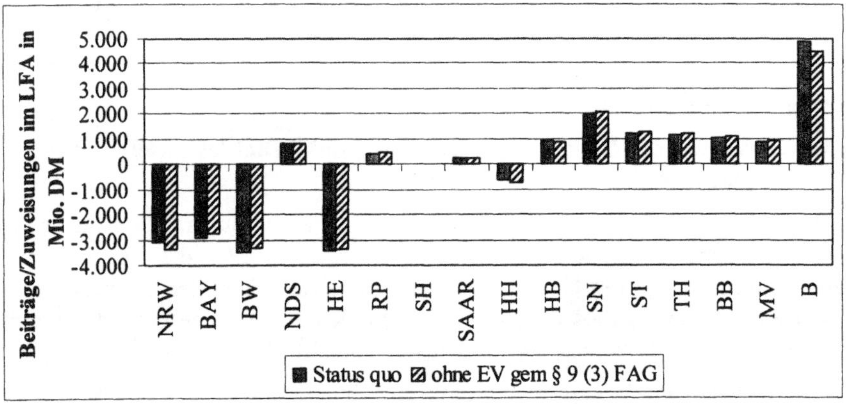

Quelle: Lenk/Teichmann, S. 18.

---

464 Vgl. Lenk/Teichmann, S. 18.

465 Beide Regelungen werden ausgehend vom Vorwurf der Doppelveredelung der Stadtstaateneinwohner von einigen Kritikern - bezogen auf die Stadtstaaten - alternativ diskutiert. (Siehe dazu die Ausführungen unter Pkt. 4.1.3 dieser Arbeit.)

466 Eigene Berechnungen auf der Grundlage der Zahlen von Lenk/Teichmann bzw. der Zahlen des baden-württembergischen Finanzministeriums zu den Gesamtergebnissen des sek. FAs (BW-Schriftsatz, Anl. A 2/1).

4.2.3 Veränderung des hälftigen Ansatzes der Gemeindesteuereinnahmen gemäß § 8(5) FAG

Das geltende FAG sieht vor, bei der Ermittlung der Finanzkraftmeßzahlen der Länder die Gemeindesteuereinnahmen nur zur Hälfte zu berücksichtigen. Hiervon profitieren tendenziell die finanzstarken Geberländer, da sie über eine vergleichsweise hohe kommunale Steuerkraft verfügen [467], daneben die Stadtstaaten, die strukturell bedingt überdurchschnittlich hohe Steuererträge aufweisen[468].[469] „Durch die hälftige Kürzung fallen [gegenwärtig] die Finanzkraftmeßzahlen von Ländern mit reichen Gemeinden verhältnismäßig .. niedrig aus, während die von Ländern mit finanzschwachen Kommunen relativ zu hoch angesetzt sind.[470]" Kritiker[471] sehen hierin vor allem eine unangemessene Benachteiligung der finanz- und strukturschwachen ostdeutschen Bundesländer und fordern eine vollständige Einbeziehung der Gemeindesteuereinnahmen in die Finanzkraftermittlung der Länder.[472]

Lenk und Teichmann haben die finanziellen Auswirkungen einer solchen Maßnahme auf die einzelnen Bundesländer beispielhaft für das Ausgleichsjahr 1998 untersucht.[473]

Ihre Ergebnisse zeigen, daß alle ostdeutschen Flächenländer finanziell von einer vollständigen Einbeziehung der Gemeindesteuereinnahmen profitieren würden[474]: Sie könnten bei ihren Ausgleichszuweisungen gegenüber dem status quo Steigerungen zwischen 68 und 73% verzeichnen. In geringerem Maße würden auch die anderen Nehmerländer[475] im LFA dazu gewinnen - mit der einzigen Ausnahme des Stadtstaates Bremen.[476] Die finanziellen Einbußen, die Bremen durch die Maßnahme hinzunehmen hätte, wären mit um 3,4% rückläufigen Ausgleichszuweisungen allerdings ziemlich gering und im Verhältnis zu den Auswirkungen anderer Reformvorschläge eher unbedeutend.

Anders stellt sich die Situation für das einzige Geberland unter den Stadtstaaten dar: Die finanzstarken Hamburger hätten durch eine vollständige Berücksichtigung ihrer kommunalen Finanzkraft um etwa 76% höhere Ausgleichsbeiträge zu

---

[467] Vgl. Lenk/Teichmann, S. 18.
[468] Dies gilt besonders für Hamburg und Bremen, in geringerem Maße für Berlin.
[469] Vgl. RWI, S. 24.
[470] Lenk/Teichmann, S. 18f.
[471] Vgl. Lenk/Teichmann, S. 18f.
[472] In ähnlicher Weise haben sich die Nehmerländer im April 2000 in ihrem Eckpunktepapier zur Neuregelung des FAG geäußert.
[473] Vgl. zum folgenden Lenk/Teichmann, S. 16ff sowie Anlage 1 und 6.
[474] Mecklenburg-Vorpommern mit einer 68%igen Steigerung, Thüringen mit +73%.
[475] Niedersachsen mit um 3%, Berlin und Rheinland-Pfalz mit um 11 bzw. um 12% und das Saarland sogar mit um 40% höheren Zuweisungen.
[476] Vgl. Lenk/Teichmann, S. 20.

leisten, d.h. sie würden finanziell empfindlich höher belastet als es gegenwärtig der Fall ist.

Mit Mehrbelastungen um 40% aufgrund höherer Ausgleichsbeiträge müßten die finanzstarken Flächenländer rechnen.[477] So erklärt sich, weshalb sie einer Erhöhung des Gemeindesteueransatzes bei der Ermittlung der FMZ nicht nur ablehnend gegenüberstehen, sondern in der aktuellen Diskussion um die Umsetzung des BVerfG-Urteils vom 11.11.99 sogar eine gegenteilige Maßnahme vorgeschlagen haben. In ihrem gemeinsamen Eckpunktepapier zur Neuordnung des FAG fordern die Geberländer eine weitere Absenkung des hälftigen Ansatzes, in Folge derer alle finanzstarken Länder bei ihren Ausgleichsbeiträgen im LFA entlastet würden.[478] Diese Auswirkung läßt sich aus den Untersuchungsergebnissen Lenks und Teichmanns ablesen, die den Extremfall einer Nichtberücksichtigung der Gemeindesteuereinnahmen simuliert haben.[479] Die Größenordnung der Entlastung durch die Reduktion der Ausgleichsbeiträge im LFA würde sich für die finanzstarken Flächenländer zwischen 30 und 40% bewegen.

Der Stadtstaat Hamburg fiele auch in diesem Fall aus dem Rahmen. Die Hanseaten würden bei ihren Ausgleichsbeiträgen gegenüber dem status quo fast 71% einsparen - eine Folge der kumulierten Wirkungen der Finanzstärke eines Geberlandes und der Finanzkraftüberzeichnung eines Stadtstaates.

Die strukturell bedingte Überzeichnung der Finanzkraft[480] ist wohl auch die Ursache dafür, daß der Stadtstaat Bremen als einziges finanzschwaches Bundesland von niedrigeren Gemeindesteueransätzen profitieren könnte. Bei einer Nichtberücksichtigung der Gemeindesteuereinnahmen würde das Land um etwa 3,5% höhere Ausgleichszuweisungen erhalten. Der Zuwachs fiele damit ähnlich gering aus wie der Verlust des Landes bei einer 100%igen Einbeziehung der Gemeindesteuereinnahmen. Es läßt sich daher zusammenfassend feststellen, daß Veränderungen des Gemeindesteueransatzes - egal welcher Art - für die finanzielle Stellung des Stadtstaates Bremen im LFA weitgehend bedeutungslos wären.

Einen relativ geringen Stellenwert hat die Ausgestaltung des § 8(5) FAG auch für das Land Berlin. Der Stadtstaat würde durch einen 100%igen Ansatz der Gemeindesteuereinnahmen um ca. 11% höhere Ausgleichszuweisungen erhalten und bei einem Wegfall des Gemeindesteueransatzes etwa im selben Maße einbüßen. Verglichen mit den ostdeutschen Flächenbundesländern wäre dieser Ver-

---

477 NRW +40,5%, Baden-Württemberg +39% und Bayern +37,5%.

478 Vgl. Eckpunktepapier Südländer, S. 3.

479 Berechnungsgrundlage Lenk/Teichmann, Anlage 1 und 7.

480 Diese kommt u.a. in überdurchschnittlich hohen Steuererträgen zum Ausdruck.

lust sehr gering, denn diese würden ohne Gemeindesteueransatz um bis zu 73% geringere Ausgleichszuweisungen erhalten.[481]

In der Gesamtbetrachtung aller Bundesländer würden Veränderungen des hälftigen Ansatzes der Gemeindesteuereinnahmen die beiden finanzschwachen Stadtstaaten finanziell am wenigsten tangieren, den reichen Stadtstaat Hamburg dagegen mit am meisten.

Für Bremen und Berlin ist die künftige Ausgestaltung des Gemeindesteueransatzes nahezu belanglos, die Zukunft des Stadtstaatenbonus aber möglicherweise überlebenswichtig.

4.2.4 Wegfall der Hafenlastenregelung gemäß § 7(3) FAG

Bisher können Bundesländer, die Seehäfen unterhalten, diese Sonderbelastung gemäß § 7(3) FAG im LFA durch Pauschalabzüge bei der Ermittlung ihrer Finanzkraftmeßzahl geltend machen.[482]

Der Reformvorschlag Bayerns und Baden-Württembergs sieht eine Abschaffung dieser Regelung vor.[483] Beide Länder halten § 7(3) FAG in seiner bestehenden Form für verfassungswidrig[484] und ersuchen per Normenkontrollantrag eine verfassungsgerichtliche Bestätigung dieser Einschätzung. Die Klagegegner im Verfassungsstreit 1998/99 verteidigen hingegen die ökonomische Berechtigung des Abzugs der Seehäfenlasten.[485]

Durch einen Wegfall der Hafenlastenregelung würden die Ausgleichszuweisungen an das Land Bremen im LFA um 9% zurückgehen, Hamburg hätte um 21,5% höhere Ausgleichsbeiträge zu leisten.[486]

Hamburg würde durch eine Aufhebung der Hafenlastenregelung absolut zwar stärker belastet als Bremen, finanziell schwerer zu verkraften wäre die Einbuße aber sicherlich für das an einer Haushaltsnotlage leidende Bremen.[487]

Auf Berlin hätte die Maßnahme keinen Einfluß, da das Land nicht von der Regelung des § 7(3) FAG profitiert.

---

[481] Sachsen und Thüringen mit den höchsten Einbußen: SN -71,7%, TH -73%.

[482] Vgl. Peffekoven-Gutachten, S. 2.

[483] Mayer-Vorfelder/Huber, S. 2.

[484] Siehe dazu die Normenkontrollanträge Baden-Württembergs und Bayerns: Oppenländer/Dolde/Oesterle & Partner, S. 141-143 sowie Vogel, S. 84f.

[485] Vgl. Wieland-Gutachten, S. 101-104.

[486] Berechnungsgrundlage Lenk/Teichmann, Anlage 1 und 3.

[487] Insbesondere dann, wenn es gleichzeitig zu einer Abschaffung des Stadtstaatenbonus käme und es für Bremen buchstäblich „auf jede Mark bzw. jeden Euro" ankäme.

Abbildung 3: Auswirkungen eines Wegfalls der Hafenlastenregelung auf die einzelnen Bundesländer im LFA (1998) c.p.

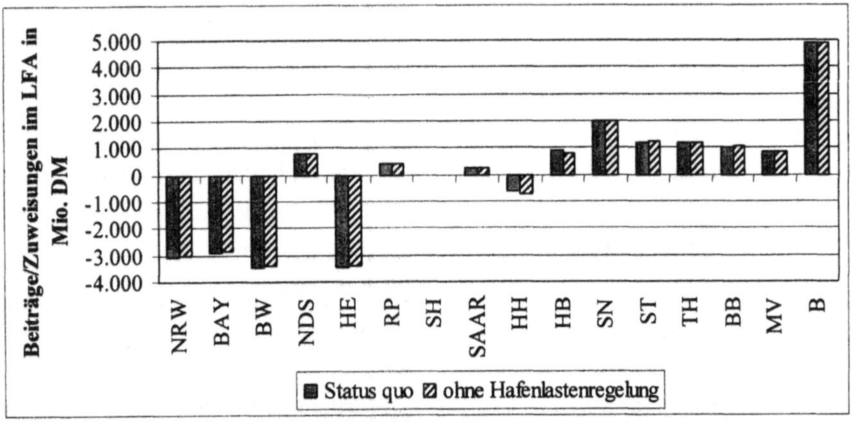

Quelle: Lenk/Teichmann, S. 12.

4.2.5 Streichung der SBEZ für überdurchschnittlich hohe Kosten politischer Führung

Die Abschaffung der SBEZ wegen überdurchschnittlich hoher Kosten politischer Führung ist ebenfalls Teil des von den Hauptgeberländern vorgelegten Reformkonzeptes. Betroffen wären davon die Stadtstaaten Berlin und Bremen. Hamburg erhält aufgrund seiner relativen Finanzstärke keine SBEZ wegen überdurchschnittlich hoher Kosten politischer Führung. Aufgrund des mit etwa 1,5 Milliarden DM p. a. vergleichsweise geringen Gesamtvolumens dieser Bundesmittel kommt ihnen aber auch bei der Finanzausstattung der beiden ärmeren Stadtstaaten nur eine geringe Bedeutung innerhalb des Gesamtsystems des bundesstaatlichen Finanzausgleichs zu.[488] Aus diesem Grunde müssen die Auswirkungen eines möglichen Wegfalls hier nicht detailliert beleuchtet werden.

4.3 Die finanzielle und politische Bedeutung der Einwohnerveredelung im LFA für die Stadtstaaten

Die Berechnungen der vorangegangenen Abschnitte haben gezeigt, in welchen Größenordnungen die Stadtstaaten vom Wegfall einzelner Regelungen des Finanzausgleichsgesetzes betroffen wären.

Der Stadtstaatenbonus ist demnach zweifelsohne die entscheidende Einflußgröße für die finanzielle Stellung der Stadtstaaten innerhalb der Solidargemeinschaft. Dies wird am deutlichsten angesichts der Tatsache, daß die Überlebensfähigkeit zweier der drei Stadtstaaten von seinem Fortbestehen abhängen könn-

[488] Vgl. Lenk/Teichmann, S. 29.

te: Denn die finanzschwachen Stadtstaaten Berlin und Bremen würden im Falle einer ersatzlosen Streichung des Stadtstaatenbonus in ihrer finanziellen und politischen Unabhängigkeit massiv bedroht. Im Falle Bremens könnte sich die prekäre Lage noch weiter zuspitzen, falls die Klageländer sich mit ihrer Forderung durchsetzen können, auch die Hafenlastenregelung abzuschaffen: „Ohne Einwohnerveredelung und Hafenlasten .. [würde] man den Hanseaten .. [vielleicht] nicht das letzte Hemd, wohl aber den leidlich wärmenden Mantel .. [nehmen].[489]" Ähnlich sieht es Hickel, der dabei allerdings betont, daß dem Stadtstaatenbonus in diesem Zusammenhang die weitaus größte Bedeutung beizumessen ist.[490]

Ein Wegfall der EV des § 9(3) FAG könnte die Finanzen der Stadtstaaten zwar zusätzlich belasten, er allein würde die finanzschwachen Länder Bremen und Berlin jedoch nicht an den Rande des finanziellen Ruins treiben, wie es eine Abschaffung der EV des § 9(2) FAG vermöchte. Dies haben die vorangegangenen Berechnungen deutlich gezeigt.[491]

Im Vergleich zu einem Wegfall des Stadtstaatenbonus wäre die Abschaffung der EV des § 9(3) FAG für die finanzielle Situation der Stadtstaaten nur von nachrangiger, ja marginaler Bedeutung.

Die Ausführungen zum Verfassungsstreit 1998/99 und seinen möglichen Folgen konzentrieren sich aus diesem Grund auf den Streitgegenstand „Stadtstaatenbonus".[492] Denn von seiner Zukunft hängen für die Stadtstaaten möglicherweise schwerwiegende Konsequenzen ab.

Auf die Größenklassenwertung (Dichteklausel) des § 9(3) FAG wird nachfolgend - ihrer geringeren Bedeutung für die Stadtstaaten entsprechend - nur noch in weniger ausführlicher Form eingegangen.

---

489 Monsees-Kommentar, in: Weser Kurier v. 12.11.1999, S. 2.
490 Vgl. Hickel, in: Hellwig et al., in: Weser Kurier v. 12.11.1999, S. 5.
491 Vgl. dazu die Zahlen unter Pkt. 4.2.1 und 4.2.2 dieser Arbeit.
492 Siehe dazu Pkt. 5.2 und 5.3.2 dieser Arbeit.

5 Die finanzausgleichsrechtliche Sonderbehandlung der Stadtstaaten auf dem Prüfstand - Bestandsaufnahme und Bewertung -

5.1 Die Diskussion um die Einwohnerveredelung der Stadtstaaten im Rahmen der Entwicklung des bundesstaatlichen Finanzausgleichs in Deutschland - Historischer Abriß und Bewertung -

Wie bereits die Ausführungen zu Punkt 2.1.2.2 dieser Arbeit deutlich gemacht haben, nahm die EV 1923 mit der Aufnahme in den preußischen Gemeindefinanzausgleich erstmalig Einzug in die deutschen Finanzausgleichssysteme. Im Verlaufe ihrer Entwicklung wurde sie nicht etwa ohne Hinterfragung in die nachfolgenden Systeme übernommen, sondern war einer Vielzahl von Überprüfungen ausgesetzt. Während das Finanzausgleichssystem im selben Zeitraum teilweise erhebliche Veränderungen erfuhr, wurde die EV trotz vielfältiger Kritik im Kern immer wieder verfassungsrechtlich bestätigt.[493] Dies änderte sich erst mit dem BVerfG-Urteil vom 11.11.99, infolgedessen nun beide Anwendungsformen der EV im LFA einer elementaren[494] Überprüfung unterzogen werden sollen.[495]

Um ein Ausufern der historischen Darstellung zu verhindern, gleichzeitig aber die wesentlichsten Entwicklungen der bis heute aktuellen Problematik zu erfassen, beginnen die näheren Ausführungen mit der großen Finanzreform 1969/70 bzw. einem kurzen Rückblick auf die vorher bestehenden Regelungen. Diese Vorgehensweise bietet sich an, da die Finanzreform 1969/70 - abgesehen von der wiedervereinigungsbedingten Ausdehnung des Stadtstaatenbonus auf Berlin - die letzten grundlegenden Veränderungen der im LFA praktizierten Einwohnerveredelungsformen mit sich brachte. Sie liefert insoweit bis heute die juristische Diskussionsgrundlage für das umstrittene Thema.

5.1.1 Die Änderungen im Zuge der großen Finanzreform 1969/70

Das heute geltende Finanzverfassungssystem der Bundesrepublik Deutschland geht im wesentlichen auf die Finanzreform von 1969/70 zurück und hat damit bereits über einen vergleichsweise langen Zeitraum Bestand.[496] Mit dem FAG in seiner Fassung vom 28.8.69 entstanden im Kern die Anwendungsformen des Prinzips der EV im LFA, die sich auch im derzeit geltenden FAG wiederfinden.

---

[493] Vgl. zu alledem Dietrich, S. 28ff.

[494] 1986 wurde der Stadtstaatenbonus grundsätzlich gebilligt. Bei der nachfolgenden Überprüfung durch das ifo-Institut stand im wesentlichen seine Höhe in Frage.

[495] Siehe dazu die Ausführungen unter Pkt. 5.3.2 dieser Arbeit.

[496] Vgl. Kesper, S. 25.

Bereits seit 1958 waren die Ausgleichsmeßzahlen für die Landes- bzw. Gemeindesteuereinnahmen der Länder getrennt ermittelt worden[497].[498] Zwischen 1958 und 1969 hatten beide Stadtstaaten eine Sonderbehandlung in Form einer EV bei den Gemeindesteuereinnahmen erfahren, der zufolge sie gegenüber der üblichen Gewichtung nach Gemeindegrößenklassen einen 10%igen Zuschlag erhielten.[499]

Die Einwohnerveredelung bei den Landessteuern war 1958 für Hamburg und Bremen getrennt festgelegt worden: Sie betrug 135% für Hamburg, aber nur 125% für Bremen, was anhand einer ausgabenbezogenen Modellrechnung ermittelt worden war.[500] Als Maßstab für den Stadtstaatenbonus wurde das Ausgabenprofil NRWs zugrundegelegt, eine Vorgehensweise, die insbesondere in zweierlei Hinsicht auf Kritik stieß: Einerseits wurde bemängelt, der Vergleich mit dem - wenn auch stark agglomerierten - Flächenland NRW trüge der stadtstaatenspezifischen Enklavensituation nicht hinreichend Rechnung. Andererseits gab es Bedenken, die Ausgabenorientierung des Stadtstaatenbonus könne gleichbedeutend sein mit einer Orientierung an einer verschwenderischen Haushaltspolitik.[501]

Die Finanzreform 1969/70 brachte für das Land Bremen eine Gleichstellung mit Hamburg, denn der Stadtstaatenbonus wurde für beide einheitlich auf 135% festgelegt.[502] Empirisch fundiert berechnet worden, war diese Höherstufung allerdings nicht. Sie wurde lediglich grundsätzlich begründet mit dem Hinweis, Bremen werde durch die Finanzreform bei seinen Steuereinnahmen schlechter gestellt.[503] Eine Argumentation, die angesichts der - aus Stadtstaatensicht - nachteiligen Modifikation der Lohnsteuerzerlegung zwar nachvollziehbar erscheint, jedoch die Frage aufwirft, weshalb der gleichfalls betroffene Stadtstaat Hamburg keine Erhöhung seiner Einwohnerwertung erfuhr.[504]

Die Sonderbehandlung der Stadtstaaten bei den Gemeindesteuereinnahmen wurde bei der Finanzreform zugunsten einer einheitlichen Lösung für alle Bundesländer aufgehoben.[505] Dabei wurde die bereits bestehende Größenklassenwertung durch eine Dichteklausel ergänzt[506], die Agglomerationsräume zusätz-

---

497 Zum Wortlaut der gesetzlichen Regelung siehe § 6(2) FAG.

498 Vgl. Schuppert/Dahrendorf, S. 55f.

499 Vgl. Hickel/Roth/Troost, S. 149.

500 Vgl. Schuppert/Dahrendorf, S. 55; vgl. auch Hickel/Roth/Troost, Tabelle auf S. 150.

501 Vgl. Hickel/Roth/Troost, S. 151.

502 Vgl. Schuppert/Dahrendorf, S. 57.

503 Vgl. zu alledem Hickel/Roth/Troost, S. 152.

504 Dies erscheint insbesondere deshalb zweifelhaft, weil Hamburg bereits gemessen an den 1958 ermittelten Werten mit 135% unterbewertet worden war (berechnet wurden 146,9%). - Vgl. Tabelle bei Hickel/Roth/Troost, S. 150.

505 Vgl. Hickel/Roth/Troost, S. 151f.

506 Vgl. Schuppert/Dahrendorf, S. 57; vgl. zur seitdem bestehenden Regelung den Wortlaut des § 9(3) FAG.

lich begünstigen und auf diese Weise die Sonderbehandlung der Stadtstaaten bei den Gemeindesteuereinnahmen überflüssig machen sollte.

Zur gesamten Tragweite der Veränderungen im Zuge der Finanzreform 1969/70 finden sich in der Literatur höchst unterschiedliche Einschätzungen:

Dietrich bewertet sie als wenig grundlegende Reform, die abgesehen von der veränderten Steuerverteilung nach Art. 106 GG der Zementierung eines status quo gleichkam.[507]

Renzsch spricht hingegen von einer Stärkung des kooperativen Föderalismus in Deutschland, da die Reform eine weitreichendere Gleichstellung aller Bundesländer bewirkt hat.[508] Durch die Veränderungen sei die horizontale Verteilungsproblematik des bundesstaatlichen Finanzausgleichs gemildert[509] und dieser insgesamt auf eine stabilere Grundlage gestellt worden.[510]

Nicht zuletzt als Folge der Dynamik der sehr unterschiedlich verlaufenden Wirtschaftsentwicklungen der einzelnen Bundesländer[511] konnte auch die große Finanzreform die finanzpolitischen Interessengegensätze auf Länderebene nicht dauerhaft beilegen. „Der Konfliktauftrag zumindest im horizontalen Ausgleich[512] konnte aber [tatsächlich für einige Zeit] entschärft werden.[513]“ Diese Einschätzung Renzschs bestätigt sich im Hinblick auf die viel diskutierte EV der Stadtstaaten, die in der Bundesrepublik Deutschland von Beginn an immer wieder heftiger Detail- und Grundsatzkritik ausgesetzt war[514], seit der Finanzreform aber bis zu den Verfassungsstreitigkeiten in den 80er Jahren vergleichsweise wenig Diskussionsstoff lieferte.

5.1.2 Die Entwicklung in den 70er Jahren bis zum Verfassungsstreit 1983/86

Der bundesstaatliche Finanzausgleich in den 70er-Jahren war durch zwei wesentliche Entwicklungstendenzen gekennzeichnet: Auf der Ebene des sekundären Finanzausgleichs wurde die vertikale Komponente des Finanzkraftausgleichs unter den Ländern gegenüber der horizontalen verstärkt, indem die Bun-

---

507 Vgl. Dietrich, S. 75.

508 Die Spanne der zulässigen Finanzkraftunterschiede zwischen den Ländern wurde durch die große Finanzreform erheblich eingeengt.

509 Er verweist in diesem Zusammenhang v. a. auf die Ergänzung des Steuerverbundes um die Umsatzsteuer, deren Verteilung unter den Ländern nicht nach örtlichem Aufkommen, sondern bedarfsorientiert nach Einwohnern erfolgt.

510 Vgl. zu alledem Renzsch, S. 258f.

511 Vgl. Kesper, S. 25.

512 Gemeint ist an dieser Stelle in erster Linie der LFA.

513 Renzsch, S. 259.

514 Vgl. zur Entwicklung Dietrich, S. 65ff.

desergänzungszuweisungen deutlich aufgestockt wurden.[515] Parallel dazu kam es angesichts unterschiedlicher wirtschaftlicher Entwicklungen zu deutlichen Finanzkraftverschiebungen zwischen den Bundesländern: Auffällig waren insbesondere der wirtschaftliche Aufschwung Bayerns, die steigenden Ölfördereinnahmen Niedersachsens sowie die sich unter dem Eindruck von Stahl- und Werftenkrise verschlechternden Finanzkraftverhältnisse in NRW, Bremen und Hamburg.[516] Die Stadtstaaten wurden finanziell zusätzlich durch die starken Suburbanisierungstendenzen in den 70er Jahren getroffen - und dies gleich in mehrfacher Hinsicht[517]: Besonders ungünstig wirkte sich das Wohnsitzprinzip bei der Lohnsteuerzerlegung aus. Es bescherte den Stadtstaaten Mindereinnahmen in einem Ausmaß, das vom Gesetzgeber 1970 noch nicht abgesehen werden konnte, da die Stadt-Umland-Wanderung zu diesem Zeitpunkt noch nicht so stark eingesetzt hatte. Auch bei der Umsatzsteuerverteilung (nach einfacher Einwohnerzahl) erlitten die Stadtstaaten empfindliche Steuereinbußen. Im LFA verschlechterte sich ihre Situation infolge des Bevölkerungsrückganges sogar überproportional[518], denn dieser war gleichbedeutend mit dem Verlust veredelter Einwohner.

Den eigentlichen Anstoß für den Verfassungsstreit 1983/86, in dem die EV der Stadtstaaten auf den verfassungsgerichtlichen Prüfstand geriet, lieferten die während der 70er Jahre stark angestiegenen Ölfördereinnahmen Niedersachsens[519]. 1982 beantragten mehrere Bundesländer aus unterschiedlichen Gründen die Berücksichtigung dieser Einnahmen im Rahmen des sekundären Finanzausgleichs, um so die Ausgleichszuweisungen und BEZ, die Niedersachsen als finanzschwaches Land erhielt, zu ihren Gunsten zu reduzieren: Bremen und NRW forderten angesichts ihrer erheblich verschlechterten finanziellen Situation eine Neuaufteilung des niedersächsischen Anteils an den BEZ. Ihr diesbezüglicher Antrag scheiterte jedoch aufgrund einer Mehrheit der bisherigen BEZ-Empfänger im Bundesrat. Dagegen führte der Antrag Baden-Württembergs auf eine teilweise Berücksichtigung der niedersächsischen Ölfördereinnahmen im LFA zu einem Kompromißpaket, das von den übrigen unionsregierten Ländern mitgetragen wurde. Baden-Württemberg war derzeit stärkstes Geberland im LFA und als solches von den Ausgleichsbeiträgen an die Empfängerländer besonders betroffen.

„Unter dem Eindruck des Ausgeschlossenseins von den entscheidenden Beratungen der Novellierung des Finanzausgleichsgesetzes klagten die sozialdemokratischen Regierungen von Nordrhein-Westfalen, Hessen, Hamburg und Bre-

---

[515] Vgl. Renzsch, S. 261.
[516] Vgl. Renzsch, S. 262.
[517] Vgl. Hickel/Roth/Troost, S. 152.
[518] Ausgleichsmeßzahl geht gegenüber Finanzkraftmeßzahl überproportional zurück.
[519] Vgl. zum folgenden Renzsch, S. 262ff.

men [1983] vor dem Bundesverfassungsgericht gegen das geltende Finanzausgleichsgesetz.[520]" Auf diese Weise führten divergierende finanzpolitische Interessen - verschärft durch unterschiedlich verlaufende Wirtschaftsentwicklungen einzelner Bundesländer sowie durch parteipolitischen Konfliktstoff - zum großen Verfassungsstreit der Jahre 1983-86.

Der Stadtstaatenbonus gemäß § 9(2) FAG war Gegenstand der Normenkontrollanträge der genannten Länder sowie der nachfolgenden Normenkontrollanträge Baden-Württembergs und des Saarlands.[521] Die Stadtstaaten erachteten eine Erhöhung ihrer Einwohnerwertung für notwendig, um das verfassungsrechtliche Ziel „gleichwertiger Lebensverhältnisse im Bundesgebiet[522]" weiterhin gewährleisten zu können.[523] In einem Schriftsatz der Freien Hansestadt Bremen an das BVerfG wurde im August 1985 ein Stadtstaatenbonus in Höhe von 150% als Untergrenze dessen bewertet, was zur dauerhaften Existenzsicherung der Stadtstaaten vertretbar erschiene.[524]

Das Saarland bemühte sich angesichts erheblicher finanzieller Probleme als erster Nicht-Stadtstaat um Aufnahme in den Kreis der durch § 9(2) FAG begünstigten Bundesländer.[525]

Dagegen beantragte das Geberland Baden-Württemberg, den Stadtstaatenbonus für verfassungswidrig zu erklären, um auf diese Weise die Höhe seiner finanziellen Belastung im LFA zu reduzieren. In der Folgezeit reichten auch die übrigen Bundesländer Stellungnahmen zur EV der Stadtstaaten beim BVerfG ein, so daß der Umfang der schriftsätzlichen Eingaben auf über 1.000 Seiten anwuchs.[526] - Ein Beweis dafür, wie heftig die Diskussion um die Ausgleichsregelung des § 9(2) FAG entbrannt war.

Das BVerfG verwarf in seinem Urteil vom 24.6.86 Teile des geltenden FAG und definierte weitreichende Kriterien für eine Neuregelung, die vom Bundesgesetzgeber 1988 rückwirkend für das Haushaltsjahr 1987 zu verabschieden waren.[527]

Bei der verfassungsrechtlichen Prüfung aller umstrittenen vertikalen und horizontalen Elemente des Finanzausgleichs hatte sich die Frage nach der Verfassungsmäßigkeit des Stadtstaatenbonus als besonders problematisch erwiesen.[528]

---

[520] Renzsch, S. 266.
[521] Vgl. Dietrich, S. 77.
[522] Artikel 72 (2) GG.
[523] Vgl. Hickel/Roth/Troost, S. 153.
[524] Vgl. Schriftsatz der Freien Hansestadt Bremen, 8/85, S. 49f, in: Hickel/Roth/Troost, Anhang IV, S. 72* sowie Dietrich, S. 96.
[525] Vgl. Dietrich, S. 77.
[526] Vgl. zu alledem Dietrich, S. 77.
[527] Vgl. Dietrich, S. 77.
[528] Vgl. Hickel/Roth/Troost, S. 153.

In seiner Urteilsbegründung charakterisierte das BVerfG die EV gemäß § 9(2) FAG als „dem Grunde nach zumindest zulässig", um „der vorgegebenen strukturellen Eigenart der Stadtstaaten" im LFA Rechnung zu tragen.[529] Der Gesetzgeber wurde jedoch dazu aufgefordert, „die Angemessenheit der gegenwärtigen Regelung ... anhand (verläßlicher, objektivierbarer) Indikatoren ... zu überprüfen und gegebenenfalls ... zu korrigieren.[530]" Das BMF beauftragte daraufhin das Münchner ifo-Institut für Wirtschaftsforschung mit der geforderten Überprüfung des Stadtstaatenbonus.[531] Bereits die Auswahl des Forschungsinstituts im Vorfeld der Untersuchung war nicht unumstritten. Die Stadtstaaten hatten sich für eine stärker demographisch-soziologisch ausgerichtete Gutachterstelle eingesetzt und sahen in der Entscheidung für das volkswirtschaftlich orientierte ifo-Institut eine Weichenstellung zu ihren Ungunsten.[532]

Als das ifo-Gutachten die bestehende Regelung gemäß § 9(2) FAG bestätigte, legte dies den Streit um den Stadtstaatenbonus dann auch nicht bei. Vielmehr wurden in der Folgezeit - unterstützt bzw. initiiert von den Stadtstaaten - weitere Gutachten erstellt, die an den Grundüberlegungen des ifo-Gutachtens ansetzten.[533] Das in dieser Arbeit erläuterte Bremer Gutachten[534] legte ein stärkeres Gewicht auf die stadtstaatenspezifischen Nachteile der Hauptstädte ohne Umland und ermittelte auf dieser Grundlage erheblich höhere Stadtstaatenboni als die ifo-Gutachter.[535]

5.1.3 Der Verfassungsstreit 1988/92

Der Änderungsentwurf zum FAG, der am 18. Dezember 1987 als Gesetz verabschiedet wurde, orientierte sich an den Vorgaben des BVerfG bzw. in puncto Stadtstaatenbonus an den Ergebnissen des ifo-Gutachtens. Entsprechend enthielt er keine Verbesserung der Einwohnerwertung für die Stadtstaaten.[536] Im Vorfeld der Verabschiedung war ein Antrag des Bremer Senats auf Erhöhung des bestehenden Stadtstaatenbonus auf 163% im Bundesrat gescheitert.[537]

Kritiker sahen in der beschlossenen Änderung des FAG keine zufriedenstellende Umsetzung der verfassungsgerichtlichen Vorgaben aus dem Jahre 1986.[538] Die Regierungen mehrerer sozialdemokratisch regierter Länder, darunter der Stadt-

---

[529] Vgl. BVerfG E 72, 330 II, S. 415.

[530] BVerfG E 72, 330 II, S. 416.

[531] Zu Vorgehensweise und Ergebnis der ifo-Gutachter siehe Pkt. 4.1.1.2.1 dieser Arbeit.

[532] Vgl. Dietrich, S. 91.

[533] Vgl. Dietrich, S. 95ff.

[534] Siehe dazu die Ausführungen unter Pkt. 4.1.1.2.2 dieser Arbeit.

[535] Vgl. Hickel/Roth/Troost, S. 217ff.

[536] Vgl. Dietrich, S. 78.

[537] Vgl. Antrag der Freien Hansestadt Bremen im Bundesrat, Nr. 225/87, in: Hikkel/Roth/Troost, Anhang VI, S. 80*.

[538] Vgl. z.B. Hickel/Roth/Troost, Vorwort, S. ix f.

staaten, fühlten sich durch die beschlossenen Regelungen in unangemessener Weise benachteiligt und traten als Reaktion darauf 1988 erneut den Gang vor das BVerfG an.[539] Damit lösten die Differenzen um den bundesstaatlichen Finanzausgleich einen weiteren großen Verfassungsstreit aus, der sich über vier Jahre erstreckte. Auch in dieser Auseinandersetzung nahm die Frage nach der Zukunft des Stadtstaatenbonus eine zentrale Rolle ein.[540] Die Senate der beiden Hansestädte beantragten eine Erhöhung der Einwohnerwertung des § 9(2) FAG[541] und befanden in Bezug auf das ifo-Gutachten, der Gesetzgeber sei dem Prüfungsauftrag des BVerfG nicht in verfassungsgemäßer Weise nachgekommen.[542]

Die Geberländer Hessen, Baden-Württemberg und Bayern setzten sich dagegen in ihren Normenkontrollanträgen für eine Abschaffung des Stadtstaatenbonus im LFA ein und befürworteten stattdessen eine Lösung der Stadt-Umland-Problematik auf bilateraler Ebene zwischen den Stadtstaaten und ihren Nachbarländern.[543]

Das Urteil zum Normenkontrollverfahren aus dem Jahre 1988 wurde am 27.5.1992 vom BVerfG verkündet. In der wiederum als Grundsatzurteil zum bundesdeutschen Finanzausgleich angesehenen Entscheidung[544] billigte das BVerfG die EV im LFA in beiden Anwendungsformen. Zum Stadtstaatenbonus erklärten die Verfassungsrichter „§ 9 Abs. 2 FAG .. [sei] mit dem Grundgesetz vereinbar[545]" und verwiesen hinsichtlich der Zulässigkeit dieser Regelung auf ihr Urteil aus dem Jahre 1986.[546] Die Überprüfung der Angemessenheit des § 9(2) FAG in Umfang und Höhe war dem Gesetzgeber damals vom BVerfG aufgegeben worden. Die Ergebnisse des zu diesem Zweck in Auftrag gegebenen Gutachtens des ifo-Instituts hatten den Gesetzgeber dazu veranlaßt, die bestehende Einwohnerwertung der Stadtstaaten beizubehalten. Diese Entscheidung billigte das BVerfG 1992 als „von Verfassungs wegen nicht zu beanstanden.[547]" Zwar gestanden die Verfassungsrichter ein, daß die Vorgehensweise des Gutachtens dem Zweck der EV in mancher Hinsicht nicht gerecht geworden sei. [548] „Das Gutachten ... verliert [jedoch ihrer Ansicht nach] .. seine Funktion als geeignete Grundlage für die gesetzgeberische Entscheidung nicht bereits dann, wenn sich

---

539 Vgl. Renzsch, S. 269.
540 Vgl. Dietrich, S. 78.
541 Auf mind. 163%. Grundlage war das Ergebnis des indirekten Großstadtvergleichs bei Hikkel/Roth/Troost, siehe dazu Pkt. 4.1.1.2.2 dieser Arbeit.
542 Vgl. BVerfG E 86, 148 II, S. 180f.
543 Vgl. BVerfG E 86, 148 II, S. 183f.
544 Vgl. Dietrich, S. 84.
545 BVerfG E 86, 148 II, S. 238.
546 Siehe dazu BVerfG E 72, 330, S. 415.
547 Vgl. zu alledem BVerfG E 86, 148 II, S. 239.
548 Vgl. BVerfG E 86, 148 II, S. 241.

durch unzutreffende Berechnungen ... [die Bandbreite angemessener Einwohnerwertungen] geringfügig verschiebt oder sich die Auswirkungen fehlerhafter Annahmen gegeneinander aufheben.[549]" - Die methodischen Mängel des ifo-Gutachtens waren also aus Sicht des BVerfG nicht gravierend genug, um ernsthafte Zweifel an der Verwendbarkeit der ifo-Ergebnisse als Bemessungsgrundlage für den Stadtstaatenbonus aufkommen zu lassen.

Zur Kritik der Stadtstaaten, ihre Pendlerproblematik bzw. die daraus resultierenden Nachteile bei der horizontalen Steuerverteilung seien bei der Festlegung der Höhe des Stadtstaatenbonus nicht hinreichend berücksichtigt worden[550], heißt es in der Urteilsbegründung: „Es ist nicht Sinn der Einwohnerwertung des § 9 Abs. 2 FAG, die Folgen der Zerlegung der Einkommen- und Lohnsteuer nach dem Wohnsitzprinzip ... zu kompensieren.[551]"

Anhand der genannten Begründungen wird deutlich, weshalb das BVerfG den Stadtstaatenbonus 1992 in seiner Höhe für angemessen befunden hat und § 9(2) FAG insgesamt für verfassungsmäßig erklärt hat.

Die EV des § 9(3) FAG wurde von den Verfassungsrichtern als „derzeit" verfassungskonform, aber grundsätzlich überprüfungsbedürftig eingestuft.[552] Der Gesetzgeber erhielt den Auftrag, festzustellen, „ob Gemeindegröße und Siedlungsdichte unter .. [aktuellen] Bedingungen noch zu einem erhöhten [Finanz-]Bedarf führen[553]" und auf Grundlage dessen gegebenenfalls eine Neuregelung der Größenklassenwertung (bzw. der Dichteklausel) vorzunehmen. (Nach Ansicht der Verfassungsrichter sprachen 1992 bereits „gewichtige Anhaltspunkte dafür, daß die vom Gesetzgeber in § 9 Abs. 3 FAG zugrundegelegten Bedarfskriterien in ihrer Tragfähigkeit erschüttert [waren].[554]"[555])

Die Bundesregierung beauftragte daraufhin das BMF mit der Erarbeitung eines entsprechenden Gutachtens, das zugleich Empfehlungen für die Ausgestaltung eines neuen gesamtdeutschen Finanzausgleichssystems liefern sollte.[556] Angesichts dieses Anspruchs verwundert es nicht, daß der Wissenschaftliche Beirat des BMF in seinem Gutachten nicht nur auf die EV des § 9(3) FAG einging, sondern auch ausführlich zur chronisch umstrittenen Stadtstaatenregelung des

---

[549] BVerfG E 86, 148 II, S. 241.
[550] Vgl. BVerfG E 86, 148 II, S. 183. Siehe dazu auch die Ausführungen unter Pkt. 4.1.1.2.1 dieser Arbeit.
[551] BVerfG E 86, 148 II, S. 243.
[552] Vgl. BVerfG E 86, 148 II, S. 233ff.
[553] BVerfG E 86, 148 II, S. 233.
[554] BVerfG E 86, 148 II, S. 235.
[555] Vgl. dazu außerdem die vielfältigen Zweifel am Brecht'schen Gesetz als Grundlage der EV des § 9 (3) FAG unter Pkt. 2.1.2.1 und unter Pkt. 4.1.2 dieser Arbeit.
[556] Vgl. Dietrich, S. 84.

§ 9(2) FAG Stellung bezog. Im Ergebnis wurden beide Veredelungsformen von den BMF-Gutachtern abgelehnt:

Im Hinblick auf die EV des § 9(3) FAG schlossen sie zwar einen Zusammenhang zwischen Finanzbedarf und Bevölkerungsdichte[557] nicht aus, hielten es aber für unmöglich, die entsprechenden Mehrbelastungen im Rahmen einer EV angemessen einzufangen. Schließlich unterschieden sich die Bundesländer unter vielfältigen Gesichtspunkten, die nicht alle durch eine bloße Berücksichtigung der Bevölkerungsdichte erfaßt werden könnten.[558] Anstelle der bisherigen EV schlugen die BMF-Gutachter vor, die Zusatzbelastungen der Agglomerationsräume künftig über kommunale Kompensationsleistungen bzw. im Rahmen von Kooperationsverträgen zwischen einzelnen Gebietskörperschaften abzugelten. Dahinter stand die Einschätzung, daß Kosten-Nutzen-Verhältnisse zwischen Agglomerationen und ihrem Umland nur die regionale Ebene betreffen und folgerichtig nicht auf der Ebene des LFA berücksichtigt werden sollten.[559] (Offenbar sahen die BMF-Gutachter in der EV des § 9(3) FAG in erster Linie ein Instrument zum Ausgleich agglomerationsbedingter spill-over-Effekte. Ein solcher Ausgleich wird in ähnlicher Form in den kommunalen Finanzausgleichssystemen der Flächenländer praktiziert und sollte sich nach Einschätzung der Gutachter auch ausschließlich auf diese Ebene beschränken.[560])

Obwohl vom BVerfG nicht ausdrücklich gefordert, wurde der Stadtstaatenbonus vom Wissenschaftlichen Beirat des BMF ebenso kritisch hinterfragt, wie Größenklassenwertung und Dichteklausel.

Zunächst bemängelten die Gutachter im Hinblick auf die Bedarfssituation der Stadtstaaten, daß Bremen und Hamburg durch die bestehende Regelung des § 9(2) FAG ohne sachlichen Grund gleichgestellt würden.[561] Ausgehend von der Grundannahme des Brecht'schen Gesetzes[562] sahen sie hierin eine unzulässige Privilegierung des geringer und weniger dicht bevölkerten Stadtstaates Bremen. Verstärkt werde dieser Wertungswiderspruch noch dadurch, daß Bremen wesentlich geringere spill-over-Effekte[563] erzeuge als Hamburg.[564]

---

557 § 9(3) FAG berücksichtigt eigentlich vorrangig die Einwohnerzahl der Gemeinden und nur ergänzend (mittels Dichteklausel) die Bevölkerungsdichte.

558 Vgl. BMF-Gutachten, S. 69f.

559 Vgl. BMF-Gutachten, S. 86ff.

560 Angesichts der offiziellen Begründung der Größenklassenwertung (Brecht'sches Gesetz) eine problematische Sichtweise, die an dieser Stelle jedoch nicht näher ausgeführt werden soll.

561 Vgl. BMF-Gutachten, S. 71.

562 Siehe dazu die Ausführungen unter Pkt. 2.1.2.1 dieser Arbeit.

563 Siehe zu diesem Begründungsansatz der EV Pkt. 2.1.2.3 dieser Arbeit.

564 Vgl. BMF-Gutachten, S. 71.

Den Schwerpunkt ihrer Auseinandersetzung mit dem Stadtstaatenbonus legten die BMF-Gutachter allerdings nicht auf eine konstruktive Detailkritik, sondern auf eine Grundsatzkritik an dieser Ausgleichssystematik:

Sie stuften die Abgeltung stadtstaatenspezifischer Mehrbedarfe als regionalpolitische Aufgabe ein, die nur die Stadtstaaten und ihre Anrainer betrifft. Spill-over-Effekte, Pendlerströme und die örtliche Steuerveranlagung seien Probleme regionaler Natur, zu deren finanzieller Lösung nicht die gesamte Solidargemeinschaft herangezogen werden sollte.[565] Mit diesem Hauptargument lehnten die Gutachter die Anwendung eines Stadtstaatenbonus auf der Ebene des LFA ab und regten stattdessen eine Regelung auf der Ebene bilateraler Staatsverträge zwischen den Stadtstaaten und ihren Nachbarländern an.[566] Weitere Alternativvorschläge gingen in Richtung einer Flexibilisierung der Steuerzerlegung bei der Lohnsteuer (kombiniertes Wohnsitz- und Betriebstättenprinzip) bzw. der Einführung eines fiktiven Integrationsmodells[567] in Anlehnung an den kommunalen Finanzausgleich der Flächenländer.[568]

Das BMF-Gutachten zeigte damit zwar verschiedene (regionale) Alternativen zur EV des § 9(2) FAG auf, es legte sich jedoch weder auf einen seiner Vorschläge verbindlich fest, noch ermittelte es objektivierte Kriterien für eine mögliche Neugewichtung des bestehenden Stadtstaatenbonus.[569] Ob damit ein sinnvoller Beitrag zur Vorbereitung des gesamtdeutschen Finanzausgleichs geleistet wurde, ist zumindest fraglich. Denn durch die empfohlene Regionalisierung der Stadtstaatenfrage kam statt einer Lösung lediglich eine Verlagerung des Finanzierungsproblems auf die regionale Ebene in Sicht. Gleiches galt für die Regionalisierungsvorschläge, die der Beirat als mögliche Nachfolgelösungen für die EV des § 9(3) FAG ins Gespräch brachte. (Tatsächlich wurde von den Ländern keiner der o.g. Empfehlungen der BMF-Gutachter in die Vorbereitung der kleinen Finanzreform[570] einbezogen.[571])

---

[565] Vgl. zu alledem BMF-Gutachten, S. 71ff.

[566] Vgl. BMF-Gutachten, S. 88.

[567] Dieses Verfahren simuliert zu finanzausgleichstechnischen Zwecken die Bildung eines fiktiven Nordstaates (bestehend aus Bremen, Hamburg, Schleswig-Holstein und Niedersachsen) sowie eines fiktiven Bundeslandes Berlin-Brandenburg. Die erste Stufe setzt auf der Ebene des LFA an, in dem die beiden fiktiven Flächenländer rechnerisch wie „normale" Flächenländer behandelt würden. Die zweite Stufe betrifft die Ebene des kommunalen Finanzausgleichs, der für die beiden fiktiven Bundesländer nach dem Vorbild der landesinternen Ausgleichssysteme in den realen Flächenländern nachgestellt würde. Dabei würden die Stadtstaaten finanzausgleichsrechtlich wie „normale" Großstädte behandelt, die in allen Flächenländern für ihre besonderen zentralörtlichen Belastungen entschädigt werden.

[568] Vgl. BMF-Gutachten, S. 126 und 73f.

[569] Vgl. Dietrich, S. 103.

[570] Gemeint ist die Integration der neuen Bundesländer in einem gesamtdeutsche FA im Jahr 1995. (Siehe zu den Details die Ausführungen im folgenden Abschnitt dieser Arbeit.)

5.1.4 Die Neugestaltung der Finanzbeziehungen im vereinten Deutschland

Mit der deutschen Wiedervereinigung 1990 wurde die Finanzverfassung der Bundesrepublik Deutschland auf die neuen Bundesländer übertragen.[572] Der Einigungsvertrag enthielt jedoch eine Regelung, nach der die neuen Bundesländer bis 1994 nicht in den bestehenden LFA integriert wurden, sondern übergangsweise einen separaten - dem LFA vergleichbaren - FA (Ost) durchzuführen hatten.[573] Die Abkoppelung der neuen Länder war im wesentlichen auf Widerstände der alten Länder zurückzuführen, die angesichts der hohen Kosten der Einheit und des niedrigen Finanzkraftniveaus in Ostdeutschland eine Explosion ihrer Ausgleichsbeiträge im LFA befürchtet hatten.[574] („Alle westdeutschen Länder mit Ausnahme Bremens wären leistungspflichtig geworden.[575]")

Als Kompromißlösung wurde der „Fonds Deutsche Einheit" eingerichtet, an dessen Finanzierung die westdeutschen Länder durch einen Teil ihres Umsatzsteueranteils zur Hälfte[576] beteiligt wurden.[577]

Die Verteilung der Finanzmittel aus dem Fonds Deutsche Einheit an die ostdeutschen Länder erfolgte nach der unveredelten Einwohnerzahl. Dagegen kam für den Finanzausgleich unter den ostdeutschen Ländern die EV gemäß § 9(3) FAG zur Anwendung, da dieser sich nach dem geltenden FAG richtete.[578]

Möglicherweise hätte im Ausgleichskreis Ost aber auch auf die Anwendung einer EV verzichtet werden können, da die neuen Bundesländer im Verhältnis zu den alten eine wesentlich homogenere Siedlungsstruktur aufweisen.[579] Zwar besteht im Osten Deutschlands ein erhebliches Nord-Süd-Gefälle bei Bevölkerungsstärke und -verdichtung[580], diesem stand jedoch zum fraglichen Zeitpunkt ein Steuerertragsgefälle in vergleichbarem Umfang gegenüber. Infolgedessen verfügten die bevölkerungsstärkeren südlichen und die bevölkerungsschwächeren nördlichen Bundesländer pro Kopf über nahezu identische Steuererträge.[581] „Aus diesem Grund bestand damals [nach Ansicht Dietrichs] für die Anwen-

---

[571] Informationen aus einem persönlichen Gespräch mit direkt an den Verhandlungen zur Neuordnung des FA beteiligten Akteuren.
[572] Vgl. Dietrich, S. 78.
[573] Vgl. Artikel 7 (3) Einigungsvertrag.
[574] Vgl. Renzsch, S. 275.
[575] Renzsch, S. 275.
[576] Die andere Hälfte war vom Bund zu tragen.
[577] Vgl. Renzsch, S. 275.
[578] Vgl. zu alledem Dietrich, S. 82.
[579] Vgl. BMF-Gutachten, S. 34f.
[580] Einwohner/qkm 1995: Sachsen=251, Thüringen=157, Mecklenburg-Vorpommern=80. (Vgl. Stat. Jahrbuch 1995, S. 51ff.).
[581] Vgl. zu alledem Dietrich, S. 82f.

dung der Einwohnerveredelung in den neuen Bundesländern eigentlich kein rechtes Bedürfnis, .. [zumal] sich .. noch keine unterschiedliche Ausgabensituation .. [ergeben hatte].[582]" Da Berlin dem Ausgleichskreis Ost nicht angehörte, mußten dort weder stadtstaatenspezifische Nachteile noch Mehrbedarfe stark verdichteter Bundesländer berücksichtigt werden[583], die die Anwendung eines Stadtstaatenbonus bzw. einer Einwohnergewichtung bei der Ermittlung der Gemeindesteuer-AMZ[584] hätten rechtfertigen können.

Nach Einschätzung Dietrichs wurde im Finanzausgleich der neuen Bundesländer „die seit Popitz historische Chance vertan, den Zusammenhang von Siedlungsgröße (-dichte) und Finanzbedarf bzw. Pro-Kopf-Ausgaben anhand einer unveredelten Finanzstatistik frei von Verfälschungen zu analysieren." Eine derartige Untersuchung hätte zweifelsohne auch wertvolle Erkenntnisse im Streit um die Angemessenheit einer „zweifachen EV" für die Stadtstaaten liefern können.

In den Jahren 1992/93 kam es auf Bundes- und Landesebene wiederholt zu Beratungen über die Integration der neuen Bundesländer in ein gesamtdeutsches Finanzausgleichssystem. Im Verlaufe der Diskussion stellten die Länderfinanzministerien unterschiedliche Modelle für die Neugestaltung des LFA vor, die sich ausnahmslos stark an den jeweiligen Länderinteressen orientierten. Ein vom Land Bremen in Auftrag gegebenes Gutachten enthielt den Vorschlag, die neuen Bundesländer im gesamtdeutschen LFA übergangsweise mit Hilfe einer dem Stadtstaatenbonus vergleichbaren EV zu berücksichtigen[585]: „Die neuen Länder .. [sollten] auf dem Weg der Gewichtung ihrer Einwohnerzahlen an die Finanzkraft der alten Länder herangeführt [werden] und .. für eine Übergangszeit Fehlbeträge vom Bund erstattet [bekommen].[586]" Um die Finanzkraftmeßzahlen der neuen Länder auf 80-85% des Bundesdurchschnitts anzuheben - wie in dem Gutachten vorgeschlagen[587]- wäre nach Berechnungen Dietrichs entweder eine einheitliche Einwohnergewichtung in Höhe von 140% oder ein degressiver Verlauf beginnend bei 160% erforderlich gewesen.[588] Die Anwendung der EV im LFA wäre mit der Umsetzung dieses Vorschlags nicht nur bestätigt, sondern - zumindest temporär - noch weiter ausgebaut worden.

---

582 Dietrich, S. 83.

583 Vgl. BMF-Gutachten, S. 34f.

584 Es wird kontrovers diskutiert, ob zur angemessenen finanzausgleichsrechtlichen Behandlung von Stadtstaaten beide Veredelungsformen notwendig sind oder ob sie alternativ eingesetzt werden sollten (Siehe zu diesem Konflikt die Ausführungen zur Doppelveredelung unter Pkt. 4.1.3 dieser Arbeit.)

585 Vgl. Wieland 1993, in: Senator für Finanzen Bremen 1993, S. 216.

586 Wieland 1993, in: Senator für Finanzen Bremen 1993, S. 216.

587 Vgl. Wieland 1993, in: Senator für Finanzen Bremen 1993, S. 216.

588 Vgl. Dietrich, S. 80 (Erläuterung in der Fußnote).

Andere Vorschläge gingen dahin, das „Zwei-Kreis-Ausgleichssystem“ in West und Ost über 1994 hinaus zu verlängern und den gemeinsamen LFA erst später neu zu regeln.[589]

Letztendlich einigten sich aber alle Bundesländer - mit Ausnahme Hessens - in einer abschließenden Erklärung auf die Einbeziehung der neuen Länder in einen gesamtdeutschen Finanzausgleich zum 1.1.1995.

Die Verhandlungen auf Bundesebene kamen „schon aus Gründen der einheitlichen Rechtsordnung[590]“ zu demselben Ergebnis. Mit dem „Gesetz zur Umsetzung des Föderalen Konsolidierungsprogrammes - FKPG“ wurde am 23.9.1993 die gesetzliche Grundlage[591] für die Integration der neuen Länder in einen gesamtdeutschen Finanzausgleich geschaffen.[592] Am 1.1.1995 trat das heute geltende FAG als wesentliches Element des Solidarpaktes in Kraft, der gesamtdeutsche Finanzausgleich nahm damit seinen Anfang.[593] Die Regelungen zur EV gemäß § 9(2) und (3) FAG entsprechen prinzipiell denen des vorher gültigen FAG. Die einzige Neuerung besteht darin, daß Berlin von nun an als drittes Bundesland den Stadtstaatenbonus in Höhe von 135% erhält.[594] Berlin seinen Sonderstatus[595] zu entziehen und stattdessen wie jeden „normalen“ Stadtstaat zu behandeln, ist als logische Konsequenz aus Wiedervereinigung und gesamtdeutschem Finanzausgleich zu bewerten. - Von einer grundlegenden finanzausgleichsrechtlichen Änderung kann bei der Ausdehnung des Gültigkeitsbereiches des § 9(2) FAG auf Berlin nicht die Rede sein.

Modifikationen der Größenklassenwertung (Dichteklausel) des § 9(3) FAG blieben bei der kleinen Finanzreform gänzlich aus. Vor dem Hintergrund der veränderten Bedarfssituation im wiedervereinigten Deutschland ist stark zu bezweifeln, daß der Gesetzgeber damit dem verfassungsgerichtlichen Auftrag aus dem Jahre 1992, die EV des § 9(3) FAG grundlegend zu hinterfragen [596], in befriedigendem Maße entsprochen hat. Die diesbezüglichen Aussagen des BVerfG-Urteils vom 11.11.99 lassen zumindest auf das Gegenteil schließen.[597]

---

[589] Vgl. Informationen der Zentralen Datenstelle der Länder zur Neuregelung des Länderfinanzausgleichs (1992), in: Dietrich, S. 80.
[590] Dietrich, S. 83.
[591] Siehe dazu Art. 33 FKPG - enthält eine Neufassung des FAG.
[592] Vgl. Dietrich, S. 83.
[593] Vgl. Finanzbericht Bremen 3/99, S. 2.
[594] Siehe dazu § 9(2) FAG.
[595] Eine Beteiligung Berlins am LFA war vor der Wiedervereinigung besatzungsrechtlich unzulässig; auch danach behielt Berlin eine Sonderstellung und wurde nicht in den ostdeutschen Ausgleichskreis einbezogen. (Siehe dazu die Ausführungen unter Pkt. 5.2.4 dieser Arbeit.)
[596] Vgl. dazu die Ausführungen unter Pkt. 5.1.3 dieser Arbeit.
[597] Siehe dazu die Ausführungen unter Pkt. 5.3.2.3 dieser Arbeit.

5.2 Der Verfassungsstreit 1998/99

Mit dem Verfahren 1998/99 wurde der bundesstaatliche FA innerhalb eines Zeitraumes von kaum mehr als zehn Jahren bereits zum dritten Mal einer verfassungsrechtlichen Prüfung unterzogen.

Den Anstoß gaben Normenkontrollanträge Bayerns und Baden-Württembergs, die im Sommer 1998 beim BVerfG eingingen. Anfang 1999 trat das Land Hessen dem Verfahren mit einem zusätzlichen Normenkontrollantrag bei.[598] Die genannten Länder hielten das FAG insgesamt sowie eine Reihe von Einzelbestimmungen für verfassungswidrig, darunter erneut die EV gemäß § 9(2) FAG.[599]

Als Reaktion darauf stellten die Länder Bremen, Niedersachsen und Schleswig-Holstein im Frühjahr 1999 beim BVerfG den Antrag, alle beanstandeten Finanzausgleichsregelungen - einschließlich des Stadtstaatenbonus - für verfassungskonform zu erklären.

Die detaillierten Argumentationsketten der gegnerischen Parteien in diesem Verfassungsstreit werden in den folgenden Abschnitten[600] dieser Arbeit erläutert und bewertet.

„Die Interessen der jeweiligen Landesregierungen werden dabei recht schnell deutlich: Bayern, Baden-Württemberg und Hessen als drei maßgeblich an der Aufbringung der Finanzausgleichsmasse beteiligte Länder streben .. eine Verringerung der Umverteilung an und fordern zu diesem Zweck eine verfassungsgerichtliche Überprüfung einzelner Regelungen des gegenwärtig gültigen Finanzausgleichsgesetzes.[601]“ Sie schließen dabei nicht nur den LFA, sondern auch die vor- und nachgelagerten Ausgleichsstufen[602] ein.[603]

Die Klagegegner Bremen und Niedersachsen zählen zu den finanzschwachen unter den alten Bundesländern, sie profitieren also als Empfängerländer von den Umverteilungswirkungen des bestehenden LFA. Außerdem sind beide Länder Nutznießer der noch bestehenden Abzugsfähigkeit der Seehäfenlasten, die von den Klägern ebenfalls auf den verfassungsgerichtlichen Prüfstand gehoben wurde. Der Stadtstaat Bremen ist finanzwirtschaftlich in besonderem Maße auf die Beibehaltung des umstrittenen Stadtstaatenbonus angewiesen, denn andernfalls wäre die finanzielle und politische Überlebensfähigkeit des Landes nicht mehr

---

598 Vgl. zu alledem Finanzbericht Bremen 3/99, S. 1.

599 Vgl. Vogel, S. 81-83, Oppenländer/Dolde/Oesterle & Partner, S. 138f. sowie Heun, S. 49-53; sowie Finanzbericht Bremen 3/99, S. 1 und 5.

600 Siehe dazu die Ausführungen unter Pkt. 5.2.1 und 5.2.2 dieser Arbeit.

601 Lenk/Teichmann, S. 1.

602 Umsatzsteuervorwegausgleich und BEZ.

603 Vgl. Lenk/Teichmann, S. 1.

gesichert.[604] Schleswig-Holstein war zuletzt im LFA weder ausgleichsberechtigt noch ausgleichspflichtig, war zuvor jedoch jahrzehntelang ein Empfängerland.

So finden sich letztendlich bei allen Klagegegnern Motive, die für einen Erhalt des bundesstaatlichen Finanzausgleichs in seiner bestehenden Form sprechen.

5.2.1 Der Standpunkt der klagenden Geberländer

Die Klageländer beschäftigen sich in ihren Anträgen eingehend mit den Vorschriften des geltenden FAG und erachten diese in wesentlichen Teilen für verfassungswidrig.[605]

„Die Hauptargumente, die die drei Länder gegen den Status quo des bundesdeutschen Finanzausgleichs ins Feld führen, beziehen sich auf allokative Fehlanreize, mangelnden Wettbewerb zwischen den Ländern und Wachstumshemmnisse für die Empfängerländer[606].[607]" Die Grundlage der Anträge bilden ein Gutachten[608], das Bayern und Baden-Württemberg 1997 in Auftrag gegeben haben, sowie ein eigenes Reformkonzept[609] beider Länder zur Neuregelung des LFA aus dem Jahre 1998.[610]

„In Anlehnung an die Modelle des Konkurrenzföderalismus steht bei den Reformüberlegungen ... die Implementierung von mehr Wettbewerb zwischen den Gebietskörperschaften im Mittelpunkt, d.h., dem allokativen Ziel wird klare Priorität eingeräumt.[611]" Den bestehenden bundesstaatlichen Finanzausgleich halten die Klageländer aus allokationspolitischer Sicht für mangelhaft und mit dem Grundgesetz unvereinbar: Den zentralen Punkt ihrer Kritik bildet der Vorwurf, im Länderfinanzausgleich werde die Finanzkraft-Reihenfolge der Bundesländer geändert, so „dass Länder wie Bayern und Baden-Württemberg, die nach der Finanzkraft eigentlich auf den vorderen Plätzen liegen, sich [schließlich] am Ende der Skala wiederfinden.[612]" Diese angebliche Übernivellierung wird als Hauptursache dafür angesehen, daß viele Bundesländer die Pflege ihrer eigenen Steuerquellen mangels Anreizen vernachlässigen.[613]

---

[604] Vgl. Monsees-Kommentar, in: Weser Kurier v. 12.11.99, S. 2.
[605] Vgl. BVerfG, 2 BvF 2/98 vom 11.11.99, Absatz-Nr. 200ff.
[606] Dieser Vorwurf wird durch die BIP-Entwicklung der Jahre 1990-1998 nicht bestätigt: Geber- und Nehmerländer unterscheiden sich in ihren Wachstumsraten nur unwesentlich. (Vgl. Lenk/Teichmann, S. 1.)
[607] Lenk/Teichmann, S. 1.
[608] Arndt, H. W.: Finanzausgleich und Verfassungsrecht, Mannheim.
[609] Mayer-Vorfelder, G./Huber, E.: Modell eines neuen Finanzausgleichs, Stuttgart/München.
[610] Vgl. Lenk/Teichmann, S. 4.
[611] Lenk/Teichmann, S. 4.
[612] Fromme, in: Die Welt v. 12.11.99, S. 3.
[613] Vgl. Lenk/Teichmann, S. 4.

Ein LFA, der Finanzkraftunterschiede übernivelliert oder einebnet, verstößt nach Ansicht der Kläger gegen den Grundgedanken des Bundesstaatsprinzips[614], „die richtige Mitte zu finden zwischen der .. Eigenverantwortung und ... Individualität der Länder auf der einen Seite und der solidargemeinschaftlichen Mitverantwortung für die ... Bundesgenossen auf der anderen Seite.[615]" Einen der Intention des Bundesstaatsprinzips entsprechenden, angemessenen Finanzausgleich i.S.d. Art. 107(2) S. 1 GG sehen die Klageländer durch das geltende FAG nicht verwirklicht.[616] Sie bemängeln, durch die Nivellierungseffekte werde „das vom Bundesstaatsprinzip gesicherte Maß an Wettbewerb zwischen den einzelnen Ländern[617]" mißachtet, da dieses „den Erhalt der finanziellen Grundlagen eines solchen begrenzten Wettbewerbs voraus[setze][618]".

Nach Einschätzung der Kläger sind Übernivellierungen im LFA de facto an der Tagesordnung, werden jedoch großenteils durch die EV des § 9(2) FAG verdeckt, da diese „erhebliche Auswirkungen auf die Finanzkraftreihenfolge[619]" der Länder habe. Beispielhafte Zahlen Baden-Württembergs aus dem Jahre 1998 sollen deutlich machen, daß das in § 10 FAG verankerte Nivellierungsverbot „nur unter Einbeziehung der EV nach § 9 Abs. 2 FAG" gewahrt wird, nicht aber bezogen auf die Finanzkraft je realem Einwohner.[620] Allein der reale Einwohner ist jedoch aus Sicht der Klageländer die geeignete Bemessungsgrundlage, um Finanzkraftnivellierungen und Rangfolgeverschiebungen unter den Bundesländern festzustellen. Dementsprechend baut ihr Vorwurf, der LFA bringe zu starke Umverteilungseffekte mit sich, auf dieser Bemessungsgrundlage auf. Die Klagegegner verurteilen diese Vorgehensweise der Kläger als unzulässige Methodik, die sich „willkürlicher - vom Finanzausgleichsgesetz abweichender - Indikatoren[621]" bedient. - Und in der Tat wird die geltende EV des § 9(2) FAG bei der Bewertung der Ausgleichsergebnisse seitens der Klageländer einfach ausgeblendet.

Unabhängig von den länderspezifischen Argumentationen verwundern die Normenkontrollanträge Bayerns, Baden-Württembergs und Hessens insofern, als die drei Länder das geltende FAG als Element des Solidarpaktes 1993 mit verabschiedet haben. Damals verweigerte keines der Bundesländer seine Zustimmung.[622] Im Vorfeld hatte es 1992 eine Entscheidung des BVerfG gegeben, in

[614] Vgl. BVerfG, 2 BvF 2/98 vom 11.11.99, Absatz-Nr. 213.
[615] BVerfG E 72, 330 II, S. 398. (Verweis darauf: BW Schriftsatz, S. 18f.)
[616] Vgl. BW Schriftsatz, S. 18 sowie BVerfG, 2 BvF 2/98 vom 11.11.99, Absatz-Nr. 213ff.
[617] BVerfG, 2 BvF 2/98 vom 11.11.99, Absatz-Nr. 213.
[618] BVerfG, 2 BvF 2/98 vom 11.11.99, Absatz-Nr. 213.
[619] BW Schriftsatz, S. 69.
[620] Vgl. BW Schriftsatz, S. 70f.
[621] Finanzbericht Bremen 3/99, S. 10.
[622] Vgl. Finanzbericht Bremen 3/99, S. 2.

der der Stadtstaatenbonus in seiner Höhe gebilligt wurde, nachdem das BVerfG § 9(2) FAG bereits 1986 für dem Grunde nach zulässig erklärt hatte.[623] „Eine Veränderung der Sachlage [in diesem Punkt] ist [nach Ansicht des Bremischen Finanzsenats] den erneuten Normenkontrollanträgen nicht zu entnehmen.[624]" Aus der Untersuchung des jüngsten Bundesverfassungsgerichturteils wird hervorgehen, ob die Richter diese Einschätzung teilen und ihre früheren Entscheidungen bestätigen oder ob der Stadtstaatenbonus infolge der neuen Entscheidung erstmalig seit der Finanzreform 1969/70 wieder gravierend verändert oder sogar abgeschafft werden muß.[625]

Die EV der Stadtstaaten gem. § 9(2) FAG wird von den Klageländern einer besonders intensiven Prüfung unterzogen[626]: Ungeachtet der anders lautenden Bundesverfassungsgerichtsentscheidungen der Jahre 1986 und 1992 kommen sie zu dem Ergebnis, der Stadtstaatenbonus sei nicht mit dem Grundgesetz vereinbar.[627]

Baden-Württemberg, Bayern und Hessen greifen in ihren Normenkontrollanträgen systematisch unterschiedliche Begründungsansätze des Stadtstaatenbonus auf und versuchen diese argumentativ zu widerlegen.

Die Klageländer sehen in der Anwendung der EV des § 9(2) FAG eine verfassungswidrige „Berücksichtigung des Bedarfs[628]" der Stadtstaaten im LFA. Zur Erklärung führen sie an, „dass die nach Art. 107 Abs. 2 Satz 1 GG auszugleichende Finanzkraft den Finanzbedarf nicht berücksichtigt[629]", sondern rein aufkommensorientiert ist.[630] Schon unter diesem Gesichtspunkt eigne sich der bedarfsorientierte Ansatz[631] von Brecht und Popitz nicht zur Rechtfertigung des Stadtstaatenbonus im LFA. „Im übrigen [- so die Klageländer -] lasse sich ein entsprechender Mehrbedarf auch sachlich nicht begründen[632]", da die Brecht'sche Annahme von der progressiven Parallelität zwischen Ausgaben und Bevölkerungsmassierung weder theoretisch noch empirisch abgesichert sei.[633]

---

[623] Siehe dazu die Ausführungen unter Pkt. 5.1.2 bis 5.1.4 dieser Arbeit.
[624] Finanzbericht Bremen 3/99, S. 6.
[625] Siehe dazu die Ausführungen unter Pkt. 5.3 und 5.4 sowie Pkt. 6 dieser Arbeit.
[626] Vgl. Vogel, S. 81-83, Oppenländer/Dolde/Oesterle & Partner, S. 138f. sowie Heun, S. 49-53.
[627] Vgl. BW Schriftsatz, S. 66.
[628] BW Schriftsatz, S. 66.
[629] BW Schriftsatz, S. 68.
[630] Vgl. BVerfG, 2 BvF 2/98 vom 11.11.99, Absatz-Nr. 207.
[631] Annahme der progressiven Parallelität von Ausgaben und Bevölkerungsmassierung. Siehe dazu auch die Ausführungen unter Pkt. 2.1.2.1 dieser Arbeit.
[632] BVerfG, 2 BvF 2/98 vom 11.11.99, Absatz-Nr. 207.
[633] Vgl. Littmann, S. 80, in: Peffekoven-Gutachten, S. 7. (Verweis ebendahin: BW Schriftsatz, S. 84)

(Selbst bei unterstellter Gültigkeit der umstrittenen These wäre sie nach Ansicht der Kläger nicht dazu geeignet, den Stadtstaatenbonus im LFA zu rechtfertigen: „Wenn tatsächlich in den Ballungsgebieten die Kosten der Leistungserstellung höher liegen, dann wird dies bereits durch die Einwohnergewichtung ... nach § 9 Abs. 3 FAG berücksichtigt.[634]" Die zusätzliche Anwendung des Stadtstaatenbonus führt also aus Klägersicht zu einer unangemessenen Doppelveredelung[635], durch die die Stadtstaaten zweifach von der Abgeltung ein und desselben Bedarfselements profitieren.[636])

In der neueren finanzwissenschaftlichen Literatur werden „spill-over-Effekte" als Hauptargument für ein Festhalten an der bestehenden Einwohnerwertung des § 9(2) FAG angeführt.[637] Das BVerfG hat in seiner Entscheidung vom 24.6.86 erstmalig Bezug auf diesen Begründungsansatz genommen[638]: Die Verfassungsrichter billigten den Stadtstaatenbonus damals unter Hinweis auf den zentralörtlichen Bedeutungsüberschuß der Stadtstaaten.[639] Durch die Qualifizierung als „Industrie-, Handels- und Dienstleistungszentren[640]" innerhalb ihrer Wirtschaftsregion, bescheinigten sie den Stadtstaaten[641] implizit, „besondere Leistungen für .. [ihr] Umland [zu] erbringen.[642]"

Das Vorhandensein von Nutzen-Finanzabflüssen zu Lasten der Stadtstaaten wird auch seitens der Klageländer grundsätzlich anerkannt. Sie sehen darin jedoch keine Rechtfertigung für den Stadtstaatenbonus, sondern ein „Problem geographisch weit entfernter und regionaler Ausgleichsgemeinschaften[643]", an dessen finanzieller Lösung sie sich nicht beteiligen wollen. Ihrer Ansicht nach „verstößt [es] gegen das föderale Gleichbehandlungsgebot, .. [stadtstaatenspezifische] Besonderheiten von .. Ländern mitfinanzieren zu lassen, ... die aus der Zentralitätsfunktion der Stadtstaaten keinen Vorteil ziehen und auch nicht ziehen können.[644]" Gefordert wird stattdessen eine verursachungsgerechte Regionalisierung des Stadtstaatenproblems: Es sollen „nur [noch] die Bundesländer zur Zahlung herangezogen werden[645]", „die [auch] Leistungen der Stadtstaaten in Anspruch

634 Peffekoven-Gutachten, S. 7. (Verweis ebendahin: BW Schriftsatz, S. 84)
635 Vgl. BW Schriftsatz, S. 84.
636 Siehe dazu die Ausführungen unter Pkt. 4.1.3 dieser Arbeit.
637 Vgl. Dietrich, S. 142. Siehe dazu außerdem die Ausführungen unter Pkt. 2.1.2.3 dieser Arbeit.
638 Vgl. Peffekoven-Gutachten, S. 9 (mit Verweis auf BVerfG E 72, 330 II, S. 415/416).
639 Vgl. BVerfG E 72, 330 II, S. 416.
640 BVerfG E 72, 330 II, S. 416.
641 Hamburg und Bremen. Berlin erhielt zu diesem Zeitpunkt noch keinen Stadtstaatenbonus (siehe dazu Pkt. 5.2.4 dieser Arbeit).
642 Peffekoven-Gutachten, S. 9.
643 BW Schriftsatz, S. 75.
644 BW Schriftsatz, S. 74.
645 Peffekoven-Gutachten, S. 9.

nehmen[646]".[647] - Eine derartige Regelung brächte für Bayern und Baden-Württemberg als bisherige Hauptgeberländer im LFA erhebliche finanzielle Entlastungen mit sich.[648]

Kritische Bewertung

Sowohl die jüngere finanzwissenschaftliche Literatur, als auch die Bundesverfassungsgerichtsurteile der Jahre 1986 und 1992 stellten bei der Legitimation des Stadtstaatenbonus vorwiegend auf den Ausgleich stadtstaatenspezifischer spill-over-Effekte[649] ab.[650] Unter diesem Eindruck konzentrierten sich auch die Klageländer in ihren Normenkontrollanträgen des Jahres 1998 auf diesen Begründungsansatz als dem vermeintlich stichhaltigsten, den es zu widerlegen galt. Ihre Kritik am Brecht'schen Gesetz als theoretischem Hintergrund des Stadtstaatenbonus nahm demgegenüber nur einen vergleichsweise geringen Raum ein. Offensichtlich maßen sie ihr nur eine nachrangige Bedeutung in der verfassungsgerichtlichen Auseinandersetzung um die Zukunft des Stadtstaatenbonus bei.

Die Zweifel, die die Klageländer an der Gültigkeit des Brecht'schen Gesetzes hegen, sind zweifellos im Kern berechtigt, da keine hinreichenden Beweise dafür vorliegen, „daß eine Agglomeration zwangsläufig superadditive Pro-Kopf-Ausgaben verursacht.[651]" Auffälligerweise führen die Baden-Württemberger ihre Kritik an Brecht nur gegen die EV des § 9(2) FAG ins Feld[652], stellen aber die EV des § 9(3) FAG nicht grundsätzlich in Frage. Hierin ist ein logischer Bruch zu erkennen, denn die offizielle Begründung der Größenklassenwertung geht im Gegensatz zu der des Stadtstaatenbonus' unmittelbar auf das Brecht'sche Gesetz zurück.[653] Die Geberländer haben jedoch ein größeres finanzielles Interesse an der Abschaffung des Stadtstaatenbonus, da dieser sie im LFA ungleich stärker belastet als die EV des § 9(3) FAG.[654]

Der zweite und weitaus gewichtigere Kritikpunkt der Klageländer richtet sich gegen den Ausgleich von spill-over-Effekten als Rechtfertigungsgrundlage für den Stadtstaatenbonus[655]: Ihrer Meinung nach sollten stadtstaatenspezifische

---

[646] Peffekoven-Gutachten, S. 9.
[647] Vgl. zu alledem BW Schriftsatz, S. 74ff.
[648] Siehe dazu die Ausführungen unter Pkt. 4.2.1 dieser Arbeit.
[649] Die strukturellen Nachteile der Stadtstaaten als „Zentren ohne Umland" sollen berücksichtigt werden.
[650] Vgl. Peffekoven-Gutachten, S. 9 sowie BVerfG E 72, 330 II, S. 415/416 und BVerfG E 86 148 II, S. 240.
[651] Dietrich, S. 138; siehe dazu auch die Ausführungen unter Pkt. 2.1.2.1 dieser Arbeit.
[652] Vgl. Oppenländer/Dolde/Oesterle & Partner, S. 129-132.
[653] Vgl. Dietrich, S. 104 und BVerfG E 86 148 II, S. 234.
[654] Vgl. Lenk/Teichmann, S. 15 und 18.
[655] Siehe zu alledem die Ausführungen unter Pkt. 5.2.1 dieser Arbeit.

externe Effekte künftig nur noch auf regionaler Ebene abgegolten werden und nicht mehr in Form einer EV im LFA. Eine derartige Lösung käme einer sicheren finanziellen Entlastung der Klageländer gleich, denn keines der finanzstarken Geberländer hat eine gemeinsame Grenze mit einem der Stadtstaaten. Da die Regionalisierungsforderung sich nur aus der Kritik am Begründungsansatz der spill-over-Effekte herleiten läßt, wird um so verständlicher, weshalb sich die Klageländer bei ihrem Angriff auf den Stadtstaatenbonus so stark auf die Widerlegung dieser Legitimationsgrundlage konzentriert haben.

Ihre kompromißlose Forderung nach Regionalisierung muß jedoch sowohl das grundsätzliche Fundament als auch die praktische Umsetzung betreffend, sehr genau hinterfragt werden. Sie basiert auf der Einschätzung, das Stadtstaatenproblem lasse sich auf die Abgeltung regionaler spill-over-Effekte reduzieren. Tatsächlich sind die ausgleichsbedürftigen externen Effekte aber nur eine Folge der vorgegebenen strukturellen Eigenart der Stadtstaaten als Hauptstädte ohne Umland. Betrachtet man diese als eigentlich ausgleichsrelevanten Faktor, so läßt sich eine Regionalisierung des Stadtstaatenproblems nur schwer vertreten, da die historisch gewachsene strukturelle Besonderheit der Stadtstaaten allen Mitgliedern der Solidargemeinschaft gleichermaßen vorgegeben ist und auch alle gleichermaßen angeht.[656] Der Stadtstaatenbonus dient unter diesem Gesichtspunkt als Rechenoperation, um die Finanzkraftwerte von Stadtstaaten und Flächenländern vergleichbar zu machen[657]. (Dies ist erforderlich, da bei den Stadtstaaten keine ländlichen Gebiete in die Ermittlung einfließen und sich daher ohne Modifikation im LFA strukturell bedingt überzeichnete Finanzkraftwerte ergeben würden.[658]) Spill-over-Effekte werden auf diese Weise implizit mitberücksichtigt.

Die Regionalisierungsforderung bleibt selbst dann noch zweifelhaft, wenn man das Stadtstaatenproblem nicht als historisch gewachsene gesamtdeutsche Angelegenheit anerkennt. Ihre Berechtigung ist immer noch weitgehend ungeklärt. Zu prüfen wäre, ob die besagten externen Effekte tatsächlich nur die Nachbarländer der Stadtstaaten betreffen oder ob nicht vielmehr durch „die funktionale räumliche Arbeitsteilung auf nationaler ... Ebene[659]" auch überregionale spillovers vorhanden sind, die einer Regionalisierung entgegenstehen.[660] (In diesem Fall stünde man vor dem methodisch kaum lösbaren Problem der Abgrenzung und Quantifizierung unterschiedlichster nationaler Nutzen-Finanzströme.)

---

[656] Vgl. BVerfG E 72, 330 II, S. 415 sowie Finanzbericht Bremen 3/99, S. 6.
[657] Seine Höhe beruht gegenwärtig noch auf den Untersuchungsergebnissen des ifo-Instituts für Wirtschaftsforschung. (Siehe dazu Pkt. 4.1.1.2.1 dieser Arbeit.)
[658] Vgl. Finanzbericht Bremen 3/99, S. 6f.
[659] RWI, S. 27.
[660] Vgl. RWI, S. 44f.

Mit erheblichen Problemen behaftet wären auch die verschiedenen Möglichkeiten der praktischen Umsetzung der geforderten Regionalisierung. Der Wissenschaftliche Beirat des Bundesfinanzministeriums hat bereits 1992 den Vorschlag diskutiert, die beiden hanseatischen Stadtstaaten fiktiv in einen großen Nordstaat[661] bzw. Berlin in das umliegende Brandenburg zu integrieren. Auf diese Weise würden politisch eigenständige Bundesländer finanzausgleichstechnisch als Teile gedachter Flächenstaaten behandelt. Die Stadtstaaten verlören dadurch ihren Stadtstaatenbonus, würden jedoch stattdessen fiktiv in einen landesinternen kommunalen Finanzausgleich der fiktiven Flächenstaaten einbezogen. Allerdings wäre das beschriebene „Modell der fiktiven Integration“[662] als neue Ausgleichskonstruktion selbst aus Sicht des Wissenschaftlichen Beirats praktisch nur schwer umsetzbar. Der Beirat hat deshalb alternativ eine politische Verhandlungslösung zwischen den Stadtstaaten und den angrenzenden Bundesländern, die zu Ausgleichszahlungen herangezogen werden sollen, erwogen.[663] Die Durchsetzbarkeit eines solchen Modells ist jedoch ebenfalls sehr fraglich, denn die Nachbarländer der Stadtstaaten gehören durchweg zu den finanzschwachen Bundesländern, deren ohnehin angespannte finanzielle Situation durch zusätzliche Transferzahlungen an die Stadtstaaten weiter verschärft würde.[664] Mit Widerständen seitens der betroffenen Länder bis hin zu Klagen vor dem BVerfG müßte auf jeden Fall gerechnet werden.

Vor einer möglichen Anwendung der aufgezeigten Modelle wäre indes die Frage zu klären, ob sich eine Regionalisierung der Stadtstaatenfrage ökonomisch wie verfassungsrechtlich überhaupt rechtfertigen ließe.[665]

5.2.2 Der Standpunkt der Klagegegner/Stadtstaaten[666]

Die Klagegegner Bremen, Niedersachsen und Schleswig-Holstein verteidigen im Kern die bestehenden Regelungen des FAG. Sie stützen ihre Argumentation insbesondere auf den bundesstaatlichen Solidargedanken, aber auch auf frühere

---

661 Bestehend aus Bremen, Hamburg, Niedersachsen und Schleswig-Holstein.

662 Wird auch als fiktives Integrationsverfahren bezeichnet.

663 Vgl. RWI, S. 43f.

664 Vgl. RWI, S. 44.

665 Siehe zu den verfassungsrechtlichen Bedenken die Ausführungen unter Pkt. 6.2 dieser Arbeit. In ihrem aktuellen Finanzausgleichsurteil haben die Bundesverfassungsrichter die Regionalisierungsforderung der Klageländer gar nicht aufgegriffen, sondern anders gelagerte Bedenken gegen den Stadtstaatenbonus geäußert. (Siehe dazu die Ausführungen unter Pkt. 5.3.2 dieser Arbeit.) Insofern ist auch nicht damit zu rechnen, daß es in nächster Zeit zu einer (ökonomischen) Überprüfung der Regionalisierungsforderung kommen wird. - Informationen aus einem persönlichen Gespräch mit direkt an den Verhandlungen zur Neuordnung des FA beteiligten Behörden haben diesen Eindruck bestätigt.

666 Hamburg und Berlin traten in dem Verfassungsstreit nicht selbst als Klagegegner auf. Sie gaben aber Gutachten in Auftrag, durch die sie sich als äußerungsberechtigte Länder inhaltlich auf die Seite der Klagegegner stellten.

Entscheidungen des BVerfG, in denen die strittigen Normen bereits einmal gebilligt worden waren.[667] Ihr gemeinsamer Antrag auf Feststellung der Verfassungsmäßigkeit des geltenden FAG beruht auf einem Gutachten des Bielefelder Verfassungsrechtlers Wieland, der die drei Klageländer später auch als Prozeßbevollmächtigter vor dem BVerfG vertreten hat. Das Wieland-Gutachten, das die Klagegegner gemeinsam mit Berlin und dem Saarland in Auftrag gegeben hatten, kommt zu dem Ergebnis, das geltende FAG sei verfassungskonform. Die Kritik der Klageländer am bestehenden bundesstaatlichen Ausgleichssystem wird von Wieland für nicht tragfähig, ihre Klage vor dem BVerfG für nicht erfolgversprechend erachtet.[668]

Der Stadtstaat Hamburg trat nicht an der Seite der Klagegegner in den Verfassungsstreit ein. Die Hamburger sahen sich aber durch die Verfassungsklagen Bayerns und Baden-Württembergs dazu veranlaßt, „die Frage der Einwohnerwertung [der Stadtstaaten] aus ökonomischer Sicht neu bewerten zu lassen.[669]" Zu diesem Zweck haben sie beim Rheinisch-Westfälischen Institut für Wirtschaftsforschung in Essen ein entsprechendes Gutachten in Auftrag gegeben. Das Gutachten untermauert im Hinblick auf den Stadtstaatenbonus die Position der Klagegegner im Verfassungsstreit 1998/99.

Der gemeinsame Prozeßbevollmächtigte der Klagegegner, Wieland, plädiert in seinem Rechtsgutachten zum bundesdeutschen Finanzausgleichssystem für eine Beibehaltung der bestehenden Regelung des § 9(2) FAG, die er für verfassungskonform hält. Das Gutachten baut seine Argumentation darauf auf, „daß die generelle Berücksichtigung der strukturellen Besonderheiten von Stadtstaaten im Rahmen bundesstaatlicher Einnahmenverteilung in großen Teilen der Literatur anerkannt ist[670]" und verweist auf frühere Entscheidungen des BVerfG, in denen die Verfassungsmäßigkeit des Stadtstaatenbonus bereits festgestellt wurde.[671]

Die besagte strukturelle Eigenart der Stadtstaaten kommt nach Ansicht Wielands „sowohl in höheren Finanzbedarfen als auch in strukturellen Finanzkraftunterschieden zwischen Stadtstaaten und Flächenländern zum Ausdruck. Ein Einbezug der Stadtstaaten in den LFA, der diesen strukturellen Besonderheiten nicht Rechnung trägt, würde die Stadtstaaten [seiner Meinung nach] systematisch benachteiligen.[672]"

Den Stadtstaatenbonus hält Wieland für ein geeignetes Instrumentarium, um die strukturell bedingte Überzeichnung der stadtstaatlichen Finanzkraft im LFA zu

---

[667] Vgl. zu alledem Lenk/Teichmann, S. 2.
[668] Vgl. zu alledem Hanauer, in: Die Welt online v. 15.1.99.
[669] Rönne, S. 1.
[670] Lenk/Teichmann, S. 14 m. w. N.
[671] Vgl. zu alledem Wieland-Gutachten, S. 82f. sowie S. 88-93.
[672] Wieland-Gutachten, S. 89.

kompensieren.[673] (Durch die EV des § 9(2) FAG erhöht sich die AMZ der Stadtstaaten gegenüber ihrer FMZ, ihre relative Finanzkraft sinkt.[674])

Nach Ansicht Wielands ist der Stadtstaatenbonus nicht nur grundsätzlich, sondern auch in seiner gegenwärtigen Höhe gerechtfertigt und verfassungskonform.[675] Der Verfassungsrechtler beruft sich bei dieser Einschätzung auf entsprechende Untersuchungsergebnisse des ifo-Instituts für Wirtschaftsforschung[676] aus dem Jahre 1987.[677]

Dagegen hält Wieland „eine 'Regionalisierung' der Stadtstaatenproblematik [- wie die Klageländer sie fordern - für] mit dem Grundgesetz unvereinbar[678]“. Die Bundesrepublik Deutschland sei von der Verfassung als Bund gleichberechtigter Gliedstaaten konstituiert und nicht als Zusammenschluß mehrerer regionaler Wirtschaftszentren.[679] Er verweist diesbezüglich auf eine Entscheidung des BVerfG aus dem Jahre 1986, in der die Verfassungsrichter „es für sachgerecht erklärt[en], die Andersartigkeit der Stadtstaaten gegenüber den Flächenstaaten im Länderfinanzausgleich zu berücksichtigen[680]“: Dies könne „in Form einer Einwohnerveredelung geschehen, die Auswirkungen auf alle Flächenstaaten hat. Die Andersartigkeit der Stadtstaaten .. [beträfe] nämlich nicht etwa nur deren Nachbarländer, sondern alle Glieder des Bundes.[681]“

Ausgehend von der Überlegung, daß „die strukturelle Besonderheit der Stadtstaaten ... der Finanzverfassung und damit allen Ländern Deutschlands vorgegeben [ist][682]“, lehnt Wieland eine Regionalisierung der Stadtstaatenfrage als einen Verstoß gegen das föderale Gleichbehandlungsgebot ab. Für die Nachbarländer der Stadtstaaten sei deren Existenz ebenso unbeeinflußbar wie für alle anderen Bundesländer, daher sei es nicht zu rechtfertigen, ihnen die Hauptlast zur finanziellen Bewältigung des Stadtstaatenproblems aufzubürden.[683]

Das Gutachten des Rheinisch-Westfälischen Instituts für Wirtschaftsforschung im Auftrag der Hansestadt Hamburg sieht „das Kernproblem der Stadtstaaten ..

---

673 Vgl. Wieland, S. 23.
674 Siehe dazu auch die Ausführungen zur Wirkungsweise des Stadtstaatenbonus unter Pkt. 3.2.2.1 dieser Arbeit.
675 Vgl. Wieland, S. 24.
676 Siehe dazu die Ausführungen unter Pkt. 4.1.1.2.1 dieser Arbeit zur Spezifizierung des Stadtstaatenbonus anhand eines Großstadtvergleichs.
677 Vgl. Wieland, S. 25.
678 Wieland, S. 23.
679 Vgl. Wieland, S. 23.
680 Wieland, S. 21.
681 BVerfG E 72, 330 II, S. 415.
682 Wieland, S. 22.
683 Vgl. Wieland, S. 22.

in der Überzeichnung ihrer Finanzkraft im Länderfinanzausgleich.[684]" Die besondere Einwohnerwertung der Stadtstaaten bezieht nach Ansicht des RWI „weder aus der Pendlerproblematik noch aus Agglomerationskosten ihre Berechtigung[685]", sondern aus der mangelnden Eignung der tatsächlichen Einwohnerzahl als abstraktem Bedarfsmaßstab im LFA.[686] „Diese versagt, wenn es darum geht, Finanzbedarfe von Stadtstaaten und Flächenländern vergleichbar zu machen.[687]"

Den Vorwurf der Klageländer, der Stadtstaatenbonus stelle eine unzulässige Berücksichtigung von Sonderbedarfen dar, die aus Nutzen-spillovers bzw. ballungsbedingten Produktionskostenunterschieden resultieren, läßt das RWI angesichts seines abweichenden Begründungsansatzes nicht gelten.[688] Bezogen auf den Ausgleich von spill-over-Effekten halten die Gutachter die Kritik der Gegenseite zudem für sachlich falsch.[689]

Obwohl sie selbst den spill-over-Effekten als Rechtfertigungsgrundlage des Stadtstaatenbonus nur eine nachrangige Bedeutung beimessen, greifen sie diesen Ansatz auf, um ausführlich zur Forderung der Klageländer nach einer Regionalisierung des Stadtstaatenproblems Stellung zu nehmen.[690] Nach Einschätzung der RWI Gutachter generieren „die gesamt- und finanzwirtschaftlichen Aktivitäten [der Stadtstaaten neben regionalen auch] ... bundesweite realwirtschaftliche und fiskalische Spillovers[691]", die methodisch kaum von den regionalen abzugrenzen sind. „Von daher ist die angemessene Finanzausstattung ... der Stadtstaaten [in ihren Augen] .. kein bilaterales Problem [der Stadtstaaten und ihrer Nachbarländer], sondern liegt in der gemeinsamen Verantwortung[692]" der gesamten Solidargemeinschaft.[693]

Der Stadtstaatenbonus ließe sich also nach Einschätzung des RWI „nicht nur ... aufgrund der Überzeichnung der [stadtstaatlichen] Finanzkraft [rechtfertigen], sondern auch aufgrund der Stellung der Stadtstaaten in der ökonomisch-funktionalen Hierarchie nationaler ... Städteregionen[694]", d.h. letztlich auch über den Ausgleich weiträumiger spill-over-Effekte.

---

684 BVerfG, 2 BvF 2/98 vom 11.11.99, Absatz-Nr. 240.
685 RWI, S. 15.
686 Vgl. RWI, S. 15.
687 RWI, S. 48.
688 Vgl. RWI, S. 15.
689 Vgl. RWI, S. 27ff.
690 Vgl. RWI, S. 27ff.
691 RWI, S. 37.
692 RWI, S. 37.
693 Vgl. zu alledem RWI, S. 37.
694 RWI, S. 38.

Eine ideale Lösung der Stadtstaatenproblematik sehen die Gutachter in der Regelung des § 9(2) FAG indes nicht, wohl aber eine aus technischer Sicht logische Methodik zur Quantifizierung der strukturellen Besonderheiten der Stadtstaaten[695], die im Ergebnis anderen Lösungen vorzuziehen ist.[696]

Kritische Bewertung

Sowohl das Wieland- als auch das RWI-Gutachten begründen den Stadtstaatenbonus mit strukturellen Besonderheiten der Stadtstaaten, die eine Überzeichnung ihrer Finanzkraft und erhöhte Ausgabebedarfe zur Folge haben.[697] Die stadtstaatliche Finanzkraft soll durch die Einwohnerhöhergewichtung des § 9(2) FAG relativiert und mit der der Flächenländer vergleichbar gemacht werden, um auf diese Weise einen angemessenen Finanzkraftausgleich zwischen den Bundesländern verwirklichen zu können.

Nach Ansicht Münzenmayers geht „der Hinweis [des RWI] auf die Problematik der Einwohnerzahl als abstraktem Bedarfsmaßstab ... in Richtung [einer] .. Argumentation[698]“, die im Grundsatz auf das Gedankengut von Brecht und Popitz zurückgeht.[699] Beide hatten festgestellt, daß „je höher die Einwohnerzahl einer Gemeinde .., desto höher .. [auch ihr finanzieller] Bedarf“ und dies, obwohl mit steigender Einwohnerzahl auch die gemeindlichen Einnahmen ansteigen.[700] Überdurchschnittliche Einnahmen und hohe Ausgabebedarfe treten demnach als allgemeine Kennzeichen von Ballungsräumen auf und sind an sich keine stadtstaatenspezifischen Merkmale.

Wenn Wieland und das RWI die besondere Finanzsituation der Stadtstaaten dennoch zur Rechtfertigung des Stadtstaatenbonus im LFA heranziehen, so werden dadurch nach Ansicht Münzenmayers lediglich die Erkenntnisse von Brecht und Popitz auf Länderebene projiziert.[701] Ein eigenständiger Begründungsansatz für die EV nach § 9(2) FAG sei in der andersartigen Einnahmen- und Ausgabensituation der Stadtstaaten jedoch nicht zu sehen.[702]

Die Klageländer halten eine derartige Begründung des Stadtstaatenbonus für inakzeptabel, da agglomerationsbedingte Mehrkosten im LFA bereits über die EV des § 9(3) FAG berücksichtigt werden. Eine nochmalige Berücksichtigung durch die EV des § 9(2) FAG kommt ihrer Meinung nach einer unangemessenen

695 Vgl. RWI, S. 40 u. 48.
696 Vgl. RWI, S. 49.
697 Siehe dazu Wieland, S. 23f, Wieland Gutachten, S. 89 sowie RWI, S. 18 und 24.
698 Münzenmayer, S. 6.
699 Vgl. Münzenmayer, S. 6.
700 Vgl. Popitz, in: Pagenkopf, S. 56.
701 Vgl. Münzenmayer, S. 6.
702 Vgl. Münzenmayer, S. 6.

Doppelveredelung der Stadtstaateneinwohner - und damit einer Bevorzugung der Stadtstaaten im LFA - gleich.[703]

Peffekoven sieht im Begründungsansatz der mangelnden Eignung der tatsächlichen Einwohnerzahl als Bedarfsmaßstab für die Stadtstaaten ebenfalls keine tragfähige Rechtfertigung für die Anwendung eines Stadtstaatenbonus im LFA: „Daß ein Bundesland mit relativ hoher originärer Steuerkraft auch relativ hohe Beiträge leisten muß[704]", folgt seiner Meinung nach aus der Logik des Länderfinanzausgleichssystemes und bildet keine Rechtfertigungsgrundlage für die Stadtstaaten-Sonderregelung des § 9(2) FAG. Es sei bei der Ermittlung der Finanzkraft „völlig nebensächlich, wie sich die relativ hohen Steueraufkommen einzelner Bundesländer ergeben.[705]" Aus dieser Sicht heraus dürften die Stadtstaaten - ungeachtet der Enklavenproblematik des fehlenden Ausgleichs ballungsbedingter Finanzkraft - keine korrekturbedürftige Überzeichnung ihrer Finanzkraft im LFA geltend machen.

Auch der Versuch des RWI, die EV des § 9(2) FAG über gesamtwirtschaftliche Impulse der Stadtstaaten zu rechtfertigen[706], die allen Bundesländern zugute kommen, wird von Peffekoven abgelehnt: Er sieht darin den ungeeigneten Versuch einer wachstumspolitischen Begründung des im Grundgesetz distributionspolitisch[707] begründeten Länderfinanzausgleichs.[708] Mit diesem Ansatz „wird [Peffekoven zufolge] ein ökonomisches Modell ... als Maßstab für die Gestaltung des Länderfinanzausgleichs ... [unterstellt, das] so in der deutschen Verfassung ... keinen Niederschlag gefunden hat.[709]"

Aufgrund seiner inhaltlichen Aussagen zu den überregionalen spill-over-Effekten als Rechtfertigung des Stadtstaatenbonus ist das RWI-Gutachten vielfältigen weiteren Einwänden ausgesetzt.

Vor allem ist nicht klar ersichtlich, inwieweit die Argumentation des RWI in diesem Punkt an die spezifischen Besonderheiten der Stadtstaaten anknüpft. Denn wenn der Stadtstaatenbonus „mit überregionalen, nationalen und europaweiten Spillovers begründet wird und .. von einer .. Hierarchie europäischer Städteregionen gesprochen wird, so bedürfte es einer Begründung, warum diese Aspekte[710]" nur im Falle der Stadtstaaten Berücksichtigung finden sollen. Ohne

---

[703] Vgl. BW Schriftsatz, S. 84.
[704] Peffekoven Gutachten, S. 4.
[705] Peffekoven Gutachten, S. 3.
[706] Insbesondere Hamburg wird vom RWI als überregional bedeutsamer Wachstumspol mit weitreichenden Ausstrahlungseffekten dargestellt. (Vgl. RWI, S. 34.)
[707] Erkennbar in der Forderung des Art. 107 (2) S. 1 GG nach einem „angemessenen Finanzkraftausgleich" zwischen den Bundesländern. (Vgl. Peffekoven-Gutachten, S. 11.)
[708] Vgl. Peffekoven-Gutachten, S. 11f.
[709] Peffekoven-Gutachten, S. 12.
[710] BW Schriftsatz, S. 81.

eine geeignete Begründung „würde [es] dem Gebot föderaler Gleichbehandlung widersprechen[711]“, nur den gesamtstaatlichen Funktionsüberschüssen der Stadtstaaten Rechnung zu tragen und die anderer Ballungszentren außer Acht zu lassen.[712] Eine exklusive EV der Stadtstaaten im LFA wäre dann nicht zu rechtfertigen, zumal spill-over-Effekte von nationaler oder sogar internationaler Dimension auch in Flächenstaaten nicht im Rahmen des landesinternen kommunalen Finanzausgleichs abgegolten werden können, wie dies bei den regionalen spillovers der Fall ist.

Verfolgt man den Denkansatz des RWI in diesem Punkt konsequent weiter, so wird deutlich, daß eine umfassende Berücksichtigung weitreichender spillovers im Zuge von Europäisierung und Globalisierung die Leistungsfähigkeit nationaler Ausgleichssysteme sprengen würde.

Wenig überzeugend ist nach Ansicht Münzenmayers auch die Argumentation des RWI[713], die finanzielle Lösung der Stadtstaatenfrage liege allein schon aufgrund von Problemen bei der Abgrenzung zwischen regionalen und überregionalen spillovers in der Verantwortung der gesamten Solidargemeinschaft.[714] Zwar sind derartige Probleme ohne jeden Zweifel vorhanden. Die Rechtfertigung des § 9(2) FAG kann jedoch schwerlich darauf wurzeln, daß andere differenziertere Ausgleichskonstruktionen mit zu großen methodischen Schwierigkeiten behaftet wären.

Das abschließende Fazit des RWI erweist sich als ähnlich problematisch: Die Gutachter befinden darin den Stadtstaatenbonus für inhaltlich verbesserungswürdig, verteidigen ihn aber gleichzeitig als kleinstmögliches Übel zur Lösung der Stadtstaatenfrage.[715] „Die verfassungsrechtliche Aufgabe, Finanzkraft angemessen auszugleichen, ... [würde damit bewußt] zu einem Maßstab führen, dessen Unangemessenheit eingeräumt wird, der jedoch mangels besserer Alternativen als angemessen definiert wird.[716]“ Ob ein derartiger „Kompromiß“ tatsächlich tragfähig ist oder ob sich infolge der aktuellen Finanzausgleichsentscheidung des BVerfG geeignetere Nachfolgelösungen für den Stadtstaatenbonus ergeben, wird unter Punkt 6 dieser Arbeit noch ausführlich beleuchtet werden.

5.2.3 Der Standpunkt der neuen Länder

Keines der neuen Länder trat in den Verfassungsstreit um den bundesstaatlichen Finanzausgleich ein. Als Betroffene waren die neuen Länder jedoch äußerungsberechtigt und machten von diesem Recht auch Gebrauch.

---

[711] BW Schriftsatz, S. 76.
[712] Vgl. BW Schriftsatz, S. 82.
[713] Vgl. RWI, S. 37.
[714] Vgl. Münzenmayer, S. 6.
[715] Vgl. RWI, S. S. 39ff. sowie S. 48f.
[716] BW Schriftsatz, S. 81.

Während Mecklenburg-Vorpommern, Sachsen-Anhalt und Brandenburg die Vorschriften des FAG im wesentlichen für verfassungsgemäß erachten, beurteilen Sachsen und Thüringen einen Teil der Regelungen als verfassungswidrig. Außerdem halten die beiden Freistaaten das geltende Finanzausgleichsrecht für insgesamt „unverständlich und undurchschaubar[717]".[718]

Hinsichtlich ihrer Stellungnahmen zur EV des § 9(2) FAG spalten sich die neuen Länder, ähnlich der Westländer, in ein nördliches und ein südliches Lager auf.

Brandenburg, Mecklenburg-Vorpommern und Sachsen-Anhalt halten „die Stadtstaatenregelung wegen der Bedarfsorientierung des Länderfinanzausgleichs [für] zulässig, sie sei sogar verfassungsrechtlich geboten, solange der Bundesgesetzgeber nicht eine andere angemessene Ausgleichsregelung schaffe.[719]" Sie stützen damit die Position der Klagegegner, deren Begründung zum Stadtstaatenbonus sie in den Kernpunkten übernehmen.

„Demgegenüber unterstützen die .. Länder Sachsen und Thüringen die Kritik ... [der Klageländer] an der Stadtstaatenregelung.[720]" Sie sehen in der Vorschrift des § 9(2) FAG einen Verstoß gegen das föderale Gleichbehandlungsgebot, da durch die EV der Stadtstaaten im LFA ein Problem regionaler Natur finanziell auf die gesamte Solidargemeinschaft abgewälzt werde.[721] Der Einschätzung Sachsens und Thüringens zufolge profitieren von der „Umlandversorgungsfunktion" der Stadtstaaten nur die angrenzenden Bundesländer, weshalb sie in die Forderung nach einer Regionalisierung des Stadtstaatenproblems einstimmen.[722]

Nach Meinung Sachsens leidet der bundesstaatliche Finanzausgleich in Deutschland insgesamt „unter der Intransparenz und Komplexität seiner Ausgleichswirkungen[723]". Maßgeblich zu dieser Undurchschaubarkeit beigetragen haben aus sächsischer Sicht Ausgleichsmodifikationen, wie die EV des § 9(2) FAG, die sich auf einige Länder privilegierend, auf andere aber „diskriminierend" auswirkten. Durch sie werde ungerechten Ausgleichswirkungen Vorschub geleistet und letztendlich sowohl Geber- als auch Nehmerländern der Anreiz zur Pflege ihrer landeseigenen Steuerbasis genommen.[724]

---

[717] BVerfG, 2 BvF 2/98 vom 11.11.99, Absatz-Nr. 233.
[718] Vgl. zu alledem BVerfG, 2 BvF 2/98 vom 11.11.99, Absatz-Nr. 233.
[719] BVerfG, 2 BvF 2/98 vom 11.11.99, Absatz-Nr. 241.
[720] BVerfG, 2 BvF 2/98 vom 11.11.99, Absatz-Nr. 245.
[721] Vgl. Ossenbühl, Stellungnahme Sachsens, S. 42f.
[722] Vgl. BVerfG, 2 BvF 2/98 vom 11.11.99, Absatz-Nr. 245.
[723] BW Schriftsatz, S. 18.
[724] Vgl. BW Schriftsatz, S. 18.

Wie die Klageländer unterstellen also auch die Sachsen dem bestehenden Finanzausgleichssystem negative Anreizwirkungen[725], die sich leistungshemmend auf die gesamte Solidargemeinschaft auswirken.

Da sich unter den neuen Ländern kein Stadtstaat befindet, vertreten sie bei ihren Stellungnahmen zum Stadtstaatenbonus zumindest vordergründig keine Eigeninteressen.

Um so auffälliger erscheint es, daß sich die Nord-Süd-Spaltung, die die Stadtstaatenfrage im Westen hervorgerufen hat, auf die östlichen Bundesländer übertragen hat.

Eine mögliche Erklärung für dieses Phänomen liegt in den herrschenden politischen Mehrheitsverhältnissen: Die unionsregierten Südländer Sachsen und Thüringen unterstützen die unionsregierten Klageländer Bayern und Baden-Württemberg. Ähnlich gelagert sind die Sympathien der anderen neuen Länder für die Position der Klagegegner, denn allen diesen Ländern ist derzeit eine SPD-Regierung(sbeteiligung) gemeinsam.

Denkbar erscheint angesichts des im Osten wie im Westen vorherrschenden finanziellen Süd-Nord-Gefälles außerdem noch eine andere Erklärung: Die vergleichsweise[726] finanzstarken Ost-Länder Sachsen und Thüringen könnten sich mit den Geberländern verbünden, da sie sich selbst in der langfristigen Betrachtung als potentielle Geberländer sehen, die dann von einem Stadtstaatenbonus belastet würden.

Dagegen zeigen die strukturschwachen, ländlich geprägten Nordländer Mecklenburg-Vorpommern und Brandenburg Solidarität mit den ebenfalls finanzschwachen Klagegegnern. Ob sich diese beiden Länder bei ihrer prinzipiellen Verteidigung der EV bei der Ermittlung der Landessteuer-AMZ bereits erhofft haben, später eventuell selbst in den Genuß einer derartigen Sonderbehandlung zu kommen, läßt sich schwer abschätzen, erscheint aber durchaus denkbar. Tatsächlich könnte es infolge der BVerfG-Entscheidung vom 11.11.99 im bundesstaatlichen Finanzausgleich künftig eine Art „Flächenstaatenbonus“[727] für besonders dünn besiedelte Bundesländer geben, von dem dann aller Voraussicht nach sowohl Mecklenburg-Vorpommern, als auch Brandenburg profitieren würden.[728]

---

[725] Die sächsische Kritik ist ähnlich gelagert wie die Nivellierungs- bzw. Übernivellierungsvorwürfe der Klageländer (Vgl. Pkt. 5.2.1 dieser Arbeit.).

[726] Verglichen mit den anderen neuen Bundesländern.

[727] Zum Ausgleich überdurchschnittlich hoher Pro-Kopf-Kosten der öffentlichen Leistungserstellung. Näheres dazu siehe Pkt. 5.3.2.1, 5.3.2.2 und 5.3.2.3dieser Arbeit.

[728] Vgl. BVerfG, 2 BvF 2/98 vom 11.11.99, Absatz-Nr. 320f.

5.2.4 Streitpunkt: Stadtstaatenbonus für Berlin

Im Gegensatz zu den Hansestädten Bremen und Hamburg gehört Berlin nicht zu den historisch gewachsenen Stadtstaaten. Die Stadtstaateneigenschaft Berlins resultiert aus der Teilung Deutschlands nach dem 2. Weltkrieg, die eine Spaltung der ehemaligen Reichshauptstadt nach sich zog. Aufgrund seiner Lage innerhalb des Staatsgebietes der ehemaligen DDR wurde Berlin (West) zu einer bundesdeutschen Enklave mit Stadtstaatencharakter. „Nach .. westdeutscher Ansicht, die im Grundgesetz und der Berliner Landesverfassung zum Ausdruck kam[729]", bildete es einen vollgültigen Bestandteil der Bundesrepublik Deutschland[730]. Das Grundgesetz listete 1949 in Artikel 23 Berlin als deutsches Bundesland auf.[731] Die Berliner Landesverfassung bezeichnete es als „ein deutsches Land und zugleich eine Stadt[732]", wobei „Volksvertretung, Regierung und Verwaltung die Aufgaben Berlins als Gemeinde, Gemeindeverband und Land[733]" zu erfüllen hatten.[734] „Damit waren die Merkmale eines Stadtstaates beschrieben, der gleichzeitig staatliche und kommunale Aufgaben wahrzunehmen hatte.[735]"

Dem deutschen Recht standen jedoch in puncto Bundesländerstatus Berlins die originären Siegerrechte der Besatzungsmächte entgegen[736], was zur Folge hatte, daß die Westalliierten die betreffenden Bestimmungen des Grundgesetzes und der Berliner Landesverfassung suspendierten.[737] Die Zurücksetzung des deutschen Rechts dauerte bis zum 3.10.1990, als mit der deutschen Wiedervereinigung die Befugnisse der Alliierten Kommandantur in Berlin erloschen.[738] Mit diesem Tag erhielt Gesamt-Berlin „staatsrechtlich und politisch die neue Qualität eines unabhängigen Stadtstaates.[739]" Angesichts der finanziellen Problematik, die dieser Status mit sich brachte, sowie der historischen Verflechtungen zwischen Berlin und Brandenburg, wurde in der Folgezeit eine Fusion beider Bundesländer erwogen. Diese scheiterte jedoch im Mai 1996 in einer Volksabstimmung an der Ablehnung Brandenburgs.[740]

Seit der Einbeziehung der ostdeutschen Bundesländer in den gesamtdeutschen Finanzausgleich am 1.1.95 ist auch Berlin in den Ausgleichskreis integriert. Es

---

[729] Wettig, S. 166.
[730] Vgl. Hoffmann, S. 88 sowie Wettig, S. 166.
[731] Vgl. Stratenschulte, S. 85.
[732] Art. 1 der Berliner Landesverfassung in der Fassung v. 1.9.1950.
[733] Art. 3 (2) der Berliner Landesverfassung in der Fassung v. 1.9.1950.
[734] Vgl. Hoffmann, S. 88.
[735] Hoffmann, S. 88.
[736] Vgl. Hoffmann, S. 88.
[737] Vgl. Wettig, S. 167.
[738] Vgl. Stratenschulte, S. 85f.
[739] Rytlewski, S. 296.
[740] Vgl. Süß/Rytlewski, S. 883.

profitiert nun als drittes Bundesland vom Stadtstaatenbonus des § 9(2) FAG, wobei der Veredelungsfaktor Bremens und Hamburgs ohne Modifikation auf Berlin übertragen wurde.[741] Diese Vorgehensweise war und blieb unter den Bundesländern umstritten. Entsprechend bildete die Gewährung des Stadtstaatenbonus an Berlin einen besonderen Streitpunkt in der jüngsten Auseinandersetzung vor dem Bundesverfassungsgericht.

Im früheren westdeutschen Finanzausgleich[742] hatte Berlin zwar eine Sonderbehandlung erfahren, war aber - seinem politischen Sonderstatus entsprechend - nicht als unabhängiger Stadtstaat behandelt worden. Die Frage nach einem Stadtstaatenbonus für Berlin stellte sich daher erstmalig nach der deutschen Wiedervereinigung.

Die Klageländer Bayern, Baden-Württemberg und Hessen begründen die von ihnen angenommene Verfassungswidrigkeit des Stadtstaatenbonus u.a. mit der Aufnahme Berlins in den Kreis der begünstigten Bundesländer. Ihrer Meinung nach hat sich allein durch diesen Umstand die Ausgangslage für die Beurteilung des Stadtstaatenbonus so stark verändert, daß die diesbezüglichen Erwägungen des BVerfG aus den Urteilen der Jahre 1986 und 1992 ihre Gültigkeit verloren haben.[743]

Heftige Kritik üben die Kläger an der unmodifizierten Übertragung der bisherigen Einwohnerwertung von 135% auf den Stadtstaat Berlin[744], da sie „dessen historische wie ökonomische Situation völlig andersartig .. [einschätzen] als die der Hansestädte Bremen und Hamburg.[745]" Aufgrund dieser Andersartigkeit hätte es ihrer Meinung nach zu einer finanzwissenschaftlichen Überprüfung der Angemessenheit des bestehenden Veredelungsfaktors für Berlin kommen müssen, bevor dieser finanzausgleichsrechtlich festgeschrieben wurde.[746] Da eine solche Überprüfung jedoch ausblieb, sehen die Klageländer in der Anwendung des auf hanseatische Verhältnisse abgestimmten Stadtstaatenbonus auf Berlin einen verfassungswidrigen Akt der Willkür, der ihnen eine unangemessene Mehrbelastung im LFA beschert hat.[747]

Zwar erkennen die Klageländer aufgrund der Hauptstadtfunktion Berlins eine besondere Belastungssituation dieses Bundeslandes an[748], dieser werde jedoch

---

[741] Siehe dazu auch die Ausführungen zur Neuregelung der Finanzbeziehungen im vereinten Deutschland unter Pkt. 5.1.4 dieser Arbeit.

[742] Berlin wurde mit Gesetz vom 4.1.1952 integriert.

[743] Vgl. zu alledem BVerfG, 2 BvF 2/98 vom 11.11.99, Absatz-Nr. 205f.

[744] Vgl. BVerfG, 2 BvF 2/98 vom 11.11.99, Absatz-Nr. 209.

[745] BVerfG, 2 BvF 2/98 vom 11.11.99, Absatz-Nr. 206.

[746] Vgl. BVerfG, 2 BvF 2/98 vom 11.11.99, Absatz-Nr. 206.

[747] Die Zahl der veredelten Einwohner im LFA hat sich dadurch mehr als verdoppelt. Vgl. BVerfG, 2 BvF 2/98 vom 11.11.99, Absatz-Nr. 206.

[748] Vgl. BW Schriftsatz, S. 76.

„durch spezifische Hauptstadtregelungen[749] [bereits] Rechnung getragen.[750]" Eine Berücksichtigung der hauptstadtspezifischen Belastungen im Rahmen des Stadtstaatenbonus läßt sich aus dieser Sicht nicht rechtfertigen.

Die Berliner selbst vertreten die Ansicht „die strukturelle Besonderheit ... [ihres Bundeslandes] habe innerhalb des Bundesstaates dieselbe Qualität wie die [der] Stadtstaaten Hamburg und Bremen.[751]" Sie halten es daher für angemessen und verfassungsrechtlich nicht zu beanstanden, im LFA mit einem Stadtstaatenbonus in gleicher Höhe berücksichtigt zu werden, wie die beiden Hansestädte.[752] Unter Berufung auf die BVerfG-Entscheidungen der Jahre 1986 und 1992, in denen die EV für Bremen und Hamburg grundsätzlich gebilligt worden war, argumentiert Berlin „alle vom Bundesverfassungsgericht [zur Rechtfertigung des Stadtstaatenbonus] genannten Sonderfaktoren träfen auch auf Berlin zu.[753]" Ohne den Stadtstaatenbonus wäre Berlin nach eigener Einschätzung ebensowenig wie die beiden anderen Stadtstaaten in der Lage, die ihm verfassungsrechtlich zugewiesenen Aufgaben zu erfüllen.[754] Diese Aufgabenerfüllung sicherzustellen, liegt nach Ansicht der Berliner in der Verantwortung der gesamten Solidargemeinschaft. Der Forderung der Klageländer nach einer Regionalisierung der Stadtstaatenfrage begegnen sie daher mit der Feststellung „die Umland-Problematik [Berlins] lasse sich nicht auf das Land Brandenburg beschranken.[755]" Berlin folgt damit in puncto grundsätzlicher Rechtfertigung des Stadtstaatenbonus im LFA der Argumentation der Klagegegner.[756] Dies ist nicht verwunderlich, da auch die Stellungnahme Berlins auf der Grundlage des Wieland-Gutachtens entstanden ist.

Die Klagegegner sehen eine zusätzliche Legitimation des Berliner Stadtstaatenbonus in Berlins Funktion als Bundeshauptstadt. Ihrer Meinung nach besteht schon aufgrund dieser Funktion ein struktureller Unterschied zwischen dem Stadtstaat Berlin und den Flächenstaaten, den es im Rahmen der EV des § 9(2) FAG im LFA zu berücksichtigen gilt.[757]

Das äußerungsberechtigte Bundesland Hamburg vertritt ebenfalls die Ansicht, daß der Hauptstadtfunktion Berlins bei der Ausgestaltung des künftigen Finanz-

---

749 Berlin/Bonn-Gesetz (Gesetz zur Umsetzung des Beschlusses des Deutschen Bundestages v. 20.6.1991 zur Vollendung der Einheit Deutschlands) in der Fassung v. 26.4.1994, Hauptstadtfinanzierungsvertrag v. 30.6.94.

750 BW Schriftsatz, S. 77.

751 BVerfG, 2 BvF 2/98 vom 11.11.99, Absatz-Nr. 244.

752 Vgl. BVerfG, 2 BvF 2/98 vom 11.11.99, Absatz-Nr. 244.

753 BVerfG, 2 BvF 2/98 vom 11.11.99, Absatz-Nr. 243.

754 Vgl. BVerfG, 2 BvF 2/98 vom 11.11.99, Absatz-Nr. 243.

755 BVerfG, 2 BvF 2/98 vom 11.11.99, Absatz-Nr. 243.

756 Siehe dazu die Ausführungen unter Pkt. 5.2.2 dieser Arbeit.

757 Vgl. BVerfG, 2 BvF 2/98 vom 11.11.99, Absatz-Nr. 240.

ausgleichs Rechnung getragen werden müsse.[758] Die Darstellung Hamburgs skizziert Berlin als Stadt mit weit zurückreichender Hauptstadttradition, nicht aber als historisch gewachsenen Stadtstaat. Insofern läßt sich aus ihr nicht die Notwendigkeit ableiten, die besondere Belastungssituation Berlins im Rahmen der Stadtstaatenregelung des § 9(2) FAG abzugelten.[759]

Hamburg verfolgt jedoch auf der Grundlage des RWI Gutachtens noch einen anderen Ansatz zur Rechtfertigung des Stadtstaatenbonus, der auch aus Berliner Sicht von Interesse sein könnte: Aus der Einordnung der Stadtstaaten in eine „ökonomisch funktionale Hierarchie europäischer Stadtregionen[760]" ergibt sich für Hamburg und Berlin die Einschätzung, daß ihre privat- und finanzwirtschaftlichen Aktivitäten nicht nur bundes- sondern sogar europaweit ausstrahlen.[761] Mit dieser Argumentation soll der Forderung der Klageländer nach einer Regionalisierung der Stadtstaatenfrage der Boden entzogen werden. Ihre Kritik an der derzeitigen Lösung auf LFA-Ebene fußt nämlich auf der Grundannahme, die Stadtstaaten würden lediglich regionale spill-over-Effekte im Stadt-Umland-Bereich generieren.[762]

Während Berlin und Hamburg bei der Rechtfertigung ihrer Stadtstaatenboni von der Argumentation des RWI profitieren könnten, hätte der kleinere Stadtstaat Bremen eine gegenteilige Wirkung zu erwarten. Verglichen mit Hamburg und Berlin weist Bremen einen deutlich geringeren ökonomischen Bedeutungsüberschuß auf[763] und müßte unter diesem Gesichtspunkt konsequenterweise im LFA mit einem niedrigeren Veredelungsfaktor angesetzt werden.[764]

Nach Ansicht Baden-Württembergs geht der wirtschaftspolitische Argumentationsansatz des RWI allerdings am Kern des Streites um die Rechtmäßigkeit des Stadtstaatenbonus vorbei, da eine derartige „Konzeption weder Grundlage der gesetzlichen Regelung noch Maßstab für die Bemessung der Einwohnerveredelung durch § 9 Abs. 2 FAG ist.[765]" Sogar Hamburg selbst, als Auftraggeber des RWI Gutachtens, distanziert sich grundsätzlich vom wirtschaftspolitisch motivierten Ansatz des Forschungsinstituts.[766] Die Hanseaten scheinen jedoch die Überlegungen zur Rechtfertigung des Stadtstaatenbonus von dieser Einschät-

---

758 Vgl. BVerfG, 2 BvF 2/98 vom 11.11.99, Absatz-Nr. 242.

759 Vgl. zu alledem BW Schriftsatz, S. 67f (mit Verweis auf die Stellungnahme Hamburgs, S. 52ff.).

760 Siehe RWI, Schaubild auf S. 28.

761 Vgl. RWI, S. 29.

762 Vgl. Rönne, S. 2.

763 Laut Münzenmaier insbesondere aufgrund von Funktionsdefiziten bei den unternehmensbezogenen Dienstleistungen, vgl. Münzenmaier, S. 31.

764 Siehe dazu die Angaben des RWI auf S. 28f.

765 BW Schriftsatz, S. 74.

766 Vgl. Stellungnahme Hamburgs, S. 30ff, in: Peffekoven-Gutachten, S. 12.

zung auszunehmen, da sie von einer „ökonomisch guten Begründung der Einwohnerwertung“ durch das RWI Gutachten sprechen.[767]

Das föderative Gleichbehandlungsgebot verlangt nach Ansicht der Länder Mecklenburg-Vorpommern, Brandenburg und Sachsen-Anhalt die Einbeziehung Berlins in die Regelung des § 9 (2) FAG, da Berlin ebenso einen Stadtstaat darstellt, wie die beiden Hansestädte Bremen und Hamburg.[768] Die drei Länder „heben [zudem] die Funktion Berlins als Bundeshauptstadt hervor, die weit über das benachbarte Land Brandenburg hinausreiche.[769]“ Brandenburg versucht außerdem, den Stadtstaatenbonus Berlins „unter Hinweis auf ... [dessen] besondere Situation bis 1990 und ein besonderes strukturelles Gefälle innerhalb der Stadtgrenzen zu rechtfertigen.[770]“ - Als Legitimation für die Anwendung der EV des § 9(2) FAG auf Berlin werden diese Begründungsansätze von den Klageländern ebensowenig anerkannt wie der Hauptstadtansatz.[771]

Sachsen und Thüringen weichen auch im Falle Berlins nicht von ihrer ablehnenden Grundhaltung gegenüber der EV der Stadtstaaten ab. Ihre Grundsatzkritik am Stadtstaatenbonus richtet sich gleichermaßen gegen die Begünstigung aller Stadtstaaten.[772]

5.2.5 Die Standpunkte zur Größenklassenwertung (inkl. Dichteklausel) des § 9 (3) FAG

Die Einwohnerwertung gemäß § 9(3) FAG stützt sich auf den umstrittenen Ansatz des Brecht'schen Gesetzes[773]. Dementsprechend ist sie ebenso vielen Kritikpunkten und Zweifeln ausgesetzt wie die These, auf der sie beruht.

Die Argumente reichen von strukturpolitischen Bedenken wegen übermäßiger Agglomerationsförderung über Kritik am mangelnden empirisch-statistischen Nachweis der Brecht'schen These bis hin zu Zweifeln, ob nicht heute die gegenteilige Aussage einen höheren Wahrheitsgehalt hat.[774] Die genannten Kritikpunkte sind auch Gegenstand der Normenkontrollanträge, die Bayern und Hessen beim BVerfG eingereicht haben.[775] (Der baden-württembergische Normenkontrollantrag bildet hier eine Ausnahme, da er inkonsistenterweise seine Kritik am Brecht'schen Gesetz nur gegen die EV des § 9(2) FAG richtet.[776])

---

767 Vgl. Rönne, S. 1.
768 Vgl. BVerfG, 2 BvF 2/98 vom 11.11.99, Absatz-Nr. 242.
769 BVerfG, 2 BvF 2/98 vom 11.11.99, Absatz-Nr. 242.
770 BW Schriftsatz, S. 67.
771 Vgl. BW Schriftsatz, S. 67f.
772 Vgl. BVerfG, 2 BvF 2/98 vom 11.11.99, Absatz-Nr. 245.
773 Siehe dazu die Ausführungen unter Pkt. 2.1.2.1 dieser Arbeit.
774 Vgl. Arndt, S. 64, in: Lenk/Teichmann, S. 16.
775 Vgl. Lenk/Teichmann, S. 17.
776 Siehe dazu die Ausführungen unter Pkt. 5.2.1 dieser Arbeit.

Hessen nimmt an, daß geringer verdichtete Räume pro-Kopf mittlerweile höhere Infrastrukturkosten zu tragen haben als stark agglomerierte Räume.[777] Dies entspräche einer Umkehrung der Aussagen von Brecht und Popitz. Eine EV im Sinne des § 9(3) FAG ließe sich demnach nicht mehr rechtfertigen, denn sie käme einer unangemessenen Bevorzugung von Agglomerationsräumen gegenüber ländlichen Gebieten gleich, die bestehende regionale Disparitäten weiter verschärfen könnte.

Zu einer ähnlichen Einschätzung gelangen Sachsen und Thüringen in ihrer gemeinsamen Stellungnahme zu den Normenkontrollanträgen der Klageländer. Sie sehen in der EV des § 9(3) FAG eine Benachteiligung der neuen Bundesländer, da diese im Vergleich zu den alten Ländern durchweg eine niedrigere Bevölkerungsdichte und kleinere Gemeindegrößen aufweisen.[778] (Dies führt zu einer geringeren Gewichtung ihrer Einwohner bei der Ermittlung der Gemeindesteuer-AMZ im LFA.) Sachsen und Thüringen unterstützen damit auch in puncto Größenklassenwertung/Dichteklausel im wesentlichen die Argumentation der Klageländer.

Der Prozeßbevollmächtigte der Klagegegner, Wieland, verteidigt dagegen die EV gemäß § 9(3) FAG unter Verweis auf die finanzwissenschaftliche Literatur.[779] Diese hält sich trotz diverser Bedenken damit zurück, „die Regelung des § 9 Abs. 3 FAG für verfassungswidrig zu erklären.[780]"

In der Hauptsache stützt Wieland sein Plädoyer für die Beibehaltung der Größenklassenwertung[781] auf die Einschätzungen Kespers und Koriohs: Kesper spricht im Zusammenhang mit der EV des § 9(3) FAG von einer „ - ... de lege lata eindeutig verfassungsmäßige[n] - Durchbrechung der grundsätzlichen Konzeption des einwohnerbezogenen Finanzkraftausgleichs .. , die gleichwohl ... einer plausiblen Rechtfertigung bedarf.[782]" Korioth schlägt vor, „vorerst .. an der technisch recht einfachen ... Einwohnerwertung bei den Gemeindeeinnahmen .. [festzuhalten][783]", da „die Finanzwissenschaft bislang keine empirisch abgesicherten Erkenntnisse vorweisen kann, welche abstrakten Bedarfskriterien verläßlicher als die bisher verwendeten sind.[784]" Diese Argumentation wird von Wieland aufgegriffen, indem er abschließend feststellt, daß „gegen die Einwohnerwertung des § 9 Abs. 3 FAG von Verfassungs wegen solange nichts einzu-

---

[777] Vgl. Heun, S. 46 m. w. N.
[778] Vgl. zu alledem Ossenbühl, S. 36.
[779] Vgl. Wieland-Gutachten, S. 97ff.
[780] Wieland-Gutachten, S. 97.
[781] inkl. Dichteklausel.
[782] Kesper, S. 255.
[783] Korioth, S. 597.
[784] Korioth, S. 597.

wenden [ist], wie keine verläßlicheren Indikatoren [für die Gewichtung des gemeindlichen Finanzbedarfs] zur Verfügung stehen.[785]"

5.3 Die Entscheidung des Bundesverfassungsgerichts vom 11.11. 1999

5.3.1 Das Urteil im Überblick

Am 11.11. 1999 verkündete der Zweite Senat des Bundesverfassungsgerichtes unter dem Vorsitz von Gerichtspräsidentin Jutta Limbach sein Urteil zur Neuregelung des bundesdeutschen Finanzausgleichs. Die Verfassungsrichter erlegen darin dem Gesetzgeber auf, den bundestaatlichen Finanzausgleich in Deutschland innerhalb eines vorgegebenen Zeitrahmens stufenweise neu zu regeln. Gelingt dies nicht, droht dem Finanzausgleich das Aus, denn das bestehende FAG behält wegen Verfassungswidrigkeit nur noch befristet bis längstens 1.1.2005 seine Gültigkeit.[786]

Das Bundesverfassungsgericht folgt mit seiner Entscheidung zwar nicht unmittelbar, wohl aber im Kern dem Antrag der Klageländer Bayern, Baden-Württemberg und Hessen, die gefordert hatten, das FAG mit sofortiger Wirkung für verfassungswidrig zu erklären. Da die Richter dem Gesetz jedoch die Qualität eines befristet gültigen Übergangsrechtes zugestehen und dem Gesetzgeber daran gekoppelt den ausdrücklichen Auftrag zur Neuregelung des LFA erteilen, haben auch die Klagegegner das Urteil zumindest als Teilerfolg aufgenommen. „Das Urteil ist in gewisser Weise klug, weil das Gericht sich auf den Standpunkt zurückgezogen hat, dass zur Zeit eigentlich keine Position .. [gänzlich] nachvollziehbar ... ist.[787]" „Jetzt ist es eine Frage der politischen Schlacht, wie alles umgesetzt wird.[788]" Mit einem schnellen Ende des seit Jahren andauernden Streites zwischen Geber- und Nehmerländern darf insofern auch aufgrund der jüngsten Finanzausgleichs-Entscheidung des BVerfG nicht gerechnet werden.[789]

„In ihrer 120 Seiten umfassenden, einstimmig ergangenen Entscheidung zeichnen die Richter die Finanzverfassung des Grundgesetzes nach und leiten daraus Anforderungen ab, denen der Gesetzgeber bei der näheren Ausgestaltung dieser Vorgaben unterliegt.[790]"

Eine abschließende Würdigung einzelner Regelungen oder gar des Gesamtsystems des FAG nehmen die Bundesverfassungsrichter nicht vor. Stattdessen weisen sie die „verfassungsgemäße Ausformung finanzausgleichsrechtlicher Maß-

---

[785] Wieland-Gutachten, S. 99.
[786] Vgl. BVerfG, 2 BvF 2/98 vom 11.11.99, Absatz-Nr. 346.
[787] Trzaskalik, in: Die Welt S. 3.
[788] Hickel, in: Hellwig et al., in: Weser Kurier v. 12.11.99, S. 5.
[789] Vgl. Neubauer, in: Die Welt v. 12.11.99, S. 8.
[790] o.V.: Länderfinanzausgleich muss neu geregelt werden, in: Frankfurter Allgemeine (FAZ), Ausgabe v. 12.11.1999, S. 1.

stäbe" ausdrücklich dem Gesetzgeber zu.[791] Dies manifestiert sich in ihrer Forderung nach einem sogenannten „Maßstäbegesetz" [792], in dem der Gesetzgeber langfristig angelegte, objektive Leitlinien für die verschiedenen Stufen des bundesstaatlichen Finanzausgleichs festschreiben soll, um auf diese Weise „die langfristige Finanzplanung „gegen aktuelle Finanzierungsinteressen, Besitzstände und Privilegien abzuschirmen".[793]" Die gegenwärtigen Regelungen des FAG legen nach Ansicht des BVerfG die Maßstäbe, die die Verfassung bei der gesetzlichen Ausgestaltung der Finanzverfassung zuläßt, nicht präzise genug fest.[794] Um bei der Verteilung der Gelder im Rahmen des bundesstaatlichen Finanzausgleichs ein hinreichendes Maß an Kontrolle, Transparenz und Gerechtigkeit gewährleisten zu können[795], bedürfen die offenen Tatbestände des Grundgesetzes aus verfassungsgerichtlicher Sicht dringend einer Konkretisierung und Ergänzung.[796] Das derzeit gültige FAG ist in den Augen der Verfassungsrichter nicht dazu geeignet, der „unverzichtbaren Ordnungsfunktion der Finanzverfassung[797]" gerecht zu werden. Ihrer Einschätzung zufolge sind die Mängel der Maßstabsbildung vielmehr so gravierend, daß sie eine zeitlich unbegrenzte Fortgeltung des Finanzausgleichsgesetzes nicht zulassen.[798] Das Gesetz darf aus diesem Grunde nur noch als befristetes Übergangsrecht zur Anwendung kommen: Das BVerfG gibt dem Gesetzgeber einen verhältnismäßig engen, abgestuften Zeitplan vor, innerhalb dessen die Neuregelung des Finanzausgleichsrechts abgeschlossen sein muß. Falls der Gesetzgeber das geforderte Maßstäbegesetz nicht bis zum 1.1.2003 geschaffen und in Kraft gesetzt hat, wird die bestehende Regelung mit demselben Tag verfassungswidrig und damit nichtig.[799] Tritt das Maßstäbegesetz dagegen stichtagsgemäß in Kraft, hat der Gesetzgeber weitere zwei Jahre Zeit, um auf dieser Grundlage ein neues Finanzausgleichsgesetz zu erarbeiten. „Sofern eine Neuregelung nicht am 1. Januar 2005 in Kraft getreten ist, wird das Finanzausgleichsgesetz mit diesem Tag verfassungswidrig und nichtig.[800]" Dem bundesstaatlichen FA würde damit seine gesetzliche Grundlage entzogen, „das deutsche Finanzsystem wäre praktisch lahm gelegt[801]".

[791] Vgl. zu alledem BVerfG, 2 BvF 2/98 vom 11.11.99, Absatz-Nr. 345.
[792] Vgl. BVerfG, 2 BvF 2/98 vom 11.11.99, Absatz-Nr. 346.
[793] Gelinsky, Arbeit für Jahre, in: FAZ v. 12.11.1999, S. 12.
[794] Vgl. o. V.: Länderfinanzausgleich muss neu geregelt werden, in: FAZ, S. 1.
[795] Vgl. Trzaskalik: Kluges Urteil, in: Die Welt v. 12.11.1999, S. 3.
[796] Vgl. BVerfG, 2 BvF 2/98 vom 11.11.99, Absatz-Nr. 344.
[797] BVerfG, 2 BvF 2/98 vom 11.11.99, Absatz-Nr. 344.
[798] Vgl. BVerfG, 2 BvF 2/98 vom 11.11.99, Absatz-Nr. 346.
[799] Vgl. zu alledem BVerfG, 2 BvF 2/98 vom 11.11.99, Absatz-Nr. 346.
[800] BVerfG, 2 BvF 2/98 vom 11.11.99, Absatz-Nr. 346.
[801] Gelinsky: Arbeit für Jahre, in: FAZ v. 12.11.1999, S. 12.

„Das [BVerf-]Gericht grenzt [in seiner Entscheidung vom 11.11.99] ... seinen normativen Gegenstand [deutlich] von den finanzwirtschaftlichen Verhältnissen und finanzwissenschaftlichen Erkenntnissen ab, mit denen sich auseinanderzusetzen es der Politik aufgibt.[802]" Bull spricht in diesem Zusammenhang von einem „Gesetzgebungsauftrag ohnegleichen[803]", Korioth bezeichnet die Situation nach dem Urteil als „neu" und „überraschend".[804] Mit dem Rückzug des BVerfG auf den normativen Grundgehalt der Verfassung „relativiert [es] .. die in .. früheren Urteilen enthaltenen historisch-rechtlichen Traditionsbestände, vor allem in Bezug auf die Stadtstaaten, fast vollständig.[805]" So droht infolge der BVerfG-Entscheidung vom 11.11.99 vermutlich einigen „überkommenen" Ausgleichsregelungen das Aus, für den bundesstaatlichen Finanzausgleich als solchen besteht nach Einschätzung Leclerques aber keine ernsthafte Gefahr, da das Urteil den Zwang zur Einigung bereits in sich berge.[806] Seiner Meinung nach ist der FA nämlich „zur verfassungsrechtlich gebotenen Herstellung einheitlicher Lebensverhältnisse[807] in ganz Deutschland heute und morgen unverzichtbar ... [808]". Man könnte dementsprechend sogar zu der Einschätzung gelangen, daß das BVerfG mit dem Ende des bundesstaatlichen Finanzausgleichs eine verfassungswidrige Folge angedroht hat.[809] (Insbesondere der unmittelbare FA unter den Ländern (LFA) trägt entsprechend seinem verfassungsrechtlichen Ziel, „die unterschiedliche Finanzkraft der Länder angemessen aus..[zugleichen][810]", in hohem Maße dazu bei, daß den Bürgern im gesamten Bundesgebiet pro Kopf ein etwa gleichwertiges öffentliches Leistungsangebot zur Verfügung gestellt werden kann.[811])

Unter den genannten Aspekten erscheint es unzweifelhaft, daß eine Finanzmittelumschichtung stattfinden muß, um den in Art. 107 (2) S. 1 GG geforderten „angemessenen Finanzkraftausgleich" zwischen den Ländern verwirklichen und der Einheitswahrungsklausel[812] des Artikels 106 (3) Nr.2 GG entsprechen zu können. Probleme bzw. Konfliktstoff bescherte im Vorfeld der BVerfG-Entscheidung vom 11.11.99 immer wieder die Auslegung des unbestimmten

---

[802] Kröning, S. 6.
[803] Bull/Mehde, in: DÖV 8/00, S. 305.
[804] Korioth, in: Kröning, S. 2.
[805] Kröning, S. 7.
[806] Vgl. Leclerque, in: Das Parlament v. 26.11.99, S. 9.
[807] Siehe dazu Art. 72(2) GG (Einheitswahrungsklausel) und 106(3) GG.
[808] Leclerque, in: Das Parlament v. 26.11.99, S. 9.
[809] Eigene Rückschlüsse aus einem persönlichen Gespräch mit direkt an den Verhandlungen zur Neuordnung des bundesstaatlichen FAs beteiligten Akteuren.
[810] Art. 107 (2) S. 1 GG.
[811] Vgl. Peffekoven, in: Wirtschaftsdienst 1998/II, S. 80.
[812] Ursprünglich verankert in Art. 72(2) GG, findet sie sich auch in Art. 106(3) Nr. 2 GG wieder.

Rechtsbegriffs „angemessener Ausgleich“[813]. Das BVerfG sieht einen „angemessenen Finanzkraftausgleich“ i.S.d. Bundesstaatsprinzips dann verwirklicht, wenn „die richtige Mitte zwischen ... der Eigenverantwortlichkeit und ... Individualität der Länder auf der einen Seite und der solidargemeinschaftlichen Mitverantwortung für die ... Bundesgenossen auf der anderen Seite[814]“ gefunden worden ist. Diese Einschätzung der Bundesverfassungsrichter deutet darauf hin, daß sie die verfassungsrechtliche Zielsetzung des bundesstaatlichen FAs im Spannungsfeld zwischen Ländersolidarität und föderalem Wettbewerb[815] eingeordnet sehen wollen, ohne dabei eine starre ideologische Zuordnung zu kooperativem oder Konkurrenzföderalismus vorzunehmen, wie Klagegegner bzw. Kläger es tun. - Zu der Frage, ob das Urteil ein richtungsweisendes Signal für mehr föderalen Wettbewerb in Deutschland erkennen läßt, wie ihn die Klageländer anstreben, finden sich in der Literatur die unterschiedlichsten Stellungnahmen: Während Neubauer in der BVerfG-Entscheidung ein Plädoyer für die Stärkung des föderalen Wettbewerbs und gegen leistungshemmende Gleichmacherei sieht[816], spricht Gelinsky den Aussagen der Bundesverfassungsrichter eine ideologische Weichenstellung ab. Sie verweist darauf, daß das Wort „Wettbewerbsföderalismus .. sich in dem Karlsruher Urteil nicht [wiederfindet][817]“ und kommt zu dem Schluß, die Verfassungsrichter hätten ihre Entscheidung nicht auf dasselbe „ideologische Fundament“ gestellt wie die Regierungen Bayerns und Baden-Württembergs in ihren Normenkontrollanträgen.[818] Auch Kröning sieht „die ideologischen Positionen der streitenden Ländergruppen [durch das BVerfG-Urteil] umgangen[819]“. Er weist jedoch zugleich darauf hin, daß es „für den demokratischen Gesetzgeber, der [bei der Umsetzung des Urteils] den Konsens ... suchen muß, ... unumgänglich [sein wird], eine „rechtmäßige und zeitgemäße“ Idee voranzustellen.[820]“ Kröning schlägt in diesem Zusammenhang vor, „sich auf einen „aktivierenden“ das Teil- und Gesamtinteresse stärkenden Föderalismus zu verständigen[821]“, also ein Leitbild zu schaffen, das kooperative und wettbewerbsföderalistische Elemente sinnvoll miteinander verbindet.

Im Gegensatz zu einer solchen Lösung ließe sich eine völlige Abkehr vom kooperativen Föderalismus, wie sie die Klageländer befürworten, meiner Meinung nach nicht mit dem Tenor des BVerfG-Urteils vereinbaren. Von besonderer Be-

---

[813] Vgl. Art. 107(2) GG.
[814] BVerfG, 2 BvF 2/98 vom 11.11.99, Absatz-Nr. 291.
[815] Das Gebot des föderalen Wettbewerbs ist dem Bundesstaatsprinzip zu entnehmen. Vgl. BVerfG, 2 BvF 2/98 vom 11.11.99, Absatz-Nr. 214.
[816] Vgl. Neubauer, in: Die Welt v. 12.11.1999, S. 8.
[817] Gelinsky, in: FAZ v. 12.11.1999, S. 12.
[818] Vgl. zu alledem Gelinsky, in: FAZ v. 12.11.1999, S. 12.
[819] Kröning, S. 11.
[820] Kröning, S. 11.
[821] Kröning, S. 11.

deutung ist dabei die Analyse der Aussagen, die die Bundesverfassungsrichter zum LFA treffen. Denn in erster Linie an dieser Ausgleichsstufe mit ihren unmittelbaren horizontalen Umverteilungswirkungen hatte der Disput der beiden Ländergruppen um Aus- bzw. Übermaß der bundesgenössischen Solidarität seine ideologische Qualität gewonnen.

Wenn die Verfassungsrichter nun im Bezug auf Art. 107 (2) S. 1 und 2 GG betonen, der LFA solle keine finanzielle Gleichstellung der Länder bewirken, sondern lediglich „eine ihren Aufgaben entsprechende Annäherung ihrer Finanzkraft[822]", so kann dies meiner Ansicht nach nicht als Abkehr vom kooperativen Föderalismus gewertet werden, sondern vielmehr als Hinweis auf die richtige Interpretation des Solidargedankens: Ein angemessener Finanzkraftausgleich, wie ihn Art. 107 (2) S. 1 GG fordert, erzwingt zwar die Verringerung von bundesweiten Finanzkraftunterschieden, impliziert aber gleichzeitig ein Nivellierungs- bzw. Übernivellierungsverbot zum Schutze der Geberländer innerhalb der Solidargemeinschaft.[823] In diesem Balanceakt manifestiert sich die dem Bundesstaatsprinzip innewohnende Spannungslage, an der sich der gesamte FA auszurichten hat.[824]

5.3.2 Die Einwohnerveredelung der Stadtstaaten auf dem verfassungsgerichtlichen Prüfstand

In ihrem aktuellen Finanzausgleichsurteil fordern die Bundesverfassungsrichter den Gesetzgeber dazu auf, sowohl die EV des § 9(3) FAG als auch den Stadtstaatenbonus des § 9(2) FAG zu überprüfen und dabei das Hauptaugenmerk auf eine mögliche Verletzung des föderalen Gleichbehandlungsgebotes zu legen.[825]

Gegenwärtig berücksichtigt die EV in ihren beiden Anwendungsformen im LFA nur Mehr-[826] bzw. Sonderbedarfe[827] stark agglomerierter Bundesländer, obwohl diese bislang ebensowenig wissenschaftlich fundiert nachgewiesen werden konnten wie etwaige Mehrbedarfe gering verdichteter Räume.[828]

Während alle stark agglomerierten Bundesländer im LFA von der Veredelung ihrer Einwohner bei der Ermittlung der AMZ für die Steuereinnahmen der Gemeinden (gem. § 9(3) FAG) profitieren und die Stadtstaaten darüber hinaus auch bei der Ermittlung der Landessteuer-AMZ mit einer veredelten Einwohnerzahl angesetzt werden (gem. § 9(2) FAG), erhalten außergewöhnlich schwach ag-

[822] BVerfG, 2 BvF 2/98 vom 11.11.99, Absatz-Nr. 291.
[823] Vgl. BVerfG, 2 BvF 2/98 vom 11.11.99, Absatz-Nr. 292.
[824] Vgl. BVerfG E 72, 330 II, S. 398 sowie BVerfG, 2 BvF 2/98 vom 11.11.99, Absatz-Nr. 213.
[825] Vgl. BVerfG, 2 BvF 2/98 vom 11.11.99, Absatz-Nr. 319ff.
[826] Größenklassenwertung/Dichteklausel gem. § 9(3) FAG.
[827] Stadtstaatenbonus gem. § 9(2) FAG.
[828] Siehe dazu die Ausführungen unter Pkt. 2.1.2.1 dieser Arbeit.

glomerierte Bundesländer auf keiner der beiden Ebenen eine Höherwertung ihrer Einwohner. Hierin könnte ein Verstoß gegen das föderale Gleichbehandlungsgebot begründet liegen, denn das Vorhandensein etwaiger Deglomerationsnachteile wird durch die gegenwärtig praktizierten Einwohnerveredelungsformen im LFA implizit negiert, ohne daß dafür gesicherte Erkenntnisse vorlägen.[829]

Ob es aufgrund der bestehenden Anwendungsformen der EV im LFA zu einer Verzerrung des relativen Finanzkraftvergleiches zwischen den Bundesländern zugunsten stark agglomerierter Bundesländer bzw. zuungunsten außergewöhnlich dünn besiedelter Flächenländer kommt[830], soll der Gesetzgeber laut Prüfungsauftrag des BVerfG nun feststellen und gegebenenfalls korrigieren.[831]

Besondere Bedeutung hat dieser Aspekt durch die Einbeziehung der neuen Länder in den LFA erlangt: Unter ihnen befinden sich mit Brandenburg, Mecklenburg-Vorpommern, Thüringen und Sachsen-Anhalt nämlich mehrere unterdurchschnittlich verdichtete[832] Bundesländer, die durch die in der Brecht'schen Tradition stehende, (einseitig) Agglomerationen begünstigende Veredelungspraxis des FAG massiv benachteiligt sein könnten.

Hauptnutznießer der gegenwärtig praktizierten Einwohnerveredelungsformen im LFA sind die Stadtstaaten, denn sie profitieren als einzige Bundesländer in zweifacher Hinsicht: Zum einen kommt den extrem verstädtertern Bundesländern die Agglomerationsförderung im Rahmen des § 9(3) FAG in starkem Maße zugute. Zum anderen erhalten sie aufgrund ihrer strukturell bedingten Andersartigkeit als Agglomerationszentren mit dem Charakter unabhängiger Enklaven zusätzlich die stadtstaatenspezifische EV des § 9(2) FAG.

Der doppelte Prüfungsauftrag des BVerfG beinhaltet insofern für die Stadtstaaten eine nicht minder große Brisanz wie für die schwach verdichteten neuen Bundesländer. Angesichts der (in Pkt. 4.2.1 ermittelten) immensen finanziellen Bedeutung des Stadtstaatenbonus mag es - zumindest für die beiden finanzschwachen Stadtstaaten Bremen und Berlin - sogar eine noch größere sein.

---

[829] Einem entsprechenden Prüfungsauftrag des BVerfG aus dem Jahre 1992 ist der Gesetzgeber nicht nachgekommen. (Siehe dazu die Ausführungen unter Pkt. 5.1.3 dieser Arbeit.)

[830] Vgl. Kesper, S. 257.

[831] Vgl. BVerfG, 2 BvF 2/98 vom 11.11.99, Absatz-Nr. 319f.

[832] Unterdurchschnittliche Bevölkerungsdichte und unterdurchschnittliche Gemeindegrößen. (Vgl. Ossenbühl, S. 36.)

5.3.2.1 Die Kernaussagen des BVerfG zum Stadtstaatenbonus und ihre Hintergründe

Vor dem Hintergrund der veränderten Verhältnisse im wiedervereinigten Deutschland bedarf der Stadtstaatenbonus nach Ansicht der Bundesverfassungsrichter unbedingt der Überprüfung.[833]

Sie fordern den Gesetzgeber dazu auf, „die Finanzkraft der Stadtstaaten der Finanzkraft dünn besiedelter Flächenstaaten gegenüberzustellen und zu untersuchen, ob eine Ballung der Bevölkerung in einem Land oder eine unterdurchschnittliche Bevölkerungszahl [in einem anderen Land] einen abstrakten Mehrbedarf pro Einwohner rechtfertigen kann.[834]“ (Damit führt das BVerfG die Frage nach der Berechtigung des Stadtstaatenbonus letztendlich wieder auf die elementare Frage nach der Gültigkeit der Brecht'schen Kernthese von der progressiven Parallelität zwischen Bevölkerungsmassierung und Ausgabenwachstum zurück. Nach Ansicht des BVerfG hat die Integration der neuen Bundesländer in den gesamtdeutschen Finanzausgleich den Zweifeln an der Tragfähigkeit des Brecht'schen Gesetzes eine neue Brisanz verliehen.[835] Die östlichen Bundesländer weisen nämlich im Verhältnis zu den westlichen teilweise erheblich geringere Bevölkerungsdichten auf - das Brecht'sche Gesetz läßt jedoch „eventuelle Deglomerationsnachteile .. dünn besiedelter Regionen ganz außer Betracht[836]“.)

Nur durch eine differenzierte Betrachtung der unterschiedlichen Bedarfssituationen kann der Gesetzgeber sicherstellen, dem verfassungsrechtlich vorgegebenen föderalen Gleichbehandlungsgebot[837] im Hinblick auf die Behandlung aller Bundesländer im LFA zu genügen. Theoretisch wäre es möglich, eventuelle Mehrbelastungen ländlich geprägter Flächenstaaten nach dem Vorbild des Stadtstaatenbonus ebenfalls über eine Höhergewichtung ihrer tatsächlichen Einwohnerzahl im Rahmen des § 9(2) FAG zu berücksichtigen. „Umfang und Höhe eines Mehrbedarfs sowie die Art seiner Berücksichtigung dürften [allerdings] vom Gesetzgeber nicht frei gegriffen werden.[838]“ Vielmehr hätte er „nach Maßgabe verläßlicher, objektivierbarer Indikatoren[839]“ zu überprüfen, ob der Stadtstaatenbonus bzw. ein etwaiger „Flächenstaatenbonus“ für dünn besiedelte Bundesländer im LFA eine Berechtigung haben könnten.

Noch in den Finanzausgleichsurteilen der Jahre 1986 und 1992 hatten die Bundesverfassungsrichter den Stadtstaatenbonus grundsätzlich gebilligt und dabei

---

[833] BVerfG, 2 BvF 2/98 vom 11.11.99, Absatz-Nr. 319f.
[834] BVerfG, 2 BvF 2/98 vom 11.11.99, Absatz-Nr. 320.
[835] Vgl. BVerfG, 2 BvF 2/98 vom 11.11.99, Absatz-Nr. 320.
[836] Kesper, S. 257.
[837] Art. 3 GG.
[838] BVerfG, 2 BvF 2/98 vom 11.11.99, Absatz-Nr. 319.
[839] BVerfG, 2 BvF 2/98 vom 11.11.99, Absatz-Nr. 319.

maßgeblich auf die strukturell bedingte Andersartigkeit der Stadtstaaten und ihre daraus resultierende spill-over-Problematik abgestellt.[840] Wenn sie dies nun nicht mehr tun, obwohl sich an der besonderen Problematik der Stadtstaaten als Hauptstädte ohne Umland seither nichts geändert hat, so ist dies vorrangig auf die wiedervereinigungsbedingten Veränderungen in der föderalen Struktur der BRD zurückzuführen: Seit der kleinen Finanzreform 1995 gehören dem gesamtdeutschen Finanzausgleichskreis Bundesländer an, die aufgrund ihrer unterdurchschnittlichen Bevölkerungsdichten möglicherweise ebenso als „strukturell andersartig" gelten könnten wie die Stadtstaaten. Soweit diesen Bundesländern nun aus ihrer „strukturellen Andersartigkeit" spezifische Nachteile erwachsen, müßten diese im Hinblick auf das föderale Gleichbehandlungsgebot auch ebenso eine finanzausgleichsrechtliche Berücksichtigung finden wie die stadtstaatenspezifischen Nachteile.

Dies ist bislang aber nicht der Fall, da der Stadtstaatenbonus, wie alle EV-Formen in den deutschen Finanzausgleichssystemen, im Kern auf die Aussagen von Brecht und Popitz zurückgeht, auf deren Grundlage in Deutschland seit Jahrzehnten eine reine Agglomerationsförderung betrieben wurde. Zwar wurde der Stadtstaatenbonus schon seit längerer Zeit in erster Linie mit der strukturellen Eigenart der Stadtstaaten und ihrer daraus resultierenden spill-over-Problematik begründet, letztendlich läßt sich in diesem Begründungsansatz aber eine Fortentwicklung des Brecht'schen Ansatzes bzw. eine Zuspitzung desselben auf die besondere Belastungssituation von Agglomerationszentren in Enklavenlage erkennen.[841] - Unabhängig davon, ob der Begründungsansatz der strukturell bedingten Sonderproblematik als eigenständige Rechtfertigungsgrundlage für den Stadtstaatenbonus gewertet wird oder nicht, bleibt die Grundaussage des Brecht'schen Gesetzes darin unverkennbar. Andernfalls hätte die Frage nach einer Benachteiligung von Bundesländern mit strukturellen Auffälligkeiten spätestens seit der deutschen Wiedervereinigung nicht mehr auf die Betrachtung extrem „verstädterter" Bundesländer beschränkt bleiben dürfen.

Solange die verfassungsrechtlich geforderte Überprüfung der EV des § 9(2) FAG nicht stattgefunden hat, besteht die Gefahr, daß es durch die Anwendung

---

[840] Vgl. Peffekoven-Gutachten, S. 9 sowie BVerfG E 72, 330 II, S. 415/416 und BVerfG E 86 148 II, S. 240.

[841] Bei der agglomerationsbedingten spill-over-Problematik handelt es sich um einen Aspekt zur Begründung der Brecht'schen Kernthese, der von Brecht selbst in seiner heutigen Relevanz noch nicht gesehen wurde, dem im Laufe der Zeit aber eine immer größere Bedeutung bei der Rechtfertigung der Annahme erhöhter städtischer Pro-Kopf-Bedarfe beigemessen wurde. Dies ging soweit, daß daraus ein eigenständiger Begründungsansatz für die Anwendung agglomerationsbegünstigender EV-Formen abgeleitet wurde. Ein besonderes Gewicht kommt ihm bei der Rechtfertigung des Stadtstaatenbonus zu, da die Stadtstaaten aufgrund ihrer besonderen Enklavensituation mit einer verschärften spill-over-Problematik konfrontiert sind. (Siehe dazu die Ausführungen unter Pkt. 2.1.2.1 und 2.1.2.3 dieser Arbeit.)

des Stadtstaatenbonus im LFA zu einem Verstoß gegen das föderale Gleichbehandlungsgebot zu Lasten von Bundesländern mit „Dünnsiedelungsproblemen" kommt.

5.3.2.2 Die Bedeutung der Aussagen zum Stadtstaatenbonus für die Stadtstaaten

Nach dem Willen der Verfassungsrichter sollte der Fortbestand der Einwohnerveredelung des § 9(2) FAG von den Ergebnissen der verfassungsgerichtlich geforderten Untersuchung abhängig gemacht werden. Auf dieser Grundlage läßt sich eine sachliche Entscheidung darüber treffen, ob und in welcher Form der Stadtstaateneigenschaft im bundesstaatlichen FA künftig Rechnung getragen werden soll. Es bleibt zu hoffen, daß der Gesetzgeber seinem Prüfungsauftrag diesmal in angemessener Weise nachkommt und nicht, wie so oft zuvor, eine verfassungsgerichtliche Vorgabe schlichtweg übergeht oder auf ungewisse Zeit zurückstellt. Allerdings wird die Entscheidung über die Zukunft des Stadtstaatenbonus - ungeachtet dessen, ob die geforderte Untersuchung durchgeführt wird oder nicht - letztendlich auf dem politischen Verhandlungswege zustande kommen. Objektive Untersuchungsergebnisse könnten aber zumindest dazu beitragen, die emotional und taktisch geführte politische Debatte etwas zu versachlichen.

Für die Stadtstaaten ist die gegenwärtige Ungewißheit mit dem Verlust ihrer finanziellen Planungssicherheit verbunden, denn solange die Anerkennung eines stadtstaatlichen Mehrbedarfs nicht feststeht, bleibt ihre finanzielle Stellung innerhalb des künftigen LFA unkalkulierbar. Die Möglichkeiten reichen von einer Beibehaltung der bestehenden Konstruktion, über alternative Systeme zur Berücksichtigung der Stadtstaateneigenschaft bis hin zu einem ersatzlosen Wegfall der Sonderbehandlung. Letzteres erscheint jedoch insofern unwahrscheinlich, als die Ministerpräsidenten aller Bundesländer sich im März 2000 darauf verständigt haben, daß durch die Neuregelung des bundesstaatlichen FAs kein Bundesland in seiner Existenz in Frage gestellt werden darf.[842] Eine derartige Bestandsgarantie könnte aber zumindest in den Fällen der finanzschwachen Stadtstaaten Bremen und Berlin ohne weitere finanzausgleichsrechtliche Sonderbehandlung nur schwer gewährleistet werden. Die Berechnungen unter Pkt. 4.2.1 dieser Arbeit haben deutlich gemacht, wie stark diese beiden Bundesländer finanziell auf einen Fortbestand des Stadtstaatenbonus angewiesen sind. Ein Wegfall dieser Regelung würde Bremen knapp „800 Millionen Mark, ... [Berlin sogar fast] vier Milliarden [jährlich] kosten.[843]" Da eine ersatzlose Streichung des Stadtstaatenbonus die beiden Länder aller Voraussicht nach nicht nur in ih-

---

[842] Vgl. o. V., Länder im Grundsatz einig über neuen FA, in: Die Welt online v. 27.3.2000. INTERNET: http://www.welt.de/daten/2000/03/27/0327de158890.htx

[843] Monsees, in: Weser Kurier v. 12.11.99, S. 5.

rer finanziellen Überlebensfähigkeit gefährden würde, stünde er faktisch der zugesicherten Bestandsgarantie entgegen.

5.3.2.3 Größenklassenwertung (inkl. Dichteklausel) gem. § 9(3) FAG aus der Sicht des BVerfG

Die EV des § 9(3) FAG wird vom BVerfG ebenfalls für überprüfungsbedürftig erachtet. Die Richter sehen es nicht als erwiesen an, daß tatsächlich ein abstrakter Mehrbedarf größerer Gemeinden bei der Erledigung kommunaler Aufgaben vorliegt, der die gegenwärtige Einwohnerwertung bei den Gemeindesteuereinnahmen rechtfertigen könnte. Sie erteilen daher dem Gesetzgeber den Auftrag, anhand relevanter Kriterien zu überprüfen, ob die Größenklassenwertung in ihrer bestehenden Form der kommunalen Bedarfssituation innerhalb des Bundesgebietes angemessen Rechnung trägt.[844] Für besonders problematisch halten die Verfassungsrichter den Umstand, daß „der Bedarf der neuen Länder Mecklenburg-Vorpommern, Brandenburg und Thüringen durch die gegenwärtige Einwohnergewichtung weniger Gewicht erhält[845]" als der der alten Länder, die im Durchschnitt wesentlich höhere Gemeindegrößen aufweisen.[846] Auf diese Weise bleiben eventuelle deglomerationsbedingte Kostennachteile im Bereich der öffentlichen Leistungserstellung bei der Mittelumschichtung im LFA völlig unberücksichtigt.[847] Das BVerfG verweist in diesem Zusammenhang explizit auf mögliche „diseconomies of scale[848]", die schwach agglomerierten Bundesländern daraus erwachsen könnten, daß sie ihre Kosten öffentlicher Leistungserstellung nur auf eine vergleichsweise geringe Kopfzahl umlegen können.[849]

In Frage gestellt wird von den Verfassungsrichtern auch die Dichteklausel des § 9(3) S. 2 FAG.[850] Sie wirkt sich aufgrund der unterdurchschnittlichen Bevölkerungsdichten in den genannten neuen Bundesländern[851] bislang ebenfalls überaus negativ auf deren Ausgleichsansprüche im LFA aus. Nun soll der Gesetzgeber nach dem Willen des BVerfG prüfen, „ob .. [die Dichteklausel] ein empirisch nachweisbares Bedarfsindiz erfaßt[852]" oder nur „den Einwohnermaßstab durch frei gegriffene Größen[853]" modifiziert.

Die EV des § 9(3) FAG stützt sich unmittelbar auf die Brecht'sche Annahme von der progressiven Parallelität von Ausgabenwachstum und Bevölkerungs-

---

[844] Vgl. zu alledem BVerfG, 2 BvF 2/98 vom 11.11.99, Absatz-Nr. 321.
[845] BVerfG, 2 BvF 2/98 vom 11.11.99, Absatz-Nr. 321.
[846] Vgl. Ossenbühl, S. 36.
[847] Vgl. zu alledem BVerfG, 2 BvF 2/98 vom 11.11.99, Absatz-Nr. 321.
[848] Siehe dazu auch die Ausführungen unter Pkt. 2.2.1 dieser Arbeit.
[849] Vgl. BVerfG, 2 BvF 2/98 vom 11.11.99, Absatz-Nr. 321.
[850] Vgl. BVerfG, 2 BvF 2/98 vom 11.11.99, Absatz-Nr. 321.
[851] Angabe des BVerfG: Vgl. BVerfG, 2 BvF 2/98 vom 11.11.99, Absatz-Nr. 321.
[852] BVerfG, 2 BvF 2/98 vom 11.11.99, Absatz-Nr. 322.
[853] BVerfG, 2 BvF 2/98 vom 11.11.99, Absatz-Nr. 322.

massierung. Eine Annahme, deren Gültigkeit mit erheblichen Zweifeln behaftet ist. So ergaben beispielsweise Untersuchungen zu den Brecht'schen Bestimmungsfaktoren der Ausgaben, die für die USA durchgeführt wurden, „daß die Bevölkerungsdichte in weiten Bereichen zunächst negativ mit den Pro-Kopf-Ausgaben korreliert .. , und eine Zunahme .. [dieser] Ausgaben ... erst bei einer hohen Bevölkerungsdichte eintritt.[854]“[855] Die EV auf der Grundlage des Brecht'schen Gesetzes läßt jedoch Deglomerationsnachteile völlig unberücksichtigt und zielt ausschließlich auf einen Nachteilsausgleich zugunsten der Verdichtungsräume ab. Insofern steht die Ausgleichsregelung des § 9(3) FAG im Verdacht, den unterschiedlichen Gegebenheiten eines von der Siedlungsstruktur her sehr inhomogenen Bundesstaates nicht gerecht zu werden. Infolge der wiedervereinigungsbedingten Veränderungen in der Struktur der deutschen Föderation sahen sich die Bundesverfassungsrichter folgerichtig dazu gezwungen, einen eindringlichen Prüfungsauftrag für diese Form der EV zu erteilen, um eine Benachteiligung der unterdurchschnittlich agglomerierten neuen Bundesländer im LFA (und damit einen Verstoß gegen das föderale Gleichbehandlungsgebot) zu verhindern. Bis die erforderlichen Untersuchungsergebnisse für Deutschland vorliegen, steht die Einwohnerwertung bei der Ermittlung der Gemeindesteuer-AMZ unter dem Vorbehalt ihrer Rechtfertigung.

Sollte sich aus der Überprüfung die Notwendigkeit ergeben, die EV des § 9(3) FAG abzuschaffen oder zugunsten von Deglomerationsräumen zu modifizieren, so wäre dies für die Stadtstaaten mit schmerzlichen finanziellen Verlusten auf der Ebene des LFA verbunden. - Wie bedrohlich sich eine solche Maßnahme tatsächlich auf die Stadtstaaten auswirkt, hängt von der künftigen Gesamtkonstellation des bundesstaatlichen Finanzausgleichs in Deutschland ab. Einen alleinigen Wegfall der EV des § 9(3) FAG könnten vermutlich auch die beiden finanzschwachen Stadtstaaten Bremen und Berlin noch aus eigener Kraft kompensieren.[856]

5.4 Politische Konsequenzen des Bundesverfassungsgerichtsurteils

Nachdem das BVerfG die Aufgabe der „Neuordnung des bundesstaatlichen Finanzausgleichs“ ausdrücklich an die Politik zurückverwiesen hat, haben die Regierungschefs der Länder die Einsetzung zweier Arbeitsgruppen beschlossen: Eine soll sich mit den Möglichkeiten der „Neuordnung der Kompetenzordnung und der Finanzverfassung“ der BRD im allgemeinen auseinandersetzen, die andere mit der „Neuordnung der Finanzbeziehungen zwischen Bund und Ländern“

---

[854] Kitterer, S. 19.

[855] Vgl. Kitterer, S. 19.

[856] Siehe zu alledem die Ausführungen zu den Auswirkungen eines Wegfalls der EV des § 9(3) FAG unter Pkt. 4.2.2 dieser Arbeit.

im speziellen. Ein Sonderausschuß des Bundestages[857] soll dann ab Oktober 2000[858] auf der Grundlage eines gemeinsamen Berichtes beider Arbeitsgruppen einen Gesetzesentwurf für das Maßstäbegesetz und das neue FAG erarbeiten.[859] Die Verabschiedung beider Gesetze sowie des Solidarpakts II ist noch für die laufende Legislaturperiode geplant (Maßstäbegesetz in der ersten Jahreshälfte 2001, FAG in der zweiten Jahreshälfte).[860]

Von besonderem Interesse ist im Rahmen dieser Arbeit der Gegenstand der zweiten Arbeitsgruppe, der von den Regierungschefs der Länder zur Bearbeitung an die Länderfinanzminister verwiesen wurde.[861] Diese legten am 10.2.2000 einen ersten Zwischenbericht[862] vor, der „bereits vielfältige Differenzen bei der Umsetzung des Urteils ankündigte[863]". Auf einer Konferenz der Ministerpräsidenten der 16 Bundesländer am 25. März in Berlin wurde dann eine verbindliche „Leitlinie für die Länderfinanzminister[864]" festgelegt, mit der die Länder offiziell den Grundstein für einen neuen verfassungskonformen Finanzausgleich in Deutschland legen wollten.[865] Auch in Zukunft soll es demnach das erklärte Ziel des bundesstaatlichen Finanzausgleichs bleiben, „eine aufgabengerechte Finanzausstattung aller Länder .. sicher[zu]stellen.[866]" „Grundlage für die angestrebte Lösung ist die Unantastbarkeit bestehender Länder und die weitere Integration der neuen Länder [867]", die eine Anschlußregelung für den Solidarpakt erhalten sollen.[868] Die Klageländer verzichten damit auf ihre Forderung nach Neugliederung finanzschwacher Bundesländer[869], durch die insbesondere die Eigenständigkeit der beiden ärmeren Stadtstaaten in Frage gestellt worden war.[870] Durchsetzen können sich die Geberländer hingegen voraussichtlich mit ihrem Vorschlag, in Zukunft Bundesländer zu belohnen, denen es gelingt, „ihre

---

[857] Grundlage für dessen Bildung ist § 54 der Geschäftsordnung des Deutschen Bundestages.

[858] Unter dem Vorsitz Volker Krönings.

[859] Vgl. Kröning, S. 1f., außerdem Informationen aus einem persönlichen Gespräch mit direkt an den Verhandlungen zur Neuordnung des FA beteiligten Akteuren.

[860] Informationen aus einem persönlichen Gespräch mit direkt an den Verhandlungen zur Neuordnung des FA beteiligten Akteuren.

[861] Vgl. Kröning, S. 2.

[862] Rechtliche und politische Bestandsaufnahme zum bundesstaatlichen FA.

[863] Kröning, S. 2.

[864] Scherf/Stoiber, in: Spiegel Online v. 25.3.2000.

[865] Vgl. o.V., Länder im Grundsatz einig über neuen Finanzausgleich, in: Die Welt online v. 27.3.2000.

[866] Finanzbehörde Hamburg, Pressemitteilung vom 12.4.2000, S. 1.

[867] Spiegel Online v. 25.3.2000.

[868] Vgl. Finanzbehörde Hamburg, Pressemitteilung vom 12.4.2000, S. 1.

[869] Vgl. z.B. Arndt, in: Wirtschaftsdienst II/1998, S. 79f. (Das GG läßt die Neugliederung des Bundesgebietes in Art. 29 unter bestimmten Voraussetzungen zu.)

[870] Vgl. o.V., Länder im Grundsatz einig über neuen Finanzausgleich, in: Die Welt online v. 27.3.2000.

Steuerbasis durch eine erfolgreiche Wirtschafts- und Finanzpolitik zu verbreitern.[871]" Zu diesem Zweck soll ein System von Anreizen geschaffen werden, durch das vor allem die Eigeninitiative der Nehmerländer zur Erhöhung ihrer Steuereinnahmen - etwa durch neue Industrieansiedlungen - gestärkt werden soll.[872] Das bisherige System ist nach Ansicht der Geberländer mit zu vielen „negativen" Anreizwirkungen verbunden, die sich leistungshemmend auf die Nutzung landeseigener Steuerquellen auswirken.[873]

Das Berliner Einigungspapier steckt mit den genannten Richtlinien einen grundsätzlichen Rahmen für die Neuordnung des bundesstaatlichen Finanzausgleichs ab. Eine nachhaltige Entschärfung der bestehenden Differenzen darf von dieser „Einigung" aber nicht erwartet werden, denn sie trifft noch keinerlei Aussagen zu den strittigen Detailfragen des künftigen bundesstaatlichen Finanzausgleichs.[874] Konkrete Vorgaben zur verfassungskonformen Ausgestaltung des neuen FAG sollen von den Finanzministern der Länder bis Oktober 2000[875] „auf dem Wege des konstruktiven Dialogs[876]" erarbeitet werden. Von besonderem Interesse wird dabei die Höhe der künftigen Ausgleichszahlungen im LFA sein, zu der in Berlin noch keine Angaben gemacht wurden.[877] Die Geberländer erhoffen sich von dem neuen Ausgleichssystem eine spürbare finanzielle Entlastung im LFA. Für die Nehmerländer geht es dagegen darum, ihren finanziellen status quo zu verteidigen bzw. zumindest ihre finanziellen Einbußen in tragbaren Grenzen zu halten. (Seit April liegen Neuordnungsvorschläge dieser beiden Ländergruppen vor, „die einen [baldigen] Konsens über einen Gesetzesentwurf [zur Neuregelung des bundesstaatlichen Finanzausgleichs] ... [eher] fraglich erscheinen lassen.[878]")

Einigkeit, ja sogar Einstimmigkeit herrscht hingegen unter den Bundesländern, wenn es darum geht, ihre Interessen bei der Neuordnung des Finanzausgleichs gegenüber den Interessen des Bundes durchzusetzen. Auf der Jahrestagung der Länderfinanzminister am 25./26. Mai 2000 in Potsdam haben sich alle Länder einstimmig dafür ausgesprochen, der Bund solle sein bisheriges Ausgleichsvolumen im bundesstaatlichen Finanzausgleich beibehalten und den Ländern auch

---

[871] Neubauer, in: Die Welt v. 12.11.1999, S. 8.

[872] Vgl. o.V., Länder im Grundsatz einig über neuen Finanzausgleich, in: Die Welt online v. 27.3.2000.

[873] Siehe dazu die Ausführungen zum Standpunkt der Klageländer im Verfassungsstreit 1999/98 unter Pkt. 5.2.1 dieser Arbeit.

[874] Vgl. Eckpunktepapier, S. 1.

[875] Vgl. o.V., Länder im Grundsatz einig über neuen Finanzausgleich, in: Die Welt online v. 27.3.2000.

[876] Eckpunktepapier, S. 1.

[877] Vgl. Spiegel Online v. 25.3.2000.

[878] Kröning, S. 2.

künftig Hilfe im gewohnten finanziellen Umfang zur Verfügung stellen.[879] Außerdem wehrten sich die Länder einstimmig gegen den wahltaktisch motivierten Vorschlag der Bundesregierung, die Verabschiedung des neuen FAG in die nächste Legislaturperiode zu verschieben.[880] Nach dem Willen der Bundesregierung sollte es vor der Bundestagswahl im Jahre 2002 nur zu einer Verabschiedung des Maßstäbegesetzes kommen, die Länder befürworteten stattdessen aus Gründen der finanzwirtschaftlichen Planungssicherheit eine vollständige Neuregelung des bundesstaatlichen Finanzausgleichs[881] noch in der laufenden Legislaturperiode.[882] Auf einer Ministerpräsidentenkonferenz am 15.6.00 gelang es ihnen, sich mit dem Bundeskanzler auf den von ihnen vorgeschlagenen gerafften Zeitplan zu einigen.[883]

Der Bremer Finanzsenator Perschau wertete die Potsdamer Beschlüsse als erstes Signal für eine Annäherung „zwischen den beiden Ländergruppen .. , die sich bislang [so] unversöhnlich gegenüberstehen[884]". Seiner Meinung nach wird der Bund versuchen, seinen Leistungsanteil im neuen bundesstaatlichen Finanzausgleich auf Kosten der Länder zu reduzieren, was aller Voraussicht nach für beide Ländergruppen eine finanzielle Schlechterstellung mit sich bringen würde. Insofern erscheint es nur zweckmäßig, wenn Geber- und Nehmerländer in dieser Frage eine gemeinsame Position gegenüber dem Bund beziehen. Das bedeutet jedoch nicht, daß sie den Kampf um die Aufteilung des Ausgleichsvolumens untereinander weniger hart führen werden. Vielmehr sind in diesem Zusammenhang zwei unterschiedliche Konfliktebenen betroffen: Bund-Länder sowie Länder untereinander.

5.4.1 Der Stand der Diskussion um den Stadtstaatenbonus

Die EV des § 9(2) FAG gehört auch nach dem BVerfG-Urteil vom 11.11.99 noch zu den elementaren Streitfragen zwischen Geber- und Nehmerländern. Dies geht aus den Eckpunkten beider Ländergruppen hervor, die im wesentlichen die alten Standpunkte der Kläger bzw. Klagegegner aus dem zurückliegenden Verfassungsstreit der Jahre 1998/99 reflektieren. Der Wissenschaftliche Beirat des BMF bringt zwei Alternativvorschläge in die Diskussion ein, die zur Lösung der Stadtstaatenfrage seiner Ansicht nach besser geeignet wären als die EV des § 9(2) FAG.[885]

[879] Vgl. Hellwig, in: Weser Kurier v. 27.5.00, S. 1.

[880] o. V.: „Finanzausgleich bis 2002 neu regeln", in: FAZ v. 27.5.00, S. 2.

[881] Vollständige Neuregelung bedeutet Verabschiedung des Maßstäbegesetzes, des FAG und des Solidarpakts II.

[882] Vgl. Hellwig, in: Weser Kurier v. 27.5.00, S. 1.

[883] Informationen aus einem persönlichen Gespräch mit direkt an den Verhandlungen zur Neuordnung des FA beteiligten Behörden.

[884] Hellwig, in: Weser Kurier v. 27.5.00, S. 1.

[885] Siehe dazu die Ausführungen unter Pkt. 5.4.1.3 dieser Arbeit.

5.4.1.1 Der Standpunkt der Stadtstaaten/Nehmerländer

Berlin, Brandenburg, Bremen, Hamburg, Mecklenburg-Vorpommern, Niedersachsen, Rheinland-Pfalz, das Saarland, Sachsen-Anhalt und Schleswig-Holstein bestätigen in ihren gemeinsamen Eckpunkten zur Neuregelung des bundesstaatlichen Finanzausgleichs den Stadtstaatenbonus in seiner bestehenden Form.[886] Damit erkennt die Mehrzahl der Bundesländer die besondere Stellung der Stadtstaaten innerhalb des föderalen Systems der Bundesrepublik Deutschland an.[887] In ihrer Begründung heißt es, der Stadtstaatenbonus sei „unabdingbar, um .. [der] strukturelle[n] Andersartigkeit [der Stadtstaaten] und dem daraus entstehenden finanziellen Mehrbedarf gegenüber den Flächenländern angemessen Rechnung zu tragen.[888]" Die gegenwärtige Höhe des Veredelungsfaktors halten die Befürworter des Stadtstaatenbonus in ihrem Eckpunktepapier ebenfalls für gerechtfertigt. Sie berufen sich bei dieser Einschätzung im Grundsatz auf den methodischen Ansatz des ifo-Gutachtens, allerdings modifiziert durch die aktuellen Vorgaben des BVerfG.[889] Die Vorgehensweise der ifo-Gutachter war in der Vergangenheit von den Stadtstaaten teilweise erheblich kritisiert worden.[890]

In Ergänzung zum Eckpunktepapier der Zehnergruppe haben die Bürgermeister Berlins, Bremens und Hamburgs im Juni 2000 eine gemeinsame Erklärung[891] verfaßt, in der sie nochmals explizit für eine gerechte Behandlung der Stadtstaaten im bundesstaatlichen Finanzausgleich eintreten. Trotz des eindeutigen Tenors dieser Erklärung läßt sie in puncto Stadtstaatenbonus im Vergleich zu dem im April erstellten Eckpunktepapier schon ein gewisses taktisches Entgegenkommen der Stadtstaaten erkennen, da zumindest hinsichtlich der Höhe einer künftigen stadtstaatenspezifischen EV Verhandlungsbereitschaft signalisiert wird: Zunächst weisen die Bürgermeister darauf hin, daß das Funktionieren aller deutschen Metropolen nur über eine angemessene Behandlung innerhalb der bestehenden Finanzausgleichssysteme gesichert werden könne.[892] Dabei dürfe die Sonderbehandlung der Stadtstaaten im LFA nicht isoliert betrachtet werden, sondern müsse als Ersatz für den landesinternen kommunalen Finanzausgleich verstanden werden, mit Hilfe dessen in den Flächenländern Großstädte für ihre Zusatzbelastungen entschädigt werden. (In den Stadtstaaten ist ein solcher gar nicht bzw. nur äußerst begrenzt möglich.) Ohne den Stadtstaatenbonus wäre

---

886 Vgl. Eckpunktepapier, S. 2.

887 Vgl. Finanzbehörde Hamburg, Pressemitteilung vom 12.4.2000, S. 1.

888 Eckpunktepapier, S. 2.

889 Vgl. zu alledem Eckpunktepapier, S. 2.

890 Siehe dazu die Ausführungen unter Pkt. 4.1.1.2 dieser Arbeit.

891 Erklärung der Bürgermeister der Stadtstaaten, in: Meldung der Staatlichen Pressestelle vom 8.6.2000, Hamburg. INTERNET: http://www.hamburg.de/Behoerden/Pressestelle/

892 Vgl. Erklärung der Bürgermeister der Stadtstaaten, INTERNET: http://www.hamburg.de/Behoerden/Pressestelle/

nach Einschätzung der Bürgermeister „die vom Grundgesetz geforderte aufgabengerechte Finanzausstattung und die Berücksichtigung der strukturellen Eigenart der Stadtstaaten nicht zu gewährleisten.[893]" Bezüglich der Höhe der künftigen Einwohnerveredelung des § 9(2) FAG geben sich die Stadtstaaten-Bürgermeister nunmehr kompromißbereit. Eine Entscheidung darüber sollte ihrer Ansicht nach „methodisch auf der Grundlage eines Großstadtvergleichs per Gutachten aller Länder unter Federführung des Bundes .. erfolgen.[894]" Es wird also prinzipiell eine Neuauflage des ifo-Gutachtens vorgeschlagen, aus der dann Erkenntnisse für die künftige Höhe des Stadtstaatenbonus abgeleitet werden sollen. Wenn die Bürgermeister sich im neuen bundesstaatlichen Finanzausgleich für eine „gleichartige Behandlung" aller drei Stadtstaaten aussprechen, so zielt dies implizit auf einen einheitlichen Stadtstaatenbonus für Bremen, Hamburg und Berlin ab .[895] Ihre Begründung verbleibt in diesem Punkt allerdings sehr allgemein[896], so daß hierin angesichts der noch ausstehenden Ergebnisse der geforderten Überprüfung des Stadtstaatenbonus ein nicht nachvollziehbarer gedanklicher Vorgriff zu sehen ist.

Die Stadtstaaten nahmen gegenüber den Ergebnissen des ifo-Gutachtens lange Zeit eine ablehnende Haltung ein. Sie gaben diese erst im gemeinsamen Eckpunktepapier der Nehmerländer auf, als dort der Versuch unternommen wurde, die gegenwärtige Regelung des § 9(2) FAG unter Verweis auf eben diese Ergebnisse zu rechtfertigen.

Der scheinbare Sinneswandel der Stadtstaaten erklärt sich aus ihrer geschwächten Verhandlungsposition infolge der BVerfG-Entscheidung vom 11.11.99: Wurde der Stadtstaatenbonus in den Urteilen der Jahre 1986 und 1992 vom BVerfG noch dem Grunde nach gebilligt und nur der Höhe nach hinterfragt [897], so müssen die Stadtstaaten aufgrund des jüngsten Urteils nun um den grundsätzlichen Fortbestand dieser Sonderbehandlung kämpfen.

Grundlegend unterschiedlich waren schon die Ausgangsbedingungen der drei großen Verfassungsstreitigkeiten um den bundesstaatlichen FA: 1983 und 1988 gaben die Stadtstaaten selbst den Anstoß für die verfassungsgerichtliche Über-

---

[893] Erklärung der Bürgermeister der Stadtstaaten, INTERNET: http://www.hamburg.de/Behoerden/Pressestelle/

[894] Erklärung der Bürgermeister der Stadtstaaten, INTERNET: http://www.hamburg.de/Behoerden/Pressestelle/

[895] Vgl. zu alledem Erklärung der Bürgermeister der Stadtstaaten, INTERNET: http://www.hamburg.de/Behoerden/Pressestelle/

[896] Verweis auf die überregionale Bedeutung, die allen drei Stadtstaaten gemeinsam ist. (Vgl. Erklärung der Bürgermeister der Stadtstaaten, INTERNET: http://www.hamburg.de/Behoerden/Pressestelle/)

[897] 1986 Prüfungsauftrag an den Gesetzgeber, 1992 Anerkennung der Untersuchungsergebnisse des ifo-Instituts durch das BVerfG.

prüfung des FAG und forderten vom BVerfG eine Erhöhung ihrer Einwohnerwertung, die jedoch an den Untersuchungsergebnissen der ifo-Gutachter scheiterte. Die jüngste Auseinandersetzung vor dem BVerfG kam dagegen 1998 auf Initiative der wichtigsten Geberländer hin zustande. Eine mögliche Erhöhung des Stadtstaatenbonus stand darin nicht mehr zur Debatte, sondern lediglich die Beibehaltung oder Abschaffung der bestehenden Regelung des § 9(2) FAG.

Die Stadtstaaten verzichteten im Verfassungsstreit 1998/99 darauf, ihre Forderung nach einem höheren Stadtstaatenbonus nochmals zu erneuern. - Möglicherweise akzeptierten sie damit die letzte Entscheidung des BVerfG, in denen es die Ergebnisse des ifo-Gutachtens als Grundlage der stadtstaatlichen Einwohnerwertung ausdrücklich anerkannt hatte.[898] Mit größerer Wahrscheinlichkeit stand jedoch die Befürchtung der Stadtstaaten im Vordergrund, daß eine neuerliche Überprüfung der Höhe des Stadtstaatenbonus infolge der wiedervereinigungsbedingten Veränderungen der Struktur der BRD zu ihren Ungunsten ausfallen könnte.[899]

Wenn Hamburg, Bremen und Berlin in ihrer gemeinsamen Erklärung im Juni 2000 nun selbst eine solche Überprüfung vorgeschlagen haben, dann ist darin in erster Linie ein taktischer Schachzug zu sehen: Den Verhandlungsgegnern wird in einer Detailfrage Kompromißbereitschaft signalisiert, obwohl die besagte Ausgleichsregelung zum fraglichen Zeitpunkt noch grundsätzlich zur Disposition steht.[900] Auf diese Weise versuchen die Stadtstaaten, das aus ihrer Sicht schlimmste bzw. zumindest unsicherste Szenario von sich abzuwenden - einen völligen Wegfall ihres Stadtstaatenbonus. - Objektiv gesehen greift es jedoch zu kurz, aus der BVerfG-Entscheidung vom 11.11.99 lediglich die Notwendigkeit zur neuerlichen Überprüfung der Höhe des Stadtstaatenbonus abzuleiten, haben die Bundesverfassungsrichter diese Ausgleichsregelung zuletzt doch elementar in Frage gestellt.[901] Insofern wird die von den Stadtstaaten vorgeschlagene Untersuchung den Vorgaben des BVerfG qualitativ nicht voll gerecht. Vielmehr läßt sich aus diesen Vorgaben der Anspruch ableiten, im Rahmen der Neuordnung des bundesstaatlichen Finanzausgleichs auch den Standort der Stadtstaaten innerhalb dieses Systems unter Wahrung des föderalen Gleichbehandlungsgebotes neu zu bestimmen. Der Prozeß der Neupositionierung darf sich dement-

---

898 Siehe dazu die Ausführungen zum Verfassungsstreit 1988/92 unter Pkt. 5.1.3 dieser Arbeit.

899 Durch das Urteil vom 11.11.99 hat sich eine derartige Befürchtung nun sogar in verschärfter Form bewahrheitet, da das BVerfG die strukturelle Andersartigkeit einiger neuer Bundesländer zum Anlaß genommen hat, um den Gesetzgeber zu einer grundsätzlichen Überprüfung der EV der Stadtstaaten aufzufordern. Siehe dazu die Ausführungen unter Pkt. 5.3.2.1 und 5.3.2.2 dieser Arbeit.

900 Dies ist mittlerweile nicht mehr der Fall: Siehe dazu die Ausführungen unter Pkt. 6.1 dieser Arbeit.

901 Siehe dazu die Ausführungen unter Pkt. 5.3.2.1 und 5.3.2.2 dieser Arbeit.

sprechend nicht auf eine Hinterfragung der Höhe des Stadtstaatenbonus beschränken, sondern sollte die Prüfung möglicher Alternativen zu diesem Ausgleichsinstrumentarium ernsthaft mit einbeziehen.

Letztendlich ist es jedoch eine Frage politischer Mehrheiten bzw. des Verhandlungsgeschicks der beiden Streitparteien, ob die verfassungsgerichtlich geforderte, grundlegende Überprüfung des Stadtstaatenbonus durchgeführt oder zu einer Suche nach einem geeigneten Veredelungsfaktor herab qualifiziert wird.

5.4.1.2 Der Standpunkt der ehem. Klageländer (einschl. NRW)

Baden-Württemberg, Bayern, Hessen und NRW[902] bringen in ihrem gemeinsamen Eckpunktepapier zum Ausdruck, daß sie sich durch das Bundesverfassungsgerichtsurteil in ihrer ablehnenden Haltung gegenüber der bestehenden Stadtstaatenregelung des § 9(2) FAG bestätigt sehen.[903] Sie berufen sich dabei auf eine Vorgabe des BVerfG, wonach die natürliche Einwohnerzahl grundsätzlich die geeignete Bemessungsgrundlage für den Finanzkraftvergleich zwischen den Ländern darstellt.[904] Unabhängig von spezifischen Eigeninteressen einzelner Länder bildet sie nach Ansicht der Verfassungsrichter eine angemessene Bezugsgröße, „um das Finanzaufkommen der Länder im Hinblick auf die Erfüllung der ihnen verfassungsrechtlich zugewiesenen Aufgaben .. vergleichbar zu machen.[905]“[906] „Jede Abweichung hiervon bedarf [daher nach Einschätzung der Geberländer] der besonderen Begründung.[907]“ - Tatsächlich hat das BVerfG dem Gesetzgeber jetzt eine ausdrückliche Begründung für den Stadtstaatenbonus abverlangt, indem es ihn aufgefordert hat, „zu prüfen, ob eine Ballung der Bevölkerung in einem Land ... [wirklich] einen abstrakten Mehrbedarf pro Einwohner rechtfertigen kann.[908]“ Nach Auffassung der Geberländer erfüllen „die dem im geltenden Recht verankerten Stadtstaatenprivileg (§ 9 Abs. 2 FAG) zugrunde liegenden Kriterien ... [die] Voraussetzungen [für eine begründete Abweichung von der Bezugsgröße der tatsächlichen Einwohnerzahl] nicht.[909]“

Mit dieser Verurteilung des geltenden Stadtstaatenbonus greifen die Südländer in ihrem gemeinsamen Eckpunktepapier dem Ergebnis der verfassungsrechtlich geforderten Untersuchung eindeutig vor. Ein unmißverständlicher Hinweis darauf, daß die ehemaligen Klageländer[910] in keiner Weise von ihrer im zurücklie-

---

902 Im folgenden zusammengefaßt unter der Bezeichnung Geberländer bzw. Südländer.
903 Vgl. Eckpunktepapier Südländer, S. 4.
904 Vgl. Vgl. BVerfG, 2 BvF 2/98 vom 11.11.99, Absatz-Nr. 295 sowie Eckpunktepapier Südländer, S. 4.
905 BVerfG, 2 BvF 2/98 vom 11.11.99, Absatz-Nr. 314.
906 Vgl. BVerfG, 2 BvF 2/98 vom 11.11.99, Absatz-Nr. 295.
907 Eckpunktepapier Südländer, S. 4.
908 BVerfG, 2 BvF 2/98 vom 11.11.99, Absatz-Nr. 320.
909 Eckpunktepapier Südländer, S. 4.
910 Nur NRW gehörte nicht dazu.

genden Verfassungsstreit geäußerten Kritik an der Stadtstaatenregelung abgerückt sind, sondern sich weiterhin darauf stützen. Im Rahmen ihrer Normenkontrollanträge hatten sie systematisch versucht, mögliche Begründungsansätze des Stadtstaatenbonus zu widerlegen und auf diese Weise die Verfassungswidrigkeit des § 9(2) FAG zu verdeutlichen.[911]

Die inhaltliche Kritik an der diesbezüglichen Argumentation der Klageländer ist unter Pkt. 5.2.1[912] dieser Arbeit bereits ausführlich dargestellt worden. Unabhängig davon drängt sich nun der Verdacht auf, daß die Südländer das BVerfG-Urteil vom 11.11.99 nur scheinbar zum Anlaß nehmen, um den Stadtstaatenbonus neu zu hinterfragen. In Wirklichkeit fußt die „neue" Beurteilung, die die vier Länder in ihren gemeinsamen Eckpunkten zu Papier gebracht haben, im wesentlichen auf ihren alten Argumentationsansätzen.[913]

Dem vom BVerfG ausgesprochenen Prüfungsauftrag für die EV der Stadtstaaten gem. § 9(2) FAG wird eine derartige Vorgehensweise wohl kaum gerecht, denn sie zieht nur pro forma neue Erkenntnisse aus der aktuellen Finanzausgleichsentscheidung des BVerfG, ohne diese jedoch neu zu begründen.[914]

5.4.1.3 Die Vorschläge des Wissenschaftlichen Beirats des BMF

Alternativvorschläge zur künftigen Abgeltung stadtstaatenspezifischer Nachteile finden sich lediglich in der Stellungnahme des Wissenschaftlichen Beirats des BMF. Sie werden an dieser Stelle kurz benannt, um dann in der Abschlußbetrachtung unter Pkt. 6.2 dieser Arbeit wieder aufgegriffen und ausführlich diskutiert zu werden.

Der Beirat des BMF bescheinigt den Stadtstaaten zwar - unter Hinweis auf ihre spill-over-Problematik und die strukturell bedingte Überzeichnung ihrer Finanzkraft - eine besondere Belastungssituation, er hält den Stadtstaatenbonus jedoch eindeutig für das falsche Mittel, um dieser Problematik angemessen Rechnung zu tragen.[915] Begründet wird dies zum einen - wie schon 1992 - mit der unverhältnismäßigen Belastung von Bundesländern, die nicht zu den Nutznießern der stadtstaatlichen Leistungen gehören. Zum anderen mit methodischen Bedenken gegenüber der Bestimmbarkeit sachgerechter Gewichtungskennziffern (aufgrund einer mangelnden Verknüpfung des gegenwärtigen Veredelungsverfahrens „mit den eigentlichen Ursachen des Stadtstaatenproblems[916]".)[917]

---

[911] Siehe dazu die Ausführungen unter Pkt. 5.2.1 dieser Arbeit.
[912] Zwischenüberschrift „Kritische Bewertung".
[913] Siehe dazu die Ausführungen unter Pkt. 5.2.1 dieser Arbeit.
[914] Vgl. Eckpunktepapier Südländer, S. 4.
[915] Vgl. BMF-Stellungnahme, S. 6.
[916] BMF-Stellungnahme, S. 7.
[917] Vgl. zu alledem BMF-Stellungnahme, S. 6f.

Als Alternative zur EV des § 9(2) FAG empfiehlt der Beirat den Übergang zu einem „systematisch begründbaren und rechtlich überprüfbaren Verfahren[918]". Dabei verweist er im wesentlichen auf seine Vorschläge aus dem Jahre 1992[919], entweder eine Änderung der „stadtstaatenfeindlichen" Steuerzerlegung, d.h. insbesondere der Lohnsteuerzerlegung, anzustreben oder die Stadtstaatenfrage verursachungsgerecht über ein Modell der fiktiven Integration zu lösen.

Mögliche Einwände gegen die Vorschläge des Wissenschaftlichen Beirats werden an dieser Stelle nur kurz angerissen, da sie in der Abschlußbeurteilung noch intensiv behandelt werden.[920]

Gegen eine Änderung der Lohnsteuerzerlegung[921] spricht vor allem die Tatsache, daß dadurch nur ein Teil der komplexen Stadtstaatenproblematik erfaßt werden könnte. Insofern wäre eine derartige Maßnahme weniger dazu geeignet, den Stadtstaatenbonus vollständig zu ersetzen, als vielmehr einen in seiner Höhe reduzierten Stadtstaatenbonus zu ergänzen.

Das Modell des fiktiven Nordstaats als Ersatzlösung für den Stadtstaatenbonus ist insbesondere deshalb in Zweifel zu ziehen, weil der gedachte Nordstaat de facto vier Landeshauptstädte zu unterhalten hätte und daher von der erforderlichen aufgabengerechten Finanzausstattung her nicht mit „normalen" Flächenländern vergleichbar wäre. In der gegenwärtigen Länderdiskussion um die Neuordnung des bundesstaatlichen Finanzausgleichs spielt dieser Vorschlag zur Lösung der Stadtstaatenproblematik ebensowenig eine Rolle wie eine Änderung der Lohnsteuerzerlegung.[922]

---

918 BMF-Stellungnahme, S. 28.

919 Siehe dazu die Ausführungen unter Pkt. 5.1.3 dieser Arbeit (Ende des genannten Abschnitts).

920 Siehe dazu die Ausführungen unter Pkt. 6.2 dieser Arbeit.

921 Ganz oder teilweise Rückkehr zum Betriebsstättenprinzip.

922 Informationen aus einem persönlichen Gespräch mit direkt an den Verhandlungen zur Neuordnung des FA beteiligten Behörden. (Quellennachweis kann beim Verfasser eingesehen werden.)

6 Schlußfolgerungen

6.1 Die Zukunft des Stadtstaatenbonus im bundesstaatlichen Finanzausgleich - ein Ausblick -

Nach Ansicht des Hamburger Ersten Bürgermeisters Runde steht der Stadtstaatenbonus seit der Verständigung der Länderregierungschefs auf der Ministerpräsidentenkonferenz vom 24./25. März 2000 nicht mehr grundsätzlich zur Disposition. Höhe und Umfang der künftigen Veredelung seien aber weiterhin offen, so daß es noch keine völlige Entwarnung für die Stadtstaaten geben könne. Für sie müsse es nun vor allem darum gehen, ihre finanziellen Einbußen in den bevorstehenden harten Verteilungskämpfen möglichst gering zu halten.[923]

Für die Prognose des Hamburger Bürgermeisters spricht die Tatsache, daß den Stadtstaaten auf der besagten Ministerpräsidentenkonferenz eine Bestandsgarantie zugesichert wurde.[924] Eine solche wäre angesichts der immensen finanziellen Bedeutung des Stadtstaatenbonus für alle drei Stadtstaaten ohne diese Regelung nur schwer zu verwirklichen[925] - zumal die vom Wissenschaftlichen Beirat des BMF erwogenen Alternativen zur Lösung der Stadtstaatenfrage bei den Ländern auf wenig Akzeptanz stoßen.[926] Die überwiegend ablehnende Haltung der Länder gegenüber den beiden vom Beirat angeregten Alternativvorschlägen zur EV des § 9(2) FAG läßt die Chancen für eine Einigung der Länder auf einen neuen Stadtstaatenbonus zwar prinzipiell steigen, darf jedoch nicht darüber hinwegtäuschen, daß in dieser Frage derzeit noch ein immenser Verhandlungsbedarf zwischen Nehmerländern/Stadtstaaten und Südländern besteht. Die Untersuchung der Eckpunkte der beiden Ländergruppen zur Neugestaltung des bundesstaatlichen Finanzausgleichs hat deutlich gezeigt, daß die stadtstaatenspezifische EV weiterhin eine der elementaren Streitfragen zwischen Geber- und Nehmerländern bildet. Bislang sind weder Gegner noch Befürworter des Stadtstaatenbonus entscheidend von ihren Standpunkten in der jüngsten verfassungsrechtlichen Auseinandersetzung abgerückt.[927] Die Zukunft der EV bei der Ermittlung der Landessteuer-AMZ gehört damit zu den bedeutenden finanzausgleichsrechtlichen Fragen, in denen die Bemühungen zur Neuregelung des bun-

---

[923] Vgl. zu alledem o. V.: Aufatmen bei Ortwin Runde, in: Hamburger Morgenpost Online v. 27.3.2000. INTERNET: http://database.mopo.de/bookmark/hamburg/20000327/20000327 123.html

[924] Siehe dazu die Ausführungen unter Pkt. 5.4 dieser Arbeit.

[925] Siehe dazu die Ausführungen unter Pkt. 4.2.1 und 4.3 dieser Arbeit.

[926] Eigene Rückschlüsse aus einem persönlichen Gespräch mit direkt an den Verhandlungen zur Neuordnung des FA beteiligten Behörden.

[927] Vgl. Eckpunktepapier, S. 2 sowie Eckpunktepapier Südländer, S. 4.

desstaatlichen Ausgleichssystems noch keine zählbare Annäherung zwischen Geberländern[928] und Stadtstaaten/Nehmerländern erkennen lassen.

Angesichts der nahezu unvermindert weiterbestehenden Differenzen erscheint eine baldige Einigung der Länder in puncto Stadtstaatenbonus gegenwärtig noch nicht in Sicht. Es wäre jedoch verfehlt, allein aus dieser Tatsache auf eine ungewisse Zukunft der stadtstaatenspezifischen EV zu schließen. Im Gegenteil: Es sprechen gewichtige Gründe dafür, bereits heute nicht mehr an einem grundsätzlichen Fortbestand des Stadtstaatenbonus im künftigen bundesstaatlichen FA zu zweifeln:

- Erstens scheinen derzeit keine durchsetzbaren Alternativen zu Lösung der Stadtstaatenfrage in Sicht zu sein, die geeignet wären, um den Stadtstaatenbonus in angemessener Weise zu ersetzen. Wie bereits erläutert, werden die im Raum stehenden Alternativvorschläge des Wissenschaftlichen Beirats des BMF aufgrund vielfältiger Bedenken und mangelnder Mehrheitsfähigkeit in der aktuellen Diskussion um die Neuordnung des bundesstaatlichen FAs seitens der Länder gar nicht mehr ernsthaft geprüft. Ob zu Recht oder nicht, wird in der abschließenden Stellungnahme im letzten Abschnitt dieser Arbeit noch ausführlich zu hinterfragen sein.[929]
- Zweitens hat eine große Mehrheit der Bundesländer die Angemessenheit der gegenwärtigen Regelung des § 9(2) FAG im Rahmen ihres gemeinsamen Eckpunktepapiers bereits heute anerkannt.[930] Und aller Voraussicht nach wird bis zur nächsten Ministerpräsidentenkonferenz am 30.10.00 aus der Zehnergruppe der Stadtstaatenbonus-Befürworter sogar eine 12er-Gruppe geworden sein[931], da NRW die Fronten gewechselt und Sachsen seine Neutralität aufgegeben hat.[932] Die ehemaligen Klageländer Bayern, Baden-Württemberg und Hessen werden mit ihrer ablehnenden Haltung gegenüber dem Stadtstaatenbonus also zusehends in die politische Isolation geraten. (Ein Scheitern der Südländer birgt allerdings zugleich die Gefahr in sich, daß diese in absehbarer Zeit eine neuerliche Verfassungsklage anstrengen könnten, um doch noch eine Abschaffung der für sie stark belastenden stadtstaatenspezifischen EV zu erreichen.)

---

[928] Mit Ausnahme des Stadtstaates Hamburg.

[929] Siehe dazu die Ausführungen unter Pkt. 6.2 dieser Arbeit.

[930] Vgl. Finanzbehörde Hamburg, Pressemitteilung vom 12.4.2000, S. 1

[931] Vgl. Eickmeier, in: Weser Kurier v. 15.9.00, S. 1.

[932] Rückschlüsse aus persönlichem Gespräch mit direkt an den Verhandlungen zur Neuordnung des FA beteiligten Behörden. (Quellennachweis kann beim Verfasser eingesehen werden.).

– Drittens gab es seitens der Bundesregierung bereits einige recht unmißverständliche „Signale“ für einen grundsätzlichen Fortbestand des Stadtstaatenbonus, die kaum noch ernsthafte Zweifel an der Zukunft dieser Ausgleichsregelung aufkommen lassen:

  So erhielten die Bremer Bürgermeister Scherf und Perschau nach ihrer Zustimmung zur Steuerreform im Juli 2000 einen Brief des Bundeskanzlers, in dem dieser dem Land Bremen für den neuen bundesstaatlichen FA im Namen der Bundesregierung eine finanzielle „status-quo-Garantie“ aussprach: „Die Bundesregierung sagt zu, sich im Gesetzgebungsverfahren dafür einzusetzen, dass durch die Neuordnung des bundesstaatlichen Finanzausgleichs der gegebene finanzielle Status Bremens erhalten bleibt, auch im Hinblick auf die Auswirkungen der Steuerreform.[933]“

  Obwohl ausschließlich an Bremen gerichtet, enthält das sog. „Schröder-Scherf-Papier“ de facto Garantien für alle drei Stadtstaaten, denn es entfaltet eine präjudizierende Wirkung für Hamburg und Berlin.[934]

  Nach Einschätzung des Bundeskanzlers „wird der finanzielle Status Bremens insbesondere .. durch die Einwohnerwertung sowie die Berücksichtigung der Hafenlasten und der Kosten der Kleinheit gewährleistet[935]“, wobei dem Stadtstaatenbonus ohne jeden Zweifel die größte Bedeutung beizumessen ist.[936] Diese Bedeutung ist um so höher einzuschätzen, als aus heutiger Sicht damit zu rechnen ist, daß sowohl die Hafenlastenregelung als auch die SBEZ für überdurchschnittlich hohe Kosten politischer Führung keine Aufnahme mehr in das neue Finanzausgleichssystem finden werden.[937] Zwar ist die von Schröder ausgesprochene status-quo-Garantie nicht zu verwechseln mit einer Bestandsgarantie für alle stadtstaatenrelevanten Einzelregelungen des geltenden FAG.[938] Ein Bestandsschutz für

---

933 Schröder-Scherf-Papier, in: Hanauer/Semper, in: Die Welt v. 17.7.00. INTERNET: http://www.welt.de/daten/2000/07/17/0717brp180143.htx

934 Informationen aus einem persönlichen Gespräch mit direkt an den Verhandlungen zur Neuordnung des FA beteiligten Akteuren. (Quellennachweis kann beim Verfasser eingesehen werden.)

935 Schröder-Scherf-Papier, in: Hanauer/Semper, in: Die Welt v. 17.7.00. INTERNET: http://www.welt.de/daten/2000/07/17/0717brp180143.htx

936 Siehe dazu die Ausführungen unter Pkt. 4.2.1 und 4.3 dieser Arbeit.

937 Eigene Rückschlüsse aus persönlichem Gespräch mit direkt an den Verhandlungen zur Neuordnung des FA beteiligten Akteuren.

938 Informationen aus persönlichem Gespräch mit direkt an den Verhandlungen zur Neuordnung des FA beteiligten Akteuren. (Quellennachweis kann beim Verfasser eingesehen werden.)

die Stadtstaaten ohne den Stadtstaatenbonus oder eine verteilungsneutrale Ersatzlösung wäre jedoch Makulatur. Im Hinblick darauf, daß Alternativlösungen in den politischen Verhandlungen um die Neuordnung des bundesstaatlichen Finanzausgleichs praktisch keine Rolle spielen[939], kommt das Schröder-Scherf-Papier einer Zusicherung des grundsätzlichen Fortbestandes der Einwohnerwertung der Stadtstaaten qualitativ schon sehr nahe. Aussagen zur künftigen Höhe des Stadtstaatenbonus lassen sich daraus aber naturgemäß noch nicht ableiten.[940] Der Veredelungsfaktor kann im Rahmen einer Quantifizierung der status-quo-Garantie erst dann neu festgelegt werden, wenn genau feststeht, welche stadtstaatenrelevanten Ausgleichselemente im neuen bundesstaatlichen FA wegfallen werden. Falls es künftig keine Hafenlastenregelung und keine SBEZ für überdurchschnittlich hohe Kosten politischer Führung mehr geben sollte, müßte der Wegfall dieser Ausgleichsregelungen durch andere Ausgleichselemente kompensiert werden, um den zugesicherten finanziellen status quo der Stadtstaaten tatsächlich verwirklichen zu können.[941] Auf Bundesebene wird in diesem Zusammenhang sogar eine Erhöhung des Stadtstaatenbonus nicht mehr ausgeschlossen, da durch sie anderweitig wegfallende Finanzmittel der Stadtstaaten verteilungsneutral substituiert werden könnten.[942]

Unklar ist hinsichtlich der vom Bundeskanzler formulierten status-quo-Garantie derzeit noch das Basisjahr, das für diesen Status angesetzt werden soll. Für das Land Bremen stellt sich dabei die finanziell nicht unbedeutende Frage, ob der finanzielle status quo im neuen bundesstaatlichen FA ein- oder ausschließlich der 2004 auslaufenden Sanierungshilfen für besondere Haushaltsnotlagen gewährt werden soll. (Zu rechnen ist gegenwärtig eher mit einer Ausklammerung dieser Bundesmittel aus der status-quo-Berechnung.[943])

---

[939] Informationen aus einem persönlichen Gespräch mit direkt an den Verhandlungen zur Neuordnung des FA beteiligten Behörden. (Quellennachweis kann beim Verfasser eingesehen werden.)

[940] Eigene Rückschlüsse aus persönlichem Gespräch mit direkt an den Verhandlungen zur Neuordnung des FA beteiligten Akteuren. (Quellennachweis kann beim Verfasser eingesehen werden.)

[941] Dem Land Bremen gingen durch den Wegfall von Hafenlastenregelung und SBEZ für Kosten der Kleinheit etwa 216 Mill. DM pro Jahr verloren.

[942] Eigene Rückschlüsse aus persönlichem Gespräch mit direkt an den Verhandlungen zur Neuordnung des FA beteiligten Akteuren.

[943] Informationen aus einem persönlichen Gespräch mit direkt an den Verhandlungen zur Neuordnung des FA beteiligten Akteuren.

In der Gesamtbetrachtung stellt das Schröder-Scherf-Papier zweifelsfrei für alle drei Stadtstaaten einen bedeutsamen Meilenstein in den Verhandlungen um die bevorstehende Neuregelung des bundesstaatlichen FAs dar: Die Zusicherung der verteilungsneutralen Umgestaltung - höchstwahrscheinlich unter Beibehaltung des Stadtstaatenbonus - enthebt die finanzschwachen Stadtstaaten von erheblichen Existenzsorgen und verschafft allen Stadtstaaten über das Jahr 2004 hinaus eine weitgehende finanzielle Planungssicherheit.

In Übereinstimmung mit den Kernaussagen des Schröder-Briefes stehen Äußerungen des Bundesfinanzministers Eichel: Dieser mahnte im Verlaufe dieses Jahres bereits mehrfach an, die „Länderneugliederungsdiskussion“ im Zusammenhang mit der Neuordnung des bundesstaatlichen FAs auch nicht indirekt zu führen.[944] Eben dies tun jedoch die ehemaligen Klageländer, indem sie weiterhin auf einem Wegfall des Stadtstaatenbonus bestehen und damit wissentlich die Eigenständigkeit der beiden finanzschwachen Stadtstaaten Bremen und Berlin gefährden. Dieses Vorgehen erscheint besonders inkonsequent angesichts der Tatsache, daß schon auf der Ministerpräsidentenkonferenz vom 25.3.00 in Berlin eine einvernehmliche Bestandsgarantie für alle Bundesländer formuliert worden war.[945]

Die mahnenden Aussagen Eichels lassen sich - wenn auch weniger offenkundig als die „amtliche“[946] Garantieerklärung des Schröder-Scherf-Papiers - so im Ergebnis doch ebenfalls als Plädoyer der Bundesregierung für eine Beibehaltung des Stadtstaatenbonus im künftigen bundesstaatlichen FA werten.

In Anbetracht aller genannten Aspekte können ernsthafte Zweifel an einem grundsätzlichen Fortbestand der Einwohnerwertung des § 9(2) FAG im neuen FAG kaum mehr geltend gemacht werden. Erheblichen Zündstoff birgt erfahrungsgemäß aber noch die Frage nach der künftigen Höhe der Einwohnergewichtung für die drei Stadtstaaten.

Eine zuverlässige Prognose in dieser Frage ist gegenwärtig noch nicht möglich. Dafür ist der politische Verhandlungsbedarf derzeit noch zu groß, sind die Verhandlungsspielräume für die Neuregelung strittiger finanzausgleichsrechtlicher Fragen insgesamt noch zu wenig umrissen. Schließlich bleibt abzuwarten, ob die

[944] Informationen aus einem persönlichen Gespräch mit direkt an den Verhandlungen zur Neuordnung des FA beteiligten Akteuren.

[945] Siehe dazu auch die Ausführungen unter Pkt. 5.4 dieser Arbeit.

[946] Vgl. Hanauer/Semper, in: Die Welt v. 17.7.00.
INTERNET: http://www.welt.de/daten/2000/07/17/0717brp180143.htx

verfassungsgerichtlich geforderte Überprüfung der EV des § 9(2) FAG entscheidende Erkenntnisse zu liefern vermag, die die Karten im Politpoker um den LFA abermals neu mischen.

Aus Sicht der Stadtstaaten wäre es zu begrüßen, wenn eine Neufestlegung der Höhe des Stadtstaatenbonus - aufgrund ihrer immensen strategischen Bedeutung für das Endergebnis der Verhandlungen um die Neuordnung des bundesstaatlichen Finanzausgleichs - zeitlich von der für nächstes Jahr geplanten Verabschiedung von Maßstäbegesetz, FAG und Solidarpakt II abgetrennt würde. Andernfalls stünde für Bremen, Hamburg und Berlin ein unverhältnismäßig ungünstiger Ausgang dieser Verhandlungen zu befürchten.[947] Noch ist unklar, ob es in dieser Frage zu einer Entscheidung im Sinne der Stadtstaaten kommen wird. Da die Stadtstaatenproblematik nicht isoliert, sondern im Zusammenhang mit der Dünnsiedelungsproblematik in den neuen Bundesländern begutachtet werden soll, erscheinen mir die Chancen für eine Abkoppelung dieses gesamten komplexen Problemfeldes von der Verabschiedung der entsprechenden Gesetze allerdings gering[948].

Über die Form, in der die geforderte Überprüfung der beiden Einwohnerveredelungsformen im LFA stattfinden soll, liegen derzeit noch keine gesicherten Erkenntnisse vor. In Anbetracht der heftigen und anhaltenden Kritik sowie der Langwierigkeit, mit der seinerzeit die externe Gutachtenvergabe an das ifo-Institut verbunden war, mag diesmal eher mit einer BMF-internen Gutachtenvergabe zu rechnen sein. (Eine interne Untersuchung wäre durchführungs- und erhebungstechnisch mit weniger Problemen behaftet als eine externe[949] und könnte dementsprechend rechtzeitig zu den Verhandlungen über die neuen Gesetzesentwürfe von Maßstäbegesetz und FAG im nächsten Jahr die benötigten Ergebnisse liefern.[950])

6.2 Handlungsalternativen und Handlungsempfehlungen

Die Untersuchungen unter Pkt. 4 dieser Arbeit haben die besondere Problematik der Stadtstaaten aufgezeigt und deutlich gemacht, daß trotz vielfältiger Bedenken grundsätzlich nicht an der außergewöhnlichen Belastungssituation der Stadtstaaten innerhalb der Solidargemeinschaft zu zweifeln ist. So sah es in den

[947] Informationen aus einem persönlichen Gespräch mit direkt an den Verhandlungen zur Neuordnung des FA beteiligten Akteuren. (Quellennachweis kann beim Verfasser eingesehen werden.)

[948] mangels Praktikabilität und Durchsetzbarkeit.

[949] Keine bzw. weniger Widerstände seitens der betroffenen Länder (Gemeinden) bei Gutachtenvergabe und Datensammlung.

[950] Eigene Rückschlüsse aus einem persönlichen Gespräch mit direkt an den Verhandlungen zur Neuordnung des FA beteiligten Behörden. (Quellennachweis kann beim Verfasser eingesehen werden.)

Jahren 1986 und 1992 auch das BVerfG, als es den Stadtstaatenbonus unter Verweis auf die strukturelle Eigenart der Stadtstaaten und ihre daraus resultierenden Probleme für verfassungsmäßig erklärte.[951]

Zum besseren Verständnis der folgenden Ausführungen werden die wichtigsten Komponenten des Problemkomplexes strukturell bedingter stadtstaatenspezifischer Nachteile hier noch einmal kurz zusammengefaßt:

- Aufgrund der Enklavenlage der Stadtstaaten wird die ballungsbedingt hohe Finanzkraft dort nicht landesintern durch geringere Finanzkraftwerte ländlich geprägter Regionen nivelliert, wie es in den Flächenländern der Fall ist.[952]
- „Für die vom Urbanitätsgrad abhängigen höheren Ausgaben je Einwohner bei gleichzeitiger Nutzung der oberzentralen Produktionsangebote durch die Umlandgemeinden steht ein landesinterner Finanzausgleich nicht zur Verfügung, weil im Prinzip[953] beim Stadtstaat die Gemeindegrenzen mit den Landesgrenzen übereinstimmen ... .[954]"
- Einwohnerverluste infolge der starken Suburbanisierungstendenzen seit Beginn der 70er Jahre verursachen in den Stadtstaaten aufgrund ihrer Enklavensituation außergewöhnlich große Folgeprobleme:
- Die Lohnsteuer der in den Stadtstaaten beschäftigten Umlandbewohner fließt seit der großen Finanzreform ausschließlich an deren Wohngemeinden.
- Es entstehen spill-over-Effekte beim stadtstaatlichen Produktionsangebot, da die pendelnde Umlandbevölkerung das zentralörtliche Angebot der Stadtstaaten in starkem Maße in Anspruch nimmt.
- In den Stadtstaaten ergibt sich infolge der Umlandwanderung auf Landesebene eine überdurchschnittlich hohe Konzentration sozial schwacher Einwohner.
- In Ermangelung interkommunaler Umverteilungsmaßnahmen können die Primärwirkungen der Umlandwanderung in den Stadtstaaten nicht landesintern kompensiert werden.[955]

---

951 Vgl. Peffekoven-Gutachten, S. 9 sowie BVerfG E 72, 330 II, S. 415/416 und BVerfG E 86 148 II, S. 240.
952 Vgl. Kesper, S. 258.
953 Ausnahme Bremen.
954 Hickel/Roth/Troost, S. 144.
955 Vgl. zu alledem Hickel/Roth/Troost, S. 144f.

- Der Verlust eines realen Einwohners bedeutet für die Stadtstaaten den Verlust eines veredelten Einwohners bei der Bemessung ihrer Ausgleichsleistungen im LFA.

Da sich an der komplexen Stadtstaatenproblematik als solcher seit 1992 nichts geändert hat, erscheint es in meinen Augen nach wie vor sinnvoll, dieser Problematik bei der Ausgestaltung des bundesstaatlichen Finanzausgleichssystems in irgendeiner Form Rechnung zu tragen.

Zweifelsohne ist infolge der deutschen Wiedervereinigung die zwingende Notwendigkeit entstanden, bestehende finanzausgleichsrechtliche (Sonder-)Regelungen zu überprüfen und gegebenenfalls zu modifizieren oder zu ergänzen. Ein berechtigter Anspruch auf finanziellen Nachteilsausgleich, wie der der Stadtstaaten, kann jedoch nicht allein dadurch verloren gehen, daß sich das strukturelle Gesamtgefüge innerhalb der Föderation verändert hat. In einen neuen Gesamtzusammenhang gestellt, wird es im Hinblick auf das föderale Gleichbehandlungsgebot wohl aber erforderlich, derartige Ansprüche qualitativ und quantitativ neu zu bewerten und die Art ihrer Berücksichtigung den veränderten Gegebenheiten anzupassen. Der Stadtstaatenbonus darf dabei keine Ausnahme bilden.

Meiner Ansicht nach sollte die anstehende Überprüfung der EV des § 9(2) FAG als Chance genutzt werden, nochmals sorgfältig über Alternativen zur Lösung der Stadtstaatenproblematik nachzudenken bzw. zu hinterfragen, ob das umstrittene, „althergebrachte“ Ausgleichsinstrumentarium zu Recht als „kleinstmögliches Übel“[956] zur Regelung der Stadtstaatenfrage angesehen werden darf.

Als mögliche Alternativen zur EV des § 9(2) FAG kommen insbesondere in Frage:

- die Einführung eines fiktiven Integrationsverfahrens („Modell der fiktiven Integration“),
- die Änderung der Lohnsteuerzerlegung nach dem Wohnsitzprinzip sowie
- eine kombinierte Lösung aus verschiedenen Einzelmaßnahmen.

Da eine Länderneugliederung infolge der BVerfG-Entscheidung vom 11.11.99 und der Ministerpräsidentenkonferenz vom 25.3.00 nicht mehr zur Diskussion steht, hat der Wissenschaftliche Beirat des BMF den Vorschlag geäußert, die Stadtstaatenproblematik unter Anwendung eines fiktiven Integrationsverfahrens zu lösen.[957] Dieses Verfahren simuliert zu finanzausgleichstechnischen Zwecken

[956] In diesem Sinne RWI, S. 49. (Siehe dazu die kritischen Ausführungen unter Pkt. 5.2.2 (Zwischenüberschrift „Kritische Bewertung“) dieser Arbeit.)
[957] Vgl. BMF-Stellungnahme, S. 7f.

die Bildung eines fiktiven Nordstaates (bestehend aus Bremen, Hamburg, Schleswig-Holstein und Niedersachsen) sowie eines fiktiven Bundeslandes Berlin-Brandenburg. Die erste Stufe setzt auf der Ebene des LFA an, in dem die beiden fiktiven Flächenländer rechnerisch wie „normale“ Flächenländer behandelt würden. Die zweite Stufe betrifft die Ebene des kommunalen Finanzausgleichs, der für die beiden fiktiven Bundesländer nach dem Vorbild der landesinternen Ausgleichssysteme in den realen Flächenländern nachgestellt würde. Dabei würden die Stadtstaaten finanzausgleichsrechtlich wie „normale“ Großstädte behandelt, die in allen Flächenländern für ihre besonderen zentralörtlichen Belastungen entschädigt werden.[958]

Auf den ersten Blick scheint das fiktive Integrationsverfahren seine Berechtigung zu haben, da es zwei bedeutsame stadtstaatenspezifische Nachteile in nachvollziehbarer Weise egalisieren könnte:

Die strukturell bedingte Überzeichnung der stadtstaatlichen Finanzkraft und die stark ausgeprägte stadtstaatliche Pendlerproblematik.

Bislang weisen die Stadtstaaten in Ermangelung eines landesinternen Nivellierungseffektes strukturell bedingt überzeichnete Finanzkraftwerte auf, die im LFA erst durch die Anwendung des Stadtstaatenbonus ausgeglichen werden müssen. Durch die fiktive Zusammenlegung der Stadtstaaten mit ihren flächigen, großenteils ländlich geprägten Nachbarländern würde diesem Problem rechnerisch Abhilfe geschaffen.

Die besondere Pendlerproblematik der Stadtstaaten könnte über die Simulation eines landesinternen Finanzausgleichs in den fiktiven Flächenländern erfaßt und weitgehend verursachungsgerecht abgegolten werden (- bzw. zumindest verursachungsgerechter als es gegenwärtig auf der Ebene des LFA der Fall ist). Spätestens an dieser Stelle wären allerdings Konflikte vorprogrammiert. Denn für die Durchführung eines fiktiven kommunalen Finanzausgleichs müßten bilaterale Staatsverträge zwischen den Stadtstaaten und ihren durchweg strukturschwachen Anrainern geschlossen werden. Da diese aller Voraussicht nach kaum zahlungsfähig, geschweige denn zahlungswillig wären[959], müßte mit erbitterten Widerständen bis hin zu neuerlichen Klagen vor dem BVerfG gerechnet werden. (Dieselbe Problematik ergäbe sich für alle ähnlich gelagerten Vorschläge[960], bei denen die Stadtstaatenanrainer in irgendeiner Form horizontale Ausgleichszahlungen an die Stadtstaaten zu leisten hätten.)

Zum Problem mangelnder Durchsetzbarkeit kommen methodische Bedenken, die beide Stufen des fiktiven Integrationsverfahrens betreffen. So wäre der aus vier Bundesländern bestehende Nordstaat schon deshalb nicht mit einem nor-

[958] Vgl. RWI, S. 42.
[959] Vgl. RWI, S. 43.
[960] Vgl. z.B. Peffekoven-Gutachten, S. 9.

malen Flächenland vergleichbar, weil er de facto nicht nur eine, sondern vier Landeshauptstädte zu unterhalten hätte. Dieser Umstand bliebe bei einer finanzausgleichsrechtlichen Behandlung als normales Flächenland im LFA unberücksichtigt (erste Stufe).[961] Ähnliche Probleme ergäben sich auf der zweiten Stufe des Verfahrens, denn im Rahmen des kommunalen FAs des fiktiven Nordstaats müßten ebenfalls vier Landeshauptstädte versorgt werden. Aus der Sicht Niedersachsens und Schleswig-Holsteins käme dies einer unzumutbaren Härte gleich, da sie im Rahmen ihrer regulären landesinternen Finanzausgleiche nicht nur bereits ihre eigenen Landeshauptstädte für deren Hauptstadtfunktionen entschädigen müssen, sondern zudem die Stadtstaaten in ihrer Funktion als Landeshauptstädte gar nicht in Anspruch nehmen. Umgekehrt ließe sich eine Nicht-Berücksichtigung der hauptstädtischen Mehrbelastungen der Stadtstaaten jedoch auch nicht vertreten, da diese als eigenständige Bundesländer nun einmal Hauptstadtfunktionen zu erfüllen haben und insofern im Rahmen eines (fiktiven) kommunalen FAs nicht einfach zu „normalen" Großstädten degradiert werden können.

Offensichtlich weist das Modell der fiktiven Integration einige modellimmanente Mängel auf, die einer praktischen Umsetzung - trotz der Möglichkeit einer systematischen Berücksichtigung von Pendler- und Nivellierungseffekt - entscheidend entgegenstehen.

Abgesehen von diesen grundlegenden Bedenken wäre zudem mit erheblichen methodischen Problemen bei der konkreten Ausgestaltung des fiktiven Integrationsmodells zu rechnen. (Insbesondere im Hinblick auf die verursachungsgerechte Belastung der Anrainerbundesländer im Rahmen des fiktiven kommunalen FAs auf Stufe zwei.)

Schließlich bleiben verfassungsrechtliche Bedenken, da das fiktive Integrationsverfahren die Stadtstaatenproblematik auf eine regionale Dimension reduziert.

Zwar bildet die Stadt-Umland-Problematik zweifelsohne einen Kernbereich des Problemkomplexes stadtstaatenspezifischer Nachteile. Da das Bestehen von Stadtstaaten jedoch zum historischen Bestand der deutschen Staatsentwicklung gehört, ist die Stadtstaatenproblematik nach Einschätzung des BVerfG als „spezifische[.] Problematik des [gesamten] deutschen Bundesstaates[962]" anzusehen, die alle Glieder dieses Bundes betrifft.[963] Aus diesem Blickwinkel heraus haben die Bundesverfassungsrichter es 1986 ausdrücklich für sachgerecht erklärt, stadtstaatenspezifische Nachteile auf der Ebene des LFA zu berücksichtigen.[964] Dies wäre im Rahmen eines fiktiven Integrationsverfahrens aber nicht der Fall,

---

[961] Eigene Rückschlüsse aus einem persönlichen Gespräch mit direkt an den Verhandlungen zur Neuordnung des FA beteiligten Akteuren.

[962] BVerfG E 72, 330 II, S. 415.

[963] Vgl. BVerfG E 72, 330 II, S. 415.

[964] Vgl. BVerfG E 72, 330 II, S. 415.

denn die Stadtstaaten würden bereits auf der ersten Stufe eines solchen Verfahrens fiktiv in ihre Nachbarländer integriert, d. h. sie würden auf der Ebene des LFA nicht mehr als eigenständige Bundesländer (mit besonderer Belastungssituation) behandelt. Die finanzielle Lösung der Stadtstaatenfrage würde damit ausgleichstechnisch auf die zweite Verfahrensstufe, nämlich auf die Ebene des „landesinternen" FAs des fiktiven Nordstaats bzw. des Flächenlandes Berlin-Brandenburg verlagert. Diese Vorgehensweise erscheint aus verfassungsrechtlicher Sicht problematisch: Denn wenn die strukturelle Andersartigkeit der Stadtstaaten allen Bundesländern gleichermaßen vorgegeben ist, dann sollten die Folgeprobleme dieser Andersartigkeit auch nicht nur von den Nachbarländern der Stadtstaaten, sondern von allen Mitgliedern der Solidargemeinschaft getragen werden. Unabhängig davon, ob diese Folgen in der regionalen Stadt-Umland-Problematik ihren stärksten Niederschlag finden.

Das fiktive Integrationsverfahren würde diesem Anspruch nicht genügen, denn es verschöbe die Hauptlast des Stadtstaatenproblems auf die regionale Ebene der Stadtstaatenanrainer. Gewinner wären die Geberländer, die bei ihren Ausgleichsbeiträgen im LFA erheblich entlastet würden.

Auch wenn die Vorbehalte, die gegen das Modell der fiktiven Integration vorgebracht werden, im einzelnen umstritten sind, zeigen sie sich in ihrer Gesamtheit doch so schwerwiegend und vielschichtig, daß meines Erachtens nach von einer Einführung dieses Modells abgesehen werden sollte. (Dies ist faktisch auch bereits der Fall, da die Mehrheit der Länder diesem Vorschlag des Wissenschaftlichen Beirats des BMF ablehnend gegenübersteht bzw. ihn bei der Neuordnung des bundesstaatlichen Finanzausgleichs unbeachtet lassen will.[965])

Eine andere häufig diskutierte Alternative zur EV der Stadtstaaten bildet der Vorschlag einer ganz oder teilweisen Rückkehr zum Betriebstättenprinzip bei der Lohnsteuerzerlegung.

Eine solche Maßnahme könnte den Stadtstaatenbonus jedoch nie vollständig ersetzen, da sie - wie die Übersicht zu Beginn dieser Abschlußbetrachtung gezeigt hat - nur einen Teilbereich der komplexen Stadtstaatenproblematik berühren würde.[966] (Dies kommt nicht zuletzt in dem Umstand zum Ausdruck, daß es den Stadtstaatenbonus bereits gab, bevor die „stadtstaatenfeindliche" Lohnsteuerzerlegung nach dem Wohnsitzprinzip 1970 eingeführt wurde.) Tatsache ist aber auch, daß es ohne die besagte Änderung der Lohnsteuerzerlegung nie zu einer derart starken finanziellen Abhängigkeit der finanzschwachen Stadtstaaten vom

---

[965] Informationen aus einem persönlichen Gespräch mit direkt an den Verhandlungen zur Neuordnung des FA beteiligten Behörden. (Quellennachweis kann beim Verfasser eingesehen werden.)

[966] Eigene Rückschlüsse aus einem persönlichen Gespräch mit direkt an den Verhandlungen zur Neuordnung des FA beteiligten Behörden.

Ausgleichsinstrument Stadtstaatenbonus hätte kommen können, wie sie heute besteht. Insofern ist den Stadtstaaten durch die große Finanzreform 1969/70 und die fortschreitenden Stadt-Umland-Wanderungstendenzen der Folgejahre ein zusätzlicher spezifischer Nachteil erwachsen, der bei Einführung des Stadtstaatenbonus noch nicht existierte, sie später aber um so stärker in eine finanzielle Abhängigkeit zu dieser Ausgleichsregelung geraten ließ. Wenn das BVerfG 1992 erklärt hat, es sei nicht Zweck der EV des § 9(2) FAG die Folgen der Lohn- und Einkommensteuerzerlegung für die Stadtstaaten zu kompensieren[967], so offenbart sich darin eine erhebliche Kluft zwischen verfassungsrechtlichen Prämissen und finanzausgleichsrechtlicher Realität. Denn de facto dient die EV des § 9(2) FAG den Stadtstaaten schon seit Jahren - zu einem nicht unerheblichen Teil - dem Ausgleich ihrer spezifischen Nachteile bei der horizontalen Steuerverteilung unter den Ländern.[968] Aus der Erkenntnis dieser Widersprüchlichkeit lassen sich prinzipiell nur zwei logische Konsequenzen ableiten:

- Entweder müßte eine Änderung der entsprechenden Zerlegungsmodalitäten dafür sorgen, daß der Stadtstaatenbonus im LFA nicht länger zur Korrektur der Unzulänglichkeiten der primären Steuerverteilung benötigt wird,
- oder es müßten eben diese Unzulänglichkeiten offiziell als ein gewichtiges Argument für die Beibehaltung der EV der Stadtstaaten im LFA anerkannt werden.

Für eine Änderung der Lohnsteuerzerlegung spräche schon allein die Tatsache, daß es sich bei der massiven Benachteiligung der Stadtstaaten durch die Einführung des Wohnsitzprinzips um einen „hausgemachten" stadtstaatenspezifischen Nachteil handelt, den der Gesetzgeber so nie gewollt haben kann. Denn zum Zeitpunkt der großen Finanzreform 1969/70 war der Umlandwanderungstrend - zumindest in dem Ausmaß, in dem er bald darauf einsetzte - für die Verantwortlichen noch nicht absehbar.

Grundsätzlich wäre ein kombiniertes Wohnsitz-/Betriebstättenprinzip bei der Lohnsteuerzerlegung wohl die gerechteste Lösung, da Infrastruktur sowohl am Wohn- als auch am Arbeitsort eines Arbeitnehmers zur Verfügung gestellt werden muß. Gegen eine Änderung der Lohnsteuerzerlegung spräche allerdings die gewichtige Tatsache, daß sich dadurch selbst bei einer vollständigen Rückkehr zum Betriebstättenprinzip objektiv betrachtet kein gänzlicher Wegfall des Stadtstaatenbonus rechtfertigen ließe, da der Problemkomplex der strukturell bedingten Andersartigkeit der Stadtstaaten mehr umfaßt, als nur die aus der beson-

[967] Siehe dazu die Ausführungen unter Pkt. 5.1.3 dieser Arbeit.

[968] Eigene Rückschlüsse aus einem persönlichen Gespräch mit direkt an den Verhandlungen zur Neuordnung des FA beteiligten Behörden. (Quellennachweis kann beim Verfasser eingesehen werden.)

deren Pendlerproblematik resultierenden Nachteile bei der horizontalen Steuerzerlegung.[969]

Die mit der Pendlerproblematik einhergehende besondere spill-over-Problematik der Stadtstaaten ließe sich durch eine Änderung der Lohnsteuerzerlegung zwar etwas entschärfen, da die Diskrepanz zwischen Kosten- und Nutzerkreisen auf Landesebene verringert würde[970], entscheidend eingrenzen ließen sich die außergewöhnlich hohen spill-over-Effekte beim stadtstaatlichen Produktionsangebot dadurch jedoch kaum. Schließlich nutzen nicht nur die Berufseinpendler die arbeitsplatzbezogenen Infrastrukturleistungen der Stadtstaaten, sondern es nutzt praktisch die gesamte - erwerbstätige wie nicht erwerbstätige[971] - Umlandbevölkerung nahezu das gesamte zentralörtliche Angebot der Stadtstaaten. Und zwar, ohne daß den Stadtstaaten für ihre Umlandversorgungsfunktion eine landesinterne Finanzierungsmöglichkeit zur Verfügung stünde, wie es in den Flächenländern in Form des kommunalen FAs der Fall ist.

Auch an der strukturell bedingten Überzeichnung der stadtstaatlichen Finanzkraft würde sich durch eine Änderung der Lohnsteuerzerlegung nichts grundlegendes ändern, denn diese Problematik resultiert aus der strukturellen Eigenart der Stadtstaaten als „Hauptstädte ohne Umland". Die Finanzkraft der Stadtstaaten würde sich durch eine für sie günstigere Lohnsteuerzerlegung zwar real erhöhen, sie bliebe jedoch im Verhältnis zu der der Flächenländer strukturell bedingt überzeichnet, da den Stadtstaaten ein landesinterner Finanzkraft-Nivellierungseffekt fehlt. (Dieser sorgt in den siedlungsstrukturell inhomogeneren Flächenländern dafür, daß die überdurchschnittlichen Finanzkraftwerte der Stadtregionen bei der Ermittlung der Finanzkraft eines Landes weniger stark ins Gewicht fallen.) Bedenkt man zudem, daß der ballungsbedingt hohen Finanzkraft in den Stadtstaaten auch außergewöhnliche Belastungen gegenüberstehen, da diese für ihre Umlandversorgungsfunktion nicht - wie Städte in Flächenländern - im Rahmen eines landesinternen FAs entschädigt werden, so kann grundsätzlich nicht von einer Vergleichbarkeit der Finanzkraftwerte von Stadt- und Flächenstaaten ausgegangen werden. Um den realen finanzwirtschaftlichen Verhältnissen der Stadtstaaten gerecht zu werden, bedürfte es daher auch bei einer Änderung der Lohnsteuerzerlegung weiterhin eines Ausgleichsinstrumentariums, das die strukturell bedingt überzeichneten Finanzkraftwerte der Stadtstaaten vor der Bemessung der Ausgleichsleistungen im LFA mit denen anderer Bundesländer vergleichbar macht. Bei einem bloßen Ersatz des Stadtstaatenbonus durch eine „stadtstaatenfreundlichere" Lohnsteuerzerlegung würden die Stadtstaaten mit

---

969 Siehe die Auflistung der stadtstaatenspezifischen Nachteile zu Beginn von Pkt. 6.2 dieser Arbeit.

970 Siehe zur Erklärung die Ausführungen zum Prinzip der fiskalischen Äquivalenz unter Pkt. 2.1.2.3 dieser Arbeit.

971 D.h. nicht lohnsteuerpflichtige.

Finanzkraftwerten in den LFA eingehen, die denen der Flächenländer aus den genannten Gründen nicht vergleichbar sind. Es bestünde also auch bei einer Änderung der Lohnsteuerzerlegung noch berechtigter Anlaß für die Anwendung eines Stadtstaatenbonus bei der Bemessung der Landessteuer-AMZ.

Aufgrund der Mehreinnahmen, die eine Abkehr vom reinen Wohnsitzprinzip bei der Lohnsteuerzerlegung den Stadtstaaten bescheren würde, würde es im Falle einer solchen Änderung zwar notwendig, neu über die Höhe des Stadtstaatenbonus zu verhandeln, ein ersatzloser Wegfall der stadtstaatenspezifischen EV ließe sich dadurch aber keinesfalls rechtfertigen.

Dem verfassungsgerichtlich geforderten Mehr an Transparenz im bundesstaatlichen FA könnte eine Maßnahme, die den Stadtstaatenbonus nur zu ergänzen, nicht jedoch zu ersetzen vermöchte, kaum gerecht werden [972]- geschweige denn könnte sie zur notwendigen Vereinfachung der komplizierten Verteilungssystematik des FAG beitragen. Im Gegenteil, die Einführung eines kombinierten Wohnsitz-/Betriebstättenprinzips bei der Lohnsteuerzerlegung - parallel zu einem reduzierten Stadtstaatenbonus wohl das fairste Modell - würde die ohnehin schon schwer durchschaubare Systematik noch weiter verkomplizieren. Nicht zuletzt unter diesen methodischen Gesichtspunkten stellt eine Beibehaltung des Stadtstaatenbonus - unter Berücksichtigung der stadtstaatenspezifischen Pendlerproblematik - wohl die weitaus praktikablere und sicherlich auch mehrheitsfähigere Lösung für den erforderlichen Nachteilsausgleich dar.

Bei der offiziellen Rechtfertigung des Stadtstaatenbonus (und bei dessen konkreter Ausgestaltung) sollte der Aspekt der „stadtstaatenfeindlichen" Lohnsteuerzerlegung solange Beachtung finden, wie es nicht zu einer entscheidenden Veränderung der fraglichen Zerlegungsmodalitäten kommt.

Infolge der jüngsten Finanzausgleichsentscheidung des BVerfG ist nicht mit einer Veränderung der Lohnsteuerzerlegung zu rechnen, da die Verfassungsrichter keinen Reformbedarf im Bereich der horizontalen Steuerverteilung unter den Ländern festgestellt haben. In den laufenden politischen Verhandlungen um die Neuordnung des bundesstaatlichen FAs spielt eine derartige Maßnahme denn auch praktisch keine Rolle.[973] (Zwar hat der Wissenschaftliche Beirat des BMF in seiner aktuellen Stellungnahme einen entsprechenden Vorschlag aus seinem Gutachten des Jahres 1993 wieder aufgegriffen. Dieser findet jedoch bei den Ländern diesmal ebensowenig Beachtung wie bei seiner erstmaligen Erwähnung im Vorfeld der kleinen Finanzreform 1995[974].[975])

---

972 Vgl. BVerfG, 2 BvF 2/98 vom 11.11.99, z.B. Leitsätze im Rubrum.

973 Informationen aus einem persönlichen Gespräch mit direkt an den Verhandlungen zur Neuordnung des FA beteiligten Behörden. (Quellennachweis kann beim Verfasser eingesehen werden.)

974 Siehe dazu die Ausführungen unter Pkt. 5.1.4 dieser Arbeit.

So steht bereits heute mit an Sicherheit grenzender Wahrscheinlichkeit fest, daß von der bevorstehenden Neuordnung des bundesstaatlichen Finanzausgleichs keine Veränderung im Bereich der Lohnsteuerzerlegung zu erwarten ist. - Daraus ergibt sich für mich die Notwendigkeit, die nachteiligen Folgen der Lohnsteuerzerlegung bzw. der Pendlerproblematik auch weiterhin im Rahmen des Stadtstaatenbonus im LFA zu berücksichtigen: Über die Ausgleichsregelung des § 9(2) FAG erhalten die Stadtstaaten verdientermaßen einen Teil des in ihnen erarbeiteten Lohnsteueraufkommens zurück, das auf der Ebene des primären FAs zunächst in vollem Umfang den Anrainerländern der vielen in Bremen, Hamburg und Berlin arbeitenden Berufseinpendler zufließt.

Abschließend läßt sich feststellen, daß eine Änderung der Lohnsteuerzerlegung hin zu einem kombinierten Wohnsitz-/Betriebstättenprinzip unter allokativen Gesichtspunkten zwar wünschenswert wäre, als alleiniges Substitut für den Stadtstaatenbonus jedoch nicht ausreichen würde. Ist die stadtstaatliche Benachteiligung bei der horizontalen Steuerverteilung doch nur ein Folgeproblem der strukturell bedingten Andersartigkeit der Stadtstaaten, die sich aus vielen verschiedenen, zumeist eng miteinander verzahnten Einzelkomponenten zusammensetzt. Die von der Bundesregierung zugesagte status-quo-Garantie für die Stadtstaaten könnte bei einer Aufgabe des Stadtstaatenbonus zugunsten einer Änderung der Lohnsteuerzerlegung - selbst bei einer vollständigen Rückkehr zum Betriebstättenprinzip - nicht verwirklicht werden: Eine derartige Maßnahme wäre aus Stadtstaatensicht keinesfalls verteilungsneutral, da durch die Änderung der Lohnsteuerzerlegung nur ein „Bruchteil" der mit dem Wegfall des Stadtstaatenbonus verbundenen finanziellen Einbußen kompensiert werden könnte.[976] Im LFA würden durch diese Maßnahme (tendenziell) auch die ärmeren Stadtstaaten zu Geberländern, denn sie kämen auf erheblich höhere relative Finanzkraftwerte als dies gegenwärtig der Fall ist. (- Und zwar nicht nur aufgrund ihrer Lohnsteuermehreinnahmen, sondern vor allem aufgrund des Wegfalls ihrer stadtstaatenspezifischen EV bei der Ermittlung der Landessteuer-AMZ.)[977]

Eine über die Lohnsteuerzerlegungsproblematik hinausgehende Berücksichtigung stadtstaatenspezifischer Nachteile fände bei einem Austausch des Stadtstaatenbonus gegen eine „stadtstaatenfreundlichere" Lohnsteuerzerlegung finanzausgleichsrechtlich nicht mehr statt.

---

[975] Informationen aus einem persönlichen Gespräch mit direkt an den Verhandlungen zur Neuordnung des FA beteiligten Behörden. (Quellennachweis kann beim Verfasser eingesehen werden.)

[976] Informationen aus einem persönlichen Gespräch mit direkt an den Verhandlungen zur Neuordnung des FA beteiligten Behörden.

[977] Siehe hierzu die Ausführungen zur Funktionsweise des Stadtstaatenbonus unter Pkt. 3.2.2.1 dieser Arbeit.

Nachdem die beiden vom Wissenschaftlichen Beirat des BMF geäußerten Alternativvorschläge zur Lösung der Stadtstaatenfrage nicht geeignet erscheinen, um den Stadtstaatenbonus (vollständig) zu ersetzen, bleibt zu diskutieren, ob ein Maßnahmenbündel aufeinander abgestimmter Einzelmaßnahmen diese Aufgabe besser erfüllen könnte.[978]

Es versteht sich von selbst, daß eine pauschale Höhergewichtung der Einwohner, wie sie derzeit im Rahmen des Stadtstaatenbonus bei der Ermittlung der Landessteuer-AMZ praktiziert wird, nicht alle Facetten der komplexen und von Stadtstaat zu Stadtstaat differierenden Stadtstaatenproblematik präzise und problemgerecht erfassen kann. Sehr fraglich erscheint mir jedoch, ob ein Bündel - vermeintlich verursachungsgerechter ansetzender - Einzelmaßnahmen dieser Problematik besser gerecht werden könnte oder ob dadurch lediglich die unübersichtliche Vielzahl konkurrierender, sich möglicherweise sogar überschneidender Ausgleichsvorschriften noch weiter verdichtet würde. - Eine derartige Wirkung liefe einer Kernintention des BVerfG-Urteils vom 11.11.99 zuwider, da dieses auf eine größere Transparenz der Ausgleichsregelungen im künftigen bundesstaatlichen Finanzausgleich abzielt.[979]

Denkbar erschiene als Kombinationslösung insbesondere eine Änderung der Lohnsteuerzerlegung ergänzt durch horizontale Ausgleichszahlungen auf der Grundlage bilateraler Staatsverträge zwischen Stadtstaaten und Stadtstaatenanrainern. Die Schwierigkeiten, die aller Voraussicht nach mit der Durchsetzung horizontaler Ausgleichszahlungen verbunden wären, wurden in dieser Arbeit bereits erläutert. (Widerstände bis hin zu neuerlichen Verfassungsklagen seitens der finanzschwachen Nachbarländer der Stadtstaaten.[980]) Dasselbe gilt für die verfassungsrechtlichen Bedenken, die einer Regionalisierung der Stadtstaatenfrage entgegenstehen könnten.[981]

Stellt man trotz dieser Einwände noch die Frage nach der methodischen Durchführbarkeit einer derartigen Kombinationslösung, so zeichnen sich auch in diesem Bereich erhebliche Hindernisse ab: Voraussichtlich wäre bereits die bloße Ermittlung eines geeigneten Maßnahmenbündels mit schwer überwindbaren Problemen behaftet. Zum einen brächte die Notwendigkeit der Quantifizierung und verursachungsgerechten Zuordnung der regionalen spill-over-Effekte me-

---

978 Natürlich gibt es eine Vielzahl theoretisch denkbarer Maßnahmenbündel, auf die nicht umfassend eingegangen werden kann. Es wird daher an dieser Stelle auf eine der meist diskutierten Varianten Bezug genommen sowie ein allgemeiner Überblick über mögliche Probleme von „Kombinationslösungen" gegeben.

979 Vgl. BVerfG, 2 BvF 2/98 vom 11.11.99, z.B. Leitsätze im Rubrum.

980 Siehe dazu die Ausführungen unter Pkt. 5.2.1 (letzter Abschnitt unter Zwischenüberschrift „Kritische Bewertung") dieser Arbeit.

981 Es sind dieselben, die bereits gegenüber dem Modell der fiktiven Integration zum Ausdruck gebracht wurden.

thodische Schwierigkeiten mit sich[982], die das RWI in seinem aktuellen Finanzausgleichsgutachten als „schier unlösbar“[983] bezeichnet hat. Zum anderen ergäbe sich die zusätzliche Schwierigkeit, die (beiden) Einzelmaßnahmen in angemessener Höhe und Gewichtung aufeinander abzustimmen.

Sollten sich wider Erwarten all diese Probleme überwinden lassen, stieße ein komplexes Maßnahmenbündel vermutlich spätestens bei seiner konkreten Anwendung in der finanzausgleichsrechtlichen Praxis an seine Grenzen: Würde es doch die komplizierten Vorschriften des bundesstaatlichen Finanzausgleichsrechts - statt transparenter und anwendungsfreundlicher - noch unübersichtlicher machen als sie es ohnehin schon sind.

Alle methodischen Versuche, die abstrakte strukturelle Andersartigkeit der Stadtstaaten zu konkretisieren und ausgleichstechnisch zu erfassen, scheinen mit mehr oder weniger großen Mängeln behaftet zu sein. Die Notwendigkeit, Bundesländer finanzausgleichsrechtlich miteinander vergleichbar zu machen, die faktisch nicht miteinander vergleichbar sind, stellt den Gesetzgeber naturgemäß vor nahezu unlösbare Probleme. Lösungsversuche müssen jedoch unternommen werden, um die finanzielle und politische Überlebensfähigkeit der Stadtstaaten als unabhängige Bundesländer nicht zu gefährden. Denn bei allen Diskussionen um Form und Höhe des erforderlichen Nachteilsausgleichs bestehen am grundsätzlichen Vorhandensein eines berücksichtigungsbedürftigen Stadtstaatenproblems keine ernst zu nehmenden Zweifel. Angesichts der geschilderten Schwierigkeiten kann der Anspruch an ein Ausgleichsinstrumentarium zur Lösung der Stadtstaatenproblematik über die Qualität eines vertretbaren Kompromisses allerdings nicht hinausgehen. - Zu prüfen bleibt nun, ob der Stadtstaatenbonus - als einzige der hier diskutierten Alternativlösungen - wenigstens diesem Mindestanspruch zu entsprechen vermag.

Derzeit fungiert der Stadtstaatenbonus de facto als finanzausgleichsrechtliches Sammelbecken zur Pauschalabgeltung all der stadtstaatenspezifischen Nachteile, die ihren gemeinsamen Ursprung in der strukturell bedingten Andersartigkeit der Stadtstaaten gegenüber den Flächenländern haben.

Zum Problemkomplex der strukturell bedingten Andersartigkeit der Stadtstaaten gehören neben der Pendlerproblematik und der damit zusammenhängenden Benachteiligung bei der horizontalen Steuerverteilung, insbesondere die Überzeichnung der stadtstaatlichen Finanzkraft sowie die vielschichtige, mit den anderen Nachteilen korrespondierende spill-over-Problematik. Das Problem überdurchschnittlich hoher Kosten politischer Führung belastet die Stadtstaaten ebenfalls in erheblichem Maße, es stellt jedoch keinen stadtstaatenspezifischen Nachteil dar, da davon auch Flächenländer mit geringer Bevölkerungszahl be-

982 Siehe dazu die Ausführungen unter Pkt. 2.1.2.3 dieser Arbeit.
983 Vgl. RWI, S. 21.

troffen sind. (Insofern wäre die auf Bundesebene angestellte Überlegung, den zu erwartenden Wegfall der SBEZ für überdurchschnittlich hohe Kosten politischer Führung künftig eventuell im Rahmen des Stadtstaatenbonus zu berücksichtigen, unbedingt zu problematisieren. Im Hinblick auf die Wahrung des föderalen Gleichbehandlungsgebotes sollte die EV bei der Ermittlung der Landessteuer-AMZ nämlich auf die Berücksichtigung außergewöhnlicher landesspezifischer Nachteile beschränkt bleiben.)

Methodisch ausgedrückt, handelt es sich beim Stadtstaatenbonus um ein ausgleichstechnisches Instrument, um die Finanzkraft der Stadtstaaten mit der der Flächenländer vergleichbar zu machen. Eine solche Vergleichbarkeit ist aufgrund der immensen strukturellen Unterschiede zwischen den beiden Ländertypen von vornherein nicht gegeben, d.h. sie muß erst „künstlich" hergestellt werden, um die Höhe der Ausgleichsleistungen im LFA an die realen finanziellen Verhältnisse der einzelnen Länder anpassen zu können. Ausgehend von der Überlegung, daß der abstrakte Bedarfsmaßstab des einfachen Einwohners für die „Hauptstädte ohne Umland" ungeeignet ist, dient der Stadtstaatenbonus im LFA genau diesem Zweck.

Das BVerfG führt in seinem aktuellen Finanzausgleichsurteil die Überprüfungsbedürftigkeit des Stadtstaatenbonus im wesentlichen darauf zurück, daß ihm als Pendant kein „Flächenstaatenbonus[984]" für unterdurchschnittlich schwach verdichtete Bundesländer, wie etwa Mecklenburg-Vorpommern und Brandenburg, gegenübersteht. Hierin könnte ein Verstoß gegen das föderale Gleichbehandlungsgebot begründet liegen:

Möglicherweise ist die EV der Stadtstaaten durch die wiedervereinigungsbedingten Veränderungen der BRD - hin zu einer Föderation mit zwei „siedlungsstrukturellen Extremen" - verfassungswidrig geworden, ohne daß sich an der grundsätzlichen Berechtigung eines stadtstaatenspezifischen Nachteilsausgleichs etwas geändert hätte. Sollte sich eine Berücksichtigung deglomerationsbedingter Nachteile im bundesstaatlichen FA als erforderlich erweisen, was zu erwarten ist, müßte es im Umkehrschluß dann aber auch möglich sein, den Stadtstaatenbonus durch die Einführung eines geeigneten „Flächenstaatenbonus[985]" - und eine angemessene Neugewichtung - wieder verfassungsmäßig zu machen. Denn soweit die adäquate Gewichtung struktureller Besonderheiten innerhalb der Föderation durch die Einbeziehung der neuen Länder in den bundesstaatlichen FA verlorengegangen ist, sollte sie auf diesem Wege wiederhergestellt werden können.

Die Höhe des Stadtstaatenbonus müßte in einem solchen Fall ebenso neu festgelegt werden, wie die des neu zu bestimmenden Flächenstaatenbonus. (Die richti-

---

[984] bzw. auch keine anderweitige Lösung zur Abgeltung deglomerationsbedingter Nachteile.
[985] oder einer adäquaten Alternativlösung zur Abgeltung deglomerationsbedingter Nachteile.

gen Relationen hierfür wären anhand einer Nachteilsüberprüfung bzw. -abwägung zwischen den betroffenen Regionen zu ermitteln.)

In diesem Zusammenhang muß allerdings die Frage gestellt werden, ob deglomerationsbedingte Nachteile überhaupt in gleicher Weise wie stadtstaatenspezifische Nachteile im Rahmen einer Einwohnergewichtung bei der Ermittlung der Landessteuer-AMZ berücksichtigt werden sollten oder ob eine Berücksichtigung im Rahmen der Größenklassenwertung bzw. Dichteklausel des § 9(3) FAG die Dünnsiedelungsproblematik besser erfassen könnte. (Das BVerfG hat bezogen auf beide Veredelungsformen im LFA eine entsprechende Überprüfung gefordert, ohne dabei konkrete Handlungsempfehlungen auszusprechen.[986])

Eine Abgeltung deglomerationsbedingter Nachteile über einen Flächenstaatenbonus nach dem Vorbild des Stadtstaatenbonus erscheint nur dann angemessen, wenn man davon ausgeht, daß die betroffenen (neuen) Bundesländer eine den Stadtstaaten vergleichbare, ausgeprägte strukturelle Andersartigkeit gegenüber anderen Bundesländern aufweisen, die sie auf der Ebene der Landesaufgaben finanziell massiv benachteiligt. Ansonsten ließe sich eine dem Stadtstaatenbonus vergleichbare Pauschalveredelung für dünn besiedelte Bundesländer nicht rechtfertigen. Die betroffenen Bundesländer sehen eine entsprechende strukturelle Andersartigkeit als gegeben an[987], eine abschließende Entscheidung steht in dieser Frage aber noch aus.

Alternativ bzw. additiv zu einem möglichen Flächenstaatenbonus für schwach verdichtete Bundesländer könnte eine Umgestaltung des § 9(3) FAG erforderlich sein, um deglomerationsbedingte Mehrkosten bei der gemeindlichen Leistungserstellung angemessen abzugelten. Falls derartige Nachteile vorliegen, was im Detail noch zu prüfen ist, bedürfen sie einer länderübergreifenden Berücksichtung bei der Ermittlung der Gemeindesteuer-AMZ. - Im Rahmen einer pauschalen EV für einzelne Länder nach dem Muster des Stadtstaatenbonus wären sie nicht zu erfassen. Um den realen finanziellen Verhältnissen auf Gemeindeebene im LFA besser gerecht zu werden, könnte zudem eine Erhöhung des Gemeindesteueransatzes erforderlich sein, durch die reichere Gemeinden bei der Finanzkraftermittlung im LFA stärker ins Gewicht fielen. Siehe dazu die Ausführungen unter Pkt. 4.2.3 dieser Arbeit.

Unabhängig davon, welche Form der Berücksichtigung deglomerationsbedingter Nachteile im künftigen bundesstaatlichen Finanzausgleich gewählt wird, bleibt für den Stadtstaatenbonus die Erkenntnis, daß er ins richtige Verhältnis zu den veränderten Gegebenheiten im wiedervereinigten Deutschland gesetzt werden

[986] Siehe dazu die Ausführungen unter Pkt. 5.3.2 dieser Arbeit.
[987] Vgl. dazu die Ausführungen bei Seitz (Mai 2000): Der Einfluss der Bevölkerungsdichte auf die Kosten der öffentlichen Leistungserstellung, Gutachten im Auftrag der Finanzministerien der Länder Mecklenburg-Vorpommern und Brandenburg.

muß, um seine Berechtigung nicht zu verlieren bzw. um diese ggf. zurückzugewinnen.

Durch die deutsche Wiedervereinigung hat sich nicht nur das strukturelle Gefälle innerhalb der Bundesrepublik vergrößert, sondern auch das Wohlstandsgefälle unter den Bundesgenossen.[988] Im Hinblick auf die verfassungsrechtlich geforderte Einheitlichkeit der Lebensverhältnisse innerhalb des Bundesgebietes[989] ist es erforderlich, den finanzschwachen ostdeutschen Bundesländern eine allmähliche Angleichung an das Westniveau zu ermöglichen. Für die alten Bundesländer bedeutet dies notwendigerweise, auf längere Sicht Abstriche bei der eigenen Finanzausstattung bzw. finanzielle Mehrbelastungen in Kauf nehmen zu müssen. Von dieser Notwendigkeit darf eine Anpassung der EV der Stadtstaaten an die geänderten finanziellen Verhältnisse in Gesamt-Deutschland natürlich nicht ausgenommen werden. Vielmehr bedarf die Relation, mit der die Finanzkraft der Stadtstaaten mittels ihrer Einwohnerwertung der der übrigen Bundesländer vergleichbar gemacht werden soll, angesichts dieser Tatsache einer dringenden Überprüfung. So könnte die Höhe des Stadtstaatenbonus heute schon dadurch korrekturbedürftig geworden sein, daß sich infolge der deutschen Einheit der allgemeine Lebensstandard in Deutschland zumindest vorübergehend abgesenkt hat. Der bis heute geltende Veredelungsfaktor von 135% wurde in seiner Höhe zuletzt durch eine gutachterliche Überprüfung aus dem Jahre 1987 bestätigt.[990] Das ifo-Gutachten ermittelte damals im Rahmen eines indirekten Großstadtvergleichs, welches Finanzkraftgefälle in Flächenländern zwischen Großstädten und dem Durchschnitt aller Kommunen besteht. Durch eine daran ausgerichtete EV sollten die Stadtstaaten finanziell anderen Großstädten gleichgestellt werden. Ungeachtet anderer, bereits erläuterter Kritikpunkte ist aus heutiger Sicht problematisch an dieser Vorgehensweise, daß nur westdeutsche Vergleichsstädte in den indirekten Großstadtvergleich eingeflossen sind und nur westdeutsche Kommunen den Durchschnitt aller Kommunen bildeten. Die veränderten finanziellen Verhältnisse innerhalb des wiedervereinigten Deutschlands werden durch die Gutachtenergebnisse des Jahres 1987 naturgemäß nicht mehr angemessen abgebildet. Sofern eine derartige Untersuchung überhaupt geeignete Erkenntnisse zur Bemessung einer Einwohnerwertung für die Stadtstaaten zu liefern vermag, hätte sie spätestens nach der Einbeziehung der neuen Bundesländer in den gesamtdeutschen Ausgleichskreis im Jahr 1995 unter Einbeziehung der östlichen Bundesländer bzw. geeigneter ostdeutscher Vergleichsgroß-

[988] Siehe Tabelle 1 im Anhang: Angesichts der großen Abweichungen - insbesondere der ostdeutschen Werte - vom Bundesdurchschnitt kann von einem erheblichen Wohlstandsgefälle innerhalb Deutschlands ausgegangen werden. Das BIP je Erwerbstätigem ist als Wohlstandsindikator zwar nicht unproblematisch, die eingeschränkte Eignung des BIP als Wohlstandsindikator kann an dieser Stelle jedoch nicht weiter problematisiert werden.

[989] Art. 72(2) GG.

[990] Zum ifo-Gutachten siehe die Ausführungen unter Pkt. 4.1.1.2.1 dieser Arbeit.

städte neu aufgelegt werden müssen. Es bleibt zu hoffen, daß im Zuge der nun anstehenden Neuordnung des bundesstaatlichen Finanzausgleichs eine geeignete Untersuchung nachgeholt wird, mit Hilfe derer die Höhe des Stadtstaatenbonus an die neuen Verhältnisse im wiedervereinigten Deutschland angepaßt werden kann.[991]

Ein Patentrezept für einen angemessenen Ausgleich stadtstaatenspezifischer Nachteile kann und wird es zweifelsohne nie geben. Bei der Beurteilung des Stadtstaatenbonus mußte deshalb von einer isolierten Betrachtung Abstand genommen werden - zugunsten einer relativen Betrachtung, die das Für und Wider verschiedener Ansätze zur Lösung der Stadtstaatenproblematik gegeneinander abwägt.

Die beiden meist diskutierten Alternativen zum Stadtstaatenbonus, eine Änderung der Lohnsteuerzerlegung bzw. die Einführung eines fiktiven Integrationsverfahrens, sind - wie bereits erläutert - als Substitute des § 9(2) FAG ungeeignet, da sie die Stadtstaatenproblematik nur unzureichend erfassen bzw. mit zu starken verfassungsrechtlichen und methodischen Bedenken behaftet sind.

Eine Kombination aus verschiedenen Einzelmaßnahmen (z.B. Änderung der Steuerzerlegung und horizontale Ausgleichszahlungen[992]) als Ersatz oder als Ergänzung des Stadtstaatenbonus wäre aller Voraussicht nach - sowohl was ihre methodische Ermittlung als auch was ihre spätere Anwendung in der finanzausgleichsrechtlichen Praxis angeht - mit so starken Problemen behaftet, daß sie schlichtweg nicht praktikabel erscheint und zudem ungleich mehr Fehlerquellen in sich birgt als der Stadtstaatenbonus.

So liegt gerade in der - zugegebenermaßen undifferenzierten - Methodik der Pauschalabgeltung ein erheblicher systematischer Vorteil des Stadtstaatenbonus. Durch sie wird es möglich, ein Bündel verschiedener stadtstaatenspezifischer Nachteile in anwendungsreifer Form auf einen gemeinsamen finanzausgleichsrechtlichen Nenner zu reduzieren, der sich bei Bedarf zudem (methodisch[993]) vergleichsweise unproblematisch korrigieren läßt.

In der Gesamtbetrachtung bleibt für mich die ebenso realistische wie ernüchternde Erkenntnis, daß der Stadtstaatenbonus trotz offenkundiger Unzulänglichkeiten mangels geeigneter Alternativen gegenwärtig als tragfähigster aller Kompromisse zur Lösung der Stadtstaatenproblematik anzusehen ist.

Diese Aussage steht unter dem Vorbehalt einer Überprüfung des Veredelungsfaktors, da das Ausmaß des stadtstaatenspezifischen Nachteilsausgleichs drin-

[991] Wie im vorigen Abschnitt dieser Arbeit deutlich wurde, bestehen kaum noch Zweifel an einem grundsätzlichen Fortbestand des Stadtstaatenbonus im neuen FA.
[992] Stadtstaaten - Anrainerbundesländer.
[993] Natürlich nicht bezogen auf ihre politische Durchsetzbarkeit.

gend an die Verhältnisse im vereinten Deutschland angepaßt werden muß. - Wenn dies jedoch gelingt und der Stadtstaatenbonus unter Wahrung angemessener Relationen in das neue bundesstaatliche Finanzausgleichssystem eingebettet werden kann, dann stellt er meines Erachtens nach die methodisch praktikabelste und von der Verteilungswirkung her fairste Maßnahme zur Abgeltung stadtstaatenspezifischer Nachteile dar.

Eine langfristige Zukunftsprognose für den Stadtstaatenbonus kann und darf es allerdings nicht geben, denn die Frage nach Form und Höhe eines angemessenen Nachteilsausgleichs ist keine statische, sondern eine, die in der dynamischen Entwicklung von Bundesstaatlichkeit (subjektiv[994]) immer wieder neu gestellt werden wird und objektiv auch immer wieder neu gestellt werden muß. Die wiedervereinigungsbedingten Veränderungen in der Struktur der deutschen Föderation haben diese Notwendigkeit gerade einmal mehr in eindringlicher Weise vor Augen geführt.

---

994 Verursacht durch konkurrierende Länderinteressen.

Literatur- und Quellenverzeichnis

Andel, N. (1992): Finanzwissenschaft, 3. Auflage, Tübingen.

Arndt, H.-W. (1997): Finanzausgleich und Verfassungsrecht, Gutachten i. A. des Landes Baden-Württemberg und des Freistaates Bayern, Mannheim.

Arndt, H.-W. (1998): Finanzverfassungsrechtlicher Reformbedarf - vom unitarischen Föderalismus zum Wettbewerbsföderalismus, in: Wirtschaftsdienst 1998/II, Zeitschrift für Wirtschaftspolitik, Baden-Baden, S. 76ff.

Biehl, D./Ungar, P. (1990): Eine neue Finanzverfassung für die Europäische Gemeinschaft, Bonn/Frankfurt a. M.

Bird, R. (1986): Federal finance in comparative perspective, published by Canadian Tax Foundation.

Bös, D. (1970): Ökonomische Kriterien und Aufteilungsschlüssel im horizontalen Finanzausgleich, in: Zeitschrift für Nationalökonomie, S. 357ff., Wien.

Bovermann, G. (1962): Die Grenzen der Inanspruchnahme eines Landes im horizontalen Finanzausgleich, Dissertation, Köln.

Brecht, A. (1932): Internationaler Vergleich der öffentlichen Ausgaben, Leipzig/Berlin.

Bull, H. P./Mehde, V. (April 2000): Der rationale Finanzausgleich - ein Gesetzgebungsauftrag ohnegleichen, Die Aufgabe des Gesetzgebers nach dem Urteil des Bundesverfassungsgerichts, in: DÖV, Heft 8, April 2000, S. 305ff.

Bundesministerium für Raumordnung, Bauwesen und Städtebau (1993): Synopse der raumordnerischen Zielvorstellungen europäischer Länder, Heft 496, Bonn.

Bundeszentrale für politische Bildung (1994): Informationen für politische Bildung, Kommunalpolitik, Heft 242, Bonn.

Carl, D. (1995): Bund-Länder-Finanzausgleich im Verfassungsstreit, Baden-Baden.

Dietrich, B. (1996): Das Prinzip der Einwohnerveredelung in den Finanzausgleichssystemen der Bundesrepublik Deutschland, Dissertation, Bonn.

Eickmeier, D. (Sept. 2000): Streitende Länder kommen sich näher, in: Weser Kurier, Ausgabe vom 15.9.00, Bremen, S. 1.

Finanzausgleichsgesetz des Reiches in der Bekanntmachung der Fassung vom 23.6.1923, Reichsgesetzblatt, Jahrgang 1923, Teil I, S. 494.

Fischer-Menshausen, H. (1980): Grundzüge des Finanzausgleichsrechts, in: Handwörterbuch der Wirtschaftswissenschaften, Band II, hrsg. von Willi Albers u.a., Stuttgart/New York/Tübingen/Göttingen. (zitiert: Fischer-Menshausen, Wörterbuch der Wirtschaftswissenschaften, Bd. II)

Freie Hansestadt Bremen (1987): Antrag der Freien Hansestadt Bremen zum Achten Gesetz zur Änderung des Gesetzes über den Finanzausgleich zwischen Bund und Ländern, Antrag 225/87 im Bundesrat.

Freie Hansestadt Bremen (1993): Neuordnung des Finanzausgleichs zwischen Bund und Ländern und ihre Auswirkungen auf das Land Bremen, hrsg. vom Senator für Finanzen der Freien Hansestadt Bremen, Schriftenreihe zur Finanz- und Verwaltungspolitik, Band 3, Bremen. (zitiert: Senator für Finanzen Bremen 1993)

Freie Hansestadt Bremen (1999): Finanzbericht Bremen 3/99, Streitgegenstand Finanzausgleich: Zum Verfahren vor dem Bundesverfassungsgericht 1999, hrsg. vom Senator für Finanzen der freien Hansestadt Bremen, Bremen. (zitiert: Finanzbericht Bremen 3/99)

Freie Hansestadt Hamburg (April 2000): Pressemitteilung der Finanzbehörde Hamburg vom 12.4.2000.

Freie Hansestadt Hamburg (Juni 2000): Erklärung der Bürgermeister der Stadtstaaten, Meldung der Staatlichen Pressestelle vom 8.6.2000, Hamburg. INTERNET: http://www.hamburg.de/Behoerden/Pressestelle/ (zitiert: Erklärung der Bürgermeister der Stadtstaaten)

Frey, R. (1991): Verteilung der Aufgaben und Steuern im schweizerischen Bundesstaat, in: Finanzverfassung im Spannungsfeld zwischen Zentralstaat und Gliedstaaten, Schriften des Europainstituts der Universität des Saarlands, Baden Baden 1996.

Fromme, F. K. (Nov. 1999): Harte Zeiten für die Kleinen, in: Die Welt, Ausgabe v. 12.11.99, Berlin.

Fuchs, H./Riewald, A./Tuercke, R. (1944): Der Finanzausgleich in Preußen, Berlin.

Gelinsky, K. (Nov. 1999): Arbeit für Jahre, in: Frankfurter Allgemeine, Ausgabe v. 12.11.1999, Frankfurt a. M.

Gemeindefinanzierungsgesetz des Landes Nordrhein-Westfalen (vom 20.3.1996): Gesetz zur Regelung der Zuweisungen des Landes Nordrhein-Westfalen an die Gemeinden und Gemeindeverbände.

Gesetz über den Finanzausgleich zwischen Bund und Ländern in der Fassung vom 23.06.1993: Finanzausgleichsgesetz, Bundesgesetzblatt, Jahrgang 1993, Teil I, Nr. 30, S. 977-982, Bonn.

Gesetz zur Umsetzung des Föderalen Konsolidierungsprogrammes vom 23.06.1993: FKPG, Bundesgesetzblatt, Jahrgang 1993, Teil I, Nr. 30, S. 977.

Grawert, R. (1989): Die Kommunen im Länderfinanzausgleich, Berlin.

Haller, H. (1993): Grundsätze der Finanzverfassung in Österreich, in: Veröffentlichungen der Deutschen Staatsrechtslehrer 52 (93), S. 111ff.

Hanauer, F. (Jan. 1999): Gutachten: Länderfinanzausgleich ist verfassungsgemäß, in: Die Welt online v. 15.1.1999, Berlin.
INTERNET: http://www.welt.de/daten/1999/01/15/0115wi59160.htx?print=1

Hanauer, F./Semper, J. (Juli 2000): Schröder sichert Bremen Bestandsschutz zu, in: Die Welt, Ausgabe vom 17.7.2000, Berlin.
INTERNET: http://www.welt.de/daten/2000/07/17/0717brp180143.htx

Hansmeyer, K.-H. (1980): Der kommunale Finanzausgleich als Instrument zur Förderung Zentraler Orte, in: Probleme des Finanzausgleichs II, Berlin, S. 83ff.

Hellwig, S. (Mai 2000): Arm und Reich gehen aufeinander zu, in: Weser Kurier, Ausgabe v. 27.5.2000, Bremen.

Hellwig, S./Pfeifer, N./Wagner, J. H. (Nov. 1999): Strotzende Zuversicht und eine große Portion Skepsis, in: Weser Kurier, Ausgabe v. 12.11.1999, Bremen. (zitiert: Hellwig et al.)

Heun, W. (1999): Normenkontrollantrag im Namen und Auftrag der Hessischen Landesregierung, Göttingen.

Hickel, R./Roth, B./Troost, A. (1988): Stadtstaat Bremen im föderalen System: Ursachen der Finanzkrise - Neuordnungsvorschläge zum Länderfinanzausgleich, Kooperation der Universität und der Arbeiterkammer Bremen, Bremen.

Hoffmann, H. (1998): Berlin: Eine politische Landeskunde, Opladen.

Homburg, S. (1994): Anreizwirkungen des deutschen Finanzausgleichs, in: Finanzarchiv 51(94).

Huber, B./Lichtblau, K. (1997): Analyse: Systemschwäche des Finanzausgleichs - eine Reformskizze, in: IW-Trends, Ausgabe Nr. 4/1997, Jg. 24, Köln. INTERNET: http://iwkoeln.de/trends/tr4-97/tr4-2-01.htm

Hummel, M./Leibfritz, W. (1987): Die Stadtstaaten im Länderfinanzausgleich, Gutachten des ifo-Instituts für Wirtschaftsforschung, i. A. des BMF, München. (zitiert: ifo-Gutachten)

Isenberg, G. (1956): Regionale Wohlstandsunterschiede, Finanzausgleich und Raumordnung, in: Finanzarchiv 17(56).

Kenyon, D. A./Kincaid, J. (1991): Fiscal Federalism in the United States: The Reluctance to Equalize Jurisdiction, in: Finanzverfassung im Spannungsfeld zwischen Zentralstaat und Gliedstaaten, Schriften des Europainstituts der Universität des Saarlands, Baden-Baden 1996.

Kesper, I. (1998): Bundesstaatliche Finanzordnung, Studien und Materialien zur Verfassungsgerichtsbarkeit, Bd. 72, hrsg. von Christian Stark, Baden-Baden.

Kirchhof, P. (1982): Der Verfassungsauftrag zum Länderfinanzausgleich als Ergänzung fehlender und als Garant vorhandener Finanzautonomie, Köln.

Kitterer, W. (1994): Finanzausgleich im vereinten Deutschland - Neugestaltung der Finanzbeziehungen zur Stärkung des Föderalismus unter besonderer Berücksichtigung des Landes Bremen, Schriftenreihe des Lorenz-von-Stein-Instituts für Verwaltungswissenschaften Kiel, Bd. 16, hrsg. von Prof. Dr. Albert von Mutius, Heidelberg.

Kops, M. (1983): Die regionalen Verteilungswirkungen des kommunalen Finanzausgleichs des Jahres 1975, Frankfurt (Main).

Korinsky, K. (1971): Der kommunale Finanzausgleich in der Bundesrepublik Deutschland, Bonn.

Korioth, S. (1997): Der Finanzausgleich zwischen Bund und Ländern, Tübingen.

Kröning, V. (März 2000): Reform der Finanzbeziehungen zwischen Bund und Ländern, Eine Bremer Grundsatzposition aus aktuellem Anlaß, Vortrag vor der juristischen Gesellschaft Bremen am 23.5.00, Bremen.
INTERNET: http//www.bundestag.de/mdbhome/kroenvo0/finanzausgleich.htm

Krugman, P. R. (1993): International Finance and Economic Development, in: Finance and Development: Issues and Experience, Cambridge.

Leclerque, J. (Nov. 1999): Weises Urteil erzwingt Reform, in: Das Parlament, Ausgabe v. 26.11.1999, Bonn.

Lenk, T./Teichmann, V. (Sept. 1999): Die fiskalischen Wirkungen verschiedener Forderungen zur Neugestaltung des Länderfinanzausgleichs in der Bundesrepublik Deutschland: Eine empirische Analyse unter Einbeziehung der Normenkontrollanträge der Länder Baden-Württemberg, Bayern und Hessen sowie der Stellungnahmen verschiedener Bundesländer, Institut für Finanzen, Leipzig.

Littmann, K. (1977): Die „Gesetze“ in ihrer langfristigen Entwicklung, in: Handwörterbuch der Wirtschaftswissenschaft, Bd. 1, Stuttgart, New York, Tübingen, Göttingen, S. 349ff.

Maunz, T. (1956): Die Finanzverfassung im Rahmen der Staatsverfassung, in: Veröffentlichungen der Deutschen Staatsrechtslehrer 14 (56), S. 37ff.

Maunz, T./Dürig, G./Herzog, R./Scholz, R. (1994): Grundgesetz Kommentar, Bd. 2, Art. 12a-37, München. (zitiert: Maunz/Dürig)

Mayer-Vorfelder, G./Huber, E. (1998): Modell eines neuen Finanzausgleichs: Gemeinsame Vorlage der Länder Bayern und Baden-Württemberg zur Finanzministerkonferenz am 12. Mai 1998, Stuttgart/München.

Monsees, H. (Nov. 1999): „Ich will unbedingt den Perschau“, in: Weser Kurier, Ausgabe v. 12.11.1999, Bremen. (zitiert: Monsees)

Monsees, H. (Nov. 1999): Kommentar: Ball zurück zur Politik, in: Weser Kurier, Ausgabe v. 12.11.1999, Bremen. (zitiert: Monsees-Kommentar)

Münzenmayer, W. (1999): Zur ökonomischen Begründung der Einwohnerwertung von Stadtstaaten im Länderfinanzausgleich, Anmerkungen zum Gutachten des RWI, im Auftrag des Finanzministeriums des Landes Baden-Württemberg, Stuttgart.

Neubauer, R. (Nov. 1999): Mehr föderaler Wettbewerb, in: Die Welt, Ausgabe v. 12.11.99, Berlin.

o. V. (1992): Brockhaus-Enzyklopädie, 3. Bd., 19. Auflage, Mannheim.

o. V. (April 2000): Eckpunkte zur Ausgestaltung des Maßstäbegesetzes, hrsg. von den Finanzministern und Finanzsenatoren der Länder Berlin, Brandenburg, Bremen, Hamburg, Mecklenburg-Vorpommern, Niedersachsen, Rheinland-Pfalz, Saarland, Sachsen-Anhalt und Schleswig-Holstein, ohne Erscheinungsort. (zitiert: Eckpunktepapier)

o. V. (April 2000): Folgerungen aus dem Urteil des Bundesverfassungsgerichts vom 11. November 1999 zum Finanzausgleich: Eckpunkte, hrsg. von den Landesregierungen der Länder Baden-Württemberg, Bayern, Hessen und Nordrhein-Westfalen, ohne Erscheinungsort. (zitiert: Eckpunktepapier Südländer)

o. V. (Mai 2000): „Finanzausgleich bis 2002 neu regeln“, in: Frankfurter Allgemeine, Ausgabe v. 27.5.2000, Frankfurt a. M.

o. V. (März 2000): Aufatmen bei Ortwin Runde, in: Hamburger Morgenpost Online v. 27.3.2000. INTERNET: http://database.mopo.de/bookmark/hamburg/20000327 /20000327123.html

o. V. (März 2000): Jahrelanger Streit beendet, in: Spiegel Online, 25.3.2000, Hamburg. INTERNET: http:\\www.spiegel.de/druckversion/0,1588,70601,00.html (zitiert: Spiegel Online)

o. V. (März 2000): Länder im Grundsatz einig über neuen Finanzausgleich, in: Die Welt online, Ausgabe v. 27.3.2000, Berlin. INTERNET: http://www.welt.de/daten/2000/03 /27/0327de158890.htx

o. V. (Nov. 1999): Länderfinanzausgleich muss neu geregelt werden, in: Frankfurter Allgemeine, Ausgabe v. 12.11.1999, Frankfurt a. M.

Oppenländer, F./Dolde, K.-P./Oesterle, F. & Partner (1998): Normenkontrollantrag der Regierung des Landes Baden-Württemberg, Stuttgart.

Oppenländer, F./Dolde, K.-P./Oesterle, F. & Partner (Juni 1999): Schriftsatz des Landes Baden- Württemberg an das Bundesverfassungsgericht, Ergänzung zum Normenkontrollantrag BWs vom 29.7.98, Stuttgart. (zitiert: BW Schriftsatz)

Ossenbühl, F. (1999): Stellungnahme im Auftrag des Freistaates Sachsen und des Freistaates Thüringen zu den Normenkontrollanträgen der Regierung des Landes Baden-Württemberg und der Bayrischen Staatsregierung, Meckenheim.

Pagenkopf, H. (1981): Der Finanzausgleich im Bundesstaat - Theorie und Praxis, Stuttgart, Berlin, Köln, Mainz.

Peffekoven, R. (1998): Reform des Länderfinanzausgleichs tut not, in: Wirtschaftsdienst 1998/II, Zeitschrift für Wirtschaftspolitik, Baden-Baden, S. 80ff.

Peffekoven, R. (April 1999): Stellungnahme zum Gutachten des RWI. (zitiert: Peffekoven-Gutachten)

Petersen, H.G. (1988): Finanzwissenschaft I, Stuttgart, Berlin, Köln, Mainz.

Pommerehne, W./Ress, G. (1996): Finanzverfassung im Spannungsfeld zwischen Zentralstaat und Gliedstaaten, Schriften des Europainstituts der Universität des Saarlands, Baden-Baden.

Popitz, J. (1932): Der künftige Finanzausgleich zwischen Reich, Ländern und Gemeinden, Berlin.

Renzsch, W. (1991): Finanzverfassung und Finanzausgleich: Die Auseinandersetzungen um ihre politische Gestaltung in der Bundesrepublik Deutschland zwischen Währungsreform und deutscher Vereinigung (1948-1990), Bonn.

Rheinisch-Westfälisches-Institut für Wirtschaftsforschung (Feb. 1999): Zur finanzwirtschaftlichen Beurteilung der Einwohnerwertung der Stadtstaaten im Länderfinanzausgleich, Gutachten des Rheinisch-Westfälischen-Instituts für Wirtschaftsforschung e.V. im Auftrag der Finanzbehörde der Freien und Hansestadt Hamburg, Essen. (zitiert: RWI)

Rheinisch-Westfälisches-Institut für Wirtschaftsforschung (Juli 1999): Stellungnahme zur Kritik des RWI-Gutachtens, RWI, Essen. (zitiert: RWI Reaktion)

Rönne, P. (März 1999): RWI-Gutachten zu Länderfinanzausgleich von Hamburg vorgestellt, Pressemitteilung der Finanzbehörde der Freien und Hansestadt Hamburg, Hamburg.

Rürup, B./Körner, H. (1985): Finanzwissenschaft: Grundlagen der öffentlichen Finanzwirtschaft, 2. Auflage, Reihe wisu Texte, Düsseldorf.

Rytlewski, R. (1999): Berliner Politik: Zwischen Kiez und Stadtstaat, in: Berlin. Die Hauptstadt, Schriftenreihe der Bundeszentrale für politische Bildung, Band 362, Bonn, S. 295ff.

Sarrazin, T. (1997): Zum Leichtsinn verführt, der Finanzausgleich bedarf einer grundlegenden Reform, in: Die Zeit, Ausgabe vom 11.7.97.

Schuppert, G./Dahrendorf, F. (1985): Verfassungsrechtliche und finanzwirtschaftliche Aspekte des Länderfinanzausgleichs, Baden-Baden.

Seitz, H. (Mai 2000): Der Einfluss der Bevölkerungsdichte auf die Kosten der öffentlichen Leistungserstellung, Gutachten im Auftrag der Finanzministerien der Länder Mecklenburg-Vorpommern und Brandenburg.

Statistisches Bundesamt (1995): Statistisches Jahrbuch 1995 für die Bundesrepublik Deutschland, Wiesbaden. (zitiert: Stat. Jahrbuch 1995)

Stratenschulte, E. (1997): Kleine Geschichte Berlins, München.

Süß, W./Rytlewski, R. (1999): Berlin. Die Hauptstadt, Vergangenheit und Zukunft einer europäischen Metropole, Schriftenreihe der Bundeszentrale für politische Bildung, Band 362, Bonn.

Tetsch, F. (1978): Raumwirkungen des Finanzsystems der Bundesrepublik Deutschland, Finanzwissenschaftliche Schriften, Bd. 6, Frankfurt (Main), Bern, Las Vegas.

Thürer, D. (1991): Die Rechtslage in der Schweiz, in: Finanzverfassung im Spannungsfeld zwischen Zentralstaat und Gliedstaaten, Schriften des Europainstituts der Universität des Saarlands, Baden-Baden 1996.

Tipke, K. (1993): Die Steuerrechtsordnung, Bd. III, Köln.

Treuner, P./Winkelmann, U./Junesch, R. (1994): Abschätzung der räumlichen Verteilung öffentlicher Finanzströme, Akademie für Raumordnung und Landesplanung, Hannover.

Trzaskalik, C. (Nov. 1999): Kluges Urteil, in: Die Welt, Ausgabe v. 12.11.99, Berlin.

Verfassung von Berlin vom 1.9.1950, INTERNET: http://homepages.compuserve.de /verfassungen/de/berlin50.htm

Vertrag zwischen der Bundesrepublik Deutschland und der Deutschen Demokratischen Republik über die Herstellung der Einheit Deutschlands in der Fassung vom 13.8.1990: Einigungsvertrag, Bundesgesetzblatt, Jahrgang 1990, Teil II, S. 885.

Vogel, K. (1998): Normenkontrollantrag im Namen der Bayrischen Staatsregierung, Starnberg.

Voß, W. (1991): Nutzenspillover-Effekte als Problem des kommunalen Finanzausgleichs, Frankfurt(Main)/Bern/New York/Paris.

Wettig, G. (1999): Berlin vor den Herausforderungen des Kalten Krieges 1945-1989, in: Berlin. Die Hauptstadt, Schriftenreihe der Bundeszentrale für politische Bildung, Band 362, Bonn, S. 157ff.

Wieland, J. (1993): Gutachten zur Neugestaltung der Finanzbeziehungen zur Stärkung des Föderalismus im vereinten Deutschland unter besonderer Berücksichtigung des Landes Bremen, in: Neuordnung des Finanzausgleichs zwischen Bund und Ländern und ihre Auswirkungen auf das Land Bremen, hrsg. vom Senator für Finanzen der Freien Hansestadt Bremen, Schriftenreihe zur Finanz- und Verwaltungspolitik, Band 3, Bremen, S. 161ff. (zitiert Wieland 1993)

Wieland, J. (Aug. 1999): Schriftsatz des Landes Bremen an das Bundesverfassungsgericht, Bielefeld.

Wieland, J. (Jan. 1999): Aktuelle finanzverfassungsrechtliche Fragen des bundesstaatlichen Finanzausgleichs sowie der zugrundeliegenden Steuerverteilung: Rechtsgutachten erstattet im Auftrag der Länder Berlin, Bremen, Niedersachsen, Saarland und Schleswig-Holstein, Bielefeld. (zitiert: Wieland-Gutachten)

Wildasin, D. (1986): Urban Public Finance, Harewood Academic Publishers, Chur/London/New York.

Wissenschaftlicher Beirat beim Bundesministerium der Finanzen (1992): Gutachten zum Länderfinanzausgleich in der Bundesrepublik Deutschland, Schriftenreihe des BMF, Heft 47, Bonn. (zitiert: BMF-Gutachten)

Wissenschaftlicher Beirat beim Bundesministerium der Finanzen (2000): Stellungnahme zum Finanzausgleichsurteil des Bundesverfassungsgerichts vom 11. November 1999, Berlin. (zitiert: BMF-Stellungnahme)

Sonstige Quellen

Urteile der Rechtsprechung:

Entscheidungen des Bundesverfassungsgerichtes

BVerfG E 72, 330 II, S. 330ff. (Urteil vom 24.6.86)

BVerfG E 86,148 II, S. 178ff. (Urteil vom 27.5.92)

BVerfG, 2 BvF 2/98 vom 11.11.99, Absatz-Nr. (1-347), INTERNET: http://www.bundesverfassungsgericht.de/entscheidungen/frames/fs19991111_2bvf000298

Aktuelles Daten-/Zahlenmaterial (Stand August 2000):

Statistisches Bundesamt

http://www.statistik-bund.de

Statistisches Landesamt Berlin

http://www.statistik-berlin.de

Statistisches Landesamt Brandenburg

http://www.brandenburg.de/lds/

Statistisches Landesamt Bremen

http://www.bremen.de/info/statistik/

Bremen in Zahlen CD ’99

Statistisches Landesamt Hamburg

http://www.hamburg.de/Behoerden/StaLa/

Statistisches Landesamt Hessen

http://www.hsl.de

Anhang

Tabelle 1: Gesamtwirtschaftliche Leistung[995] der Stadtstaaten bezogen auf die Zahl der Erwerbstätigen nach dem Inlandskonzept

	Reales BIP je Erwerbstätigem (im Berichtsjahr 1998)
Berlin (gesamt)	84.546 DM
Berlin (West)	98.563 DM
Berlin (Ost)	54.404 DM
Hamburg	138.177 DM
Bremen	102.793 DM
Brandenburg	59.023 DM
Bundesdurchschnitt	88.929 DM

Quelle: Eigene Berechnungen (auf der Grundlage von Daten der Statistischen Landesämter der Stadtstaaten, des Landes Brandenburg und des Statistischen Bundesamtes).[996]

Tabelle 2: Finanzkraft[997] je realem Einwohner in den Stadtstaaten nach dem prim. FA[998] 1998[H1]

Finanzkraft je realem Einwohner nach der primären Steuerverteilung	Stadtstaaten				Flächenländer im Durchschnitt	Bundes-Durchschnitt
	Hamburg	Bremen	Berlin	Durchschn.		
absolut	6.567	4.408	4.233	4.941	4.376	4.415
in % des Flächenländerdurchschnitts	150,1	100,7	96,7	112,9	100	100,9
Finanzkraft je realem Einwohner nach der primären Steuerverteilung	Stadtstaaten				Flächenländer im Durchschnitt	Bundes-Durchschnitt
in % des Bundesdurchschnitts	148, 7	99,8	95,9	111,9	99,1	100

Quelle: Eigene Berechnungen auf der Grundlage von Daten des Statistischen Bundesamtes (Bevölkerungsangaben der Länder) und Daten des Finanzministeriums Baden-Württembergs[999](Pro-Kopf-Finanzkraftwerte der einzelnen Länder).

995 in konstanten Preisen von 1991.

996 Zum Vergleich: Bundesdurchschnitt und ein östliches Bundesland.

997 Entspricht der FMZ berechnet nach §§ 6,7,8 FAG. (Nicht berücksichtigt sind die Einnahmen aus dem Umsatzsteuervorwegausgleich, da dieser erst im Rahmen des sek. FAs erfolgt und die Hafenlasten, da diese erst im Rahmen des sek. FAs abgezogen werden.)

998 In den vorliegenden Stellungnahmen zum Verfassungsstreit 1998/99 wird nahezu übereinstimmend die Finanzkraft der Länder vor Eingang in den sek. FA als aussagefähige Vergleichsgröße für die spätere Beurteilung der Angemessenheit des Ausgleichs gewählt. (BW-Schriftsatz, S. 72f.) In Anlehnung daran wird sie in dieser Darstellung als originäre Finanzkraftgröße vor der Anwendung horizontaler Ausgleichsmechanismen angesehen.

999 Vgl. BW-Schriftsatz, Anlage A 3/1 Übersicht 1.

Über die Autoren

Wolfram Elsner, geb. 1950, Professor für Volkswirtschaftslehre, insbesondere Strukturforschung und Wirtschaftspolitik, an der Universität Bremen, war nach Habilitation (1985) von 1986 bis 1989 Leiter der kommunalen Wirtschaftsförderung und Arbeitsmarktpolitik in Bielefeld, 1989 bis 1995 Leiter der Planungsabteilung beim Bremer Wirtschaftssenator und des Bremer Ausschuß für Wirtschaftsforschung (BAW) sowie Konversionsbeauftragter im Lande Bremen (1992-2000).

Christoph Liebig wurde am 11.04.1970 in Bremerhaven geboren. 1990 erlangte er die allgemeinen Hochschulreife. Anschließend leistete er seinen Zivildienst. 1991 begann er das Hochschulstudium an der Universität Bremen im Fachbereich Wirtschaftswissenschaft. Während des Studiums arbeitete er als Werkstudent bei der bayerischen Hypotheken- und Wechselbank AG in Bremen. Im Jahr 2000 beendete er sein Hochschulstudium und erlangte den akademischen Grad Diplom-Ökonom. Seit Oktober 2000 arbeitet er als Prüfungsassistent in einer Wirtschaftsprüfungskanzlei in Hamburg.

Silvia L. Mielke ist in Bremen geboren und hat an der Universität Bremen Wirtschaftswissenschaft studiert. Nach dem Abschluß zur Diplom-Ökonomin hat sie die Tätigkeit als Wirtschaftsprüfungs- und Steuerberaterassistentin aufgenommen.

Isabel Sünner, geb. 1974 in Bonn, ist Dipl. Verwaltungsbetriebswirtin (FH) und seit Juli 2001 als wissenschaftliche Mitarbeiterin beim BAW Institut für Wirtschaftsforschung GmbH in Bremen tätig. Der im vorliegenden Buch enthaltene Beitrag ist ein Auszug aus ihrer Diplomarbeit zu Thema: „Die Einwohnerveredelung im Finanzausgleich der Bundesrepublik Deutschland - ein umstrittenes Ausgleichsinstrument und seine besondere Bedeutung für die Stadtstaaten“.[1]

[1] In ausführlicher Fassung erschienen in der Schriftenreihe der Hochschule Bremen/Hochschule für Öffentliche Verwaltung Bremen (Januar 2001).

Strukturwandel und Strukturpolitik

Herausgegeben von Wolfram Elsner

Band 1 Karsten Seidel: Maritime Netzwerke und europäische Industriepolitik. 2000.

Band 2 Dieter Bögenhold (Hrsg.): Kleine und mittlere Unternehmen im Strukturwandel – Arbeitsmarkt und Strukturpolitik. 2000.

Band 3 Thomas Knogge: Umweltschocks und langfristige regionale Wirtschaftsentwicklung. Eine integrative Analyse reginalökonomischer Folgen des globalen Klimawandels. Mit dem Fallbeispiel der nordwestdeutschen Küstenregion. 2002.

Band 4 Wolfram Elsner (Hrsg.): Neue Alternativen des Länder-Finanzausgleichs. Modellrechnungen und Gutachten unter besonderer Berücksichtigung der Stadtstaaten-Problematik. 2002.

FSC
www.fsc.org
MIX
Papier | Fördert
gute Waldnutzung
FSC® C083411

Kolibri 360 GmbH
Ferdinand-Jühlke-Straße 7
99095 Erfurt, Deutschland
produktsicherheit@kolibri360.de

Druck:
CPI Druckdienstleistungen GmbH
im Auftrag der
Kolibri 360 GmbH
Ferdinand-Jühlke-Str. 7
99095 Erfurt